高等学校教材

初滢滢 主编

冯飞 蔡之国 副主编

视听节目创意与策划

化学工业出版社

·北京·

内容简介

《视听节目创意与策划》力求打破传统视听节目创意与策划的思维定式，强调创新和跨界融合的重要性，不仅从理论层面进行了系统的探讨，更从实际操作的角度出发，为读者提供了丰富的实践指导。

本书采用了理论与实践相结合的模式，分为上篇和下篇，全面系统地介绍视听节目创意与策划的基本原理及分类创意与策划方法。上篇阐述了视听节目创意与策划的理论基础，包括节目的选题、内容设计、制作流程、包装与营销策略等内容。下篇则深入探讨了不同类型视听节目的具体创意与策划，如新闻类视听节目、综艺娱乐类视听节目、服务类视听节目、社会教育类视听节目、文化类视听节目等，结合实际案例，分析节目成功经验，提供视听节目创意与策划的实践指导。

本书案例丰富，结构新颖，从创意构思到策划实施，系统介绍了视听节目制作的全过程，帮助读者全面掌握视听节目策划的核心技能和创新方法，是视听节目创意与策划领域的前沿教材。本书不仅可以作为高等学校广播电视编导专业的通用教材，还可以作为新闻传播、新媒体等相关专业的选修课教材或自学辅导用书，广播电视从业人员也可学习参阅。

图书在版编目（CIP）数据

视听节目创意与策划 / 初滢滢主编 ；冯飞，蔡之国副主编． -- 北京 ： 化学工业出版社，2024. 11.
（高等学校教材）． -- ISBN 978-7-122-46807-9

Ⅰ. G222. 3

中国国家版本馆CIP数据核字第2024WG8340号

责任编辑：王淑燕
责任校对：赵懿桐　　　　　　　装帧设计：韩　飞

出版发行：化学工业出版社
　　　　　（北京市东城区青年湖南街13号　邮政编码100011）
印　　装：河北鑫兆源印刷有限公司
787mm×1092mm　1/16　印张15¼　字数376千字
2024年12月北京第1版第1次印刷

购书咨询：010-64518888　　　　　售后服务：010-64518899
网　　址：http://www.cip.com.cn
凡购买本书，如有缺损质量问题，本社销售中心负责调换。

定　　价：49.00元　　　　　　　　　　　版权所有　违者必究

 | 前言 |

视听节目是通过视觉和听觉两种感官传递信息的多媒体内容，涵盖电视节目、网络视频、广播等多种形式。视听节目结合图像、声音、文字等多种元素，以生动直观的方式呈现内容，在娱乐、教育、信息传播等方面发挥重要作用。

在当代社会，受到科技进步、互联网普及和观众需求变化的多重影响，视听节目呈现出前所未有的发展态势。现代科技的飞速发展为视听节目带来了创新的动力。虚拟现实（VR）、增强现实（AR）、人工智能（AI）等新技术的应用，使得视听节目在制作和呈现方面达到了新的高度。

互联网的普及和新媒体平台的兴起，改变了视听节目的传播方式和观众的观看习惯。传统电视台和电影院不再是唯一的播放渠道，视频网站、社交媒体成为视听节目重要的发布和传播平台。这些新媒体平台具有全球化、互动性、便捷性的特点，使得视听节目能够迅速传播，覆盖更广泛的观众群体。

在此背景下，视听节目的内容呈现出创作多样化的发展趋势。内容创作不再局限于专业团队，普通人也可以通过新媒体平台展示自己的创意和才华，用户生成内容和专业生产内容共同构建了丰富多彩的视听节目生态。这对视听节目的创意与策划提出了更高的要求。

在全球化背景下，视听节目跨越国界，成为文化交流的重要载体。中国优秀的视听节目通过国际传播，不仅传播了文化，也增强了国家间的理解和交流。当前中国的视听节目在内容创作上也越来越注重本土化，深挖地方文化特色，打造具有地域特色的节目内容，以满足不同文化背景下观众的需求。

视听节目创意与策划需要不断创新和调整，以适应快速发展的科技和多变的观众需求。通过技术创新，增强视听节目的互动性和沉浸感。深入了解观众需求，利用大数据分析精准把握观众兴趣和观看习惯，进行个性化内容推荐和定制化节目策划。内容创作需多样化，结合不同类型内容进行跨界创新，并在本土化与国际化方面取得平衡，挖掘地方文化资源并借鉴国际优秀节目形式。高质量内容的打造至关重要，需要注重故事性和情感共鸣，提高制作水平，确保节目整体质感。

本书由南京晓庄学院初滢滢老师、江苏教育频道资深编辑及制片人冯飞、扬州大学蔡之国老师共同组建编写团队，负责了整体的架构设计、内容筛选、撰写及最终定稿工作。此外，江苏第二师范学院滕慧群老师、南京传媒学院姜艳老师，以及南京晓庄学院蔡博老师、袁洲老师亦参与了本书的编写工作。

本书旨在深入探讨视听节目的创意构思与策划实践，通过翔实的案例分析、前沿的理论探讨以及丰富的实践经验总结，力图展现视听节目创作的全貌，涵盖从灵感激发、概念形成到执行落地的各个环节。同时，为视听节目创意与策划领域的学生和从业者提供全面、系统、实用的指导，培养具备创新能力和实践技能的专业人才。

希望通过本书，读者能够深入了解视听节目创意与策划的原理和方法，紧跟行业发展趋势，创造出更多优质的节目内容。

编者

2024 年 8 月

| 目 录 |

▶ 上篇

视听节目
创意与策划基本原理

▲ ▲ ▲ ▲ ▲ ▲ ▲

视听节目在娱乐、教育、文化传播等多个领域发挥着越来越重要的作用，视听节目已经成为人们获取信息和娱乐的主要途径之一。

从视听节目内容创意角度来看，虚拟现实、增强现实、人工智能等新的技术，为视听节目策划与制作提供了前所未有的创意工具。视听节目的创作者能够更加智能地生成、编辑和定制个性化内容，以满足不同受众的需求。同时，也意味着视听节目行业必须不断创新，以适应这些新技术带来的内容创作革命。

数字技术改变了视听节目制作过程，使其更加高效和精密。虚拟制作、数字后期制作和云媒体技术让视听节目制作者能够更灵活地协作和管理项目。数字技术和互联网媒体为节目内容的传播提供了全球性平台，流媒体服务和社交媒体使视听节目能够以更加精准的方式触及受众，数据分析和个性化推荐系统可以更好地理解受众兴趣，提供相关内容。受众更加依赖数字平台来进行娱乐、获取信息，对于个性化定制内容和互动体验的需求不断增加。新一代信息技术已经深刻地改变了视听行业的方方面面，包括内容创意、生产、传播和受众需求。视听节目的未来将依赖于创新，以适应不断变化的科技和市场趋势。

视听节目策划的核心是内容创意，优秀的内容创意是视听节目成功的关键。在内容创意方面，策划人员需要通过对社会热点、文化趋势、受众需求等方面进行深入剖析，挖掘出具有吸引力和传播力的内容。除了内容创意，在节目形式设计方面，策划人员需要结合受众群体的特点和喜好，选择适合的节目形式，并通过音乐、画面、灯光等手段来增强观赏效果。

视听节目策划是一项非常复杂和综合性的工作，是一个综合性的过程，不仅涉及内容创意、市场调研、用户需求分析等方面的知识和技能，还需要对新媒体发展趋势和用户行为特点有深刻的理解。

在视听节目策划过程中，策划人员要具备扎实的专业知识和敏锐的市场洞察力，要对目标受众的需求、市场趋势、节目形式、内容设置等方面进行综合考虑和分析，要与制片人、导演、编剧、主持人等多个环节进行紧密配合，确保节目的质量和效果。

第一章

视听节目创意与策划概述

　　随着信息技术和传媒产业的飞速发展，视听节目已经成为现代社会最重要的信息传播载体之一。视听节目涵盖了新闻、娱乐、教育等多个领域，为人们的生活提供了丰富的精神食粮。在当今数字化、多媒体、多平台的媒体时代，视听节目的制作已经变得复杂多样，需要创作者具备丰富的创意、技术、市场洞察和受众沟通能力。视听节目的创意与策划直接决定了节目的质量、传播效果和社会影响力。

　　本章将详细讲解视听节目创意与策划的基本概念、原则、方法和技巧。从视听节目的不同类型和特点出发，对视听节目的创意思维和策划步骤进行深入剖析，并探讨如何将创意与策划有效地结合，以提高视听节目的质量和传播效果。

　　本章还将分析如何在视听节目策划过程中激发创意思维，发掘新颖、独特、具有吸引力的节目内容和表现形式。在创意过程中，遵循视听节目的类型和特点，确保创意符合目标受众的需求和喜好，从节目定位、内容选题、节目结构、编排方式等方面进行全面、系统的创意与策划。掌握并运用相关基本理论和实践方法，以便在实际操作中将创意和策划理论付诸实践，实现视听节目的最佳传播效果。

第一节　视听节目策划的基本内涵

一、视听节目策划的概念与界定

　　视听节目策划是围绕节目创作、制作和播出展开的，涵盖了节目的主题、内容、形式、风格等各个方面的全面、系统的分析和设计。在视听节目策划过程中，需要考虑节目的选题、结构、表现手法、导演、演员、制作团队等多个方面，以确保节目能够有效地实现其预期的目标和效果。

　　视听节目的策划是整个节目制作过程的基础，其质量和创新程度对于节目的整体品质和创新性具有至关重要的影响。在策划阶段，策划人员需要对内容进行严格把关，以确保节目内容质量得到提升。高质量的策划和创新能够凸显节目的独特风格，使其在竞争激烈的市场中脱颖而出。

　　以电视节目《朗读者》为例，正是由于其准确的定位和独特的策划，该节目才能散发出与众不同的魅力，吸引了全国观众的高度关注。《朗读者》节目每一季的呈现形式都各具特色。第一季采用了"访谈＋朗读＋轻解析"的模式；第二季突破传统，采用了"跨时空朗读"的方式；第三季则精心构建了"一平方米"和"一万公里"两种不同的节目形态，通过结合直播间朗读和走出直播间的方式，提供更强的沉浸式观赏体验，从而牢牢地吸引了观众的注意力。

在融媒体语境下，视听节目的种类和形态呈现更加多元化的趋势，节目播出平台也更加灵活和多样化。视听节目制作需要不断更新节目时长、语言风格、编排方式等方面的特征，这些更新需要通过节目策划来实现。视听节目的制作者必须深入研究如何适应新的传播规律，重新构思节目策划的方法，以提高节目的传播效果。

随着新媒体和传统媒体的融合，视听节目的策划理念、策划方法、创意思路都需要不断更新。电视节目和网络视听节目策划者都需要深入分析媒介融合对节目策划带来的影响，并根据当代受众的需求和喜好，不断创新节目策划，制作出真正有价值、有内涵、形式多样的视听节目作品。

1. 视听节目选题策划

节目选题策划是指对节目的主题、内容、目标受众等方面进行深入研究和全面分析，旨在确定节目的核心概念和价值观。在选题策划阶段，需要充分考虑受众的需求、市场的趋势以及节目的特点等各种因素，以确保节目的品质和提高受众的满意度。

视听节目策划者需要通过市场调研和数据分析来获取受众的兴趣爱好、观看习惯以及心理需求等方面的信息，从而确定选题的取向和具体内容。例如，年轻人通常更倾向于选择时尚、娱乐和科技类节目，而老年人则更关注健康、养生和文化类节目。每个节目都有其独特的特性和风格，新闻类节目需要突出时效性和权威性，娱乐类节目需要增加趣味性和创新性，而文化类节目则需要注重深度和内涵。因此，需要根据不同节目的特点来确定选题方向和内容。

随着社会的不断发展和科技的持续进步，新型媒体和新型节目层出不穷。视听节目策划者需要充分了解这些新型节目的特点和优势，并结合已有节目的特点进行选题策划。随着短视频平台的日益兴起，视听节目开始采用短视频形式进行传播，在选题策划中要充分考虑到短视频的特点和优势，以提高节目选题的受众度和传播效果。

在策划视听节目选题时，应注重贴近当代生活，从鲜活的社会现实和平凡人的不寻常故事中汲取创意，只有紧密联系现实生活并紧扣社会现实，才能实现节目的不断创新并维持良好的收视率。

近年来，我国视听节目已经明确了以人民为中心的创作导向，侧重现实生活，与时代保持贴近，以普通人的视角，关注在时代巨变中涌现的新境遇与新问题。这些节目从多个角度深入探讨了家庭、婚姻、情感、职场、心理、教育等社会话题，从而拓宽了视听节目选题反映社会现实的广度和深度。因此，在策划视听节目选题时，应充分考虑受众需求、市场趋势和节目特点等多方面因素，结合实际情况进行选题策划，以提高节目的质量和受众的满意度，同时也能更好地满足市场需求和发展趋势。

2. 视听节目内容策划

视听节目内容策划需要对节目的具体内容、结构、流程等进行精细的设计和编排，以确保节目能够符合目标受众的需求和期望，同时具备吸引力和观赏性。对于视听节目的制作者来说，视听内容策划能够让节目的内在逻辑更加严密，表达更加精确。

视听节目的内容策划，首先需要明晰节目的核心主题和目标观众群体。节目的主题是整个节目的指引和核心，而目标观众群体，更是节目制作的关键，决定了节目的方向和定位，只有深入理解并精准锁定目标观众群体的需求，才能更好地制作出吸引人的节目。

新媒体平台提供了丰富多样的信息，这使得受众的注意力变得更加分散。对于视听节目的制作者来说，如何吸引受众的注意力并保持其持续关注成为亟待解决的问题。这需要节目在内容策划上下更大的功夫，打造出更具吸引力的节目。只注重视听节目形式的创新，而忽视内容方面的创新，会导致视听节目形式创新不能充分支持内容创新。在追求节目形式创新的同时，应更加强调内容的创新能力，只有将形式与内容相结合，才能制作出真正意义上的成功节目。

视听节目内容策划只有紧密结合时下热点和流行趋势，才能打造出更符合观众口味的节目。新媒体时代的观众更加注重节目的视觉效果和用户体验，互动环节是吸引观众注意力的有力手段。通过与观众进行互动，可以增强观众的参与感和黏性。让观众参与到节目中来，从而提高观众的关注度和参与度。节目制作团队可以通过社交媒体、官方网站等渠道与观众进行交流，了解观众对节目的反馈和建议，及时进行调整和改进。

3. 视听节目形式策划

视听节目形式策划是指对节目的表现手法、风格、节目形式等进行选择和设计，以最佳的形式呈现节目内容。视听节目的形式策划不仅决定了节目的视觉与听觉效果，更是节目独特魅力和感染力的源泉。它涉及镜头的运用、音乐的筛选、色彩的搭配以及剪辑的技巧等多个方面，需要针对节目的主题、目标观众和具体内容进行深入研究和精心设计。

视听节目形式策划需要考虑到受众的需求，考虑到受众的年龄、性别、文化背景等因素。如儿童节目要选择一种互动性比较强的形式，制定出最适合儿童心理的视听节目形式。视听节目形式策划还需要考虑到节目的时长，需要根据受众的需求和注意力水平，制定出最适合的时长。如策划一个访谈节目，时长宜控制在 30 分钟以内，这样可以保证受众的注意力不会分散。

视听节目形式策划要充分考虑节目的整体风格，包括视觉效果、音乐风格、主持人口音及语速等方面。针对不同节目类型制定相应的风格方案，新闻节目应呈现出庄重、严谨的特点，而娱乐节目则应以轻松、活泼为基调。节目视觉效果策划需关注节目的色调、字体、背景及画面布局等因素，历史题材的节目可采用暗色调搭配复古字体来凸显历史感，儿童节目则宜选用鲜艳色彩与可爱卡通形象以吸引儿童关注。节目音乐风格策划需根据节目类型选择相应风格，新闻节目背景音乐应选择严肃风格，而娱乐节目则可选用轻松活泼的风格。

在视听节目形式策划的过程中，需要把握细节，注重节目整体效果的协调和统一。节目的视觉效果、音乐风格、镜头语言和剪辑手法应该相互呼应，形成一个和谐的整体，让观众在欣赏过程中感受到完美的体验。

4. 视听节目制作策划

视听节目的制作策划是对节目制作过程中的各个要素进行分析和安排，以确保节目质量和顺利制作的过程，这个过程涵盖了拍摄安排、后期制作、审查与发布等环节。

节目拍摄安排是实现视听节目制作策划的关键环节。导演、摄影师、灯光师和录音师等成员需要密切合作，根据节目选题策划的要求，通过专业的设备和技巧，创造出生动、鲜明的视觉形象。

节目后期制作是对拍摄素材进行精细处理和剪辑的环节。剪辑师、音效设计师和特效设计师需要根据选题策划的要求，对拍摄素材进行剪辑和处理，添加音效、特效等元素，丰富画面节奏和情感传递，以实现节目的艺术效果和观赏价值。

节目发布阶段是视听节目制作的最后环节，这一环节是制作人员辛勤付出的成果展示，也是他们追求高品质制作目标的体现。技术的不断进步为视听节目制作带来了更多可能性，高清电视技术提供了清晰逼真的画面质量，使观众能够更加沉浸在节目中；虚拟现实技术为观众带来身临其境的体验；互动电视则增强了观众的参与感和互动性。

在视听节目制作策划中，需要根据预算和资源来确定节目的制作方式、场地、设备等，并确保它们能够满足节目质量和效果的要求。需要充分考虑节目主题、定位、受众需求、时长、频率、预算和资源等多个因素，只有在这些因素得到合理考虑和权衡之后，才能够制作出符合受众需求和期望的优质视听节目。

视听节目的制作策划是一个涉及多领域、多环节、多岗位的复杂过程，需要节目制作团队充分发挥创新思维和技术实力，深入挖掘社会现象和文化趋势，以满足观众的需求并实现节目的成功。

5. 视听节目宣传策划

视听节目的宣传与推广策划旨在提高节目的知名度和影响力，节目宣传策划过程需要综合考虑节目的特点、受众需求以及市场环境等多方面因素，以制定有针对性的宣传和推广策略。

不同的受众群体对于节目的需求和喜好有所不同，因此在制定宣传和推广策略时需要有针对性地进行分析和规划。针对年轻人的节目，可以在社交媒体上开展营销活动，通过短视频、直播等方式吸引年轻观众的关注和参与；针对中老年人的节目，可以在电视台和广播电台等传统媒体上进行宣传推广，通过广告、访谈等形式来提高中老年观众的关注度。

视听节目的宣传策略应该根据节目的特点和受众需求来制定，以达到最好的宣传效果。音乐类节目可以通过邀请明星嘉宾、举办音乐会等方式来吸引受众的关注；访谈类节目可以通过邀请知名人士、挖掘热门话题等方式来激发受众的兴趣。还可以通过制作海报、预告片等宣传材料来提高受众的知晓度和关注度。

节目推广策略应该根据节目的特点和受众需求来制定，以达到最好的推广效果。可以通过社交媒体、微信公众号等新媒体渠道来进行推广，通过投放广告、开展线上活动等方式来吸引受众的关注；同时也可以通过电视台、广播电台等传统媒体渠道来进行推广，通过播出广告、举办活动等方式来提高受众的知晓度和参与度。

视听节目宣传与推广策划需要结合市场环境和新旧媒体渠道等因素进行规划，需要营造互动氛围，与受众进行互动，不断改进和优化节目内容，才能够实现视听节目宣传与推广的最佳效果。

二、视听节目策划的发展趋势

随着虚拟现实（VR）和增强现实（AR）技术的发展，视听节目开始尝试融入这些新兴技术，为节目受众带来更为沉浸式的体验。受众通过 VR 设备观看的节目或者体验式的教育内容，仿佛置身其中，感受到前所未有的现实感。

大数据和人工智能技术的应用，使视听节目制作更加智能化和个性化。视听媒体平台可以基于用户观看记录和喜好，为观众推荐合适的节目，利用人工智能技术生成个性化的内容，如虚拟主播主持的节目，以及 AI 生成的短视频节目等。

5G 技术的普及和物联网的发展为视听节目创意带来了更广阔的发展空间和更多可能性。5G 网络的高速率和低延迟性质，为实时互动、远程控制等应用提供了强有力的支持，为视听节目创意注入了全新的活力和体验。通过 5G 网络，观众可以享受到更加流畅、高清晰度的视听内容，而且可以在无缝切换的情况下实现多平台之间的流畅观看体验。5G 技术的普及还可以实现更多元化的互动体验，例如观众可以通过实时互动功能参与节目的互动环节，与主持人或其他观众进行实时交流和互动。5G 技术的普及和物联网的发展为视听节目创意的创新提供了新的契机和可能性，为未来视听媒体领域带来更加丰富和多样化的发展前景。

视听节目创意将结合新兴技术和媒体形式，为观众提供更丰富、更个性化的内容，观众可以通过虚拟现实技术参与节目内容，体验到更加身临其境的感觉；通过人工智能技术，节目内容可以根据观众的个性化需求和喜好进行定制化，提升观看体验的个性化程度。

随着全球化和文化交流的加深，视听节目创意也将更加多元化和包容，节目制作者将更加关注不同文化背景和价值观的观众群体，视听节目创意也将更加注重跨文化交流和理解，为观众带来更加丰富和深入的文化体验。

1. 个性化与定制化

大数据和人工智能技术的发展使得节目策划者能够更加精准地了解观众的需求和兴趣，未来的视听节目策划将更加注重个性化与定制化，为不同观众群体量身打造合适的内容。

随着数字化时代的到来，视听节目策划不断地发展和创新，个性化与定制化的发展趋势愈加明显。

视听节目策划者得以借助数据分析和智能算法更为精准地洞察观众的需求和兴趣。未来的视听节目策划将更加注重个性化与定制化，以满足不同观众群体的特定偏好和需求。借助大数据分析，节目策划者可以深入挖掘观众的消费行为、兴趣爱好和社交互动，从而精准把握观众的偏好和需求。结合智能技术，策划者可以利用智能算法实现内容推荐和个性化定制，为不同观众群体量身打造合适的节目内容。

节目受众个性化需求的不断深化和细分化，以及技术手段的持续进步和创新，已成为视听节目策划领域的主要趋势。这一趋势反映了受众在媒体消费方面越来越个性化的需求，以及技术发展在满足受众这些需求方面发挥的重要作用。通过个性化与定制化的节目策划，策划者能够更精准地理解和满足观众的多样化需求，从而提高用户体验的品质和深度。这种策略的实施有助于视听节目在数字化时代保持竞争优势，并在不断变化的媒体环境中保持领先地位。

在数字化时代，视听节目策划必须与时俱进，持续进行创新和改革，以适应迅速变化的媒体环境和观众需求。通过个性化与定制化的发展趋势，策划者能够更精准地满足用户的个性化需求和口味，从而提高用户的满意度和忠诚度。这种策略的实施有助于视听节目在数字化时代保持竞争力，并在激烈的市场竞争中取得更为显著的地位和影响力。

2. 互动性与参与度

随着互联网和社交媒体的普及，观众对于节目的互动性和参与感有着越来越高的期望。未来的视听节目将强调观众的互动性和参与度，这将成为节目策划的重要趋势。节目制作方将通过实时投票、社交媒体互动等手段，积极与观众进行互动，从而增强观众的参与感。这种互动性的加强有助于提升节目的吸引力和影响力，促进观众与节目之间的情感连接和互动体验。未来的视听节目策划将更加注重观众的参与，设计更多的互动环节，增强观众与节目的互动体验。

在传统电视节目中，互动性通常被认为是一个短板，很多节目虽然集中了大量的优势资源，但最终的反响却平平，未能达到预期的目标。这主要是因为节目组未能及时与受众互动，未能深入挖掘受众的需求，导致制作出的节目不符合受众的期待。在融媒体背景下，节目组可以适当地对节目策划进行创新，在保留传统电视节目优势的同时，引入更多新的表现形式，增强节目的互动性。这种创新可以通过多种方式实现，例如在节目中增加实时投票环节、引入社交媒体互动等，可以让观众通过手机或平板电脑扫描屏幕上的二维码或特定图案，从而提高参与度。这种互动体验不仅可以提高观众的节目参与度，还可以为广告商提供更多的曝光机会，提升节目的吸引力和影响力，促进节目制作和播出的持续发展。

随着互联网的普及，观众可以通过社交媒体、手机 APP 等多种渠道来参与节目互动，这也为视听节目策划带来了更多的可能性。近年来越来越多的电视节目采用了"微信投票""微博互动"等方式，让观众可以通过手机参与到节目中来。这种方式不仅可以增强观众的参与感，还可以让观众更好地了解节目内容和嘉宾信息，提高观众对节目的兴趣和关注度。

过去节目受众只能作为被动的接受者来观看节目，而无法对节目进行任何形式的反馈和参与，但是现在随着社交媒体的普及，观众可以通过评论、点赞等方式来表达自己对节目的看法和意见，这也为视听节目策划带来了更多的可能性。

3. 短时性与碎片化

短时性是指节目时长短，内容紧凑，能够在短时间内给观众带来丰富的信息和感受。这种类型的节目通常以新闻、资讯、纪录片等形式呈现。由于人们的生活节奏加快，时间成为了一种稀缺资源，因此短时性节目的受欢迎程度也越来越高。

碎片化则是指节目内容被分割成小的单元，以便观众能够更加灵活地选择自己感兴趣的内容。这种类型的节目通常以综艺、娱乐、真人秀等形式呈现。由于观众的兴趣爱好各异，碎片化节目能够满足不同观众对于内容的需求。

互联网的发展导致受众的观看习惯发生改变，受众的观看习惯日益向短时性和碎片化倾斜。这一变化促使视听节目策划者对节目内容形式进行重新审视，要更加关注短视频、直播等新兴媒体形式的策划与制作。未来的视听节目策划将以满足观众碎片化的观看需求为核心，积极探索适应这一趋势的节目创新策略。

对短时性与碎片化视听节目的需求，反映了受众希望快速获取信息和娱乐的追求。内容质量始终是最关键的因素。视听节目策划需要注重内容质量，保证观众在短时间内获得丰富、有价值的信息。短时性节目需要在短时间内给观众留下深刻印象，因此需要在节目内容和形式上下功夫，突出亮点，吸引观众的注意力。视听节目策划需要根据短时性与碎片化的发展趋势进行调整和创新，以更加灵活和创新的态度应对，持续调整节目内容和形式，以贴近观众的需求和时代的潮流。

4. 科技与人文并重

随着科技的不断进步，视听节目策划中科技创新应用的发展趋势也在不断变化。近年来，虚拟现实、增强现实、人工智能等技术的不断成熟，为视听节目的策划带来了更多可能性。视听节目制作者需紧跟科技发展潮流，灵活运用各类先进技术，不断提升节目的创新水平和观赏体验，以满足观众日益增长的需求。

在融媒体时代，视听节目的制作已不仅限于内容呈现，更需借助现代技术丰富视听语言，以提供更加沉浸式的观看体验。特别是在信息技术得到广泛运用的当下，虚拟现实技术尤为突出。相较于其他技术，虚拟现实技术具有更强的合成性，用户在应用此技术时需要调动多方能力，通过与虚拟世界的互动来表达自身意愿。因此，在视听节目策划中，适度运用虚拟现实技术能够增强节目的视听效果，提升观众的感官体验。例如，中央广播电视总台央视综合频道与央视创造传媒合作推出的节目《典籍里的中国》，其在策划过程中，节目组运用了历史空间和现实空间等多种节目形态，并通过影像重现、专业导演演绎、实时跟踪、增强现实等技术手段，将典籍中的故事生动呈现给观众，创造出全新的视听体验，取得了良好的反响。

在科技飞速发展的背景下，越来越多的视听节目策划开始注重科技与人文相结合的理念，以更好地满足观众的需求。这一趋势的出现反映了节目策划者意识到科技与人文之间的相辅相成关系，通过将科技与人文相融合，可以提升节目的品质和观赏性。科技为节目策划者提供了更广阔的创作空间和更丰富的表现手段，而人文则为节目注入了深厚的文化内涵和情感共鸣。因此，将科技与人文相结合，不仅能够创造出更具创新性和前瞻性的节目形式，还能够更好地触动观众的心灵和情感，实现节目策划的更高层次目标。

三、视听节目策划的特征和作用

视听节目策划是一个综合性的工作，视听节目策划的目标在于创造内容有趣、有价值和有意义的节目，以满足观众的需求和期待。通过采用创新的策划方法、关注观众导向、应用前沿技术、开展多方合作以及评估传播效果等手段，确保节目的成功制作和有效传播。这种综合性的策划过程，旨在提供与时俱进、贴近观众心理、富有创造力和影响力的节目内容，从而实现节目的持续吸引力和社会效益。

视听节目策划是一项需要创新性思维的工作。通过深入了解目标受众的需求和市场环境的变化，节目策划者可以灵活运用各种节目形式和元素来打造出高质量、具有吸引力的视听节目，确保节目内容能够满足观众的需求，带来实际的收益和效益。艺术性和互动性也是视听节目策划中不可忽视的要素。通过注重节目的艺术表现和互动形式，策划者可以为观众带来更加丰富、有意义的视听体验，增强观众的参与感和共鸣度。创新性思维是视听节目策划工作的核心，策划者需要不断地寻求新的创意和表现方式，以满足观众的需求和市场的变化，实现节目的成功制作和播出。

(一)视听节目策划的特征

视听节目策划的任务特征具有创意性、系统性、针对性、预见性等特点，需要节目策划者具备多方面的能力和素质来应对。

观众群体的需求具有多样性和变化性的特点，节目策划者需要深入了解目标受众的需求、喜好和行为习惯，以精准把握观众的审美心理制定相应的节目内容和形式，策划者也要有灵活的应变能力，及时调整策划方向和节目内容，以满足观众的不同需求。

随着科技的不断发展，各种先进的技术手段如虚拟现实、增强现实、人工智能等已经广泛应用于节目制作中，节目策划者需要灵活运用丰富的创作工具和表现手段，创造更加丰富多样的节目形式和内容体验。

1. 创意性

创意性是视听节目策划的重要特征。视听节目策划者需要具备敏锐的观察力和广泛的知识背景，以及创造性的思维和灵感，不断挖掘新的节目创意和内容概念，保持节目的新鲜感和吸引力。

创意性节目策划着眼于挖掘独特的节目理念和主题，这些理念和主题涉及时事热点、文化趋势、社会问题等，通过独特的视角和处理方式呈现给观众。创意性节目策划倡导创新的内容呈现方式，包括节目结构、节目形式、表现手法等方面的创新。通过引入新颖的节目流程设计、视听效果和表现形式，提升节目的吸引力和趣味性。在节目策划中进行跨界合作和创新技术应用，注重多元化的节目元素的融合，以丰富节目表现形式、扩展内容范围。

创意性节目策划注重观众参与和互动，通过设计引人入胜的互动环节，激发观众的积极参与和互动，提升节目的吸引力和互动性。节目策划的创意性体现在追求创新和独特性，借助跨界合作和技术创新等手段，为观众提供丰富多彩、引人入胜的视听节目体验。

2. 系统性

视听节目策划的系统性特点体现在其综合性、协调性和反馈性等方面。首先，节目策划过程需要综合考虑多种因素，如市场需求、观众反馈、内容创意和技术应用等，这些因素相互作用，影响着节目的制作和传播。其次，策划涉及多个环节，包括内容选题、制作流程和传播渠道等，这些环节需要协调统筹，确保节目的连贯性和完整性。最后，策划过程还需要依靠数据支持和决策分析，通过市场调研和观众调查等手段获取有效信息，为策划决策提供科学依据。

策略性规划和执行也是视听节目策划的重要特点，需要根据市场需求和传播目标制定相应的策略，并及时调整和优化方案。策划过程具有反馈与调整机制，通过观众反馈和收视率评估等方式获取节目效果信息，以便及时调整策划方案，确保节目的持续改进和优化。

3. 针对性

视听节目是现代社会中最受欢迎的娱乐方式之一，其受众广泛，涵盖了各个年龄层和社会群体。视听节目的策划涉及节目的主题、内容、形式和节目效果等多方面。

视听节目策划的针对性特点体现在其针对特定受众群体和市场需求的定位和策划上。策划者需要深入了解目标受众的特点、偏好和需求，以及市场的发展趋势和竞争格局，从而有针对性地选择内容主题、制作形式和传播渠道，以提升节目的吸引力和观众认同度。这种针对性策划不仅可以有效吸引目标受众的注意，还可以提升节目的市场竞争力和影响力，从而实现节目的成功制作和传播。

4. 预见性

视听节目策划的预见性特点则体现在策划者对未来发展趋势、市场变化的敏锐洞察和前瞻性规划上。策划者需要不断关注行业动态、科技进步、社会文化变迁等因素的变化，及时调整策划方向和内容形式，以适应不断变化的市场环境和观众需求。通过具有前瞻性的策划和规划，视听节目策划者可以更好地把握未来发展机遇，提前布局和调整策略，确保节目在激烈的竞争中保持竞争优势和市场地位。

（二）视听节目策划的作用

视听节目策划的作用在于通过系统性的规划和策略性的安排，有效地整合资源和管理过程，以创造具有吸引力和影响力的节目内容。该过程涵盖了对目标观众需求、市场趋势和社会环境的深入分析，以确保节目内容的定位准确并能够与观众群体产生共鸣。此外，视听节目策划还涉及资源分配、制作流程安排、团队协调等方面，旨在实现节目制作的高效运作和最终成果的达成。通过科学系统的策划过程，视听节目能够更好地满足观众的需求，提升节目的质量和影响力，促进整个视听媒体产业的发展。

1. 确定节目方向和内容

节目策划确定了节目的整体方向、内容框架和主题设置。通过深入分析目标观众群体的需求和市场趋势，制定符合观众口味和娱乐需求的节目内容，从而保证节目具有吸引力和竞争力。

视听节目策划在确定节目方向和内容方面的作用具有多方面的影响。通过对目标受众群体和市场环境的深入分析，节目策划能够精准定位受众群体的需求和市场趋势，为后续的节目内容制定提供可靠的指导。根据这些分析结果，节目策划能够制定出符合观众口味和娱乐需求的节目内容，从而确保节目具有吸引力和竞争力。

视听节目策划具有明确目标方向可以使得节目更加有逻辑性。一个好的视听节目策划应该能够将节目中的各个环节有机地联系起来，从而使得整个节目具有一定的逻辑性和连贯性。节目制作团队应当确立节目所要传达的信息、期望达到的效果以及面向的目标观众群体，这有助于节目策划人员在后续的内容制定和环节安排中有针对性地展开工作，使得节目具备明确的主题和逻辑。在节目制作的各个阶段，包括前期筹备、拍摄录制、后期剪辑等环节，制作团队都可以根据明确的目标来安排工作，确保每一个环节都服务于整体的节目方向，使得节目的各个部分之间紧密衔接、相互呼应，保持节目的连贯性和一致性。

明确的节目方向还有助于节目制作过程中的监控和评估。在节目制作过程中，制作团队可以根据设定的目标来进行实时监控和评估，及时发现问题和调整方向，以确保节目制作的顺利进行和最终达成预期目标。

通过视听节目策划确定节目方向和内容，节目制作团队能够塑造节目的独特风格和品牌形象，提高节目的市场价值和影响力，保证节目的持续性和稳定性，建立起节目的品牌形象和观众忠诚度。

2. 规划节目制作流程

节目策划在规划节目的制作流程和时间安排方面具有重要意义。此流程涵盖了节目制作的前期策划、中期制作和后期制作等环节。

在前期策划阶段，制作团队需要通过深入地调研和策划，明确节目的整体方向、主题设置和内容框架。在中期制作阶段，根据前期策划确定的内容和方案，进行具体的制作工作，包括选址拍摄、录制素材、编辑剪辑等环节。而后期制作阶段则着重于最后的剪辑和后期处理工作，包括音视频的后期处理、字幕制作、配乐添加等环节。通过合理安排资源和人力，确保节目制作的顺利进行，按时完成并顺利播出。这一过程不仅能够提高节目制作的效率和质量，还能够确保节目制作的经济效益和社会效益的统一，对于整个节目制作过程的顺利进行至关重要。

系统化的方法不仅能提高节目制作的效率和质量，还可确保经济可行性与社会影响力的一致性，彰显了节目策划在节目开发整个过程中的关键作用。

3. 协调节目制作团队

视听节目制作涉及多个专业领域和不同岗位的人员，如导演、编导、摄影师、编剧、编辑等。节目策划通过明确的任务分工和沟通协调，确保团队成员之间的协作和配合，以提高节目制作的效率和质量。

节目策划在制订制作计划和任务安排时，要考虑到每个团队成员的专业特长和责任范围，合理分配工作任务，避免工作重叠和资源浪费。通过节目策划能够建立有效的沟通机制和召开团队会议，促进团队成员之间的信息交流和思想碰撞，提升团队的凝聚力和执行力。节目策划还能及时调整和协调团队成员之间的关系，处理工作中出现的矛盾和问题，确保团队整体向着共同的目标努力。

节目策划在协调节目制作团队方面具有至关重要的作用。通过合理的任务分工、有效的沟通协调和问题处理机制，促进团队成员之间的协作和配合，从而确保节目制作的顺利进行，提高节目的质量和效果。

4. 控制节目制作成本

视听节目策划在控制节目制作成本方面发挥着至关重要的作用。其主要职责包括合理分配资源、优化制作流程、精准预算和成本监控，以确保节目的经济效益和财务可行性。

节目策划通过合理分配资源，包括人力、物力、财力等，确保每一项资源的使用都能够最大限度地发挥效益。这包括对制作团队的规模和配置进行合理安排，避免过度投入或浪费资源。

节目策划优化制作流程，精简环节，提高效率，从而降低制作成本。通过精心设计和优化制作流程，节目制作团队能够更快速、更高效地完成工作，减少不必要的时间和成本浪费。

节目策划还负责对节目制作过程中的各项费用进行预算和控制。通过对各项费用进行合理预估和核算，节目策划能够有效地控制制作成本，确保在可接受的范围内完成节目制作。

节目策划还负责对制作过程中的成本进行监控和管理。通过实时跟踪成本支出情况，及时发现并解决超支问题，确保制作成本始终处于可控范围内。

在视听节目制作中，策划者应该更加注重对于各个方面的细致考虑和规划，以确保其成功和持续发展。

第二节　视听节目策划的创意基础

视听节目创意是指在视听节目策划和制作过程中所涉及的独特、新颖且具有吸引力的思想、观念和表现形式。它涵盖了节目内容、形式、风格等多个方面，体现了节目策划者对目标受众、市场环境和媒体特点的深刻理解。视听节目创意旨在为观众提供独特的视听体验，满足他们在情感、认知和审美方面的需求。在策划和制作视听节目时，策划者需要充分发挥创意思维，创造出独特、新颖且具有吸引力的节目，以满足不同受众的需求和期望。

视听节目策划的创意基础是其核心和灵魂，它直接影响着节目的吸引力、创新性和影响力。视听节目策划的创意基础首先体现在内容上。创意内容需要独具特色，能够吸引观众的注意力和兴趣。这包括节目的主题设定、故事情节、话题选择、节目形式等方面的创新和突破。创意内容的新颖性和独特性是吸引观众的关键。

节目形式也是创意的重要体现，有创意的节目形式能够给观众带来全新的观看体验和感受，如独特的画面设计、创新的节目结构、新颖的表现手法等。节目形式的创新性不仅能够吸引观众，还能够提升节目的艺术性和观赏性。

创意基础还体现在节目对观众的体验上。视听节目策划需要思考如何通过创意内容和形式，提升观众的参与感、沉浸感和互动性，使观众在观看节目时能够得到更丰富、更深层次的体验。

好的节目策划不仅要具备娱乐性，还需要具备一定的社会文化价值。创意基础也体现在节目对社会文化的思考和表达上，能够通过节目内容和形式传递积极向上的社会价值观念和文化理念，引发观众的思考和共鸣。

视听节目策划的创意基础是保证节目吸引力和竞争力的关键。创意内容、节目形式、观众体验和社会文化表达等方面的创新和突破，将直接影响节目的质量和影响力。因此，视听节目策划需要不断挖掘和发展创意，确保节目的持续创新和优质内容的输出。

一、创造性思维的基本特征与形成机制

创意思维是一种特殊的心理过程，指的是个体在面对问题或挑战时，能够以非传统、非常规的方式思考和解决问题的能力。创意思维强调突破传统思维模式，寻找新颖、独特、富有创造性的解决方案。

创意思维的重要性在于它能够为问题的解决带来新颖和富有创造性的思考方式，为个人和组织的发展提供创新的动力和源泉。在现代社会，创意思维已成为解决复杂问题、推动科技进步和社会发展的重要能力。

视听节目的策划创造性思维是制作高质量视听节目的基本要素之一，需要具备创意思维、多元化思维、情感思维和前瞻性思维等方面的特征。只有不断地挖掘新的节目元素，探索新的节目类型和形式，才能制作出符合时代潮流和观众口味的高质量视听节目。

因此，培养和发展创意思维对于个人和组织来说都具有重要意义。创造性思维在视听节目策划中起着关键作用，它有助于制作出独具特色、引人入胜的节目。

（一）创造性思维的基本特征

1. 独创性

创意思维强调个体能够提出与传统观念和常规思维有所区别的独特、新颖的观点和想法。这种思维方式不受传统思维模式的束缚，而是鼓励个体跳出固有的思维框架，勇于挑战传统观念，寻找新的解决方案。创意思维注重打破常规，推动创新，为问题的解决提供了全新的视角和思考方式。

创意思维的独造性促使节目策划团队提出独特、新颖的节目主题和内容。团队可以通过独特的视角和观点，挖掘出别具一格的主题和内容，使节目在同类节目中脱颖而出，吸引更多观众的关注。

创意思维的独造性对于视听节目策划的各个环节都具有重要意义。它不仅能够推动节目内容和形式的独特性和创新性，提高节目的吸引力和观赏性，还能够传递独特的社会文化意义，实现节目策划的最佳效果。因此，在节目策划过程中，积极倡导和培养团队成员的创意思维，有助于提高节目的独特性和影响力。

2. 灵活性

创意思维的灵活性体现在个体对问题的思考方式上。与传统的单一思维模式相比，创意思维能够以多种不同的角度和方式来思考问题，从而寻找到新的思维路径和解决方案。这种灵活性使个体能够跳出固有的思维框架，尝试不同的思考方式，从而更容易发现创新的思路和解决方法。创意思维的灵活性使得个体能够更好地适应不同的情境和挑战，提高问题解决的效率和质量。

视听节目策划的创造性思维具有灵活性。在策划过程中，往往会遇到各种各样的问题和挑战，策划人员需要具备快速反应和调整的能力，以适应不同的情况和需求。同时，策划人员还需要善于变通和创新，能够在有限的资源和时间内，找到最佳的解决方案。

灵活的思维方式可以推动节目策划团队不断探索和尝试新的节目制作方法和技术，灵活运用最新的摄影、剪辑、特效等技术手段，为节目制作增添新的元素和创意，提升节目的制作水平和质量。

灵活的思维方式使节目策划团队能够快速应对市场的变化和观众的需求。他们可以灵活调整节目的策划方案和制作计划，及时反映市场的变化，确保节目能够紧跟时代潮流，保持竞争优势。

3. 开放性

创意思维强调个体对新的想法和观点持开放态度，愿意接受各种新奇的思维和观念。这种开放性的态度使个体能够不受传统观念和固有思维模式的限制，更愿意尝试接纳来自不同领域和不同文化背景的思想和观点。这种开放态度有助于个体拓展自己的思维视野，从而更容易激发创造性思维，产生新颖的想法和解决方案。开放的思维态度能够促进个体与他人的交流和合作，为集体创意的形成提供更广阔的空间和可能性。

开放性的思维方式促进了节目策划团队内部的合作和创意碰撞。团队成员之间能够开放地交流和分享各自的观点和想法，从而形成更加开放和包容的氛围，激发出更多的创新想法和解决方案。开放性的思维方式有助于节目策划团队寻找创新性的解决方案，节目策划团队能够跳出传统思维框架，把握社会文化的变化和趋势，勇于尝试新的节目形式和创意内容。从而为节目的制作提供更具针对性和前瞻性的策划方案，创造出最具吸引力和独特性的节目。

4. 挑战性

创意思维鼓励个体勇于挑战传统思维模式和固有观念，以寻找突破口和创新点。这种思维方式认为传统观念和固有思维模式可能会限制个体对问题的理解和解决方案的想象空间。因此，创意思维鼓励个体打破常规思维的束缚，勇于质疑、探索，挑战现有的认知边界，寻找创新的思维路径和解决方案。这种挑战传统的态度能够激发个体的创造力和创新潜能，为问题的解决提供新的视角和思考方式。通过不断地挑战和突破传统思维模式，个体能够发现新的思维路径和创新点，推动社会的进步和发展。

视听节目策划的创造性思维具有挑战性。在这个领域中，市场竞争非常激烈，观众的需求在不断变化，策划人员需要不断地寻找新的突破口和创新点，才能够保持节目的吸引力和竞争力。同时，策划人员还需要具备勇于尝试和冒险的精神，敢于挑战传统观念和做法，以实现更好的效果。

5. 跨界性

创造性思维强调跨界融合，这意味着个体或团队应该在策划过程中积极借鉴多个领域的知识、技能和经验，以丰富的素材和灵感来推动创意的产生和发展。跨界融合的思维方式有助于将不同领域的观念、理念和方法相互结合，从而产生更富有创意和创新性的解决方案。

通过跨界融合，个体或团队可以从其他领域获取启发，将其应用到当前的问题解决方案中。这种跨界融合不仅能够拓展思维的边界，还能够激发新的想法和创意，促进思维的创新和发展。例如，将艺术、科学、技术等领域的知识和技能相结合，可以产生更加综合和有趣的解决方案，为策划过程提供更丰富的素材和灵感。

跨界融合是创造性思维的重要特征之一，它能够为策划过程带来多样性和创新性，促进创意的产生和发展，推动问题的解决和项目的实施。因此，在进行策划过程时，个体或团队应该积极倡导和实践跨界融合的思维方式，以提高创意水平和解决问题的能力。

（二）创造性思维的形成机制

创造性思维在视听节目策划中扮演着至关重要的角色，其价值在于通过多方面的途径，如知识积累、经验沉淀、多元交流和学习提升，策划者得以形成独特、灵活、敏感、跨界和持续的创造性思维。这种思维方式为节目策划带来了更多的创新和价值。

1. 知识积累

丰富的知识储备是创造性思维的基础，只有掌握了充足的知识和信息，才能为创新思维提供足够的素材和灵感。

跨领域的知识积累尤其重要，因为它可以促进不同领域之间的联系和交叉，从而产生更具创造性的想法和解决方案。跨领域的知识积累不仅拓展了认知范围，也促进了对于问题的多元化思考，融合来自不同领域的知识和经验后，就有可能创造出更具前瞻性和创新性的观点和解决方案。

持续扩充知识储备，特别是通过跨领域的学习和积累，能够为创造性思维提供更为丰富和多样化的基础，从而推动创新和发展的进程。这种多元化的知识积累有助于人们形成更广阔的视野和更灵活的思维方式，促使其能够将不同领域的概念、原理和技能相互融合，产生新的理念和创新性的解决方案。不断地进行跨领域学习和积累，能够形成更为丰富和多样化的认知资源，为其创造性思维的发展提供坚实的基础，进而推动创新和发展的不断前进。

2. 经验沉淀

实践经验的积累和总结有助于形成创造性思维，通过反思和总结过往经验，可以更好地运用到策划过程中。

实践经验的积累和总结对于形成和发展创造性思维至关重要。通过反思和总结过往的经验，能够从成功和失败中吸取教训，发现问题和不足之处，进而探索新的解决方案和创意。实践经验的积累能够丰富个体或团队的知识储备，拓展思维的边界，培养灵活性和创新性，从而提高在节目策划过程中运用创造性思维的能力。

通过反思和总结实践经验，可以发现问题背后的根本原因，分析问题的本质和关键因素，从而找到更有效的解决方案。这种反思过程有助于激发创造性思维，促进个体或团队的成长和进步。同时，通过总结成功的经验，个体或团队能够确认有效的方法和做法，形成积极的心理暗示，增强信心和动力，进一步激发创造性思维的发展。

视听节目策划者应该重视实践经验的反思和总结，不断优化和提升自身的能力水平，从而更好地运用创造性思维参与到节目策划的过程中。

3. 多元交流

与不同领域、背景的人进行交流可以带来启发性的思维碰撞。不同领域的专业知识和经验会相互交融，激发出新的创意和观点，促进创造性思维的产生和发展。

跨领域的交流与合作有助于知识的交叉与融合。不同领域的知识和经验相互交流、交叉借鉴，可以为问题的解决提供更多元化、综合性的视角，促进创造性思维的形成。不同领域、背景的人可能持有不同的观念和看法，通过交流与合作，可以挑战和打破传统观念，激发创新的思维方式和解决方案。

与不同领域、背景的人进行交流可以拓展视听节目策划的思维边界。通过接触和了解不同的思维方式和工作方法，个体或团队能够开阔视野，丰富思维资源，从而更有可能产生创造性的想法和解决方案。

跨领域的交流与合作为创新合作提供了更多的机会。不同领域、背景的人之间可以互相借鉴、互相启发，共同探索和开发新的项目和产品，推动创新的发展和实现。

4. 学习提升

持续学习不断接触新的知识领域和学科，可以拓展思维的边界。通过学习新的知识、理论和方法，个体能够获得更广泛的视野，丰富思维的内容和素材，不断探索和尝试新的想法和方法，从而培养出勇于创新的品质，从而激发创造性思维的产生和发展。

持续学习有助于更新和调整认知模式。学习新的知识和理论，可以摆脱旧的思维定式和固有的观念，接受新的思维模式和观点，从而拓展思维的广度和深度，提高创造性思维的灵活性和多样性。

持续学习可以掌握更多的问题解决方法和技能，提升解决问题的能力。通过学习新的解决问题的方法和技术，可以更加有效地应对挑战和问题，找到更多的解决方案，从而促进创造性思维的发展和实现。

二、创造性思维的培养及其应用的方法

在当今快速发展的媒体环境中，创造性思维的培养和应用已经成为节目策划与制作过程中至关重要的一环，它不仅能够帮助策划者提出创新的节目创意，还能够完成促进问题解决、满足目标观众需求、提升节目竞争力等方面的工作。创造性思维不仅是媒体从业者必备的核心素质，也是推动节目创新、提升观众体验的关键因素。

节目策划者需要深入了解创造性思维的本质、特点和形成机制，以及在节目策划与制作中的具体应用方法，在节目策划运用创造性思维，更好地应对日益复杂多变的媒体环境，打造出更具创新性和吸引力的视听节目。

（一）创造性思维的培养

创造性思维是产生新颖、独特的创意和观点的关键。通过培养创造性思维，节目策划者能够更容易地提出新的节目主题、独特的节目形式和创新的内容框架。

创造性思维能够帮助节目策划者在面对问题和挑战时寻找创新的解决方案。在节目策划过程中，常常会遇到各种困难和障碍，需要灵活的思维和创新的方法来应对。通过培养创造性思维，策划者可以更快地找到突破口和解决方案，确保节目制作的顺利进行。

随着媒体环境的变化和观众需求的多样化，创新是保持节目竞争力的关键。通过不断培养创造性思维，节目策划者可以推出更具创新性和独特性的节目，从而在激烈的竞争中脱颖而出。

1. 头脑风暴

组织头脑风暴会议，邀请团队成员自由发表想法和观点，鼓励大胆表达，并将所有想法都记录下来。这种方法可以激发团队成员的创造性思维，促进创新的想法产生。

组织头脑风暴会议是一种有效的创意生成技术，旨在激发团队成员的创造性思维，促进创新的想法产生。在这种会议中，团队成员被鼓励自由发表想法和观点，无论其是否与传统观念相符或是否被视为不寻常、大胆的想法，都受到欢迎。通过鼓励大胆表达和开放式的讨论，头脑风暴会议提供了一个安全的环境，使得团队成员可以不受限制地提出新的创意和解决方案。此外，确保将所有想法都记录下来对于保持会议的开放性和尊重每个成员的贡献至关重要。这种方法有助于激发团队成员的创造性思维，鼓励他们超越常规思维模式，从而促进创新想法的涌现，为视听节目策划提供了丰富的创意资源。

2. 设想练习

组织设想练习，通过设定虚构情境或问题，鼓励团队成员展开想象力，提出创新性的解决方案。这种方法可以帮助团队成员打破常规思维模式，从而产生新的视角和创意。

组织设想练习是一种富有成效的创意激发方式，这一方法能够帮助团队成员打破常规的思维模式，促使他们从新的角度去审视问题，并激发出新的视角和创意。通过设想练习，团队成员得以从非常规的角度思考问题，超越传统的思维范式，从而引发出新的见解和解决方案。这种方法的实施，不仅能够激发团队成员的创造性思维，还有助于培养他们的想象力和创新能力。通过设想练习，团队成员能够培养敏锐的观察力和多样化的思维方式，为视听节目策划带来更为丰富和创新的创意。

3. 逆向思维

采用逆向思维的方法来思考问题，即从与传统相反的角度出发，寻找新的解决方案。这种方法有助于挑战固有的观念和惯性思维，激发创新的想法。

节目策划团队成员被鼓励跳出常规思维的框架，以截然不同的视角审视问题，探索新的解决方案。逆向思维打破了常规的思维模式，引导团队成员思考问题的反面，从而激发出意想不到的创意和创新。这种方法能够帮助节目策划团队成员超越传统的思维局限，寻找出与众不同的解决方案，从而推动视听节目策划工作朝着更加创新和前沿的方向发展。

逆向思维的运用不仅有助于挑战团队成员的思维惯性，还能够激发出更多独特和富有创意的想法，为节目策划注入新的活力和灵感。

4. 跨界合作

促进不同领域、不同背景的人员之间的合作和交流，通过多元化的视角和思维方式，为节目策划带来更多元化和创新性的想法。这种跨领域合作的方法打破了传统的界限，将来自不同领域、不同文化背景的人们聚集在一起，共同探讨和解决问题。

不同背景的人能够带来独特的经验、知识和见解，相互之间的交流和碰撞可以激发出新的创意和思维模式。跨领域合作有助于促进创新的思维方式，因为来自不同领域的人们可能会带来各种不同的方法和技巧，从而为节目策划提供更多元化和富有创新性的解决方案。

促进不同领域、不同背景的人员之间的合作和交流，是一种有效的方式，可以为节目策划带来更丰富和创新的想法，推动节目策划工作的不断发展和进步。

（二）创造性思维在视听节目策划的应用

创造性思维在节目策划中的应用涵盖了多个方面，包括节目主题与内容生成、节目形式与结构设计、节目制作手法和技术应用，以及节目互动与参与体验，还有对策划过程的反思与改进。创造性思维的运用使得节目策划者能够不断创新、提升节目质量，满足观众的需求，实现节目的成功制作与播出。

1. 创新节目主题与内容生成

视听节目策划者需要通过创新思维来提出独特、引人入胜的节目主题，以及吸引观众的内容创意。这可能涉及从不同的角度审视话题、挖掘观众感兴趣的话题，并为其设计新颖的表现形式。

节目策划者可以通过多角度思考和深度挖掘，从不同的视角出发审视话题。这包括考虑话题的多重层面、历史背景、文化内涵、社会意义等，以便从中发现与众不同的切入点和独特的角度。节目策划者需要不断寻找观众感兴趣的话题，并对其进行精准定位。通过调研和分析观众的兴趣、需求和趋势，策划者可以更好地把握观众的喜好，找到他们关注的焦点，从而确定适合节目的主题和内容。

策划者需要设计新颖的表现形式，以吸引观众的注意力和兴趣。这可能涉及采用创新的节目形式、引人入胜的叙事方式、视觉效果等，以及结合当下流行的媒体技术和互动手段，为观众提供新颖、多样化的观看体验。

视听节目策划者能够运用创新思维，提出独特、吸引人的节目主题和内容创意，从而为节目制作打下坚实的基础，吸引更多的观众关注和喜爱。

2. 创新设计节目形式与结构设计

创造性思维在节目形式和结构设计方面同样至关重要。策划者需要通过创意思维来构思节目的整体框架、节目单安排、节目节奏以及转场设计等，以确保节目的连贯性、吸引力和娱乐性。

节目策划者运用创造性思维来构思节目的整体框架确定节目的主题和核心内容，设计节目的基本架构和组织形式，以及规划节目的整体发展脉络。通过创新的思维方式，节目策划者可以提出新颖独特的节目概念和结构，从而使节目在竞争激烈的市场中脱颖而出。

节目策划者需要运用创意思维来确定节目中各个环节的内容、时长把控和节目节奏，以保持观众的关注度和兴趣。节目策划者可以通过创造性思维设计出多样化、有趣味性和富有张力的节目单，使观众在观看过程中产生更多的情感共鸣和体验；运用创意思维来设计新颖的节目转场和过渡使节目各个环节之间能够衔接紧密，保持节目的连贯性和观赏性。通过创造性思维，为节目增添更多的想象力和视觉效果，提升观众的观赏体验。

3. 创新节目制作手法和技术应用

创造性思维也在节目制作手法和技术应用方面发挥作用。策划者需要探索并应用新的节目制作技术和手法，例如虚拟现实、增强现实、实时特效等，以提升节目的观赏性和体验感。

创造性思维有助于节目策划者发现和理解新兴的节目制作技术和工具，持续关注行业发展和技术创新，了解最新的节目制作技术和工具，并考虑将其应用到节目制作中，以提升节目的质量和观赏性。

创造性思维可以激发节目策划者不断探索和尝试新的节目制作技术和手法，不断尝试新的创新技术，以创造出更加丰富多样、具有惊喜和创新性的节目内容，开发创新的节目制作手法和技术应用，将新的技术与传统的节目制作手法相结合，创造出独特而引人注目的效果，为观众带来全新的视听体验。

第三节 视听节目创意与策划的原则

在视听节目创意与策划过程中，遵循一定的原则有助于提高节目质量。视听节目创意与策划的原则是多方面因素的综合考量，主要体现在遵循弘扬主旋律与提倡多样化统一、社会效益与经济效益统一、创造性与可行性统一、计划性与灵活性统一这四个方面。

视听节目应当积极传播社会主流价值观念，引导观众树立正确的世界观、人生观和价值观。在弘扬主旋律的前提下，兼顾到节目受众的多样化需求，创造出各种类型、形式丰富的节目内容，以满足不同群体的审美追求和娱乐需求。

视听节目在追求商业利益的同时，也应当注重其对社会的积极影响。节目内容应当具有一定的社会责任感，能够为社会传递正能量，推动社会进步与发展。要实现经济效益与社会效益的统一，需要在商业运营的基础上，注重节目质量与影响力的提升，使节目既能吸引广告商和观众，又能够传递积极的社会价值。

视听节目的创意应当兼具创造性和可行性。创意是节目成功的关键，但创意必须基于对实际情况的充分了解和分析，考虑到制作过程中的各种限制条件，确保节目的实施可行性。创意性与可行性的统一，需要制作团队具备创新意识和专业素养，以及对市场、技术、观众等方面的敏锐洞察力。

视听节目的策划应当注重计划性和灵活性的统一。制作团队需要在制订详细的节目策划和制作计划的基础上，保持对市场、观众反馈等信息的敏感性，随时调整和优化节目内容和制作方案，以适应外部环境的变化和观众的需求变化，确保节目的成功制作和播出。

这些视听节目原则相辅相成，相互促进，是视听节目创意与策划工作的重要指导，能够帮助制作团队在竞争激烈的市场环境中保持创新、保持竞争力，使它们创作出具有影响力和感染力的优秀节目作品。

一、弘扬主旋律与提倡多样化统一原则

主旋律是指符合国家政治、文化、道德等方面的价值取向，具有积极正面的意义。弘扬主旋律是视听节目创意与策划的方向，在视听节目创意与策划中，应该注重主旋律的引导作用，通过节目内容和形式的设计传递正能量，激发人们的爱国热情和社会责任感。

视听节目作为社会文化传播的重要渠道，应当积极引导观众树立正确的价值观念和人生态度。在节目策划中，应当强调主流价值观念，包括民族精神、社会正气、家国情怀等，通过内容表现和主题设置等方式，让观众在欣赏节目的同时感受到积极向上的正能量。

强调弘扬主旋律，但并不意味着节目内容单一化。相反，应当充分尊重观众的多样化需求和审美趣味，创造出丰富多彩、形式多样的节目内容。无论是纪录片、综艺节目、文化艺术类节目还是新闻时评等，都可以通过不同的形式和风格，呈现出丰富的内容，以满足不同观众群体的欣赏需求。

在强调主旋律的同时，也要尊重观众的选择权和审美需求。节目策划应当在传递主流价值观念的基础上，保持创新性和趣味性，不断尝试新的形式和内容，创作出引人入胜、有温度、有深度的优质节目，吸引更多观众的关注和喜爱。

通过在节目策划中贯彻弘扬主旋律与提倡多样化统一原则，视听节目制作方能够实现社会价值与市场效益的双赢，提升节目的影响力和竞争力，为观众提供丰富多彩、富有内涵的精彩视听体验。

多样化是指不同类型、不同风格、不同主题的节目形式，统一原则则是指这些节目之间应该具有一定的连贯性和协调性。在视听节目创意与策划中，应该注重多样性和统一性的平衡，既要满足观众的个性化需求，又要保持整个节目体系的完整性。例如，在电视综艺节目中，可以安排不同类型的娱乐节目，如选秀、游戏、真人秀等，同时要注意这些节目之间的衔接和协调，以形成一个完整的节目体系。

在视听节目创意与策划中还需要注重时代性，应该紧密贴合当下社会的热点、焦点和关

注点，反映社会发展的最新动态。前瞻性则是指节目应该具有一定的预见性和超前性，能够引领未来社会发展的潮流。在视听节目创意与策划中，应该注重时代性和前瞻性的结合，既要关注当下社会问题，又要预测未来社会趋势。例如，在新闻报道中，应该及时反映当下社会问题，并对未来社会发展进行深入思考和预测。

视听节目策划在弘扬主旋律与提倡多样化统一原则下，旨在通过传播积极向上、符合社会主流价值观的内容，同时以多样的形式和风格，满足不同观众群体的需求，实现社会价值与观众吸引力的统一。只有在这些原则的指导下，才能够创作出具有高度思想性、艺术性和观赏性的优秀节目，为广大观众提供更加丰富、多样、高质量的视听享受。

二、社会效益与经济效益统一原则

视听节目策划中的社会效益与经济效益统一原则是指在节目制作过程中，要注重实现节目对社会的积极影响，同时具有经济效益，视听节目除了具备娱乐性和观赏性，更需要具备社会责任感和时代意义，使社会效益和经济效益相辅相成、相互促进。

视听节目的制作应当以观众的受益为出发点和落脚点，注重满足观众的精神文化需求，提供高质量、有价值的节目内容。策划与制作具有启发性、教育性和娱乐性的节目内容，激发观众的思考和共鸣，提升他们的生活品质和幸福感。使节目内容具有时代性、思想性、文化性和艺术性，让观众在欣赏节目的同时，能够获得精神上的满足和启迪。

视听节目最基本的功能是传递信息、传递价值观念和思想观念。在策划节目时，要确保节目内容符合社会主义核心价值观和传统文化精神，弘扬正能量，从而提升节目的社会效益。从现实生活中挖掘题材，关注民生热点和社会问题，让节目具有主旋律属性，能够反映社会现实，这样的节目更容易引起观众共鸣，从而实现社会效益和经济效益的平衡。

在节目的策划和制作过程中，应当关注观众需求和市场趋势，使节目具备较高的吸引力和观赏性。在确保节目社会效益的前提下，策划者可以通过多种渠道拓宽节目的盈利途径，如广告植入、赞助商合作、周边产品销售等，提高经济效益。注重节目的创意性、专业性和影响力，不断提升节目的品质，节目具有更好的商业价值和市场竞争力，实现经济效益和社会效益的良性循环。

视听节目策划遵循社会效益与经济效益统一原则，能够使视听节目更好地发挥其社会责任，提升节目的社会影响力和市场竞争力，实现经济效益与社会效益的双赢。

三、创造性与可行性统一原则

创意是节目成功的关键，创造性是指创意的独特性、新颖性和具有想象力的特点。可行性则是指这个创意是否能够被实现、是否符合节目的要求，以及是否能够得到观众的认可。视听节目策划中创造性与可行性统一原则是指在节目创意的构思和策划中，要保持创新性和独特性的同时，也要充分考虑到节目制作的可行性和实施的可操作性。

视听节目的创意必须具有创造性，创意的独特性和新颖性是吸引观众的重要因素。只有具有创造性的节目才能够引起观众的兴趣和关注，从而提高收视率。节目策划人员应当密切关注社会、文化、科技等方面的变化和发展，从生活中汲取灵感，挖掘独特的创意点，不断创新，打破传统的思维模式，尝试新的表现形式和内容。

一个节目的创意再独特、再新颖，如果无法被实现或者无法达到预期效果，那么它也是没有意义的。在创意构思的过程中，要进行充分的调研和分析，了解目标观众的需求和喜好，掌握市场趋势和竞争情况，评估制作资源和技术条件，确保创意的可行性和实施的可操作性。

创意的实现离不开团队的协作和资源的整合。节目策划人员应当搭建一个多功能、高效率的团队，合理分工，充分发挥每个成员的专业优势，确保节目制作的顺利进行。节目策划人员应当了解并利用各种技术手段，包括摄影摄像、剪辑编辑、特效制作等，以实现创意想法的呈现和展示。

在节目创意构思和策划完成后，要进行实践检验，观察和评估节目的实际效果。在每个阶段对项目进行评估和反馈，不断调整和优化方案，以确保最终结果的可行性。接收观众和市场的反馈，分析节目创意的优点和不足，及时调整和优化节目内容，对节目创意进行调整和完善，保持创意的活力和可持续发展。

通过在视听节目策划中实施创造性与可行性统一原则，能够有效地提高节目的创意水平和制作质量，使节目更具有吸引力和竞争力，为观众提供丰富多彩、高质量的视听娱乐体验。

四、计划性与灵活性统一原则

视听节目策划中计划性与灵活性统一的原则是指在制订节目策划和执行计划时，既要有周密的计划安排，又要具备足够的灵活性，能够随时应对外部环境变化和内部需求调整，确保节目制作的顺利进行和最终达成预期目标。

节目策划团队应当制订详细的节目制作计划，包括节目内容规划、制作时间表、人员任务分工、资源预算等，确保整个制作过程有条不紊地进行。

虽然有了详细的节目制作计划，但外部环境和内部因素随时都可能发生变化，因此必须具备灵活应对的能力。当出现计划外的情况或者新的需求时，要及时调整计划，做出相应的节目策划决策，确保节目制作的顺利进行。在灵活调整计划的过程中，制作团队也要确保目标的一致性。无论如何调整，都要确保最终的节目能够符合预期的质量标准、实现预期的效果，达到制作团队和观众的期待。

在节目计划执行过程中，节目团队成员之间需要保持密切的沟通和协作，及时交流节目制作进展、发现问题和解决问题，不断优化制作流程和工作方法，提高制作效率和质量水平，保证节目制作的顺利进行。

视听节目策划中遵循实施计划性与灵活性统一的原则，可以使节目制作团队在面对复杂多变的环境和任务时能够应对自如，保持工作的高效和质量，最终实现节目制作目标的顺利达成。

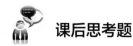 **课后思考题**

1. 请简述视听节目创意与策划的基本概念。

2. 列举视听节目创意与策划的主要步骤，并简要描述每一步的内容。

3. 视听节目创意与策划是否只需关注内容创作，不需要考虑观众反馈？请说明原因。

4. 新兴媒体平台对传统广播电视节目的冲击与融合，请提出在视听节目策划中的应对策略。

5. 请论述新媒体技术对视听节目创意与策划的影响，并举例说明。

6. 请分析一个成功的视听节目案例，说明其创意与策划的亮点和成功原因。

7. 试分析大数据在视听节目创意与策划中的应用，并分析其对节目内容和观众体验的影响。

8. 在当今互联网时代，视听节目如何通过多媒体平台实现更广泛的传播？

9. 设计一个你认为有潜力的视听节目，并描述其创意与策划过程。

10. 结合本章内容，谈谈如何在视听节目创意与策划中实现技术创新与内容创作的平衡。

第二章

视听节目策划的程序

视听节目策划的程序是一个系统性而又创意性的过程，它包括了多个关键阶段，需要从多个方面进行考虑。首先，策划人员需要对目标观众进行深入的调查和分析，了解他们的需求和兴趣，以便为他们量身定制节目。其次，策划人员需要考虑节目的主题和内容，包括节目的形式、风格、语言等方面。最后，还需要对节目的时间、地点、人员等进行安排。每个阶段都对最终的节目成功起着关键作用。

第一阶段是信息收集阶段。策划者需要深入了解目标观众的需求和喜好、行业趋势、市场竞争状况等，通过市场调研、观众反馈、行业报告等手段，收集大量有关视听节目领域的信息，为后续的策略形成提供数据支持。

第二阶段是策略形成阶段。在获得足够信息的基础上，策划者需要制定明确的策略，包括目标设定、定位策略、品牌形象等。这一阶段需要综合考虑观众需求、市场竞争、资源情况等多方面因素，确立明确的策略方向，为后续的方案制定奠定基础。

第三阶段是策划方案编制阶段。在确定了策略方向后，策划者需要具体规划节目的内容、形式、结构等方面。这包括选题策划、节目构思、人员安排、资源调配等具体计划。策划方案的编制需要充分考虑目标观众的接受程度，以及制作过程中可能遇到的挑战。

第四阶段是策划方案的实施阶段。这一阶段包括了具体的制作、录制、编辑等工作，以及与相关人员、团队的协作。在实施阶段，策划者需要不断监控进度，确保方案按照预期进行，并在需要时进行调整。

以上是一个基本的程序框架，在实际的视听节目策划中需要根据具体情况进行适度的调整。视听节目策划是一个创意与执行相结合的过程，成功的策划需要不断迭代和优化，确保最终呈现给观众的是高质量、吸引人的节目内容。

第一节　视听节目策划信息收集

视听节目策划信息收集是指在制定视听节目策划过程中，对相关数据、市场趋势、观众需求、技术条件等方面的信息进行收集、整理和分析的活动。信息收集是策划过程的关键环节，因为它为策划者提供了全面、准确的数据和知识支持，有助于制定切实可行的节目策划方案。

视听节目策划信息收集的过程中，关键的一步是对目标受众进行深入的调研。通过调查问卷、访谈、焦点小组等方式，了解受众的需求、兴趣、喜好等方面的信息。在这个过程中，需要注意的是，调研对象的选择、问卷设计、访谈技巧等方面的问题，都会直接影响到信息收集的质量和有效性。

除了对受众进行深入调研，视听节目策划者还需要收集相关的市场、行业、竞争等方面的信息。这些信息可以通过市场调查、行业报告、竞争情报等方式获得。通过对这些信息进行分析和研究，可以更好地了解市场环境和竞争态势，从而制定更加科学、合理的策划方案。

在视听节目策划信息收集的过程中，需要注意信息的及时性和准确性。随着社会和科技的不断发展，信息更新速度越来越快，因此需要及时跟进市场和行业动态，保持对信息的敏感度。同时，在收集和分析信息时，也需要注意信息的准确性和可靠性，避免因为信息不准确而导致策划方案出现偏差。

视听节目策划信息收集阶段构成了节目制作的基石，对相关节目策划信息的积累和整合不仅形成了对节目内容和形式决策的重要基础，也为整个策划过程提供了导向和框架。科学的信息收集和分析是制定有效视听节目策略的关键，以此来更好地满足观众的期待，适应市场的变化，并在竞争激烈的媒体环境中占据有利位置。

一、收集信息的作用

在视听节目策划过程中，只有收集到充足、准确、有价值的信息，才能够保证节目的质量和效果。透过精确的信息收集，能够更深入地理解目标观众的需求、兴趣以及行为模式，从而策划出符合受众期待的节目内容。此外，掌握市场动态和行业趋势是至关重要的，因为它们直接影响到节目的方向、风格和内容。同时，全面的竞争者分析也能够为策划者提供宝贵的参考，以寻找自身的优势并制定有针对性的策略。在资源分配和风险管理方面，准确及时的信息收集也具有重大价值，它能够帮助策划者有效地优化资源配置，预见和应对可能的风险，从而提升节目的生产效率和质量。

信息收集在视听节目策划过程中起着核心的作用，它对节目成功与否具有直接和深远的影响。只有通过信息收集，才能够全面了解这些因素，从而制定出更加科学、实用的策划方案。

1. 掌握市场动态

信息收集可以帮助策划者了解市场的动态。市场是不断变化的，只有及时了解市场的变化，才能够制定出更加适应市场需求的节目。通过对市场的信息收集，策划者可以了解到当前热门话题、受众喜好、竞争对手情况等各种信息，从而更好地把握市场动态。

通过观察当前市场上的节目类型、主题和形式等方面的情况，策划者可以了解到行业发展趋势，并做出相应的调整和规划。如果某种类型的节目正在受到广泛关注，则可以密切关注该类型的节目，并将其作为参考对象；如果某种类型的节目已经开始失去市场份额，则需要尽快找出原因，进行改进和创新。分析行业的增长趋势可以帮助策划者预测未来市场的发展方向，了解行业是否处于增长、稳定还是下降阶段，可以为策划者提供制定相应策略的依据。

通过了解整个行业的规模，策划者可以了解市场的容量和潜在发展空间。这对于判断市场的吸引力以及节目所处的发展空间非常关键。

在市场规模和增长趋势的基础上，策划者能够识别潜在的市场机会。例如，发现细分市场中未被满足的需求，可以成为策划方案中的创新点，吸引更多观众。了解市场规模和趋势能帮助策划者识别潜在的市场挑战，这可能包括竞争加剧、观众需求变化等方面的问题，为制定应对策略提供启示。在了解市场规模和趋势的基础上，策划者能够更精准地制定目标和确定节目的定位。这些有助于确保策划的节目符合市场的实际需求，提高成功的概率。

市场规模和增长趋势提供了策划者在制定策略时的一个全局视角，为其提供了有力的数据支持。这些信息能够使策划者更有信心地制定长远规划，确保节目与市场的发展保持一致，迎合观众的需求，从而在竞争激烈的市场中取得成功。

2. 满足观众需求

信息收集可以帮助策划者更好地了解受众的需求。在策划一个节目时，首先需要考虑受众的需求和喜好。通过市场调研和观众调查等方式，可以了解到观众对不同节目类型、主题和形式的评价和意见，进而更好地把握观众需求，并根据观众的反馈进行调整。通过对受众的信息收集，了解受众的兴趣爱好、需求痛点等各种信息，可以更好地制定出适合受众的节目。

通过观众反馈、社交媒体互动、市场调查等方式，收集信息有助于了解观众的喜好和兴趣，节目策划者通过精准地把握观众对于内容的期望，从而制作出更具吸引力的节目。如进行详尽的市场调研，了解目标观众的特征、喜好、观看习惯等；分析观众的年龄、性别、地域、文化背景等因素，以深入了解他们的需求；通过社交媒体、调查问卷、直接反馈还是其他方式，收集并分析观众的反馈，这有助于了解观众对现有节目的评价，发现潜在问题和改进点。

监测社交媒体上的讨论和话题，了解观众在互联网上的活动和观点。社交媒体平台通常是观众表达意见和喜好的重要渠道。关注当前的社会趋势和热点话题，了解观众在特定时间段内对哪些内容更感兴趣，使节目的内容更贴近时事和受众关注的热点。

观众需求是动态变化的，策划者需要保持对市场的敏感性，不断学习和调整节目内容。及时适应观众的喜好和变化，是保持节目吸引力的关键。节目策划者全面、深入了解观众的需求和喜好，为制定吸引人、符合市场期望的节目方向提供基础。这种精准了解观众需求的做法可以使节目更具有针对性，提高其在竞争激烈的市场中的成功概率。

3. 优化节目内容

收集的信息有助于策划者深入了解行业趋势和成功案例，从而能够在策划过程中借鉴经验，优化节目内容，提高节目质量。通过信息收集，可以了解到当前最新的娱乐趋势和流行元素，并据此制定更具有市场竞争力的节目内容和形式。

收集信息有助于策划者更好地把握节目发展趋势，使其能够做出具有前瞻性和适应性的决策。通过市场调研，可以了解当前视听节目市场的整体状况和趋势。分析视听节目市场的变化、增长点和消费习惯的演变，有助于预测未来可能的视听节目发展方向。

通过研究竞争对手和同行业的节目，了解当前最受欢迎的节目形式和内容。收集竞争对手的节目形式、播出时间、人员配置等方面的信息，可以了解到他们的优势和不足，并为自己的节目策划提供参考，在策划节目时更加关注观众喜好，并尽量避免重复或者太过相似的内容。这有助于策划者预测市场发展趋势，避免陷入过时或过度竞争的领域。

研究国际上类似市场的发展趋势，了解全球行业的动向，有助于策划者更好地预测行业未来的发展方向，这可以为创新和国际化提供有益的参考。跟踪技术创新和媒体平台的发展，了解新兴技术和平台对节目制作和传播的影响，这有助于策划者把握未来可能出现的制作方式和播放形式的变革。

通过收集整合分析以上信息，策划者可以更全面、深入地了解视听节目行业的发展趋势。这使得他们能够在制定策略和制作节目时更具前瞻性，更好地适应不断变化的市场和观众需求，确保节目保持竞争力并在行业中取得成功。

因此，视听节目策划收集信息是非常重要的一项工作，只有通过大量的信息收集与分析，才能更好地了解观众需要什么样的节目，市场上存在哪些机会和挑战，才能及时调整策略，制作出符合市场需求、受欢迎的节目。

4. 提高创新能力

收集到的信息能够丰富视听节目策划者的知识储备，提高其对新鲜事物和新趋势的敏感度，从而激发创新思维，为节目策划带来更多新颖、独特的创意。

收集的信息不仅仅是获取数据的过程，更是视听节目策划者提高创新能力的关键路径。这些信息可以使节目策划者深刻理解行业动态、观众趋势和竞争环境，同时也充实了节目策划的知识储备，为节目的创新提供丰富的素材。收集的信息能够不断拓展节目策划的思维边界，汲取跨领域的灵感，从而策划者能更创造性地思考和制定节目策划方案。

通过收集信息，策划者可以形成更加敏锐的洞察力，能够更早地发现市场趋势和观众需求的变化。通过及时了解新兴技术的应用、掌握行业领先者的最佳实践案例，以及分析竞争对手的策略，节目策划者能够更具前瞻性地预判未来发展方向，为节目的创新提供更有针对性的方向。

收集的信息为策划者提供了深入洞察行业和观众的机会，为他们的创新能力提供了强大的支持。这一过程不仅仅是获取信息，更是一种持续学习和不断进化的过程，使得策划者能够在竞争激烈的视听节目领域中保持创新性和领先性。

二、信息采集的内容范围

在视听节目策划的信息采集过程中，专业的内容范围包括对目标受众特征、市场需求、观众行为、热门话题、竞争对手、成功案例、技术创新与平台选择、观众参与度、内容创新方向、社会文化背景以及制作预算等方面进行深入调研。通过这些专业信息的收集与分析，策划者能够精准定位目标受众，了解市场趋势，规划节目策略，提高节目时效性与创新性，确保在竞争激烈的市场中取得成功。这一过程旨在基于数据和市场动态为节目的创意和执行提供科学依据，以最大限度地满足观众需求，提高节目的竞争力。

1. 视听节目市场发展趋势

视听节目市场发展趋势主要包括当前市场上的视听节目类型、主题和形式等方面的情况，以及行业发展趋势和未来发展预测，为节目策划提供参考。节目策划者需要收集市场趋势、行业发展、竞争对手分析等信息，了解市场上的需求和潜在机会。观察市场上的热门节目类型，节目市场呈现出内容多样化的趋势，观众对不同类型、不同风格的节目需求日益增加，策划者需要不断探索新的节目主题和创意，以满足不同观众群体的需求。

当下节目市场越来越注重知识产权的价值，视听节目 IP 化、品牌化和版权引进成为主流趋势。优质的原创节目内容和引进的热门 IP 节目内容能够吸引更多观众和投资，提高节目的竞争力。

随着新媒体的发展，跨平台传播已成为节目市场的主要趋势。视听节目不仅在传统电视平台播出，还会通过网络视频、社交媒体等多种渠道进行传播，视听节目策划者需要针对这一趋势，积极开发适合移动设备的节目内容，扩大节目的影响力和观众群体。在媒介融合的语境下，互动式节目成为市场的新趋势，节目策划者需要收集观众节目参与情况的信息，在策划中提升节目的互动性。

了解和把握节目市场趋势是策划者制定节目策略和创意的重要依据，只有紧跟市场变化，不断创新和调整，才能在激烈的市场竞争中脱颖而出。

2. 节目受众需求和喜好

节目受众的调查和反馈是了解节目受众需求和评价节目的重要手段。节目策划者需要收集受众对节目整体质量、内容创意、演员表现等方面的满意度以及对节目的整体评价。受众群体日益多元化，个性化需求愈加突出。节目策划者需要深入了解不同观众群体的需求和偏好，针对性地制作内容，提高节目的受众覆盖率和黏性。

收集节目受众需求和喜好的信息可以包括以下内容：受众对节目中的特定主持人、嘉宾和演员的喜好程度；受众观看节目的频率以及相应节目的观看时间段；受众对互动式节目、投票环节或社交媒体互动的兴趣程度；不同年龄、性别、地域受众的喜好和观看习惯；受众对于不同节目主题和形式的评价和需求；观众对于广告的接受程度和喜好，以便平衡广告与节目内容之间的关系。通过收集这些信息，节目策划者可以更好地调整节目策略，制定更有针对性的节目策略，确保符合观众的期待。

同时还需要提供一个开放式的节目反馈渠道，通过这些具体内容的调查和反馈，策划者能够深入了解观众的喜好和期望，找出观众的共性和差异性，为制定更贴近观众需求的节目方案提供重要参考。

3. 行业新闻和热点事件

行业新闻是指与特定行业相关的最新消息和趋势，如娱乐、体育、科技等领域的动态。而热点事件则是指引起公众广泛关注的事情，如重大新闻事件、社会热点话题等。关注行业内的新闻和热点事件，了解行业内部的动态和变化，及时掌握重要信息和趋势，紧跟时代潮流，了解行业动态，以便更好地制定节目策略。

收集行业内的成功案例、创新实践、热点话题等信息，以便为节目策划提供参考和借鉴，发现创新点和竞争优势，如策划一档旅游类节目，节目策划者需要了解旅游行业的发展趋势、热门旅游目的地、同行业节目的成功案例等，从而找到节目策划的创新点和竞争优势。

随着数据技术的进步，广告变得更加个性化和定向。广告商越来越倾向于利用用户数据来定制广告，以更精准地吸引目标受众。传统的广告形式逐渐被原生广告和品牌整合所取代。原生广告融入内容中，更自然地与节目融合，品牌整合则通过与节目内容相关的方式展示品牌，增强品牌与受众之间的联系。

4. 娱乐趋势和流行元素

视听节目的信息收集还包括当前最新的娱乐趋势和流行元素，这些信息有利于节目策划者制定更有创意和市场竞争力的节目内容和形式。收集与节目主题相关的灵感来源、创意素材、前沿观点等信息，为节目创意提供丰富的素材。如《跨界歌王》就很好地抓住了观众对于跨界合作的兴趣和需求，获得了良好的市场反响。

娱乐趋势是指在一定时间范围内，社会文化、经济环境等因素影响下，人们对于娱乐活动的偏好和需求的总体变化趋势。随着时代的变迁和观众需求的变化，娱乐趋势和流行元素也在不断地演变和更新。因此，对于节目策划人员来说，及时了解和掌握娱乐趋势和流行元素的动态，对于节目的成功与否至关重要。

在当前的社会环境下，娱乐形式多样，包括电影、音乐、游戏、综艺节目等，还有近年来非常流行的网络直播、短视频等，国外的娱乐形式和文化符号也会对国内产生影响。因此，在视听节目策划中，需要关注国内外娱乐趋势的变化，及时调整节目内容和形式，以满足观众的需求。

流行元素是指在一定时间内，被广泛接受和追捧的文化符号、潮流、风格等。这些元素往往具有时代感和代表性，能够引起观众的共鸣和情感共振。在综艺节目中，流行元素可以是某个热门明星、某种时尚风格、某个热门话题等。在视听节目策划中，需要密切关注流行元素的变化，并且灵活地运用到节目中去，以增强观众的兴趣和参与度。

只有紧跟时代潮流、掌握观众需求、灵活运用流行元素，才能够制作出具有吸引力和感染力的视听节目。

此外，视听节目策划中信息采集的内容范围还应该包括相关法律法规、行业标准等方面。这些方面是保障节目合法合规性和质量的关键因素。因此，在信息采集过程中，必须对这些方面进行全面、准确的了解和掌握，以便为后续的节目制作提供法律和行业标准上的支持和保障。视听节目策划信息采集的内容范围非常广泛，需要结合实际情况和自身需求，选择适合的信息渠道进行采集和分析。只有在信息采集工作做得充分、准确、全面时，才能为后续的节目制作提供充足的素材和支持，从而保证节目制作的质量和效果。

三、信息采集的原则

视听节目策划中的信息采集，必须遵循一些基本原则以确保其有效性和准确性。首先，信息采集应具有目标性，针对节目的目标观众、主题和目标进行。这要求节目策划者深入理解节目的核心需求，并以此为依据进行信息采集。其次，信息采集必须具有全面性，需要从多个角度和多个层面采集信息，以获取一个完整的、立体的视角。再次，信息采集必须具有时效性，即采集的信息必须是最新和最相关的，以反映当前的市场环境和观众需求。最后，信息采集应具有准确性，所采集的信息必须是准确无误的，因为错误的信息可能导致错误的决策。这些原则是视听节目策划中信息采集的指导原则，遵循这些原则可以帮助策划者提高信息采集的效果，从而提高节目的策划质量和效果。

信息采集是节目策划过程中的关键环节，遵循一定的原则能够提高信息采集的有效性和准确性。

1. 目标性原则

视听节目策划的信息采集应以节目的目标为导向，对于目标观众、节目主题以及节目目标进行深入的研究和理解，才能采集到真正有用的信息。信息采集的过程和内容应与节目的目标紧密相连，针对性地去采集与节目目标相关的信息。及时地获取最新的市场动态和观众需求，以便快速响应市场变化，制定更有针对性的节目策略。在采集观众群体喜好等相关信息时，可以定期进行问卷调查或者实地走访观众，以便及时了解观众的反馈意见。

如策划一档关于健康饮食的节目，主要目标受众是关心健康、希望改善饮食习惯的成年人。节目需要的采集信息可能包括：这个群体的饮食习惯，通常在哪些时间段观看电视，对哪些饮食话题最感兴趣，对节目形式有什么特别的喜好（比如，更喜欢看厨艺演示还是营养科普）等。如果节目目标是推广某一地方的文化，需要去采集的信息有当地的历史文化背景、特色风俗习惯、著名的旅游景点、地方美食等，还需要了解目标观众对于这个地方有何样的了解和印象，以及受众对于什么类型的文化节目最感兴趣。

目标性原则就是要根据节目的目标，去采集最相关、最有用的信息，采集应关注与节目策划目标密切相关的信息，避免采集过多无关或低价值信息，提高信息筛选的针对性和有效性，以帮助策划出符合目标的优质节目。

2. 全面性原则

全面性原则是指在视听节目策划的信息采集过程中，需要从多个角度和多个层面进行，以便获取一个全面、立体的视角。这意味着不能只关注一方面的信息，而应全面采集和考虑所有可能影响节目策划和制作的因素，信息采集应覆盖节目策划的各个方面。

其中包括了解观众需求，理解目标观众的兴趣、喜好、观看习惯等。了解当前的行业趋势，比如最近什么类型的节目受欢迎，什么样的表现方式或技术在行业中流行等。研究同类型节目的表现，包括的节目收视率、观众反馈，以及节目成功或失败的因素等。对可用的资源进行深入了解，包括人员（主持人、演员、制作团队等）、设备、资金等。了解与节目制作相关的法律法规，如《中华人民共和国著作权法》《中华人民共和国广播电视法》等。评估可能遇到的风险，如天气、安全、技术故障等，以及如何应对这些风险。

在信息采集过程中遵循全面性原则，可以帮助节目策划者更全面、更深入地理解影响节目策划的各个因素，从而做出更好的决策。

3. 时效性原则

时效性原则是指在视听节目策划的信息采集过程中，采集到的信息必须是最新和最相关的，以反映当前的市场环境和观众需求。视听节目是一个动态的过程，它受到社会趋势、技术进步、观众需求变化等多方面的影响，因此，信息采集必须保持时效性，才能准确地捕捉这些变化，并将其反映在节目策划中。

如策划一档科技类节目，需要及时关注最新的科技发展动态和趋势，如新的科技发明、科技行业的热门话题、科技消费者的最新需求等。策划一档旅游类节目，需要及时关注其他同类型节目的最新动态，如他们的最新节目主题、新的播出时间、新的赞助商等。

这些信息需要经常更新和验证，以确保其准确性和及时性。时效性原则要求节目策划者要具有敏锐的洞察力和观察力，以及有效的信息采集和处理能力，才能在动态变化的环境中制定出符合时代和观众需求的节目策划。

4. 准确性原则

准确性原则指采集的信息必须是准确无误的，因为基于错误的信息做出的决策可能会对节目产生负面影响，从而影响节目的质量和观众反馈。

在了解节目目标观众的喜好、习惯和需求时，需要获取准确的观众数据。如果错误地估计了目标受众的年龄段或他们的兴趣爱好，会策划出一个与受众需求不符的节目。如果对市场的理解不准确，误解了当前的行业趋势或忽视了竞争对手的策略，将无法准确地进行节目定位，或者制定出有效的节目营销策略。此外，还需要准确地了解节目可以利用的资源，包括预算、设备、人员等。如果高估了节目预算或低估了制作成本，那么可能会导致节目的质量受损。

信息采集的准确性原则要求在信息采集过程中必须谨慎和仔细，确保所有采集到的信息都经过验证和确认，以确保信息的准确性。需要节目信息采集时使用可靠的信息源、有效的数据收集方法和严谨的数据分析技巧。信息采集要求对数据和事实的真实性、可靠性进行核实，避免因误导性信息导致的策划失误。策划者应使用权威、可信赖的信息来源，如官方数据、专业报告、行业研究等。

5. 系统性原则

信息采集应形成一个系统，各个信息之间相互联系，相互影响，共同构成一个完整的信息系统，帮助策划者全面地理解和掌握节目策划的各个方面。

信息采集的系统性原则是指在视听节目策划的信息采集过程中，应该建立并维护一个包含所有相关信息的系统，这些信息相互关联，共同构成了一个完整的信息体系，可以帮助节目策划者全面地理解和掌握节目策划的各个方面。

系统性原则意味着不仅需要采集目标观众的基本信息（如年龄、性别、职业等），还需要采集观众的观看习惯、内容偏好、反馈意见等信息。这些信息应该系统地整理和分析，以形成一个关于观众的全面理解。需要系统地采集和分析市场信息，包括行业趋势、竞争环境、观众需求等，这些信息应该互相对比和联系，以形成一个关于市场环境的全面视图。还需要系统地评估和管理所有可用的资源，包括预算、设备、人力等。应该明确每个资源的状态、能力和限制，以及这些资源如何共同影响节目的策划和制作。

系统性原则强调的是一个整体视角和全局思考的方法，可以更好地理解信息的内在联系和动态变化，从而做出更加全面、精准和有效的决策。

四、信息采集的渠道及基本方法

在视听节目策划中，信息采集是一个复杂而多样化的过程，是视听节目策划中的重要环节，策划者需要通过多种渠道和方法采集信息，以便更全面地了解市场需求、目标受众、行业动态等。

在视听节目策划中，信息采集是一个至关重要的环节，应该从多个渠道获取信息，并使用多种方法进行分析和处理。采集信息的基本方法包括定性和定量研究。定性研究包括深度访谈和焦点小组，可以提供丰富、详细的信息，帮助策划者理解观众的观点和感受。定量研究包括调查问卷和数据分析，可以提供具体、度量的信息，帮助节目策划者量化观众的行为和偏好。

不同的信息采集渠道和方法具有不同的优点和限制，需要根据信息的类型、用途和可用资源，选择最适合的渠道和方法。视听节目策划的信息采集还需要确保信息的质量和准确性，通过多个渠道和方法交叉验证信息，以提高信息的可信度和有效性。

（一）信息采集的渠道

信息采集的渠道可以是各种媒体平台，如电视、广播、互联网等。这些媒体平台上的新闻、评论、访谈等内容，都可以为视听节目策划提供丰富的素材和灵感。通过与这些媒体平台建立合作关系，获取更加深入的信息和资源。在视听节目策划中，策划者可以利用专业机构和研究机构的报告和数据，这些资料可为节目提供更加准确和深入的分析和解读。此外，策划者还可以通过采访来获取信息，可以直接面对面与受访者交流，了解他们的观点、想法和情感，也可以通过社交媒体了解受众的需求和反馈，由此更好地把握受众的心理和情感。

1. 网络检索

网络检索是获取信息最直接和最方便的方式。利用搜索引擎、在线数据库、行业门户网站、新闻网站等网络资源进行信息检索，是最常用的信息采集方法，可以为节目策划提供丰富的素材和参考。

策划者通过大数据技术对各种数据进行挖掘和分析，可以获取更为详细和准确的信息。策划者通过关键词搜索、分类目录浏览等方式获取所需信息，通过搜索引擎可以找到大量关于行业动态、竞品信息、观众反馈等的信息。此外，策划者也可以搜索相关的论坛、博客、专业网站等，了解更专业或更深入的信息。同行业的成功案例、失败经验、创新实践等可以为策划者提供有益的借鉴和启示。通过对案例的深入研究，策划者可以更好地了解行业趋势和竞争态势。

2. 社交媒体

策划者关注与节目主题相关的社交媒体平台和在线社区，可以获取节目受众的真实反馈、意见和建议。这些信息有助于策划者了解受众需求，提高节目的吸引力和实用性。在新媒体平台快速应用和推广的背景下，社交媒体是观众表达自己喜好和观点的主要平台之一。广大公众不再是单纯的信息接收者，每个人都能传递信息，受众的观点逐渐成为视听节目采编策划的重要素材。节目策划人员可以通过观察社交媒体上的讨论和反馈，了解观众对不同节目类型、主题和形式的评价和意见，从而为节目策划提供有价值的参考意见。

节目策划人员要深度结合现有的新媒体渠道进行信息的深度采集和策划，充分利用移动端和新媒体平台，借助线上新媒体平台进行广泛的交流和互动，建立节目策划者和受众之间双向交流的渠道，帮助节目形成全链条、全流程、全视角的信息采编体系，在节目策划的内容、形式、角度等与广大群众密切联系。

3. 媒体报道和评论

策划者关注与节目主题相关的媒体报道、评论、专题报道等，可以了解市场反应、观众意见、行业评价等方面的信息。这些信息有助于策划者评估节目的市场潜力和竞争力。

采编人员应高度关注与节目主题相关的新闻事件，利用新媒体平台实现对热点话题的跟踪采集和编辑，关注受众对热点事件在不同阶段的发展和变化的持续讨论，透过事物表象挖掘新闻本质，通过采编和策划工作深入挖掘相关事件蕴含的节目。

策划者借助丰富的新闻来源渠道进行信息的采集和编辑，满足受众深入探寻新闻事件具体情况的需求，围绕新闻事件为受众提供更多有价值的信息和观察、了解事件的角度。这种明确内容与方向的采编策划工作及时、准确地传递了新闻事件的具体过程，并帮助一些电视媒体赢得了更多的关注和热度。

4. 专业书籍与期刊

专业书籍与期刊包括行业杂志、新闻、研究论文等。这些出版物通常提供深入的行业知识和最新的研究成果。一些专业机构会定期发布相关的行业调研报告，其中包括对当前市场状况、消费者需求、未来发展趋势等方面的分析和预测。市场报告提供了全面的行业分析和预测，可以了解到市场规模、行业趋势、竞品分析等信息。这些报告可以为节目策划人员提供更具深度和广度的信息支持。

策划者阅读与节目主题相关的专业书籍、期刊、报告等出版物，可以获取权威的数据和研究成果。这些资源通常包含详细的分析、案例和实证研究，对策划者具有较高的参考价值。

5. 直接调查与考察

与观众直接沟通也是信息收集的重要方式。通过采访观众了解他们的观看习惯、兴趣爱好、期待的内容等，策划者可以更好地把握观众需求，制定更合适的节目内容和形式。通过问卷、面访、焦点小组等方式，直接向观众收集信息。这是了解观众需求和反馈的重要方式。

策划者通过实地考察、参观、访谈等方式收集信息，可以更直观地了解目标市场、受众需求、行业现状等。此外，策划者还可以通过问卷调查、电话访谈、在线调查等方式，了解观众的需求和喜好。

通过使用这些信息采集渠道和方法，策划者可以准确地收集所需信息，全面了解市场环境、目标受众、行业动态等方面的信息，为节目策划提供有力的支持。在实际操作过程中，策划者需要根据项目的具体需求和目标，灵活运用多种信息采集方法，注意信息的更新和整合，确保信息的全面性、准确性和实用性。

（二）信息采集的基本方法

在视听节目策划中，信息采集的基本方法主要分为定性研究和定量研究两类。这两种方法各有优势，定性研究可以提供丰富、深入的信息，帮助策划者理解观众的情感和动机；定量研究则可以提供具体、可量化的数据，帮助节目策划者进行客观、科学的决策。通常，在视听节目策划中，这两种方法会结合使用，以获取更全面、准确的观众反馈和市场情报。

1. 深度访谈

通过一对一的对话，深入了解受访者的观点和经验。可以深入探讨特定话题，了解其观点、态度、体验和情感。这种方法可以提供丰富和详细的信息，不受结构化问卷的限制，让被访者自由表达，可以涉及各种主题和话题。访谈双方之间的互动和交流，有助于深入理解被访者的观点和感受，并进一步引导和探索。但该方法需要专业的访谈技巧和花费大量的时间。

首先明确深度访谈的研究目的和问题，确定要探讨的主题和话题。根据研究目的和问题，选择合适的受访者。通常选择具有丰富经验或特定背景的对象进行深度访谈。制定访谈大纲，包括开放式的问题和主题，但同时也要保持灵活性，根据受访者的回答进行适当的追问和引导。与受访者一对一地进行深度访谈，根据访谈指南逐步引导受访者回答问题，保持良好的沟通和交流氛围。记录访谈过程中的关键内容和发现，对整理和分析的数据进行解释和解读，发现其中的模式、主题和趋势，从而得出结论和推论。

深度访谈可以帮助研究者深入理解受访者的观点、感受和态度，提供丰富的个案分析和深度理解。在视听节目策划中，深度访谈可以用来了解观众的偏好、反应和需求，为节目的制作和内容策划提供有价值的参考。

2. 焦点小组

通过集中一小组人的讨论获取深入理解和洞察特定话题的信息，这种方法可以提供多元和互动的信息，但可能受到群体动态的影响。

首先明确焦点小组的研究目的和问题，确定要探讨的主题和话题。根据研究目的和问题，招募 6 ～ 12 名合适的参与者，通常选择具有相关经验或背景的人士参与讨论。制定讨论指南，包括开放式的问题和主题，以引导小组讨论。讨论指南应灵活调整，以满足参与者的反馈和讨论情况。记录小组讨论的关键内容和发现，提炼出有价值的信息和观点。

通过集体讨论的方式进行交流和反馈。参与者之间的互动和交流，可以促进不同观点的碰撞和交流，产生新的见解和观点，帮助研究者理解受访者对某件事物的观点、态度和感受。

3. 参与观察

研究者直接参与所研究对象的活动和生活环境，通过观察、交流和体验来获取信息和理解现象。这种方法可以提供实证的信息，但可能需要大量的时间和精力。

首先，研究者明确参与观察的研究目的和问题，确定要观察和理解的对象和现象，清楚研究者与研究对象的交流和互动，了解他们的想法、感受和态度，深入理解研究对象的行为、态度和文化背景，获取更深入的信息。

参与观察可以帮助研究者深入了解研究对象的行为、态度和文化背景，提供丰富的实地调查和深度理解。在视听节目策划中，参与观察可以用来了解目标观众的生活习惯、娱乐偏好和消费行为，为节目的制作和内容策划提供有价值的参考。

4. 调查问卷

策划者通过设计和发放问卷，收集大量人的意见和数据。这种方法可以提供大量和可比较的信息，但需要精心设计问卷和处理数据。

在设计调查问卷之前，首先需要明确调查的目的和需要了解的问题。确定调查的主题和目标，明确要获取的信息类型。设计问卷的结构和格式，包括问题类型、顺序和布局。常见的问题类型包括选择题、开放式问题、量表评分等。

问卷应该简洁明了，避免出现歧义或引导性问题。问题的顺序应该有逻辑性，从一般到具体，或者从简单到复杂。根据调查目的和问题，确定调查的目标人群或样本群体。样本的选择应该具有代表性，能够反映整体受众的特征和偏好。

确定样本的规模和分布，可以根据实际情况选择适当的样本量。在正式实施调查之前，对设计好的问卷进行测试，检查问卷的可行性和有效性。可以邀请少数受访者进行试填，根据反馈意见对问卷进行调整和修正。根据样本选择的原则和调查计划，进行调查问卷的实施。选择线上或线下的方式，通过面对面访问、电话调查、邮件发送等方式收集数据。对收集到的数据进行统计分析和解读，从中发现规律和趋势，得出结论和推论。

最后根据数据分析的结果，制定相应的策略和方案。根据观众的反馈和需求，调整节目内容和制作方式，提升节目的质量和吸引力。

视听节目策划人员需要通过多种途径进行信息收集，以便更好地把握市场动态和观众需求，从而制作出更受欢迎、更成功的视听节目。每种方法都有其优点和局限性，需要根据信息的需求和条件，选择和组合适合的方法。同时，为了提高信息的准确性和可信度，通常需要使用多种方法来交叉验证信息。

第二节　视听节目策划策略形成

在视听节目策划过程中，节目策划策略形成涉及市场需求、目标观众特征、竞争环境以及资源限制等多方面因素的综合分析和权衡。视听节目策划策略形成可以为整个节目策划过程提供指导，决定视听节目最终的呈现效果。通过明确策略形成与整体节目目标之间的关联，节目策划者能够制定出合适的策略方向，以最大限度地满足观众需求并在竞争激烈的市场中取得优势。

策略的成功与否取决于策略的执行和评估。策略的执行要素，如资源分配、团队合作和项目管理，是策略得以有效实施的保证。策划者需要及时调整和改进策略，以适应不断变化的市场环境。

本节将带领大家深入了解视听节目策划策略形成的基本概念、方法和技巧。从市场分析、目标受众分析、竞品分析等方面入手，分析如何为节目制定正确的策略。以及如何将策略形成与创意构思、内容编排、制作实施等环节相结合，确保策略的有效实施。

一、分析视听节目媒体生存环境

视听节目媒体生存环境面临着技术发展、市场竞争、观众需求和法规政策等多重挑战。媒体需要不断创新、提高内容质量，积极拓展市场，并与时俱进地调整策略，以适应不断变化的媒体环境，并保持竞争优势和可持续发展。分析视听节目媒体的生存环境可以帮助策划者了解当前的市场趋势、竞争情况和观众需求，从而制定出相应的策略和决策。

视听节目媒体生存环境的分析需要考虑技术发展、市场竞争、观众需求和法规政策等因素。技术的快速发展改变了媒体消费方式。互联网的普及和高速发展使得视频流媒体成为主流媒体消费形式之一，如视频点播、在线直播等。移动设备的普及和便携性，使得观众可以随时随地观看和听取节目，提高了媒体消费的便利性和灵活性。

视听节目媒体市场竞争激烈，包括传统电视台、网络视频平台、社交媒体等多方竞争。大量内容生产者和平台之间的竞争导致内容碎片化和价格战，提高了节目制作成本和营销投入。

观众需求多样化和个性化，对内容质量和创新性要求提高。观众更加注重内容的原创性、独特性和趣味性。观众更加倾向于选择与自身兴趣相关的内容，并希望节目能够提供与之互动和参与的机会。

社会文化环境的变化对视听节目媒体生存环境产生影响。年轻一代对于多元化、包容性和创新性的需求不断增加，媒体需要与时俱进地调整内容和形式。社会热点事件、文化趋势等因素也会影响节目内容的制作和播出，媒体需要敏锐地捕捉社会需求并及时调整策略。

1. 市场定位和竞争分析

在进行市场定位和竞争分析时，视听节目策划者需要深入了解同类节目的情况，包括节目内容、目标受众群体、播出时段、节目形式等。通过对市场上已有节目的调查和分析，节目策划者可以全面了解行业的现状和发展趋势，找出行业内的优势和劣势。

策划者对受众的年龄、性别、地域、兴趣爱好等特征进行调查和分析，以便更准确地把握受众的需求和喜好。通过了解观众的需求，节目策划者可以为节目制定更加精准的定位和内容策略，提高节目的吸引力和竞争力。

节目策划者还需要对全球视听媒体行业的市场规模和发展趋势进行分析，对国际视听节目的分析，包括节目的市场份额、节目产品或服务的特点，以及优势和劣势的分析。此外，节目策划者对视听媒体企业在国际合作方面的机会和挑战也需深入了解，包括节目版权合作、技术引进等方面的合作机遇和挑战，还需要关注影响视听媒体行业的国际政策和法规，例如跨境数据传输、版权保护等方面的政策变化，这些对于企业的战略决策具有重要意义。

通过对这些因素的综合分析和研究，节目策划者可以为视听媒体企业制定更具针对性和可行性的国际化发展战略。基于对市场和观众的深入分析，节目策划者可以确定节目的差异化策略和竞争优势，制定个性化的节目内容和形式。利用市场定位和竞争分析的结果，节目策划者制定相应的营销策略和推广计划，提升节目的曝光度和影响力，进一步提升节目的竞争力和市场地位。

2. 技术和平台趋势分析

视听节目策划者需深入关注技术和平台的发展趋势，其中包括移动设备、流媒体平台、社交媒体等的使用情况和变化。这些新技术和平台的涌现正在深刻地重塑观众的媒体消费行为和习惯。移动设备的广泛普及为观众提供了随时随地获取节目内容的便捷途径，而流媒体平台的兴起则赋予了观众更个性化和灵活的节目选择能力。社交媒体的快速发展也为节目的传播和推广提供了全新的渠道和机遇。

视听节目策划者要适应新技术和平台环境的变迁，保持对新技术和平台的关注，定期学习和了解其最新发展趋势、功能特点和应用场景。视听节目策划者与行业内专家和领军企业保持密切联系，参加相关行业会议、研讨会和培训课程，获取最新的技术资讯和行业动态。视听节目策划者建立专门的节目创新团队，专注于新技术和平台的研究及开发，不断探索和尝试新的应用场景和解决方案。视听节目策划者与技术供应商建立合作关系，共同研发和推广新技术及平台应用，以满足观众的需求和市场变化。

节目策划者需要将新技术和平台应用到节目制作、推广和传播中，提升节目的质量和吸引力，拓展节目的受众群体和市场份额。节目策划者探索新的节目形式和内容表现方式，以适应不断变化的观众需求和市场环境。节目策划者还需要定期评估节目的表现和市场反馈，根据评估结果及时调整策略和内容制作方案，保持与时俱进、持续改进和优化节目质量及效果。

通过以上措施，节目策划者可以及时了解并适应新技术和平台环境的变迁，不断创新和调整策略，保持节目的竞争力和市场地位，更好地满足观众的日益多元化的需求，实现节目的持续发展和成功。

3. 社会、文化和政策环境分析

视听节目策划者必须深入考量社会、文化和政策环境对媒体产业的广泛影响。这一影响涵盖了社会趋势、文化价值观以及相关政策的演变，对节目内容和形式的塑造具有重要意义，同时也关系到媒体生存环境的合规性和可持续性。

在社会层面，节目策划者需要认真审视社会变迁和趋势，如人口结构、科技进步、经济发展等方面的变化。这些因素将直接影响受众的需求和行为模式，从而影响节目的选择、定位和制作。理解社会趋势有助于策划者抓住机遇、应对挑战，确保节目与观众的联系紧密并具有吸引力。

在文化方面，文化价值观的变迁对节目的内容和形式产生深远影响。策划者需了解当地文化背景、价值观念、审美趣味等，以确保节目内容与观众的文化认同相契合。在文化多样性的今天，考虑到不同文化群体的需求和偏好，制定多元化的节目策略尤为重要。

政策环境则直接影响到节目的生产、传播和营销。节目策划者需了解相关法律法规、监管政策以及行业规范，确保节目制作和播出符合法律要求，避免可能的风险和纠纷。政策的变化也可能为节目带来机遇或挑战，节目策划者需要及时了解政策动态，并灵活调整策略以适应环境变化。

社会、文化和政策环境对视听节目媒体的影响，不仅有助于策划者更好地把握市场需求和观众偏好，还能保障节目的合规性和可持续发展。这种综合性的考量需要策划者具备深厚的学术背景和跨学科的知识储备，以科学的方法和敏锐的洞察力来制定符合实际情况和市场趋势的策略。

二、确定视听节目的整体定位

视听节目的成功与否往往取决于其定位是否与目标受众的需求和期望相契合。视听节目策划者需要明确视听节目整体定位的重要性、了解影响节目定位的因素以及实现节目有效定位的关键策略。

准确的节目定位是确保节目吸引力和观众忠诚度的关键因素之一。通过准确把握目标受众的特征和需求，节目策划者可以更精准地制定内容策略和营销方案，提高观众的满意度和忠诚度。有效的节目定位还能够帮助节目在竞争激烈的市场中脱颖而出，取得更高的收视率和市场份额。

视听节目的整体定位受到多种因素的影响，包括目标受众的特征、市场需求和竞争环境等。有效的节目定位需要综合考虑节目内容、形式、风格以及营销推广等方面的因素，只有在深入分析市场和观众的基础上，才能制定出符合实际情况和市场趋势的有效定位策略。节目策划者通过深入了解目标受众的需求和偏好，精心设计节目内容和形式，并采取合适的营销策略和推广手段，才能实现节目定位的有效执行和落地。

1. 视听节目市场定位

视听媒体行业是一个快速发展且竞争激烈的领域，其市场规模不断扩大，竞争格局也在不断演变。传统电视和广播媒体也在数字化转型的过程中积极寻求创新。

视听媒体行业在数字化和网络化的推动下，呈现出不断创新和发展的态势。新兴技术如增强现实（AR）、虚拟现实（VR）和人工智能（AI）等的应用，为视听媒体行业带来了更多的可能性和创新方向。内容个性化、互动性和跨平台传播等成为行业发展的重要趋势。

随着数字化技术的普及和消费者媒体行为的改变，人们的媒体消费模式越来越多样化，从而推动了视听媒体市场的竞争。视频流媒体服务、音频流媒体服务、在线广播以及数字电视等领域的市场规模不断增长，视听媒体行业的竞争格局呈现出多元化和激烈化的特点，竞争主要体现在内容制作、用户体验、技术创新、市场营销等方面。各家企业纷纷加大对原创内容的投入，提升用户体验和服务质量，通过技术创新和品牌营销不断扩大市场份额，形成了一种多方竞争、多元共生的格局。

视听媒体行业在快速发展的同时，面临着激烈的市场竞争和不断变化的市场格局。节目策划者了解行业发展状况、市场规模和竞争格局，对于制定有效的策略和提高竞争力具有重要意义。

2. 视听节目内容形式定位

根据市场需求和受众喜好，选择合适的内容类型是确保节目成功的关键之一。在选择内容类型时，需要综合考虑目标受众的特点、行业发展趋势以及竞争对手的情况。此过程涉及对目标观众的特征和偏好进行深入分析，并考虑市场中已有的节目类型以及观众的反馈。根据市场调研结果和观众喜好，策划者可以选择适合的内容类型，如教育、娱乐、科技或生活等，这些选择必须与目标受众的特点和市场趋势相一致。

核心主题是节目内容的核心思想或主线，而关注点则是具体内容的重点和焦点。确保主题和关注点与受众的兴趣和需求相匹配，具有吸引力和价值。另外，根据受众的喜好和行业发展趋势，选择适合的内容形式也至关重要，可以选择访谈、现场直播或短视频等形式，以提高观众的参与度和体验感。根据节目的主题和风格特点选择适合的表现手法，不同的手法对于传达信息和吸引受众具有不同的效果。确定节目的整体风格以及选择适合的表现手法和视听元素，运用视听元素来强化节目的风格特点和吸引力，提升观众的参与度和情感共鸣，从而有效地传达节目的主题和情感。

综合运用以上策略，可以有效地根据市场需求和受众喜好对节目的内容类型和形式进行精准定位，使节目在内容呈现和传播效果方面取得更好的表现，实现预期的传播效果和受众吸引力。

3. 视听节目品牌定位

视听节目的品牌是指节目在观众心中的独特形象和认知，以及与该节目相关的一系列标识和特征。与其他产品或服务的品牌类似，视听节目的品牌包括节目名称、标识、风格、口号、形象和声音等元素，这些元素共同构成了节目的品牌形象。

视听节目的品牌定位是指确定节目在观众心目中的独特形象、价值主张和市场位置的过程。品牌定位是通过明确节目的核心理念、特点和目标受众，将节目与其他竞争对手区分开来，从而在观众心中建立起独特的地位和认知。

节目策划者需要分析市场上其他类似节目的品牌定位和特点，了解竞争对手的优势和劣势，通过比较分析，找出自身的差异化优势和市场定位空间，为品牌定位提供参考。节目策划者确定节目的核心价值主张，塑造视听节目的品牌个性，如品牌的名称、标识、口号、形象和声音等方面的设计和传播，同时制定相应的传播与营销策略，将节目的品牌形象和价值主张传达给目标受众。

通过品牌定位，视听节目可以准确定义自己在观众心目中的独特形象和价值主张，使得观众能够清晰地认识和理解节目，并形成对节目的认同和忠诚度。品牌定位的成功实施可以帮助节目吸引更多的目标受众，提升节目的知名度和影响力，从而在竞争激烈的市场中脱颖而出。

三、保证视听节目策划策略有效实施

在视听节目创意与策划过程中，制定符合实际的战略性对策是至关重要的。

确保策略实施的目标清晰明确，并制定相应的评估指标和绩效目标。这些目标和指标应当具体可衡量，便于监测和评估策略的实施效果。充分考虑到策略实施所需的各种资源，包括人力、财力、物力等，并合理分配和规划这些资源，确保能够有效支持策略的实施。

建立一个高效的组织结构和沟通机制，明确责任分工和任务执行流程，确保策略实施的顺利进行和信息畅通。建立起持续监测和评估策略实施效果的机制，定期收集、分析和反馈数据和信息，及时发现问题和挑战，做出相应调整和优化。随时关注外部环境和市场变化，灵活应对不断变化的情况和挑战，及时调整和优化策略实施方案，确保适应市场和需求的变化。定期跟踪策略实施的进展情况，并及时向利益相关者和团队成员沟通进展和结果，保持透明和沟通畅通。

通过以上措施的综合应用，可以有效保证视听节目策划策略的有效实施，确保节目的顺利制作和播出，达到预期的效果和目标。

1. 制定节目的目标与指标

视听节目的指标是用于衡量节目质量、表现和影响力的标准和指标。这些指标可以帮助评估节目的受众吸引力、收视率、观看时长、用户参与度等方面的情况，从而为节目的制作、播出和营销提供参考和依据。这些指标提供了量化的数据，用于评估节目在受众群体中的影响程度和观看程度。

收视率，即观众观看特定节目的比例，反映了节目的受欢迎程度和观众数量。观看时长是另一个重要的指标，它衡量了观众观看节目的平均时长，直接反映了节目对观众的吸引力和观众的留存能力。用户参与度则包括评论、分享、点赞等用户在社交媒体或其他平台上对节目的互动行为，这些反映了观众对节目的投入程度和参与度。用户满意度通过调查问卷或反馈调查等方式进行评估，以衡量观众对节目内容、主持人、节目形式等方面的满意程度。

节目品牌知名度评估观众对节目品牌或名称的认知程度，社交媒体指标则包括节目在社交媒体上的曝光量、转发量、评论量等，反映了节目在社交媒体上的影响力和受欢迎程度。广告效果指标评估节目中广告的曝光率、广告点击率、购买转化率等，以衡量广告在节目中的效果和影响。

这些指标的综合分析可以为节目制作人和播出平台提供重要的受众反馈和参考，帮助他们及时调整和优化节目内容和形式，提升节目的质量和影响力。

2. 合理规划节目资源

在视听节目策略实施的过程中，必须充分考虑所需的各种资源，包括人力、财力、物力等。这些资源对于实现策略目标非常重要，需要进行合理的节目资源分配和规划，以确保能够有效地支持策略的实施。

在人力资源方面，需要确定所需的专业技能和人员配备，确保拥有足够的人员数量和能力来执行策略。财力资源方面，需要评估所需的资金投入和成本支出，确保拥有足够的资金来支持策略的各个方面，包括制作成本、营销推广费用等。物力资源方面，需要考虑到所需的设备、场地、材料等物质资源，确保能够满足策略实施的需要。

通过充分考虑和合理规划人力、财力和物力等资源，能够有效地支持策略的实施。这样的资源管理方式有助于确保策略实施的顺利进行，并提高策略的执行效率和成功率。在战略实施的过程中，资源管理扮演着关键的角色，它涉及对资源的充分利用和优化配置，以确保能够实现战略目标并取得预期的效果。这种有效的资源管理方式不仅能够帮助节目有效地应对挑战和机遇，还能够提升节目的竞争力和持续发展能力。

3. 技术创新和数字化转型

通过技术创新和数字化转型，可以为视听节目策划策略的有效实施提供多方面支持。

利用数字化技术和创新工具，可以提高节目内容的生产效率。例如，采用虚拟现实技术和云计算平台可以改善节目制作的流程和效率，减少制作成本和时间，从而更快地实现策略目标。

数字化转型使节目内容能够通过多种渠道和平台进行传播，如视频流媒体平台、社交媒体、移动应用等。这样可以扩大节目的受众覆盖范围，增强曝光度和影响力，有利于策略的有效实施。

数字化技术和互联网平台可以为观众提供更加丰富和个性化的互动体验。例如，通过社交媒体互动、投票参与等方式，提高观众参与度，提升节目的互动性和用户体验，有助于策略的成功实施。

数字化转型使大数据分析和人工智能技术能够更好地应用于节目运营和内容推广中。通过对用户数据和行为的分析，策划者可以更准确地了解观众需求和偏好，为节目策划提供有针对性的建议和调整方案，从而提高策略实施的效果。

数字化转型也带来了内容保护和安全的新挑战，但同时也提供了更多的技术手段和方法来保护内容的版权和安全。加强内容版权保护和安全控制，可以提升节目的合法性和可信度，有利于策略的稳健实施。

技术创新和数字化转型为视听节目策划策略的有效实施提供了多种可能性和机会。利用这些新技术和工具，策划者可以更好地实现策略目标，提升节目的质量和竞争力，从而取得更好的效果和成效。

第三节　视听节目策划方案的编制

视听节目的策划方案编制需要考虑多个因素，包括受众群体、节目类型、内容形式、时间长度、制作成本等。为了确保节目的质量和受众的满意度，策划方案的编制必须经过详细的研究和分析。

视听节目策划方案编制需要对受众群体进行深入的了解。不同的受众群体有着不同的需求和偏好，需要根据受众的特点来确定节目的类型、内容和形式。不同类型的节目有着不同的特点和制作难度，需要根据预算和制作能力来确定。时间长度和制作成本是衡量一个节目质量和效果的重要指标。时间长度需要根据受众群体、节目类型和内容形式来确定，不能过长或过短；制作成本需要在预算范围内合理分配，不能过高或过低。

视听节目的策划方案是指在节目制作前期，编写的一个详细的计划书，它包含了节目的主题、内容、形式、时长、人员分工、使用效果等方面的详细说明。视听节目策划方案规划了整个节目的构架、内容和流程，是视听节目制作的基础，是节目制作团队的指导。 视听节目策划方案有助于确保节目在设计和制作过程中始终保持一致性，通过明确的文本，团队成员可以清晰了解制作方向，方案可以作为标准和参考，避免在制作中出现偏离主题或风格的情况。

视听节目策划方案的编制能够帮助节目策划者制定节目的内容、结构和流程，以便在制作阶段能有序地进行，不仅有助于创意表达，还能在项目管理中发挥重要作用。通过精心编制的清晰的视听节目策划方案有助于在团队内部建立共识，推动创意的迭代与升华，可以促进制作团队内外的有效沟通，明确的文字表达有助于避免信息误解，清晰的文本为进度追踪、任务分配和资源调配提供便利，能够推动团队成员更好的协作。

一、视听节目方案编制的作用

1. 明确节目主题和内容

在策划阶段的早期，文本主要用于定义节目的基本概念和目标，例如节目的类型、主题、目标观众、播出平台等。这些信息通常会写成一个节目提案，以便让所有参与者都对节目有一个清晰的理解。

视听节目的主题是吸引观众的关键，策划文本需要明确主题和内容，以便于制作人员在后续的制作过程中有一个清晰的方向。同时，策划文本还需要充分考虑受众需求和趋势，以确保节目内容与受众需求相符合。

2. 规划节目形式和时长

一旦节目的基本概念确定，就需要编写一个节目大纲。节目大纲是对节目内容、结构和流程的初步规划，可以帮助制作团队理解节目的整体框架，以及每个节目元素（如主题讨论、采访、表演等）如何相互关联。

视听节目的形式和时长直接影响着受众的收视率和评价。策划文本需要充分考虑节目形式和时长的选择，以确保节目内容的完整性和流畅性。同时，策划文本还需要考虑到广告插播的时间和次数，以便于在节目中合理安排广告。

3. 确定人员分工和职责

视听节目制作需要多个人员协作完成，策划文本需要明确每个人员的分工和职责，以确保节目制作的高效性和质量。同时，策划文本还需要考虑到人员之间的协作和沟通，以便于在制作过程中出现问题时能够及时解决。

在策划阶段的后期，文本将用于编写制订计划，包括拍摄日程、预算、人员分工等。这个计划将作为制作过程中的指导文档，确保所有工作按计划进行。

4. 评估节目效果和改进方案

视听节目的制作是一个不断改进的过程，策划文本需要充分考虑到节目效果的评估和改进方案的制定。在节目制作完成后，需要对节目进行评估，以便于发现问题时及时改进。

视听节目的策划方案是视听节目制作的基础，它直接影响着节目的质量和效果。策划方案需要充分考虑到节目的主题、内容、形式、时长、人员分工、人员职责、效果评估等方面的内容，以确保节目制作的高效性和质量。同时，策划方案还需要不断改进和完善，以适应受众需求和市场变化。

二、视听节目方案设计框架

视听节目方案设计的结构样式可以因不同的媒体、目标受众以及节目类型而有所不同。然而，一般来说，一个完整的节目策划方案通常包括节目名称、节目概要、目标与受众、节目流程与结构、内容大纲、人员和资源配置、时间安排与进度计划、预算计划、宣传计划等。这个结构样式可以根据具体的情况进行调整和变化，以适应不同类型的节目策划。在撰写时，清晰、简洁、一致的表达风格是非常重要的。

1. 节目概要与介绍

首先需要有一个明确而引人注目的节目名称。选择一个引人注目、独特而又与节目内容相关的名称对于吸引观众至关重要。避免使用过长或复杂的词汇，简洁而有力的名称易于记忆和传达。节目名称要能够反映节目的主题和核心概念，观众可以通过节目名称初步了解节目内容。

尽量选择独特的名称，避免与其他类似节目混淆，这有助于节目在众多同类节目中脱颖而出。节目名称尽可能引起观众情感共鸣，让人一眼就能感受到节目的氛围。可以考虑加入一些创意元素，可能是双关语、隐喻或象征性的词汇，使名称更有趣味性，确保名称不容易被误解或引起负面联想，避免使用可能引起争议或不当的词汇作为名称。

可以通过节目名称加强节目的整体品牌形象，节目名称适应不同媒体平台和市场，以方便推广和宣传。在最终确定名称之前，策划者可以进行小规模的受众反馈测试，了解观众对名称的感受。一旦确定了一个合适的名称，在宣传和推广过程中要确保使用，以提高观众对节目的认知度。

在节目概要的开头，用一两句话简要介绍节目的核心内容、主题或概念，确保简洁而吸引眼球。在介绍中深入阐述节目的主题，包括其重要性、背景和相关信息，同时引入节目中的核心要素，如关键角色、亮点情节等，通过关键要素的概述，包括主要角色、关键场景和情节，以建立节目的整体内涵。在概要中还要明确节目形式，如纪录片、访谈或戏剧，并解释这些选择与主题的关系，以及如何符合目标受众的需求。另外，确定节目的风格，如幽默、感人、教育性等，同时明确节目的时长、播出时间、播出平台等。

对目标观众进行全面分析，考察其特征、兴趣和期望，以确保节目内容与目标受众的需求相契合。强调节目与其他类似节目的不同之处，突出独特卖点，为观众提供新鲜感。强调节目的独特卖点，即使其在同类节目中脱颖而出的特色，如独特的创意、视觉效果或探讨方法。阐述节目引导观众产生情感体验的策略，如情感共鸣、情感激发或情感体验的深度。

节目概要与介绍应该是简洁而有力的，避免过分冗长。突出节目的亮点和吸引人的特点，使用通俗易懂的语言，确保不同专业人士都能理解，若有专业术语，确保解释清晰。

2. 节目目标与受众

在视听节目方案的撰写中，阐述目标与受众是非常重要的一部分，这直接关系到节目的定位、内容以及传播效果。在方案中明确表述节目的整体目标和意图，这可以包括传递特定信息、引发观众思考、提供娱乐或教育体验等，确保目标清晰且一致。

在方案中进行深入的受众分析，包括目标受众的特征、兴趣、价值观等，通过详细的受众分析，可以更好地调整节目内容以迎合目标受众的需求。阐述节目在市场中的定位，即与其他类似节目相比的独特之处，同时，考虑到目标受众的特点，定制内容以更好地满足他们的期望和兴趣。

阐述节目中如何加强观众互动和参与，包括社交媒体互动、在线投票或提问环节等，以及如何通过节目内容引发观众的情感共鸣，以吸引受众更深层次的参与和投入。如果策划的是教育类的节目，还要在方案中阐述如何满足目标受众的学习需求，提供有益的信息和知识。

通过清晰地阐述节目的目标和受众，方案能够为制作团队提供明确的指导，并使观众更容易理解、接受和参与到节目中。

3. 节目流程与结构

在视听节目方案的撰写中，需要清晰而有条理地阐述节目的流程和结构，简要概述整个节目的结构，明确节目的主要部分和它们之间的关系，确保节目制作团队在开始时就对节目整体有所了解。

首先撰写节目的开场部分，包括如何引入主题、主持人出场、奠定基调等。阐述开场所运用的艺术表现手法与创意手法，如使用一个引人入胜的故事情节来引导开场，故事情节能够引发观众的共鸣。巧妙设计的开场引入，可以为整个节目打下良好的基础。

详细描述节目主题的发展过程。包括从一个话题到另一个话题的过渡，以及如何在整个节目中保持主题的连贯性。对于不同的节目段落，提供明确的介绍，说明每个段落的目的、主题和可能的发展方向。如果有嘉宾出现，需要对每位嘉宾进行简要介绍，包括其背景、参与的目的和与主题的关联。

描述节目中不同场景之间的过渡，无论是物理场所的切换还是情感氛围的变化，确保过渡自然。如果有互动环节，包括提问环节、社交媒体互动等，要阐述观众如何参与以及这些互动环节的目的。重点阐述整个节目中流程中的亮点和看点，例如节目精彩的片段或独特的观点。最后描述节目的结尾部分，包括总结重要信息、回顾节目亮点、呼应开场等。

通过节目流程与结构的详细阐述，节目制作团队更好地理解了节目的组织结构和各部分的作用，可以提高节目内容制作的效率。

4. 节目视听效果策划

在节目的视听效果策划中，策划者要确定节目的整体视觉风格，包括色调、风格和设计元素。这有助于营造恰当的氛围，与节目主题相呼应。

根据每个节目各部分的主题和内容，精心设计场景，确保其与整体风格一致。场景的策划应突出主题，并为观众提供优质的视觉体验，在策划中要考虑使用图形元素来强化信息传达，包括节目场景布置的装饰图案、节目中所需要的动画、数据图表、节目标识等，以增强观众对内容的理解和记忆。策划者还要为主持人、嘉宾和演员选择合适的服装和化妆，确保与整体风格协调，并突出他们在节目中的角色。

制订摄影计划，选择合适的镜头和拍摄角度，以呈现出最具视觉吸引力的画面。考虑运用特殊的摄影技术和效果，如慢动作、快速移动摄影等，并在适当的时候使用特效和过渡，增添节目的创意和现代感。关注画面构图的原则，如黄金分割、对角线引导等，确保画面有层次感和吸引力。

在声音策划方面，策划者应该详细说明与节目主题和情感氛围相匹配的音乐和音效，确定背景音乐、过渡音效等的使用。如果有配音或解说，要确定相应的配音和解说风格，确保语调、语速和情感表达符合要求。根据节目需要，使用情感音效来强调情感高潮，如悬念的音效、感人场景的背景音乐等。

在节目中通常有广告，因此还需要精心设计口播和广告，确保它们既能够引起注意，又不影响整体的听觉体验。

在节目策划中，策划者通过综合考虑视觉和听觉效果，可以更好地吸引观众，提升节目观看体验。

5. 节目主持人与嘉宾策划

根据节目的主题和性质选择主持人，要求其风格和个性与节目主题相符，或者根据节目性质配置主持团队。

一些节目类型，如访谈节目、解说性质的节目，更适合由单一主持人来负责。主持人可以更集中地管理节目，确保流程有序，并在整个节目中贯穿相同的风格和氛围，单一主持人可以深入挖掘话题，进行深度的探讨。

综艺节目、娱乐性质的节目通常更适合采用主持团队，以增强娱乐性和互动性，能够更好地适应多样化的内容和主题。主持团队成员可以在不同方面分工合作，各自负责不同的任务，使节目更富有层次感，主持团队的成员可以弥补彼此的不足，形成一个更完整和具有多维度特色的团队。

选择哪类嘉宾对于一个视听节目的成功同样至关重要。根据节目的性质和主题，明确需要哪种类型的嘉宾，如专业领域专家、名人、普通人故事分享者等。确保嘉宾的专业背景与节目主题相关，能够为观众提供有价值的信息或观点。

对于一些特定类型的节目，选择一些在公众中有一定知名度和吸引力的嘉宾，可以增加节目的关注度。充分挖掘嘉宾的个人故事性，确保他们有引人入胜的故事或经历，能够引起观众的共鸣。评估嘉宾的表达能力，确保他们能够在镜头前自如表达，还要保证嘉宾能够与主持人协调合作，形成默契，使整个节目看起来流畅而自然。如果是直播节目，还要选择能够及时参与并做出实时回应的嘉宾。

节目主持人和嘉宾是视听节目中两个至关重要的元素，它们共同负责塑造节目的形象、提供内容和与观众互动。通过主持人和嘉宾的协同合作，可以创造出更加生动有趣、富有深度的视听节目，提升观众的观看体验。

6. 人员和资源调配

在策划和制作视听节目时,合理配置人员与资源是确保项目高效执行和质量保障的关键。

根据节目的需要,确定节目制作团队人员以及人员数量,包括制片人、导演、编导、编辑等分工及安排。如果节目有脚本或台词,需要配置编剧团队,确保对话和节目脚本的质量。各人员的分工要明确,确保每个团队成员理解自己的角色,并密切协作以推动项目进展。配置适当数量和技能水平的技术人员,摄影师、音频工程师、灯光师等,确保视听效果的高质量实现。现场经理、制片助理等负责现场执行,协调各部分工作,确保现场顺利运行。后期制作团队,如编辑、特效师等,负责后期制作,确保剪辑、音效、特效等工作的高质量完成。

新媒体环境下,视听节目通常需要进行社交媒体互动,配置社交媒体管理员,负责与观众互动、回复评论等。

根据节目的制作需求,配置相应的技术设备,确保现场效果,包括合适的摄影和录音设备、音响系统、灯光设备、特效设备等,确保画面和音质的高水平。根据节目主题和流程选择合适的场地,配置必要的装置和道具。

在配置人员与资源时,要根据节目的性质、目标和预算进行合理安排,确保每个环节都得到充分关注,从而提高制作效率和最终呈现的质量。

7. 节目的时间安排与进度计划

明确每一期节目的预计时长,确保在规定的时间内完成整个节目内容。确定节目的播出频次,是每周一次、每月一次还是其他频次,以便规划节目制作的时间表。为节目制作预留足够的时间,包括前期策划、采访、摄录、后期剪辑和宣传等环节。

将整个节目制作过程划分为不同的阶段,为每个阶段分配适当的时间,例如,前期策划、采访、后期制作等。需要预留足够的后期制作时间,包括剪辑、音频处理、特效添加等,以确保最终节目的质量。随时准备调整时间表,以适应可能出现的突发情况或变化,如嘉宾时间调整、技术故障等。

制订详细的进度计划,包括每个阶段的开始和结束时间,以及关键里程碑的达成时间。

定期监控制作进度,确保每个环节都按照计划进行。可以使用项目管理工具来跟踪进度,定期与制作团队沟通,获取进展报告和反馈,根据需要调整进度计划。确保所需的人力、物力和技术资源能够按计划准时到位,避免因为资源不足而延误进度。

制订紧急处理计划,以便在出现问题或延误时能够迅速做出应对,保证整体进度不受太大影响。协调不同环节的工作,确保各个团队之间的协同合作,避免一个环节的延误影响整个进度。

通过合理的时间安排和进度计划,可以有效避免制作过程中的混乱和延误,保证视听节目按时、高效地完成。

8. 节目预算策划

预算、设备、人员等都会影响节目的形式和内容。有足够的预算,就可以请到知名嘉宾,进行高质量的制作;预算有限,则需要考虑如何在有限的资源下做出最好的节目。

首先要考虑制作成本，脚本撰写和开发的费用，编写节目脚本的成本，包括脚本作者的费用。主持人和嘉宾的薪酬、交通费用和住宿费用。制片人、导演、摄影师、剪辑师等人员的薪酬。设备和场地费也是要充分考虑的费用，具体包括：摄像机、音频设备、照明设备等的购买或租赁费用；设备维护和修理费用；摄录场地、录音棚等的租赁费用；制作节目所需的布景、道具等的购买或制作费用。

后期制作中剪辑、音效、配乐、特效等后期制作的费用，购买音乐、图像和视频的版权所需的费用。

确保预算考虑到各个方面的费用，不要遗漏任何可能影响制作的因素。定期检查和更新预算，确保与实际花费保持一致。灵活应对可能出现的额外费用和变化。在预算中预留一定的余地，以防止超支。

一个完整的预算计划有助于提前规划，确保节目制作过程中有足够的资源，同时帮助管理成本，使节目制作更为高效。

9. 宣传与推广策划

宣传与推广策划即如何宣传节目，包括预告片、广告宣传等，说明在各类媒体上的宣传策略。宣传方案是为了提高节目知名度、吸引观众关注，从而达到更好的收视效果。

首先制作与发布预告片，确定预告片的宣传目标，是引发观众兴趣、激发期待还是展示节目亮点。设计引人入胜的预告片，突出节目特色，保持悬念，激发观众好奇心。制定多样化的内容，包括幕后花絮、主持人互动、观众互动等，增加亲和力。

制订合理的发布计划，选择合适的时间点在社交媒体、视频平台等传播，确保最大曝光量。确定目标受众常用的社交媒体平台，如微博、微信、抖音等。在节目播放前、中、后定期更新社交媒体，保持与观众的互动，回应评论。举办在线互动活动，如抽奖、签名会、线上问答等，吸引观众参与。举行线下发布会、展览或在其他相关活动中进行宣传，亲密接触观众，增加互动机会。

制订线上线下广告计划，在搜索引擎、社交媒体、视频平台等投放广告，提高曝光。在电视、广播、户外等传统媒体投放广告，覆盖更广泛的受众群体。寻找与节目相关的合作伙伴，如行业协会、其他节目制作公司等，进行合作宣传。吸引潜在赞助商，将合作内容融入宣传活动，实现互利共赢。

设计简单明了的节目官方网站，提供节目介绍、主题曲、主持人信息等重要内容。制定节目微博，定期发布博客文章，包括制作幕后花絮、嘉宾采访、节目更新等，增加观众互动。

宣传方案框架可以根据实际情况进行灵活调整和补充，确保充分覆盖目标受众、提高观众期待，最终取得预期的宣传效果。

三、视听节目策划方案论证和审定

视听节目策划方案的编制需要经过节目策划者论证和审定，以确保节目策划方案能够清晰、系统地传达策划的理念和指导制作团队。

视听节目策划方案论证和审定需要对节目的主题、形式、内容等进行深入研究和分析，以确保节目能够吸引观众的注意力，达到预期效果。还需要考虑到节目的预算、时间和人力资源等因素，以确保节目可以在预定时间内完成，并符合预算要求。

对节目策划方案进行初审。初审的主要任务是对节目的类型、主题、内容、形式、制作计划、预算等进行审核和评估，以确定是否符合受众需求、市场需求和技术要求。对初审通过的节目策划方案进行复审。复审的主要任务是对初审通过的节目策划方案进行深入评估和讨论，以确定是否能够实现预期效果，并提出改进意见。对复审通过的节目策划方案进行最终审定。最终审定的主要任务是对复审通过的节目策划方案进行最后审核和批准，以确定是否可以进入实际制作阶段。

节目策划方案论证和审定有助于指导整个节目策划过程，确保节目策划方案清晰地展示节目的逻辑和情节发展，提供对节目内容的详细规划。在策划方案的撰写中应该使用专业领域的术语和标准，使用清晰简洁的语言，避免冗长的描述，确保文本能够被专业人员理解，能够准确地传达策划思想和指导团队。通过视听节目策划方案论证和审定的机制，节目策划团队成员能够及时提出建议，制定修订节目策划策略，确保节目在制作过程中能够灵活调整。

1. 节目主题和定位明确

在节目策划中，必须明确视听节目的主题和定位。主题是指节目要传递的核心信息或主要内容，而定位则是指节目所针对的受众群体和在该受众群体中的地位。只有明确了主题和定位，才能针对性地进行后续的策划和制作。

明确节目类型。视听节目类型繁多，包括新闻、娱乐、文化、教育等多种类型。在策划节目时，需要明确所要制作的节目属于哪一种类别，并根据不同类型的特点来确定主题和定位。

如果要制作一档文化类节目，可以根据不同的文化类型来确定主题和定位。如果是中国传统文化类节目，可以选择讲述中国古代文学、历史、艺术等方面的内容，并注重传统文化的传承和创新；如果是国际文化类节目，可以选取不同国家和地区的文化特色，介绍当地的文化习俗、历史背景、风土人情等内容。

视听节目的受众群体不同，对主题和定位的需求也不同。因此，在策划节目时，需要明确受众群体，并根据受众的兴趣和需求来确定主题和定位。如果制作青少年节目，可以选择流行音乐、时尚、游戏等内容，并注重节目的趣味性和互动性；如果是中老年人文化类节目，可以选择讲述健康、养生、人文等方面的内容，并注重节目的知识性和实用性。

视听节目市场竞争激烈，要想脱颖而出，就需要有独特的节目特色。在策划节目时，需要明确节目的特色，并根据特色来确定主题和定位。

2. 策划文本形式与内容清晰

形式与内容的清晰是一份优秀节目策划文本的重要特征。设定清晰的结构，包括引言、节目概要、主要内容、人员与资源配置、宣传计划、预算等各个部分。每个部分的内容应该在单独的段落内呈现，确保段落之间的逻辑关系清晰。

明确的标题与标点符号使用，使用明确的标题，突出每个部分的主题，让读者能够迅速理解文本的结构。合理使用标点符号，如冒号、分号、逗号等，确保句子结构清晰。使用粗体、斜体、颜色等方式，将关键信息突出，使其更容易被注意到。避免在文本中过度使用特殊格式，以免影响整体阅读体验。

确保文本的逻辑性，每一句话、每一段都应该有明确的逻辑关系。使用过渡句子，将不同部分之间的内容进行衔接，确保整体流畅。避免冗余和不必要的重复，确保每一句都对整体信息有贡献。如果有重要的信息，可以在不同部分提及，但要避免过度重复。避免使用过多的专业术语，确保语言通俗易懂。如果必须使用专业术语，提供简要的解释或注释。

插入适当的图片、表格等图文元素，以图形的方式呈现关键信息。确保图文元素的质量高，清晰度好，有助于节目制作人员更好地理解内容。

3. 节目策划方案要体现创新性

节目策划的创新性是指在制定、设计和实施节目时，能够提出独特、新颖的观点、构思和方法，以创造出引人注目、与众不同的内容。视听节目策划中所体现的独特的思维和创新表达方式，能够引发节目制作团队的思考和讨论。

创新的观点需要结合最新的行业趋势和前沿信息，需要对所在行业的最新发展趋势有深入的了解。把握技术、社会、文化和市场等方面的变化，了解最新的技术趋势，如人工智能、虚拟现实、增强现实等，可以为节目策划注入新的元素，提升节目的创新度，使节目策划文本具有时效性和领先性。

尝试采用新颖的节目形式，如无主持人的节目串联方式，通过独特的主题和故事线构建新颖的节目串联方式，又如实时直播、即兴表演、互动游戏等，尝试运用交互性节目形式、社交媒体互动等，打破传统的节目模式。

关注社会文化的变化，挖掘新兴文化现象，及时反映社会脉动，使节目具备时代性和敏感度。结合当地的地域文化特色，将地方元素融入节目中，增强观众的认同感和亲近感。

尝试将不同领域的元素融入节目中，从艺术、科学、社会学等领域挖掘创新元素，创造出更具深度和多样性的节目内容。通过将这些元素融入节目策划中，可以使节目策划更加贴近时代潮流，满足受众的新需求，推动节目创新与发展。

视听节目策划方案的论证需要兼顾清晰性、精确性和创新性，同时也需要考虑到节目的具体条件和限制。通过满足这些要求，可以制定出高质量的节目策划方案，有效地指导节目的制作并吸引观众的注意。

 课后思考题

1. 简述视听节目策划的基本程序，并解释每一步的主要任务。

2. 视听节目策划的前期准备工作有哪些？

3. 举例说明在视听节目策划中信息采集办法。

4. 在视听节目策划的过程中，如何确定视听节目策划策略？

5. 结合具体实例，确定视听节目的整体定位在视听节目策划中的重要性。

6. 请分析一个成功视听节目的策划过程，并说明其成功的关键因素。

7. 设想一个你认为有潜力的视听节目选题，并简要描述其策划方案。

8. 在视听节目策划中，如何平衡创意与可行性？

9. 结合本章内容，谈谈如何保证视听节目策划策略有效实施。

第三章

视听节目制作流程

随着科技的不断进步，为了满足受众日益多元化的审美需求，视听节目制作必须更为专业化、系统化。在视听节目制作流程中，每一个环节都有独特的价值和意义，只有将这些环节紧密地结合在一起，才能创造出高质量的视听作品。本章将围绕节目前期策划、前期采访、前期摄录、文本撰写、后期制作这几个部分详细介绍视听节目制作流程。

策划阶段是视听节目制作的起点。在这个阶段，制作团队需要对节目的主题、内容、形式和风格等方面进行深入的研究和分析。在这一过程中需要进行大量的市场调研，了解观众的需求和喜好，以及竞争对手的情况，需要制订详细的预算计划和时间表，确保节目能够按时完成。

视听节目制作团队需要按照策划方案和创意设计进行实际拍摄工作，需要掌握各种受访拍摄技巧和技术手段，确保画面质量和音效效果达到预期目标。还需要合理安排拍摄时间和场地，协调好演员、摄影师、灯光师等各方面人员的工作关系。

具有创意的文本撰写可以让节目更加生动、有趣，具有吸引力。在视听文本撰写阶段，节目编导需要根据策划方案和拍摄内容进行具体的文本创意设计，充分发挥想象力和创造力，设计出独特、新颖、富有表现力的节目内容和形式。

剪辑阶段包括剪辑、调色、字幕制作等方面的工作，制作团队需要对拍摄好的素材进行剪辑和后期处理，对音频进行处理和混音，使其符合节目的整体风格和要求，确保视听节目效果达到最佳状态。

视听节目制作是一个复杂而精细的过程，涵盖了从前期策划到后期制作的各个环节。涉及众多环节的紧密协作。从最初的构思阶段到最终呈现给观众的产品，每个步骤都扮演着至关重要的角色。这个过程要求创作者、制片团队、导演、摄影师、编辑和音效师等多个专业领域的从业者之间密切合作，以确保最终呈现具有创意的视听节目。

第一节　视听节目前期策划

视听节目前期策划需要确定清晰的节目定位和独特的创意元素，包括确定节目的类型、形式、主题等关键要素，以确保节目在市场中能够脱颖而出，形成鲜明的特色和吸引力。在前期策划的过程中，要充分考虑资源的分配和团队协作，通过科学的资源规划和高效的团队协作，确保项目能够在有限的时间和预算内完成，同时保持高质量的制作水平。

视听节目前期策划是一个灵活的阶段，需要不断调整和优化。市场和受众的需求都在不断变化，制作团队需要及时调整策略，灵活应对各种挑战，确保节目在制作过程中保持前瞻性和竞争力。

通过深入研究、清晰定位、科学资源规划和灵活应变，前期策划为视听节目的成功创作奠定了坚实的基础。本章将系统探讨前期策划的各个方面，为制作团队提供全面的指导，帮助其更好地应对制作挑战，打造引人入胜的视听节目。

在视听节目前期策划阶段，节目制作团队需要进行大量的前期准备工作，制定出详细的节目策划方案，为后续的制作工作提供有力的支持，只有经过这些环节的精心策划和准备，才能保证视听节目制作的顺利进行。

一、视听节目前期策划的要求

在视听节目前期策划的工作中，首先需要对节目受众进行深入的研究，了解他们的需求和兴趣，还需要关注社会热点和时事新闻，及时调整节目策划方向，确保节目与时俱进。剧本撰写也是视听节目前期制作的重要环节，编导需要根据节目的主题和风格，撰写出富有创意和吸引力的策划方案。在策划方案撰写过程中，编导需要注意节目的节奏和环节的连贯性，确保节目的整体效果。

1. 明确节目的定位和目标受众

在制作视听节目之前，明确节目的定位和目标受众是至关重要的步骤，这将决定节目的内容、风格、语言和推广策略。在节目的前期策划中需要描述理想受众的人口统计特征，如年龄、性别、教育背景、兴趣爱好等，理解目标受众的需求和偏好，以及他们通常消费媒体的习惯。只有明确了节目的定位和目标受众，才能更好地制定出适合受众需求的节目内容和形式。如果制作的是一档少儿节目，需要注重内容的趣味性和互动性，同时也要注意内容的知识性和教育性。

明确节目旨在传达的信息、价值观或教育目的，设定具体的观众参与和反馈目标，如收视率、互动率或订阅数。根据目标受众的特点，选择合适的叙事风格和语言表达方式。规划多样性的节目内容，确保能够满足不同观众的兴趣和需求。在节目的设计视觉和听觉风格方面要选择与节目主题和目标受众相匹配的视觉元素，如色彩、字体、图像等，确定音乐、声音效果和配音的风格，以增强节目的吸引力。

最后还要根据目标受众的媒体消费习惯，选择合适的推广渠道和方法，制定互动策略，鼓励观众参与和分享，增强节目的影响力。

2. 深入调研视听节目市场需求

在制作新的视听节目之前，需要对现有类似节目进行深入分析，了解行业现状、观众喜好以及潜在的创新点。分析同类节目中的热门和成功案例，了解它们的成功之处和不足之处。阅读评论、评分和观众反馈，了解它们的受欢迎程度和接受度。分析同类高收视率的节目内容质量、独特的叙事手法、出色的视觉效果，以及有效的节目推广和营销策略。

确定当前视听节目市场尚未被充分满足的需求或完全被忽视的领域，如节目内容同质化、缺乏深度、技术落后等。在选题方面，可以通过调研市场热点话题或者关注社会热点事件，从而确定选题方向。识别市场上的空白点，分析目标受众可能对哪些内容形式更有兴趣，考虑节目如何填补这些空白，从而制作出更加符合市场需求的节目。思考新的节目如何通过独特的内容、风格或格式来填补这些市场空白，确保节目在内容和形式上都有明确的差异化特点，以便在竞争激烈的市场中脱颖而出。

视听节目在前期策划时通过深入调研市场需求，不仅能够更好地理解目标市场和受众，还能够为节目找到一个独特且有潜力的定位，有助于在节目制作和推广过程中做出更加明智的决策，从而提高节目的成功概率。

3. 规划节目的整体构架和流程

在节目的整体构架上，需要明确节目的主题和形式，从而制定出合理的节目流程。同时，还需要考虑节目的时间长度和节目中各个环节的时间安排，以保证整个节目的流畅性和紧凑性，保证观众的参与度和满意度。

根据节目的目标和受众，选择合适的节目类型，如纪录片、访谈节目、真人秀、教育节目等。列出详细的节目大纲，概述每个部分的主题和内容，确保大纲中的每个部分都有明确的目的，并且相互之间有逻辑上的联系。确定节目的开头、中间和结尾，以及每个部分的主要事件或情节点。

设计节目每个段落的具体流程，包括场景切换、话题引入、事件发展等。要确保节目的节奏和动态与内容的性质相匹配，避免冗长或过于快速的叙述。根据节目大纲和结构，编写详细的脚本或剧本，包括对话、旁白和场景描述。根据节目流程，制订拍摄计划和时间表，确保高效地使用资源和时间。在制作过程中，定期回顾和测试节目的各个方面，确保它们符合预期的效果。

4. 整体设计节目的视听效果

在视听节目前期策划时要考虑节目的视听效果。要确保画面质量高，采用清晰度和色彩饱满的摄影设备和技术，以提高视觉效果。音频质量也至关重要，使用高质量的音频设备，保证音频清晰度和质量，以确保声音与画面相匹配。

在视听效果上，需要考虑节目的画面效果、音乐效果、灯光效果等，从而创造出更加生动、鲜明的视听效果。如，在制作纪录片时，可以通过使用高清摄像设备和精细的后期制作技术，营造出更加逼真、震撼的视觉效果。

演播室或舞台的布景应与节目主题和内容相契合，合理设计灯光，突出或弱化特定区域，有助于营造理想的氛围。特效和图形的运用也是提升视觉效果的有效手段，可以包括动画、过渡效果等，以吸引观众的目光。

镜头运动和剪辑技巧需要巧妙运用，使得节目更具动感和吸引力，同时避免过分复杂的剪辑，确保观众能够轻松紧跟内容。服装和妆容的选择同样重要，应符合节目风格和主题，以确保演员或主持人的形象与整体效果协调一致。

确定节目的整体视觉风格，有助于建立节目的品牌形象。在新媒体时代，可以充分考虑在节目中添加互动元素，如实时投影、虚拟现实等，以提升观众的参与感，根据观众的反馈进行必要的修改和优化，确保视听效果能够最大限度地吸引观众，提升整体节目质量。通过综合考虑以上因素，打造令人印象深刻的节目视听效果，提高节目的吸引力和影响力。

视听节目在前期策划中需要注意多个方面的要求，包括明确节目定位和目标受众、深入调研市场需求、考虑节目的整体构架和流程、关注节目的视听效果等。只有在这些方面都做好了充分的准备工作，才能更好地为后续的节目制作工作提供有力的支持，制作出更加符合受众需求和市场需求的优质节目。

二、视听节目前期策划的内容

视听节目的前期策划是制作过程中至关重要的阶段，它奠定了视听节目制作的基础，直接影响着节目的质量、吸引力和最终的成功。在前期策划阶段，节目制作团队需要从多个方面进行深入的研究、规划和决策，以确保节目在后续制作阶段能够有条不紊地进行。

前期策划的核心内容，涵盖从项目的概念构思到明确的制作计划的全过程。通过深入挖掘节目的创意元素，分析前期策划的关键内容要素，才能策划出更具创意和吸引力的视听节目。

1. 节目的类型和形式

不同类型和形式的节目有着不同的制作要求和观众需求，因此在策划阶段就需要明确。综艺、纪录片、新闻、访谈等不同类型的节目都有其独特的表现形式和制作要求。综艺节目需要具有有趣、新颖、互动性强的特点，而新闻类节目则需要严谨、客观、及时地报道。通过明确定位，制作团队可以更好地理解要传达的信息、期望引起的观众情感以及如何达到预期的目标。

在策划任何节目之前，确定节目的类型和形式是节目制作过程中的基石，它直接影响着节目的整体表现方式。选择适当的形式是确保内容最大限度吸引观众的关键。节目形式包括直播、录播、互动等，每种形式都有其独特的优势和局限性，直播节目能够创造真实互动性和即时性，而录播节目则具备后期制作的灵活性，因此，选择合适的形式需要综合考虑目标观众的喜好、节目性质和制作周期等多方面因素。

视听节目制作团队需要认真研究市场趋势、观众反馈以及类似节目的成功经验，通过对不同类型和形式的节目进行比较和分析，更好地理解目标受众的需求，有针对性地塑造节目特色，提高成功的概率。

视听节目类型和形式的选择不仅仅是制作团队在前期策划中的一项决策，更是为了确保节目在后续制作和播出过程中能够有针对性、富有创意地吸引目标观众，实现制作团队的预期目标。

2. 节目的主题和内容

主题是节目的灵魂，是节目制作的核心。节目制作团队需要根据观众的需求和电视台的定位，确定节目的主题，再根据主题确定节目的内容，包括选题、采访对象、场地选择等。

明确节目的主题是确保整个制作团队在同一共识下策划制作节目的关键。主题应当反映出节目的核心理念、目标以及与观众产生共鸣的要素。一个鲜明而独特的主题有助于在竞争激烈的视听节目市场中脱颖而出，让观众在同质化的节目中迅速识别出节目的特色。

精心设计和确定节目的内容是确保主题能够生动呈现的重要环节。节目内容不仅仅是信息的传递，更是创造观众情感共鸣的媒介。通过深入挖掘主题，制作团队可以确保内容在传递信息的同时，以引人入胜的情节、丰富的素材和有趣的互动形式呈现给观众。

制作团队需要深入了解目标观众的兴趣、喜好和文化背景，以便量身定制内容。对于不同类型的主题，需要采取不同的呈现方式，如新闻类节目中的深度访谈、实地探访、情节化创意等。通过合理设计和安排内容，节目能够更好地吸引并留住观众的关注，建立稳固的观众群体。

通过在前期策划中精心思考、规划和设计视听节目的主题与内容，制作团队能够确保他们所要呈现的节目既具有独特性，又能够深刻地触动观众的心弦。

3. 人员和资源的调配

在视听节目的制作过程中，精确而高效的人员和资源调配直接影响到节目的制作质量、时间进度以及成本控制。在考虑视听节目的人员和资源调配时，制作团队需要精心规划和布局，需要根据节目类型和形式，确定所需人员和资源，确保各个环节的协调配合。

人员的合理调配是确保节目各个环节顺利进行的基础。不同的岗位需要不同专业背景和技能的人员，包括导演、制片人、摄影师、编辑等。每个人员在制作团队中需要协同合作以确保整个制作过程的无缝连接。制作团队需要根据任务需求，合理分工，确保每位成员都能发挥最大的潜力。

资源的调配涉及场地、设备、预算等方面的有效管理。在选择拍摄地点时，需要根据节目主题和内容的需要选择合适的场地，确保能够呼应节目的氛围。设备的选择也是一项关键任务，不同类型的节目需要不同的设备配置，如高清摄影机、音频设备等。同时，对于预算的合理分配是确保制作过程顺利进行的保障，需要在不牺牲质量的前提下进行有效控制。

通过仔细规划和充分的准备，制作团队能够更好地应对挑战，确保人员和资源得到最佳的发挥，为最终呈现出高质量的视听节目创造有力的基础。

4. 节目的预算和时间安排

在视听节目制作的过程中，预算和时间的合理安排是确保项目顺利进行、高质量完成的基石。预算和时间的精准调配不仅直接关系到节目的质量，也决定了节目的可行性和成功。

预算的制定要明确每个环节的经费分配，包括场地租赁、人员薪酬、设备租赁、后期制作等方面。通过充分了解市场行情、资源成本，以及合理的谈判和比价，制作团队能够在有限的资金内实现最大化的效益，确保财务的可控性和合理性。

时间的合理安排至关重要。明确制作周期、拍摄周期、后期制作的时间节点，确保每个环节都有足够的时间进行细致的制作和高质量的编辑。时间的充分规划有助于防止制作过程中的仓促和质量问题，同时也为项目的灵活应变提供了余地。制作团队还需充分考虑风险因素，如天气变化、设备故障等可能导致时间延误的情况，在时间安排上留有一定的缓冲时间，以确保项目在面对意外状况时能够有充足的应对措施。

通过合理而科学的预算和时间安排，视听节目制作团队能够在资源利用和时间利用上取得最佳平衡，从而确保项目按照高标准和严格时间表得以实现。这也是确保视听节目在市场上竞争力强、观众满意度高的重要保障。

5. 节目的宣传和推广

在新媒体时代，视听节目的成功不仅依赖于出色的内容制作，还需要一个巧妙且全面的宣传和推广战略，以确保其在众多视听节目中脱颖而出。因此，制作团队需要有效地将节目引入受众的视野，激发受众的兴趣，从而在竞争激烈的文化产业中获得成功。

宣传和推广不仅是将节目内容呈现给观众的过程，更是在观众心中塑造一个独特而引人注目的品牌形象的机会。通过巧妙的视觉和语言元素，视听节目制作团队可以在广泛的媒体平台上建立起一个容易识别的节目品牌，节目品牌形象应当准确传达节目的特色和核心价值，与观众形成深刻的情感连接。

针对不同的受众群体，制作团队需要制定有针对性的宣传策略。应当结合目标受众的使用习惯和兴趣爱好选择社交媒体、电视广告、线下宣传等各种宣传渠道，通过巧妙而个性化的宣传手段，在不同媒体平台上引起受众的关注，创造更多的话题性和互动性。

节目制作团队还需要充分利用媒体合作和社交网络。与行业内的媒体、博主、意见领袖建立战略性合作，通过他们的影响力将节目推向更广泛的受众。这种合作有助于借助他们的社交网络和观众基础，迅速扩大节目的知名度。

节目制作团队应当时刻保持宣传和推广活动的灵活性和创造性。随着市场变化和观众需求的变迁，制作团队需要及时调整宣传策略，引入新的推广元素，以保持活动的新鲜感和吸引力。通过精心策划、执行宣传推广活动，提高节目的曝光度和吸引力，从而为节目的成功奠定坚实的基础。

三、视听节目前期策划的要点与方法

在视听节目的制作过程中，前期策划是至关重要的一环。它决定了整个节目的方向、内容和形式，为后续的拍摄、剪辑和后期制作提供了指导和支持。一个成功的视听节目需要有一个精心策划的前期阶段，以确保最终呈现给观众的是高质量、有吸引力的内容。

在这一阶段，系统而深入的研究是不可或缺的，需要对节目的目标、观众需求、市场定位进行全面的分析。通过对行业趋势和观众反馈的深刻洞察，更准确地界定节目的独特价值，以在竞争激烈的市场中占据有利位置。

视听节目前期策划必须确立清晰而明确的节目定位和风格，包括类型、形式、周期性等要素，以确保它们与目标观众的兴趣紧密契合。明确的节目定位不仅有助于提高节目的可识别性，还为制作团队提供了明确的指导方向。

在视听节目前期策划过程中，需要有效地调研和数据分析，以更深入地了解目标观众的心理和行为特征，精准锁定受众需求，为后续的内容创意和制作流程提供更有针对性的指导。前期策划为视听节目的制作奠定了坚实的基础，其综合性和系统性的方法对于项目的成功至关重要。

（一）视听节目前期策划要点

视听节目的前期策划阶段作为整个制作过程的核心，涵盖了节目的概念构思、定位计划与设计方案，其质量直接影响着节目的最终效果与观众体验。

制作团队通过对目标受众的了解，可以更好地把握受众的需求和喜好，从而确定节目的内容和形式。主题的选择是整个节目的核心，它应该与目标受众的兴趣相契合，并具有独特性和创新性。剧本或节目大纲的编写是将主题转化为具体情节和对话的过程，它需要考虑到故事的逻辑性、节奏感和吸引力。

制作团队要求对前期策划的过程进行系统细致的研究，其中包括对目标观众、市场趋势和竞争环境的深入分析。通过对这些要素的研究，制作团队能够更准确地把握观众的兴趣和需求，深入理解行业的动态，从而为节目的内容、形式和风格的确定提供明晰的指导。

前期策划需要明确节目的定位和核心理念。这包括制定节目的主题、策划节目内容、确定节目类型与设计形式等关键要素，以确保制作团队在后续的创作和制作中能够有明确的导向，有助于凸显节目的独特性，提高节目在观众中的认知度。

1. 制定节目主题

主题是视听节目的灵魂，能够吸引观众的眼球和耳朵。在确定节目主题时，制作团队需要考虑到市场需求、受众喜好、时事热点等多个方面，如新闻节目需要关注最新的时事热点，文化类节目需要关注历史、文化等方面的主题。一般需要根据目标受众的需求和市场调研结果确定节目的主题。

主题可以是任何与目标受众相关的话题，如健康、美食、旅行、科技等，可以采用故事、访谈、实地报道、演示等形式。制作团队可以选择与时事热点和社会问题相关的主题，因为时事热点通常能够引起观众的关注和共鸣，选择与之相关的主题可以增强节目的时效性和吸引力；而社会问题和挑战是人们关注的焦点，选择与之相关的主题可以引起观众的思考和讨论，同时也可以为解决问题提供一些思路和启示。

如果视听节目制作团队成员对某个领域有深入的了解，可以选择与之相关的主题，这样可以提高团队的工作积极性和创造力。当下，文化传承和创新是一个普遍关心的热点话题，选择与之相关的主题可以展现传统文化的魅力，同时也可以注入新的元素和创意，同样选择具有娱乐性和互动性的文化类主题可以提高节目的趣味性和参与度。

2. 策划节目内容

节目内容是视听节目的核心，它需要紧密围绕节目主题展开，同时注重节目的可视性和可听性。在策划节目内容时，需要考虑到节目的整体结构、各个环节的内容和顺序等多个方面。例如在综艺节目中，可以设置多个环节，如选手对决、游戏竞技、明星嘉宾互动等，这样能够增强节目的趣味性和可看性。

在生成创意节目内容的过程中，确保内容的连贯性、逻辑性和吸引力是非常重要的。视听节目的各个环节应该有清晰的起承转合，各个部分之间要有合理的衔接和过渡，节目的发展应该符合常理和逻辑。

如果视听节目是以故事串联的，需要有具有说服力和合理性的故事，因此要注重细节的处理和情节的合理性。故事情节应该具有吸引人的特点，能够引起观众的兴趣和共鸣。可以通过设置悬念、引发情感共鸣、塑造鲜明的角色等方式来增强故事的吸引力，同时要注意节奏感的掌握，使整个节目流畅有趣，也可以通过设置冲突、挑战和转折点等手法来增强故事的张力。

3. 确定节目类型

视听节目类型繁多，如新闻、纪录片、综艺、电视剧等，在策划过程中，需要根据受众群体、市场需求和制作能力等方面进行综合考虑，选择最适合的节目类型。节目类型是视听节目前期策划的重要一步，它决定了节目的内容、形式和风格。

首先，要明确节目的目标受众。不同的受众群体对不同类型的节目有不同的喜好和需求。例如，年轻人可能更喜欢音乐、时尚或娱乐类节目，而家庭观众可能更喜欢儿童教育、家庭娱乐或纪录片类节目。通过了解目标受众的特点和兴趣，可以更好地确定节目的类型。

其次，了解当前市场上类似节目的情况。通过分析竞争对手的优势和劣势，可以找到自己的差异化点和创新点，从而确定节目的类型形式，如真人秀、竞赛、脱口秀、纪录片等，确定节目的风格，如轻松幽默、温馨感人、紧张刺激等，同时要考虑制作预算和技术条件的限制，确保所选的形式和风格能够顺利实现。

关注市场需求和趋势，选择具有潜力和发展性的节目类型。通过市场调研和行业分析，了解当前观众的兴趣和消费习惯，以及未来的发展趋势，从而确定具有市场竞争力的节目类型。

4. 设计节目形式

节目形式是视听节目的外在表现形式，它需要与节目内容紧密结合，同时具有艺术性和创新性。在设计节目形式时，需要考虑到观众的感官体验和情感共鸣，例如，在电视剧中，可以采用多角度、多镜头的拍摄方式，增强观众的代入感和沉浸感。

在设置视听节目形式时，需要考虑多个因素，以确保所选的形式能够有效地传达内容并与目标受众产生共鸣。分析目标受众的偏好、习惯和消费行为，以进一步了解受众更倾向于哪种类型的节目形式，如真人秀、纪录片、访谈节目等。根据受众的接受程度，考虑使用不同的叙事技巧，如线性叙事、非线性叙事、互动式叙事等，在叙事技巧基础上考虑加入互动元素，如观众投票、问答环节、社交媒体互动等，以提高观众参与度。设计节目流程，包括开场、主体内容、过渡和结尾等部分。

确定每个部分的时长和节奏，以保持观众的注意力。考虑是否需要增加特殊效果、动画或其他视觉元素来增强节目吸引力。

制作团队可以系统地设计一个视听节目的形式，使其既有吸引力又符合技术和预算要求，重要的是要保持灵活性，根据反馈和市场变化适时调整节目形式。

（二）视听节目前期策划的方法

随着新媒体覆盖范围的拓展，视听节目有了更加丰富的策划方式。新媒体语境为视听节目的前期策划带来了新的挑战和机遇。在新媒体环境中，受众拥有更多的选择权和更高的参与度，因此前期策划需要更加注重内容的原创性、互动性和传播效率。视听策划工作应借助新媒体平台优化采编策划流程，进一步巩固视听媒体本身新、奇、快的特点。

1. 利用大数据和用户洞察

利用大数据和用户洞察进行视听节目前期策划可以帮助制作团队更好地理解目标受众，优化内容创作，并制定有效的营销策略。收集来自社交媒体、搜索引擎、视频平台和其他相关网站的数据，使用数据分析工具（如谷歌分析、社交媒体分析工具等）来识别受众的行为模式、兴趣点和消费习惯。根据数据分析结果，将目标受众细分为不同的群体，以便更精准地定制内容。分析每个群体的特点，包括年龄、性别、地理位置、教育背景、兴趣爱好等，根据数据分析结果定制内容，确保节目与受众需求相匹配。

利用用户数据预测受众可能的互动方式和参与点。在视听节目策划中设计互动环节，如在线投票、评论互动、用户生成内容等，以提高观众参与度。结合用户洞察和市场趋势，生成创意概念和故事线索。设计能够引起目标受众共鸣的情节和角色，提高节目的吸引力。

利用大数据分析工具识别行业趋势和热门话题。分析搜索引擎、社交媒体和视频平台的大数据，识别热门话题和趋势。如在新闻节目策划中，采编人员借助微博、抖音快速了解新闻事件的具体过程，通过多方面的沟通和交流对新闻事件进行整体把握。

分析相关视听节目成功案例和失败经验，了解市场现状和潜在的机会。根据受众分析结果制定个性化的营销策略，选择最有效的渠道和时机进行节目推广，如社交媒体广告、与意见领袖合作等。在节目发布后，持续监测受众的反馈和行为数据，根据数据分析结果调整内容和营销策略，实现持续优化。

大数据和用户洞察可以为视听节目前期策划提供有力的支持，帮助节目制作团队做出更优质的节目策划，提高节目的成功率。重要的是要保持数据的实时更新和分析，以便快速响应市场变化。

2. 创新叙事和技术应用

在视听节目中创新叙事和技术应用的策略可以从多个角度出发，内容上探索新颖的视听节目叙事结构，如非线性叙事、多线程叙事、交互式叙事等。利用技术手段提高观众的参与度，如通过社交媒体、在线投票等方式让观众参与到节目的制作和决策中。开发配套的第二屏幕应用，让观众在观看节目的同时通过手机或平板电脑参与互动，如答题、游戏等。利用第二屏幕应用提供额外的节目信息，丰富观看体验。创造互动体验，让观众感觉自己是节目中的一部分。

通过实施这些策略，视听节目可以在叙事和技术方面进行创新，从而在竞争激烈的市场中脱颖而出，吸引并留住观众。

3. 设计互动和参与机制

利用新媒体的特性，设计互动环节，如实时评论、投票、问答等。在视听节目中利用新媒体特性设计互动环节和鼓励用户生成内容，鼓励观众创作与节目相关的内容，如绘画、视频剪辑、角色扮演等，并在官方平台上展示优秀作品，可以极大地提高观众的参与度和节目的影响力。

在视听节目直播或播放平台上开启实时评论区，让观众能够即时分享自己的想法和感受。设立专门的主持人或团队来监控和管理实时评论，引导讨论并及时回应观众的互动。

通过平台或应用程序提供实时投票功能，让观众参与到节目的关键决策中，如选择节目发展走向、嘉宾选手的命运等。设定问答环节，邀请观众提问，节目嘉宾或主持人在节目中回答，增强观众的参与感。利用社交媒体平台进行节目宣传和互动，如发布预告片、幕后花絮、观众互动话题等。创建节目专属的社交媒体标签，鼓励观众在社交媒体上分享自己的观看体验和想法。

有效地利用新媒体的特性来设计互动环节，鼓励用户生成内容，从而提高视听节目的参与度和影响力。重要的是要确保互动环节的设计符合观众的需求和习惯，同时保持内容的质量和原创性。

4. 优化节目格式和结构

在视听节目的前期策划要充分考虑新媒体用户的观看习惯。在策划视听节目形式与结构时，要充分考虑当代短视频的消费趋势，调整节目时长和节奏，设计易于分享和传播的内容格式，如分集播出、模块化内容等。

在前期策划时要充分利用搜索引擎优化，有助于找出与节目内容相关的热门关键词和长尾关键词。分析节目的目标观众，了解他们的兴趣、习惯和搜索行为。确定目标受众可能使用的关键词来寻找类似内容。利用各种在线关键词研究工具发现相关关键词。这些工具可以提供关键词的搜索量、竞争程度、点击率等数据。

研究同类型节目在内容和元数据中使用了哪些关键词。分析同类型节目的社交媒体策略和广告活动，了解他们使用的关键词。除了热门关键词，还要关注长尾关键词，长尾关键词通常是更具体的短语，搜索量较低但竞争较小，转化率较高。长尾关键词可以帮助吸引特定的受众群体，提高节目的针对性。找到与节目内容紧密相关的热门关键词和长尾关键词，为搜索引擎优化策略提供坚实的基础，这将有助于视听节目吸引更多潜在观众。

在视听节目前期策划时，还要持续评估和迭代已有的节目，通过数据分析工具监控节目的表现，如点击率、观看时长、用户互动等，根据反馈和市场变化不断调整策划方案，实现持续优化。

在新媒体语境下，视听节目前期策划需要更加灵活和创新，同时也要紧跟技术发展和媒体消费趋势，以提高节目的吸引力和竞争力，更好地满足新媒体时代观众的需求。

第二节　视听节目前期采访

一、视听节目采访含义

视听节目前期采访是指在电视节目或广播节目播出前，对相关主题或人物进行的采访活动。这种采访活动可以为节目的制作提供重要的素材和信息，同时也可以吸引观众的兴趣，增加节目的收视率。

视听节目前期采访的含义非常广泛，它可以包括政治、经济、文化、体育、娱乐等各种主题和话题的采访。在新闻节目中，前期采访可以对某个事件或人物进行深入的报道和采访，为观众提供更加全面和客观的信息。在访谈节目中，前期采访可以对某个嘉宾进行深入的了解和探讨，为观众提供更加深入和生动的人物形象。在纪录片中，前期采访可以对某个主题或事件进行深入的记录和分析，为观众提供更加真实和感性的视角。在综艺节目中，前期采访可以对某个明星或话题进行深入的探讨和解读，为观众提供更加有趣和轻松的娱乐体验。随着社会的不断发展和进步，前期采访的方式和形式也在不断创新和更新，为观众提供更加多元和丰富的视听体验。

二、视听节目采访特点与要求

视听节目的采访要求与节目主题紧密契合，突出节目的独特性。不同主题和类型的节目对采访的要求各异，因此，制作团队在采访策划阶段需要明确主题定位，并确定采访的角度和深度，确保采访内容与节目整体风格相协调，为观众呈现一场贴近主题的精彩对话。

在采访环节中明确、有深度的问题能够引导被采访者更充分地表达自己，同时也有助于激发更深层次的观众思考。因此，需要在提问过程中注重技巧和深度，确保问题能够引导出丰富而有趣的内容。

视听节目采访具有真实性和情感传递的特点，是将观众引入故事或主题的桥梁，真实的情感能够增强观众的参与感和共鸣效果。在视听节目的采访中需注重挖掘被采访者的真实感受和故事背后的情感元素，以打造更具吸引力和感染力的节目内容。

1. 准备充分

视听节目的采访要有明确的采访对象和采访目的。在进行采访前需要对采访对象进行充分的调研和了解，确定采访的方向和重点，同时，需要明确采访的目的，是为了获取信息还是为了展现某个事件或人物的形象，只有明确了采访对象和目的，才能更好地进行采访。采访对象往往与节目主题密切相关，具有特定的知识、经历或观点。针对性强的采访可以挖掘出独特的内容，为节目增色。

进行采访前，应明确采访的目的和主题，以便有针对性地提问和获取信息。了解采访内容如何与节目主题相结合，以增强节目的吸引力和引发观众共鸣。

2. 问题准确

视听节目前期采访具有明确的目的、针对性强、注重人际沟通等特点。前期采访可以为节目制作提供丰富的素材和深入的内容。

在采访之前，视听节目制作团队需要根据调研结果和节目主题，准备出一系列有针对性的问题。这些问题需要具有一定的深度和广度，能够引导受访者深入地表达自己的观点和看法，同时问题需要准确地反映出节目主题和受众需求，保证节目内容的质量和可听性。

采访前需要准备好采访提纲、问题列表等工具，以便更好地引导采访对象回答问题，此外，还需要准备好采访设备，包括录音设备、摄像设备等，以便更好地记录下采访过程和内容。

采访过程中，要详细记录受访者的回答和观点，以便在后期制作时进行整理和引用。同时，采访结束后，要对采访内容进行整理和归纳，为节目制作提供便利。

3. 灵活应变

采访时需要与采访对象建立良好的沟通关系，以便更好地获取信息和素材。视听节目前期采访涉及与受访者的直接沟通和交流，需要采访人具备良好的人际沟通能力，通过有效的沟通，可以让受访者放松、建立信任，更愿意分享他们的观点和故事。

此外，还需要具备一定的采访技巧，如问答技巧、引导技巧、追问技巧等，以便更好地引导采访对象回答问题，获取更为详细和深入的信息。应注重挖掘受访者的观点、故事和情感，而非仅关注表面现象，深入了解受访者的内心世界，能让节目更具深度和感染力。

在采访过程中，可能会遇到各种突发情况，如受访者情绪波动、回答脱离主题等。采访者需要具备一定的应变能力，及时调整提问方式和节奏，引导采访回到正轨，以便更好地获取信息和素材。

此外，还需要具备一定的创新意识，不断尝试新的采访方式和形式，以便更好地展现事件或人物的形象。节目制作团队需要根据受访者的个性和特点，选择不同的采访方式和风格。比如有些受访者比较内向，需要采用温和细腻的方式进行采访；有些受访者比较直率，需要采用幽默风趣的方式进行采访。这样才能够更好地引导受访者表达自己的观点和看法。

视听节目前期采访的这些特点对于节目制作来说非常重要，只有在前期采访中做好充分的策划和准备工作，才能够为后期的节目制作提供丰富的素材和内容，同时也能够提高节目的质量和可听性。

三、视听节目采访的原则

视听节目采访原则的核心是真实性和诚实性。在采访中，被采访者的真实感受和见解对于节目的观赏性和可信度至关重要。制作团队应当致力于打破表面，挖掘出真实的故事和情感，确保采访过程展现出被采访者的真实面貌。采访应当紧密契合节目主题和定位。在确立采访对象时，制作团队需要明确主题的核心信息和受众期望，以便选择适合的被采访者，并确保他们的讲述与整个节目的氛围和风格相一致。尊重和关怀被采访者的权益和感受也是采访原则的重要组成部分。建立起互信和尊重的关系，为被采访者提供一个舒适、安全的环境，有助于激发真实而深入的交流。

视听节目采访不仅能够帮助受众了解事件的真相，还能够为观众提供有价值的信息和内容。为了保证采访的质量和效果，视听节目前期采访必须遵循一定的原则。

1. 真实性与诚实性原则

在视听节目的采访中，确保真实性与诚实性原则至关重要，这有助于塑造真实的故事，增强节目的可信度和观赏性。

在采访之前，媒体应该对采访对象进行充分的调查和了解，明确其身份、职业、经历等基本信息，确定采访的主题和方向。了解被采访者故事背后的真实细节，提出深层次、有针对性的问题。制作团队应该积极与被采访者建立信任关系，透过诚挚的沟通，让被采访者感到舒适和放心，鼓励他们分享更为真实和深刻的见解。

在采访之前，还需要确定好采访的时间、地点和方式，以便顺利完成采访任务。同时需要与被采访者确定采访的目的即传递什么信息、解决什么问题或者呈现什么内容。

在提问过程中，制作团队应该避免使用过于引导性的问题，以免影响被采访者真实表达。问题应该设计得开放而中立，给被采访者充分发言的机会。制作团队应当尊重被采访者的隐私，确保不逾越他们的个人界限。在处理敏感信息时，要特别谨慎，并事先征得被采访者的同意，应当避免操控被采访者的情感或强迫他们产生特定的情绪反应。真实性要求被采访者真实展现自己的情感，而非受到外部因素的影响。

如果可能，通过采访多个相关人士或提供不同视角的证词，以确保观众获得更全面、客观的信息。多角度的呈现有助于避免单一主观观点的偏见。

在后期编辑过程中，制作团队应当保持对真实性的尊重。避免剪辑或篡改采访内容，以确保最终呈现的节目与原始采访的真实性一致。

通过以上方法的综合运用，制作团队可以更好地遵循真实性与诚实性原则，打造更具深度和观赏性的视听节目，这些方法不仅有助于确保节目内容真实可信，也有助于建立与观众之间的信任关系。

2. 尊重和诚信原则

尊重和诚信原则是采访过程中不可或缺的伦理准则，有助于提升采访的效果，同时方便双方建立起良好的沟通关系，为整个节目制作过程奠定坚实的基础。

在采访前应了解被采访者的文化、价值观念和敏感点，以更好地调整问题的措辞，避免使用可能引起不适的语言。采访者在提问时应注重用语的审慎选择，避免使用可能涉及敏感主题的措辞，以确保对话的公正性和平等性。

采访者应以一种文明、尊重的态度与被采访者进行互动，以确保交流氛围积极、合作。尊重体现在避免使用可能冒犯或刺激的问题，以确保被采访者感到舒适。礼貌要求采访者在表达时使用文明、有礼的措辞，以维护交流过程中的和谐。采访者的言行和非言语沟通中应维持良好的仪态、表情和语调，采访者能够传递积极、合作的态度，从而建立起与被采访者之间的信任和默契关系。

在采访中应该使用准确、简洁、生动的语言，以便更好地传递信息和内容。尊重采访对象的权利和尊严，保持客观、中立的立场，注重听取对方的意见和看法，避免过于主观和片面。

3. 注意采访内容保密和安全

视听节目前期采访需要在采访之前做好充分的准备和规划，在采访中注重语言和态度的把握，以便更好地传递信息和内容。同时，也需要注意保密和安全等方面的问题，以确保采访的质量和效果。

在采访过程中采访者应该注意保护采访对象，尊重被采访者的隐私权，避免透露其个人信息或涉及敏感私人事务，确保采访内容不侵犯被采访者的隐私权利。在处理敏感话题时，采访者需要谨慎处理，不过度涉及个人隐私或潜在危险的信息，在可能涉及争议或安全问题的情况下，采访者应谨慎选择问题和表达方式。

节目制作团队应确保采访过程中获取的未公开信息得到妥善保密。节目制作内部团队成员应明确了解有关保密的规定，并在合同中明确双方的保密义务。

采访团队应当遵循相关法规，并在与外部合作方签署合同时，明确包含信息保密的条款，以规范双方的合作关系。

通过严格遵循这些原则，节目采访制作团队能够确保采访过程中的信息安全，保护被采访者的隐私，同时维护整个制作过程的顺利进行。这一系列措施不仅是对专业伦理的遵循，也是对被采访者和观众的尊重。

四、视听节目采访方式与方法

视听节目采访方式与方法，是指在电视、广播、网络等媒介上，对被采访对象进行访谈、交流和互动的过程。这个过程需要有一定的技巧和方法，才能够达到预期的效果。采访方式与方法是决定节目质量和观众体验的关键要素之一。

通过巧妙选择和灵活运用采访手法，能够深入挖掘主题、呈现真实情感，从而创造引人入胜的节目内容。视听节目采访的多种方式与方法，在不同情景下各有优势和局限。节目制作人员可以更有针对性地选择适合特定节目的采访手法。

随着新媒体技术的不断发展，以及社交媒体的普及，视听节目采访的方式和互动手段得到了极大的拓展，为节目制作者提供了更丰富的创作可能性。在数字化和网络化的时代，视听节目制作团队需要不断创新采访方式，灵活应对各种情况。新媒体技术的运用和社交媒体互动为节目制作者提供了更广阔的创作空间，同时也将观众融入节目的创作过程中，提升了整体的参与度和互动性。

（一）采访前准备

在视听节目的制作中，采访前的周密准备是确保一场成功采访的基石。在采访前，应该对被采访对象的背景、经历、观点等方面进行了解和研究，这样可以更好地理解被采访对象，提出更有针对性的问题，从而引导被采访者回答问题。同时，在采访前还需要准备好采访的场地、设备和工作人员等，确保采访的顺利进行。

1. 明确采访的目的和主题

在进行采访前，必须明确采访的目的和主题。只有明确了采访的目的和主题，才能有针对性地进行采访，采集到有价值的信息。例如，如果是一档关于城市交通拥堵的节目，那么采访的对象应该是城市交通管理部门、交通专家、司机等与交通拥堵相关的人士，采访的内容应该围绕交通拥堵的原因、解决方案等展开。

2. 确定采访对象和时间

在明确了采访的目的和主题后，就需要确定采访对象和时间。采访对象应该是与主题相关的人士，比如专家、学者、业内人士等。在确定采访对象时，需要考虑他们的专业性、知名度、可靠性等因素。同时，还需要确定采访的时间，以便安排采访的具体时间和地点。

3. 准备采访问题和提纲

在采访前，需要准备好采访问题和提纲。采访问题应该是围绕主题展开的，具有针对性和深度，能够引导被采访者深入探讨相关问题。采访提纲应该是一个框架，包含了采访的主要内容、顺序和重点。采访提纲的制定需要充分考虑主题、采访对象的特点和采访的目的，以便保证采访的完整性和连贯性。

4. 了解采访对象的背景和情况

在进行采访前，需要了解采访对象的背景和情况，包括了解他们的职业背景、研究领域、学术成果、社会影响力等方面。通过了解采访对象的背景和情况，可以更好地把握采访的重点和难点，提高采访的效果和质量。

5. 选择合适的采访方式和工具

在进行采访时，需要选择合适的采访方式和工具。常见的采访方式包括面对面采访、电话采访、网络采访等。不同的采访方式适用于不同的情况，需要根据具体情况进行选择。同时，还需要选择合适的采访工具，比如录音笔、摄像机、笔记本电脑等，以便记录采访内容和整理采访资料。

6. 安排好采访的时间和地点

在进行采访前，需要安排好采访的时间和地点。采访的时间应该是被采访者方便的时间，以便保证采访的顺利进行。采访地点应该是被采访者方便的地点，同时要考虑到环境和设备的影响，以便保证采访的质量和效果。

7. 做好采访前的准备工作

在进行采访前，需要做好充分的准备工作，包括检查采访工具的状态、准备好备用设备、确认采访对象的联系方式等。同时，还需要做好心理准备，保持良好的心态和态度，以便应对采访中可能遇到的各种情况。

从深入了解被采访者到确保设备正常运作，再到制定问题清单和考虑后期制作需求，这一系列的步骤旨在确保采访过程顺畅、信息全面、节目质量高。通过精心策划和团队的密切协作，可以为观众呈现出更引人入胜、深度探讨的视听节目内容。

（二）采访中的技巧

成功的采访不仅能为节目提供丰富的素材，更能深入挖掘受访者的独特观点和故事，提升节目的吸引力。进行高效有成果的采访并非易事，它需要采访者具备一定的技巧和方法，这些技巧的灵活运用是塑造深刻而生动内容的关键所在。

通过深入挖掘被采访者的内心世界、灵活运用提问技巧，以及与被采访者建立真实而深入的联系，可以在采访过程中更好地把握节奏、引导受访者，从而收获丰富的采访内容，为节目制作注入活力。

1. 问答技巧

在采访中，问答是最常见的交流方式。在提问时，应该遵循以下原则：①问题简明扼要，清晰明了。②问题有针对性，能够引导被采访对象回答问题。③问题不应该带有主观色彩，应该客观中立。④问题应该有逻辑性，不应该跳跃式提问。

在回答问题时，被采访对象应该清晰明了地表达自己的观点，避免含糊不清或回避问题。在视听节目的采访过程中，问答技巧是至关重要的，它直接影响着采访的深度和质量。以下是一些采访中常用的问答技巧。

（1）开放性问题。使用开放性问题引导被采访者进行更为详细的回答，而不是简单地回答"是"或"否"。这有助于引发对话，让被采访者更自由地表达观点和情感。如请分享一下您在这个领域的独特经历。

（2）倒装法。利用倒装法改变问题的语序，可以产生更有趣和深入的回答。这种技巧常常能够打破被采访者的常规思维，激发更富创意的回答。如对于您来说，在这个项目中最大的挑战是什么？

（3）漂移式问题。通过漂移式问题逐渐引导被采访者深入探讨话题，从而获得更多的信息和观点。如我们刚才谈到的话题让我想到一个相关的问题，您对于这个问题有何看法？

（4）对比法。使用对比法可以帮助凸显事物之间的差异，激发被采访者对于某一问题更深层次的思考。如相较于以前，您觉得在这个行业工作有了哪些变化？

（5）悬念式问题。制造一些悬念，通过暗示性的问题激发被采访者的兴趣和回答的深度。如在您的职业生涯中，是否曾经有一次经历让您深感震撼？

（6）追问法。及时追问可以深入挖掘某个具体细节或观点，使得回答更加翔实和具体。如您提到的这个例子很有趣，能否进一步描述一下当时的情景？

（7）避免双重问题。尽量避免在一个问题中包含多个问题，以确保被采访者能够有机会充分回答每个问题。错误示范：您认为这个项目成功并且对您的职业有何影响？正确示范：您认为这个项目成功吗？它对您的职业有何影响？

这些问答技巧有助于制造更富深度和情感的对话，使采访更加引人入胜，同时也能够帮助制作团队更全面地了解被采访者的观点和经历。

2. 引导技巧

在采访中，有时候被采访对象的回答可能不够详细或者不够准确，这时候采访者就需要采用引导技巧来引导被采访对象回答问题。采访中使用引导技巧目的是引导被采访者更深入、更具体地表达观点和经历。以下是一些采访中常用的引导技巧。

（1）递进提问。通过递进的提问方式，逐渐引导被采访者深入探讨话题。从简单的问题开始，逐渐过渡到更具体、更深度的问题，促使被采访者提供更详细的回答。

首先从一个相对简单、开放的问题开始，让被采访者对话题有一个基本的介绍，建立对话的起点。然后根据被采访者的回答，选择其中一个方面深入提问，以便更详细地了解相关信息。再针对被采访者的回答，提出一些细节性问题，以获取更具体的信息，通过与其他相似事物或情境进行对比，引导被采访者更具体地表达对比中的差异或相似之处，针对被采访者的抽象或一般性回答，提出请求进一步解释或举例的问题，以使回答更具体和清晰。最后探讨被采访者对于话题未来发展的看法，以促使其提供对未来可能性的展望。

递进提问的关键在于灵活应用，根据被采访者的回答动态调整问题，引导对话朝着更深入、更有价值的方向发展。这种技巧能够帮助节目制作团队获取更翔实和丰富的信息，使采访更具深度和吸引力。

（2）反向提问。通过反向提问，即提出一个与之相反或对立的问题，来激发被采访者对话题的思考，帮助其提供更有深度的回答。这种方法有助于激发对话，展现更多层次的观点。

首先提出一个与被采访者当前表达的观点相对立的问题，以促使被采访者思考问题的多重维度。通过质疑或挑战被采访者先前的说法，引导其深入思考和提供更具体的回答。还可以要求被采访者分享与其先前回答相反的具体案例或经验，以使回答更加全面。引导被采访者比较两种相反的情况，以便更清晰地表达他们的意见。

当被采访者提到一个具体观点时，要求其进一步解释对立的观点，以获取更深层次的回答，提出一个对立的情感或态度，鼓励被采访者深入探讨他们的情感和态度变化。

在节目采访过程中通过反向提问，可以引导被采访者更全面、更深入地表达他们的观点，丰富采访的内容，使其更具有深度和复杂性。

（3）设想法。通过让被采访者设想一些可能的情境或场景，激发其更深层次的思考和回答。这种方法可以帮助视听节目制作人员获取更具体和富有创意的信息，鼓励被采访者设想关于话题未来可能的发展，以获取他们对未来的展望和期望。

在采访中运用设想法，可以要求被采访者设想一个理想的情况或状态，以了解他们对于某一问题的理想解决方案。引导被采访者设想一个已有情境的改进版本，以促使他们提供关于改进的建议或看法，还可以让被采访者设想一些挑战性的情况，以了解他们如何应对和解决这些挑战。鼓励被采访者设想一些创新或非传统的解决方案，以获取更富创意的回答。有时候还可以提出一个相反或对立的情况，要求被采访者设想在这种情况下会发生什么，以促使他们提供更深入的回答。根据节目的实际需要，还可以让被采访者设想一些情感充沛或具有挑战性的情境，以了解他们的情感反应和处理方式。

通过设想法，制作人员可以引导被采访者在思考和回答中展现更为深刻和创新的层面，为采访注入更多的情感和思考。

这些引导技巧有助于制作人员更灵活地引导采访过程，使被采访者提供更为深刻、生动的回答，为节目制作注入更多层次和情感。

3. 互动技巧

在视听节目制作的过程中，采访不是一场简单的问答，而是一个真实而深刻的互动过程。采访中的互动技巧，不局限于提问和回答，还包括如何建立共鸣、创造真实的对话氛围，以及如何通过各种方式与被采访者和观众建立更紧密的联系。通过灵活运用互动技巧，视听节目制作人员可以在采访中引导出更为生动、深刻的内容，创造出更加引人入胜的视听体验。从倾听技巧到积极的反馈，再到递进的提问方式等，一系列实用而富有创意的互动技巧可以使采访达到更高的艺术高度。

（1）积极反馈。采访者应保持专注，避免中途打断被采访者。通过保持眼神接触、肢体语言和声音的回应，传递出对被采访者言辞的认同和理解。在被采访者回答问题后，及时给予积极的反馈，例如表达认同、感谢或进一步追问。对被采访者的回答及时做出主动回应，表达出自己的理解或共鸣，以促进更深入的交流，这有助于建立良好的对话氛围，建立积极的互动氛围，让被采访者感受到自己的观点受到重视。

（2）灵活提问。保持提问的多样性，涵盖不同方面的话题，使采访更加全面且有层次感，有助于激发被采访者不同角度的回答。在提问之后，给被采访者一些时间来思考和回答，这段短暂的沉默可以激发被采访者深入思考并提供更有深度的回答。通过逐渐深入的问题递进，引导被采访者更深入地分享观点和经历。从简单到复杂，从一般到具体，递进式提问有助于挖掘更多信息。

在采访过程中鼓励观众提出问题或留言，可以通过社交媒体平台实现。这样的互动机制能够使采访成为一场更广泛的互动体验，拉近观众与被采访者之间的距离。

（3）轻松氛围。在采访过程中，选择适当的时候，引入一些道具或创造特殊的场景，以激发被采访者更加生动的回答，这有助于打破僵局，增强互动的趣味性。适度分享采访者自身的相关经历可以拉近与被采访者的距离，使互动更为真实和亲近。这种共鸣有助于建立更深层次的联系。利用微笑、点头、手势等非语言方式传递积极的互动信号，增强与被采访者之间的默契。这种互动方式可以在语言之外传递更多的情感和沟通信息。

（三）采访后处理

在采访结束后，需要进行后期处理和编辑，节目采访后的处理是制作团队为确保最终成品质量而采取的一系列步骤，这个过程涉及对采访内容的整理、编辑和制作，以确保最终的节目呈现出高质量、富有吸引力的效果。

在采访过程中，制作团队获取了大量的素材、信息和观点，而后期处理则是将这些内容进行整理、优化和呈现的关键环节。通过后期处理，制作团队能够将零散的采访片段拼凑成一个完整、有趣且富有深度的故事，从而提升节目的吸引力和观众满意度。在采访后期处理应用一些关键技巧和方法，能更好地将采访内容转化为精彩的节目。

1. 录音整理与剪辑

对采访过程中的录音进行整理和剪辑，去除无关的内容、噪声和长时间的停顿，使对话更加紧凑和连贯。对采访内容的校对和审查，确保文字稿件的准确性，音频和视频的流畅性。检查是否有任何可能引起误解或混淆的地方，并进行必要的修改。可以根据节目的需要，对受访者的发言进行适当调整，以提升节目的节奏感。

2. 内容筛选与编排

在采访的后期处理中，需要对采访内容进行筛选和编排。挑选出最具价值和吸引力的片段，根据节目的主题和结构进行适当安排。在内容编排过程中，要注意保持节目的连贯性和逻辑性，使观众能够轻松理解和接受。借助直播、客户端等实现全媒体的采编策划，从多个平台入手，对节目的素材进行全面了解和总结，并直接在新媒体平台上进行视频、音频、图片、文字等要素的处理，从而精简采编策划的工作环节。

3. 视频剪辑与特效

节目制作团队进行音频和视频的剪辑和编辑工作，将采访素材按照节目的结构和主题进行组织。这包括删除冗余内容、修剪不必要的片段，以确保最终成品流畅、紧凑。

在采访视频剪辑过程中，要注意镜头的切换和过渡，以及画面的稳定性和清晰度。另外，可以根据需要添加适当的特效和字幕，使节目更具视觉冲击力和表现力。根据节目的风格和氛围，制作团队可能会添加音效和音乐。音效和音乐的选择应与采访内容相协调，以增强听众的听觉体验。

4. 配乐与音效

制作团队需要为节目添加合适的背景音乐和音效。背景音乐和音效可以增强节目的氛围和情感，使观众更容易沉浸于节目内容。在选择音乐和音效时，应与采访内容相协调，以增强听众的听觉体验，要注意与节目主题和情感的契合度，以免造成突兀和不协调。

5. 反馈与修正

在后期处理完成后，制作团队可以将成品提交给相关人员进行评估和反馈。根据反馈意见进行必要的调整和修正，使节目更加完善。收集、整理和归档所有采访相关的素材，包括音频、视频、文本稿件等。确保所有内容都得到充分保存，并进行分类整理，以备后续制作使用。

以上步骤是一个通用的处理流程，具体步骤可能根据节目的性质、平台的要求以及制作团队的工作流程而有所不同。关键在于确保采访后的处理工作能够保持高质量和一致性，以提供令人满意的最终成品。

第三节　视听节目前期摄录策划

视听节目前期摄录的质量直接影响到节目的整体视觉效果。前期摄录策划在视听节目制作中扮演着关键的角色，它不仅仅是技术层面的准备，更是一个综合考虑艺术、情感和目标受众的过程。在摄录策划阶段，制作团队需要精心思考如何通过视觉和听觉元素来传达节目的核心信息，创造出引人入胜的感官体验。

摄录策划应当注重整体感观效果，确保每一帧画面和每一段音频都能够服务于节目的核心信息和目标。通过画面、音效、光影等元素的协调运用，良好的感观效果能够深刻影响观众的感官体验，从而增强他们对节目的记忆和印象。通过选择合适的镜头、音乐和叙述方式，制作团队可以营造出能够引起观众共鸣的情感氛围。理解目标受众的情感需求，使摄录内容更具感染力和吸引力。

摄录策划需要在艺术创意和技术实现之间找到平衡点。创意是推动节目独特性和创新性的动力，而技术实现则是确保创意能够有效传达的手段。制作团队需要在保持创意独特性的同时，确保技术方面的可行性和效果。

因此，综合考虑整体感观效果、受众情感共鸣和与主题的契合度，摄录策划将有助于创造出更具艺术性和感染力的视听节目，为观众提供丰富、深刻的视听体验。

一、影像角度

在电视和电影制作中，摄像机的角度是非常重要的，因为它可以影响观众对于场景和角色的理解和情感反应。视听节目的拍摄影像角度也同样如此，拍摄影像角度的选择能够直接影响节目的质量和观众的接受程度。

影像角度是一种表达情感和氛围的重要手段。选择合适的角度，可以在画面中传递出欢乐、紧张、温馨等不同的情感，加强观众的情感共鸣。不同的节目有不同的风格和风格要求，有的追求真实感、自然感，有的偏向于艺术感和夸张感。影像角度的选择应与节目的整体风格相协调。

1. 特写视角

特写是视听节目中常用的一种拍摄手法，它摄录的特写视角是指摄影机对被拍摄对象进行近距离、高度放大的拍摄，以突出细节、表情或特定部分的画面。特写视角是一种强调个体、强化情感表达的重要手段，能够让观众更加深入地了解人物的情感和内心世界。

在拍摄人物特写时，应该选择合适的角度和距离，以突出人物的表情和神态，通过近距离放大画面，清晰展示被拍摄对象的细节和表情，使观众更加集中注意力。捕捉人物的微妙表情和情感变化，有助于引起观众的情感共鸣，加深他们对故事或节目主题的感受。特写视角凸显被拍摄对象的个体特征，如面部特征、眼神、手势等，有助于在画面中显示人物的独特性，在表现紧张或紧张场景时非常有效，通过拉近画面，可以使观众更加紧张，感受到更直接的情绪体验，增强观众的代入感。

特写视角能够在视听节目中起到突出、强调和情感表达的作用。在选择使用特写视角时，制作团队需要根据节目的情感需求、叙事要素和观众体验来进行巧妙运用。

2. 全景视角

在视听节目中，全景镜头常用于展示场景和环境，能够让观众更加直观地了解节目的背景和氛围。

摄录的全景视角适用于展示大自然风光、城市全貌、大型活动等，能够更好地呈现环境和氛围，使观众感受到场景的气氛和特色，对于展示特定地域、文化或活动场所具有重要意义。通过全景视角，可以创造出视觉上的震撼效果，使观众感到宏伟、壮观，对于纪录片、旅行节目等有着特殊效果。在旅游类节目中，可以使用全景镜头来展现美丽的风景和人文景观；在新闻类节目中，可以运用全景镜头来展示现场的情况和人群的规模。

在视听场景过渡时，全景视角可以作为两个不同场景之间的自然过渡，帮助观众更顺畅地理解节目的叙事发展，有助于展示不同元素之间的空间关系，如建筑物、地理位置、人群分布等，使观众更清晰地了解整个环境。

在运用全景视角时，制作团队需要注意合理的构图和平衡画面，确保观众能够清晰地理解整个场景。全景视角的使用有助于营造震撼感、增加观赏性，是丰富视听节目表现手段的重要工具。

3. 仰视角度

仰视角度是从下向上拍摄，可以使被拍摄对象显得更为高大、庄重，从而强调其权威和威严，这种效果常用于拍摄领导人、英雄形象或其他具有特殊地位的人物。凸显被拍摄对象的高度，特别是建筑物、雕塑或其他垂直结构，这有助于营造一种崇高感，使观众感受到被拍摄对象的壮丽。当需要强调被拍摄对象的特殊地位或重要性时，仰视角度是一个有效的选择。这可能包括拍摄纪念碑、雕像、国旗等象征性的场景。

通过仰视角度，摄影师可以更好地表达被拍摄对象内在的力量和能量，为画面注入一种强烈而肃穆的氛围。仰视角度在心理学上会给人一种向上的感觉，可用于制造激励、振奋情绪的节目效果。

4. 俯瞰视角

摄录的俯瞰视角是指摄影机从高处向下拍摄，以俯瞰的角度呈现被拍摄对象。这种视角常常被用来展示整个场景、创造独特的观感体验以及强调空间关系。

俯瞰视角适用于展示广阔的场景，如城市全景、大自然风光、建筑物群等。通过高空的俯瞰，观众可以一览整个区域的全貌。这种视角能够突出场景中不同元素之间的空间关系。在拍摄复杂的场景如交通流动、人群活动时，俯瞰视角有助于观众更清晰地理解场景中各个部分的相互关系。

俯瞰角度常常能够创造出独特的观感体验，使观众感到新奇和兴奋。这对于艺术创意或独特氛围的节目有着积极的影响。通过从高空俯瞰，能够更好地凸显被拍摄对象的规模和气势，如大型活动、建筑物、自然景观等。俯瞰视角有时能够传达特殊的信息，例如地理布局、景观特征，对于纪实类节目或具有地域特色的节目尤为有效。

俯瞰视角可以引导观众关注特定的区域或元素，通过高度的角度进行导向，使观众的注意力更加集中。在选择使用俯瞰视角时，节目制作团队需要考虑节目的主题、情感要求以及观众的体验，以确保最终效果符合预期。

5. 跟随视角

跟随镜头是一种追踪拍摄手法，能够让观众身临其境地感受节目的情境和氛围。在视听节目中，跟随镜头常用于拍摄运动场景和动态画面，能够让观众更加直观地感受到运动员的速度和力量。

摄影机随着运动而移动，常用于记录真实、生动的场景，使画面更富有动感。这种视角可以为观众提供一种参与感，适用于记录纪实内容或体现紧张感。比如，在体育赛事中，可以使用跟随镜头来追踪运动员的比赛过程；在电影中，可以运用跟随镜头来展现战斗和追逐场面。

在做摄录影像角度策划时还要考虑摄影设备的特性和技术限制，确保选择的影像角度在技术上可行。不同的角度需要不同的摄影设备和技术手段。在传统影像角度的基础上，尝试一些创新和独特的角度可以为节目增色不少。创新的视角能够吸引观众的注意力，使节目更具特色。

二、运动摄像

运动摄像是指通过摄影机捕捉并记录运动过程的摄影方式。这种摄影方式可以用来呈现高速运动、运动员的技艺、极限运动等，为观众带来强烈的视觉冲击和参与感。

运动摄像通常用于捕捉高速运动，例如体育比赛、汽车赛事、极限运动等。高帧率的摄影能够呈现细致的动作，使观众更清晰地看到运动员或物体的每一个细节。通过追踪高速运动、使用快速移动的摄影手法，营造出强烈的视觉冲击感，对于展示竞技体育的紧张氛围或表现极限运动的刺激感非常有效。运动摄像中常用的慢动作效果能够减缓运动过程，展示精彩瞬间或解析复杂动作，使观众更细致地感受到动作的每一个阶段，增强观众的参与感，使他们感觉仿佛置身于运动场地中，提高了观众的互动性和沉浸感。运动摄像不仅仅局限于体育类节目，还可以应用于纪录片、真人秀、旅行节目等，为不同类型的节目注入更多活力和创新元素。

运动摄像常常采用特殊的摄影设备和角度，创造出独特的视觉效果。例如使用无人机、运动相机等，能够在空中、水下或其他难以到达的地方进行拍摄。运动摄像涉及一些先进的摄影技术和设备，因此在技术挑战上也较大。制作团队需要不断追求创新，探索新的摄影手法和技术工具。

1. 高帧率摄影

高帧率摄影是一种摄影技术，通过使用摄影机以每秒更高的帧率记录图像，以创造出慢动作效果。传统的电影和视频通常以每秒 24 帧或 30 帧的速率录制，而高帧率摄影可以达到每秒 60 帧、120 帧甚至更高的速率。通过以更高的帧率录制，然后在正常帧率下播放，可以呈现出慢动作的画面，使观众更清晰地看到运动过程的细节。

高帧率摄影在捕捉高速运动或快速变化的场景时，能够更准确地捕捉到每一个瞬间的动作细节。这对于体育比赛、极限运动等领域非常有用。更高的帧率可以提高画面的流畅度，使运动看起来更为真实。这对于一些需要高度视觉真实感的节目，如纪录片或科技展示，也具有重要意义。

高帧率摄影有助于提高观众参与感，使观众感觉仿佛置身于运动场景中，这种沉浸感可以加强节目的观赏性和娱乐性。制片人和导演可以通过高帧率摄影探索艺术创新，创造出独特的视觉效果。这对于一些创意和实验性质的节目项目可能会产生新的表现方式。

高帧率摄影提供了更多的材料和信息供后期制作团队使用。在后期制作中，可以灵活运用慢动作、动作跟踪和特效等技术，增加画面的戏剧性和艺术效果。

2. 快速移动摄影

运用快速移动的摄影设备，如跟踪摄影机、无人机等，能够捕捉到高速运动、迅猛变化的画面，并保持相机与被拍摄对象的相对运动，创造出动感十足的画面。

快速移动摄影能够为画面注入强烈的动感，使观众感受到高速运动的冲击力。这对于体育赛事、汽车比赛、极限运动等节目场景尤为适用。快速移动摄影设备通常具有实时追踪功能，能够迅速跟随被拍摄对象，捕捉到他们的每一个动作，呈现出高度的流畅性。在追逐场景中能够创造出戏剧性效果，使观众更深入地参与到节目情节中。

在风景、旅行或探险节目中，快速移动摄影可以创造出令人惊叹的震撼画面，展示出壮丽的自然风光和迅猛的地形变化。使观众仿佛亲身参与到运动或冒险中，增强了观众的参与感，提升了节目的沉浸性。

快速移动摄影经常应用于无人机航拍，通过快速的飞行和灵活的机动性，可以捕捉到独特的角度和视角。通过快速移动摄影在艺术上进行创新表达，呈现出独特的画面美学，为节目增添创造性的元素。

3. 360 度摄影

360 度摄影是一种摄影技术，通过捕捉全方位的画面，使观众能够在观看时 360 度环顾四周，获得更加全面和沉浸式的视觉体验。在节目制作中，360 度摄影常被用于创造出与传统摄影方式不同的交互式和沉浸式效果。

360 度摄影能够提供全景的视角，使观众能够在虚拟空间中 360 度环顾，感受到场景的整体氛围。这在旅游、纪录片等节目中能够呈现更真实的场景。观众能够获得更为沉浸式的观看体验。这种沉浸感有助于提升观众对节目的投入感，使其感觉仿佛置身于画面之中。

技术和创意的不断发展为节目制作带来了更为丰富和多样的表现手段，360 度摄影通常与虚拟现实技术结合，在虚拟旅游、虚拟博物馆等节目为观众提供更为真实和身临其境的体验。一些节目制作采用实时流媒体技术，使观众能够即时地在 360 度摄影中进行观看，为直播事件或互动性节目提供了新的可能性。

360 度摄影有助于创造出虚拟漫游的效果，观众可以自由地漫游在节目中，增加了探索和发现的乐趣。在旅游或教育类节目中，360 度摄影能够为观众提供更全面、生动的视角，让他们更好地了解目的地或学科内容。

三、画面构图

视听节目的画面构图是指在摄制和编辑过程中，将不同元素有机地组合在一起，形成具有艺术感和表现力的画面。良好的画面构图可以增强观众的视觉体验，传达节目的主题和情感。

画面中的元素应该平衡地分布，避免出现过于集中或不均匀的情况，对称构图能够给观众一种稳定和整齐的感觉。黄金分割法将画面分为黄金分割比例的区域，将主要元素放置在这些关键点上，使用黄金分割法有助于创造出更具吸引力和平衡感的画面，线条可以是实际的物体，也可以是虚构的元素，如阴影、道路、建筑等，利用线条来引导观众的视线，创造出视觉流畅感。

在画面中设置前景和背景，营造出层次感。前景元素可以增强深度感，使画面更有立体感。在画面中设定一个视觉中心，即观众的视线自然而然地聚焦的地方，这个中心可以是一个重要物体、人物或场景。利用动态元素或运动的方式，增加画面的生动感和活力。画面构图是一门艺术，需要制片人和导演综合考虑场景、主题、情感和观众期望，以创造出引人入胜、表现力强的视觉效果，良好的画面构图有助于提高节目的质感和吸引力，使观众更愿意投入其中。

1. 三分法

三分法是一种常用的画面构图方法，通过将画面分为横向和纵向的三等分区域，然后将重要元素放置在这些分割线的交点上，以增强画面的平衡感和吸引力。这个构图方法有助于创造出稳定而吸引人的画面。以下是关于三分法的一些详细解释。

将画面水平分为上、中、下三个部分，通常在画面的上下两个水平线交点处放置重要的水平元素，这可以是天空、地平线、建筑物等。将画面垂直分为左、中、右三个部分，通常在画面的左右两个垂直线交点处放置重要的垂直元素，这可以是人物、树木、建筑物等。在三分法的交点处放置重要的元素，有助于吸引观众的视线，使画面更具吸引力。这些交点通常被认为是画面的重要焦点。通过三分法，画面的上、中、下和左、中、右部分能够得到平衡，使观众在观看时感到整体构图的协调和谐。

三分法适用于各种场景，包括风景摄影、人物摄影、静物摄影等。在拍摄中，摄影师可以根据具体情况调整三分法的运用方式。

尽管三分法强调在交点处放置重要元素，但并不意味着中心构图是不可取的。摄影师需要根据具体情境判断何时使用三分法，何时采用其他构图方式。通过灵活运用横向和纵向三分法，摄影师可以在构图中取得良好的平衡，并使画面更具吸引力和表现力。这是一个简单但有效的构图技巧，适用于各种摄影和视觉艺术创作。

2. 黄金分割法

黄金分割法是一种常用的画面构图方法，通过将画面分割成黄金分割比例的区域，将关键元素放置在这些关键点上，以创造出更具吸引力和平衡感的画面。这个构图方法源于黄金比例被认为是一种审美上令人愉悦的比例的说法。

将画面的水平和垂直方向划分成黄金分割比例的线，交叉点即是黄金分割点。将关键元素放置在这些交叉点上，有助于吸引观众的视线。利用黄金分割法可以构建画面的层次感，将画面分为前景、中景和背景，使画面更具深度和立体感。将关键元素沿着黄金分割线或对角线放置，有助于引导观众的视线，创造出更为动态和富有层次感的画面。将节目中重要的人物、物体或场景放置在黄金分割点上，能够使其更为突出，吸引观众的关注。

在实际的节目制作中，摄影师和导演可以根据具体情境和创意要求，灵活运用黄金分割法，以提高画面的视觉吸引力和艺术感。这是一个有助于创造出美观、引人入胜画面的有效构图方法。

3. 对角线引导

对角线引导是一种常用的画面构图手法，通过将元素沿着对角线摆放，可以使画面更具动态感和层次感。在节目摄录中，对角线引导可以有效地引导观众的视线，创造出更为生动和富有活力的画面效果。

对角线是一种视觉上具有动感和活力的线条，适用于需要强调运动、戏剧性或紧张感的场景，在拍摄运动、追逐等情节时，对角线引导能够增强画面的动感。

对角线构图有助于创造画面的层次感和深度。将元素沿着对角线分布，可以形成前景、中景和背景的层次，使画面更有立体感。将主要元素放置在对角线上的某个点上，能够使其更为突出，引起观众的注意。这对于强调节目中特定人物或物体非常有效。

对角线引导不一定要是明显的对角线线条，也可以是通过元素的摆放或摄影机的角度来隐含对角线。在实际拍摄中，要根据场景的需要进行灵活运用。尽管对角线引导是一种有效的构图手法，但在运用时要注意避免过度使用，以免影响画面的自然感。根据具体情境，适度运用对角线引导即可。

四、声音采录

声音采录是指将声音信号转换成电信号，通过录音设备记录下来的过程。在视听节目制作中，对声音进行录制的过程，包括对人声、环境声、音乐等各种声音的采集，并进行后期处理，最终形成我们听到的声音效果。在节目前期录制时，声音采录的质量直接影响到后期的制作效果，良好的声音效果能够提高观众的观感体验。

1. 环境控制

在录音现场要尽量控制环境噪声。选择相对安静的地点进行录音，关闭不必要的设备和电器，以有效减少干扰和杂音，确保录制到清晰、高质量的声音。

选择一个相对安静的场地进行录音是至关重要的。尽量避免选择存在交通噪声、机械设备声等噪声干扰的地方，关闭不必要的设备和电器，以减少电磁干扰和其他可能引起噪声的因素。在室内录音时，注意降低室内可能引起噪声的因素，如空调、风扇等，确保录音时的室内环境相对安静。在录音现场设置隔音措施，以减少外部噪声的干扰，这可能包括使用隔音墙、隔音窗帘、吸音板等设备。

在某些情况下，使用全向麦克风可以更好地捕捉整个环境的声音，而不仅仅是特定方向的声源。选择低噪声水平的录音设备，包括麦克风、预放大器和录音机，高质量的专业设备通常具有较低的噪声水平。控制好录音现场的声学，避免回声的发生，可以使用吸音材料或调整麦克风的摆放位置来减少回声效应。

在录音时要求录音现场的参与者尽量保持安静，避免不必要的交流声和其他干扰。根据具体的录音场景和需要进行灵活运用环境控制，以保持良好的录音环境，确保能够制作出具有清晰、真实的声音效果的节目。

2. 测试和校准

在声音采录过程中，进行测试和校准是确保录音设备正常运作、音频质量良好的重要步骤。

在正式录音之前，对录音设备进行全面的测试，包括麦克风、录音机、预放大器等设备的功能性测试，确保所有设备处于良好状态。使用专业的音频校准工具校准麦克风的灵敏度和频率响应。检查录音机的设置，确保采样率、位深度等参数符合制作需求，选择适当的录音格式和设置保证录音的音质和文件大小，校准录音设备的输入级别，确保录制的声音既不会因过度放大而失真，也不会因过低的录音级别而导致信噪比低。如果使用了监控设备（如耳机或音箱），确保其音量和平衡设置正确，这有助于在录音过程中实时监测录制的声音。

在实际录音现场进行一些实地测试，了解环境的声学特性，识别可能干扰录音的噪声源，调整设备的设置以适应实际录音环境。确保录音设备的固定和摆放位置是稳定的，对于多麦克风录音设置，进行定位测试以确保每个麦克风捕捉的声音源的位置准确无误，防止在录制过程中出现不必要的震动和干扰。在一天中选择相对安静的时间段进行录音，避免特定时间可能存在的噪声干扰，如交通高峰期。

以上步骤都有助于确保录音设备正常运行、音频质量稳定，从而提高声音采录的准确性和可靠性。同时还要准备备用的录音设备，以防止主要设备出现故障，而且备用设备应经过相应的测试和校准。通过认真的测试和校准，制作者可以更好地掌控录音过程，确保最终的声音效果符合预期。

3. 清晰语音

确保清晰语音在视听节目制作中至关重要，特别是对于讲述、演讲、对话等场景。

使用高质量的录音设备，包括清晰度良好的麦克风和录音机，以确保录制到的语音具有高保真度。确保麦克风距离说话者适中，麦克风指向说话者的口部。调整麦克风的角度和位置，使其能够最大限度地捕捉清晰的语音。在户外或容易受到风噪声干扰的环境中，使用防风罩可以有效减少风噪，保证语音录制的清晰度。在录音现场采取适当的隔音措施，减少外部环境的噪声干扰，确保语音录音的纯净度。

避免录音水平过高或过低，保持在适中的水平。过度的录音水平可能导致音频失真，而过低则影响语音清晰度。使用吸音材料或者话筒隔离器来减少共振和回声，这样可以使语音录音更为清晰。

在录音过程中使用耳机进行实时监控，确保录制的语音是清晰的，及时发现并解决问题。提醒演讲者或说话者注意清晰发音，避免快速说话、口齿不清等问题。

在后期制作阶段，可以使用音频编辑软件进行一些后期处理，如降噪、均衡音频等，以进一步提升语音的清晰度。

通过综合运用上述方法，可以确保录音中的语音清晰度，以有效传递节目信息，提升整体视听节目的听觉体验。通过细致入微地处理声音采录过程，可以提高视听节目的整体质量，创造出更具吸引力和专业感的作品。

第四节 视听节目文本撰写

视听节目文本是传递信息、引导观众情感、呈现创意的媒介。视听节目文本的制作不仅要求文字的流畅和富有表现力，更需要贴合节目主题、符合观众期待，并在创新中保持专业水准。视听节目的文本包括节目概要、脚本创作、对白设计到广告词和推广文案的多个方面的内容。

在视听节目文本撰写中需要构建视听节目的故事框架、创作引人入胜的对白、有效运用字幕和评论，在文本中要体现节目的创意和思想深度。视听节目文本撰写在整个制作流程中需要导演、制片人、编辑等团队成员协同合作，共同打造出优秀的视听节目文本。

一、视听节目文本功能

视听节目文本具有多重功能，它不仅是传递信息的工具，更是引导观众情感、构建故事框架、传达创作者意图的关键媒介。

节目文本作为信息传递的媒介，通过对白、字幕、评论等形式，实现对核心内容的清晰传达。其次，文本通过情感化的语言表达、对白设计以及评论的精心安排，具有引导观众情感的重要功能，为观众提供深刻而情感丰富的体验。

视听节目文本还可作为构建故事框架的工具，通过剧本、脚本等形式，塑造出整体故事结构，确保观众在整个观赏过程中获得连贯的、有机的体验。文本在推动节目剧情发展方面具有关键引擎作用，通过设计节目中的对话和情节，引导观众持续关注节目的发展。

视听节目文本在创造节目氛围与节奏方面具有重要作用，通过合理搭配语言，调动观众注意力，创造出适宜的节目氛围，实现节目的艺术效果。节目文本能够充分传达创作者意图的功能使得观众能够更深刻地理解创作者的思想、态度以及艺术创作意图。

1. 信息传递视听功能

节目文本是传递节目核心信息的主要手段。通过对白、字幕、评论等形式，文本向观众传达节目的主题、内容、情节等关键信息，确保观众对节目内容有清晰的认知。

节目文本通过巧妙的语言表达、选择精准的词汇和结构，以及对白、字幕、评论等形式，有效地传递节目的关键信息，使观众能够准确理解节目的主题、内容、情节等重要元素。透过对白的精准编排，文本能够通过传递角色之间的对话，呈现出多维的情感和思想交流。字幕在有声无声的场景中为观众提供重要的文字信息，弥补了音频信息的不足。

视听节目文本精心选择的词汇和结构，使得信息传递更为高效和准确。文本还通过评论的形式对节目进行评价和解释，为观众提供更深入的背景信息，使他们能够更全面地理解节目所传递的信息。

节目文本是节目创作者表达思想和意图的重要载体。通过对白的把控、评论的巧妙设计，文本能够精准地传达创作者的观点、态度和创作意图，使观众更深入地理解节目背后的创作者思想。

2. 创造氛围与节奏

文本通过对白的设计、评论的表达以及情感化的字幕，能够有效地引导观众的情感体验。巧妙运用文字，可以在观众心灵中勾勒出丰富的情感画面，使他们更深刻地投入到节目所呈现的情感氛围中。

通过选择形象生动、贴切的词汇，以及采用富有表现力的语言风格，文本可以在观众中营造出特定的情感氛围，如轻松幽默或紧张悬疑。句式的设计决定了文本的节奏感，通过变化句子的长度、结构和节奏，文本可以呈现出动态多变或平稳舒缓的节奏。

文本中的用词和语言风格直接影响节目观众对氛围的感知。在文本中巧妙融入的情感元素可以更深层次地影响观众情感体验。透过人物的情感表达、事件的描写以及情感化的对白，能够引导观众对节目情感的共鸣，从而加强氛围的营造。对白的节奏感和情感表达也是创造节目整体节奏的关键元素，精心设计角色之间的对话，体现角色之间的情感互动，营造出戏剧性的情感张力，引发观众的情感共鸣。自然而流畅的对话可以在观众与角色之间建立情感联系，使观众更容易沉浸在节目的氛围中。

视听节目文本还可以对情感场景进行生动而深刻的描写，使观众能够感受到情感的真实性和强烈性。关键情节的描写可以加强观众的情感投入，为节目观众提供更深层次的情感引导。

节目文本的选词和句式，以及对白的节奏感影响着整个节目的氛围和节奏。合理搭配语言能够调动观众的注意力，创造出恰如其分的氛围，从而更好地实现节目的艺术效果。

3. 推动视听节目进程

节目文本在推动节目发展方面扮演着关键的角色，特别是在当下越来越多的综艺节目通过故事串联的情况下，巧妙的叙事、情节设计和语言表达可以引导观众深入参与到节目中，并对节目的进展保持持续关注。

节目文本通过叙事艺术将节目故事情节有机地串联起来。清晰的叙事线索、合理的时间安排以及角色的发展，能够使观众更容易理解节目的进程。叙事的连贯性和引人入胜的程度直接影响着观众的体验。

节目文本通过设计巧妙的情节，推动整体节目向前发展。节目文本撰写需要在节目中合理控制情节的起伏，确保节奏的变化既有张力又不至于让观众失去兴趣。适度的紧张、悬念和休息的节奏变化，能够使观众更好地参与节目的发展。情节的紧凑设置、高潮迭起以及适时的转折点，使观众在不同阶段都能够保持兴奋和好奇心，从而保持他们对节目的关注。

节目中的人物也是推动节目发展的关键因素。在节目文本中深入描绘角色的内心世界、独特性格以及在故事中的成长轨迹，这些描述能够引起观众对人物的关注和情感共鸣，从而推动整体节目的发展。

通过以上各元素的精心设计，节目文本能够更有力地推动整体节目的发展，对节目的制作团队成员的创意与制作方向起到指引作用，可以营造引人入胜的观赏体验，使观众对节目保持持续的兴趣。视听节目文本的多功能性使得它在整个制作过程中都占据着核心地位，是创作者与观众之间沟通的桥梁，同时也是呈现节目创意和艺术效果的关键媒介。

二、视听节目文本结构样式

视听节目文本的结构样式对于有效传达信息、引起观众兴趣至关重要。以下是一些常见的结构样式元素。

1. 引言（导入）

开篇的引言是吸引观众注意力的关键。生动有趣、引人入胜的开场白引导观众进入节目内容。引言可以采用引人注目的事例、问题、引语等形式。

节目文本的引言与导入部分是整个节目文本中至关重要的一部分，它承担着引起观众兴趣、吸引注意力的任务。引言应该与整个节目的风格和氛围相契合，无论是幽默风趣、严肃庄重还是轻松活泼，引言都应反映出整体节目的特点。

开篇的语句应当引人入胜，吸引观众的注意力。这可以通过提出引人注目的问题、分享有趣的事例、使用生动的描述或引用名人名言等方式实现，清晰地表达节目的主题和目的，让观众在短时间内明白他们将要体验到的内容，建立观众对节目的期待和好奇心。

通过在引言中描绘真实而感人的场景、情感故事，或者通过情感元素激发观众的情感共鸣，观众更容易与节目建立情感联系，这种方式可以通过直接与观众交流、提出问题邀请回应等来实现。

通过在引言中简要介绍节目的主要内容和讨论点，观众对即将呈现的内容有一个整体的了解，该方式有助于观众更好地理解节目的结构和发展方向。如果有主持人或主持团队，引入他们是引言的一个常见方式。通过简短的自我介绍或展示主持风格，观众可以建立与主持人的亲近感。在引言中制造的一些悬念，可以使观众渴望了解更多，该方式可以通过留下一个未解之谜、提出一个引人猜测的问题或展示一小部分内容来实现。

引言与导入部分，可以在很短的时间内抓住观众的注意力，为整个节目打下良好的开端，这样的开篇设计不仅有助于保持观众的兴趣，还能为后续内容的展开提供良好的铺垫。

2. 节目主体部分

主体部分是文本的核心，包含节目的主要内容、讨论点和情节发展。合理的组织结构，如逻辑清晰的分段、标题和编号，有助于观众更好地理解和记忆信息。

主体部分被划分为逻辑清晰的分段，每个分段聚焦于一个主题或讨论点。这样的划分有助于观众更好地理解和记忆信息，避免信息过于混杂。在主体部分中可以使用恰当的标题和编号，清晰的标识可以提高整体文本的可读性。

主体部分可以展开深入的讨论，以充实内容。详细的信息、案例分析、统计数据等可以支持主题。主体部分可以运用对比和比较的手法，凸显讨论点的重要性。通过将不同观点、案例或数据进行对比的方式，引发观众思考和讨论。引用的权威人士和专家的观点，可以提升内容的可信度，同时权威观点的引入能够加强主题的论证和支持。

节目文本的主体内容可以详细描述节目所需要的真实的情感故事、个人经历。通过充分表达情感元素，观众更容易与节目建立情感共鸣。注意控制主体部分的篇幅，避免信息过于冗长，同时保持节目的紧凑性。

通过以上设计，主体部分能够更好地传递信息、引发观众兴趣，同时确保内容的深度和广度，使整个节目更具有吸引力和影响力。

3. 节目转折与连接

在节目中，合理的转折和连接手段可以使内容更加流畅自然。通过适度的铺垫、过渡语句等，确保不同部分之间的衔接，观众能够顺利跟随节目的发展。

在不同的节目段落或主题之间使用合理的过渡语句，这些语句可以帮助观众顺利过渡到下一个话题。这可以是提前引入下一个主题、总结前一个内容、使用连接词等方式。在转折处引入新的元素或观点，可以是一个新的情节、一个特别的案例、一段有趣的视频等，使观众对即将发生的事情感到好奇。在连接不同部分时，强调关键信息有助于确保观众能够理解重要的概念或观点，可以通过重复、强调关键词语、使用图像等方式实现。

转折与连接应与整体节目主题保持一致，以保持整体节目的连贯性，保持节目风格和氛围的一致性，以确保转折不会让观众感到突兀。在连接部分时，通过先导内容适度引用节目之前的内容，观众能够更好地理解当前的讨论或情节发展，确保能够建立内容的连贯性。

在节目中还可以利用转折时点创造一些悬念，使观众渴望了解接下来会发生什么，这可以通过提出问题、留下伏笔等方式实现。在转折和连接的地方，巧妙地运用音乐和音效可以增强情感色彩，帮助观众更好地过渡到下一个节目部分。这些内容都需要在节目文本中注明。

4. 节目的对话和互动

对话和互动是视听节目中常见的元素，可以通过采访、讨论、演示等形式实现。文本中的对话部分要具备真实性、生动性，以增强观众的参与感。

视听节目文本中的对话撰写应该真实而生动，避免过于死板和人为。口语化的语言让主持人或参与者的对话更贴近观众的日常交流方式。在对话中注入情感元素，可以是幽默、温馨、感人等，以引起观众的共鸣。情感元素有助于观众与节目之间建立更紧密的连接。在对话中引入多样化的参与者，包括专业人士、观众互动、特邀嘉宾等，不同角色的参与可以为对话增添层次和丰富度。设置一些与节目主题相关的话题，主持人可以通过提出引人深思的问题，邀请观众参与互动。

在对话设计中可以加入一些互动元素，如观众投票、在线提问、点赞等，这些互动元素可以在视听节目中创造更生动的氛围。在对话中引用观众的评论、提问，展示观众与节目的互动成果，这不仅能够激励观众参与，还能加强观众与节目的连接。如果设置互动环节，则需要在节目文本提供明确的指导，简短地说明节目观众如何参与到互动环节中。还可以在对话中设置有趣的场景和情境，通过描绘图景、使用音效等方式增强互动的趣味性。

控制对话的时间，确保互动环节既充实而有趣，又不会拖延过长。保持对话的平衡，不要让观众感到无聊或过度冗长。通过巧妙地设计对话与互动，视听节目可以更好地引导观众参与，创造出更具吸引力和互动性的节目体验。

5. 总结与回顾

在节目结尾，适当的总结和回顾有助于强化信息，它们不仅起到总结节目内容的作用，还可以促使观众留下深刻的印象，并参与到节目的延伸互动中。

总结部分应当简洁明了，突出节目的核心内容和主题，集中表达节目的核心观点和对信息的概括。通过回顾节目中的亮点、精彩瞬间或关键信息，唤起观众的兴趣和记忆；突出那些引人注目的部分，加深观众对节目的印象；引用经典的节目片段或引人注目的对话，强化观众对这些片段的印象。这些有助于建立观众与节目之间的共鸣。

总结可以呼应节目开场的元素，形成一个完整的故事圆框，使观众感受到节目的完整性和内在连接性。

总结与互动环节是与观众最直接的沟通时刻，用心表达感情、思考和希望，使观众更容易理解和认同。如果有观众在节目中进行了互动，就可以在总结中回应观众的留言、提问或评论，以强调观众的参与对于节目的重要性，树立观众的价值感。可以引导观众参与互动环节，例如留言、提问、投票等，这可以通过社交媒体、在线平台或其他互动手段实现。总结可以展望未来，提出对于相关话题的深入探讨、新的节目计划或者对观众的期待，这有助于保持观众对于节目的期待感。

确保总结与互动的时间控制得当，既不过于匆忙而显得草率，也不至于拖延过长而失去观众的关注。巧妙地设计总结与互动，能够使视听节目在结束时给观众留下深刻印象，同时激发观众的互动参与，形成良好的互动闭环。

三、视听节目文本写作要求

视听节目策划文本的写作具有一些基础要求，以确保文本能够清晰、系统地传达策划的理念和指导制作团队。设计文本的反馈机制，以便团队成员能够及时提出建议。制定修订策略，确保文本在制作过程中能够灵活调整。

视听节目文本写作是一项综合性的任务，旨在通过语言表达和节目结构来传达信息、引起观众兴趣，并构建与主题相关的故事。以下是一些视听节目文本写作的要求。

1. 语言清晰明了

视听节目文本写作时应使用简明扼要、通俗易懂的语言，避免使用过于复杂或专业的术语，同时避免使用复杂的词汇和冗长的句子，选择简练而明了的表达方式。文本要使用具体、直观的语言，生动的描述和实例，以更好地形象化所传达的信息。

确保文本有清晰的结构，包括引言、主体和总结。每一部分的表达都应当有明确的目标，要强调文本中的重点信息，适度重复关键信息，提供清晰的指示和解释，以帮助观众理解复杂或抽象的概念。使用简单明了的语言对节目制作进行引导。

注意语言表达的歧义，确保文本的意思清晰明确，不容易被误解。如果有可能，可以使用更具体的词语来阐明含义。遵循这些写作要点，视听节目文本可以更好地达到传达信息、引起观众兴趣和确保清晰理解的目的。

2. 文本结构合理

视听节目文本应有清晰的结构，包括引言、主体、总结等部分，以确保节目内容有条理地呈现。结构合理有助于观众更好地理解和吸收信息。

引言部分是文本的开篇，应该设计得引人入胜，能够吸引观众的注意力，可以通过生动的描写、引人瞩目的问题或引用有趣的事例来激发观众兴趣。

主体部分是文本的核心，包含详细的信息、故事情节或讨论主题。主体内容要有清晰的逻辑顺序，以帮助观众理解信息的发展和关联。文本要被分成合适的段落，每个段落都应围绕一个主题或特定的观点展开，分段有助于提高文本的可读性和理解性。主体内容要强调重要信息，可以通过使用强调的手法、引用关键字或其他方式来实现。重点突出有助于引导观众关注关键内容。使用过渡句连接不同段落或主题，确保文本的信息流畅过渡，过渡句可以是一个问题、一个总结性的陈述或一个引导性的语句。

在文本的末尾进行总结与回顾，强调重要观点、信息或故事情节。总结有助于巩固观众对内容的理解，并形成完整的故事线。可以在总结部分呼应引言，形成一个循环的结构，这样的设计可以使文本更为连贯。

3. 多样化表达

利用多样化的表达方式，包括描述、对话、解说等，以丰富文本的表现形式。不同的表达方式可以使文本更富有层次感。

视听节目文本撰写，可以使用丰富的情感词汇和描写，深刻体现节目的情感变化和氛围转变。情感描绘有助于建立观众与内容之间的情感共鸣，可对场景、人物、物体等的详细描绘进行生动的视觉化描述。

尝试不同的叙述手法，如回溯法、预示法、夸张法等，在文本中变化语气和节奏，使用问句、陈述句、感叹句，也可以改变句子长度和结构来达到节目更多样化的叙事效果。在节目文本撰写中避免抽象的表述，应该使用具体的实例和案例来支持观点或论述，以增强文本的实证性和可信度，实例能够让抽象的概念变得更为具体。

在视听文本的文字表述方面，可以在节目适当的场景和对话中加入幽默元素，以呈现轻松的节目内容，但要确保幽默不会引起误解或冒犯观众。可以运用多种修辞手法，如比喻、拟人等，使文本更富有文学气息，多种修辞手法可以增加文本的层次和深度。

四、视听节目分镜头脚本写作

视听节目文本承载着整个故事的框架。剧本、脚本和分镜头脚本等文本形式，通过编排情节、安排对话，构建起节目的整体结构，使观众能够在一个有机而连贯的故事中沉浸体验。

分镜头脚本是视听节目制作中的关键组成部分，它详细地列出了所有需要拍摄的镜头，包括镜头的类型、内容、拍摄角度、演员动作、摄影机动作等信息。分镜头脚本旨在帮助导演和摄影师更好地理解和实现剧本的视觉效果。

视听节目分镜头脚本是一份详细的计划，用于规划电视、电影或其他视听节目的拍摄过程。它是导演、摄影师、编辑和其他制作人员之间沟通的桥梁，能确保整个制作过程顺利进行。

1. 了解节目内容

在撰写视听节目的分镜头脚本之前，深入了解节目的内容至关重要。这样的了解有助于确保脚本能够准确、有深度地传达节目的主题和信息。

确切了解节目的主题是什么，以及制作者想要达到的目标是什么，脚本要始终保持与主题的一致性。确认节目的目标受众，了解他们的兴趣、喜好、观看习惯等，调整脚本以迎合目标受众的需求。确定节目中的关键信息和要传达的信息，在脚本中合理安排各个镜头，确保信息得到有效传递。

了解节目中出现的各个人物的性格、关系，把握人物或角色在整个节目中的发展和变化，有针对性地编写符合角色特点的对白。

明确节目的风格和所需的氛围，针对不同的节目风格设计相对应的镜头构图和视觉呈现方式。如果节目需要特殊效果或特定的音效，需要在脚本中有所体现。

2. 列出镜头

需要根据剧本的内容列出所有需要拍摄的镜头。每个镜头都应该包括以下信息。

（1）镜头编号：为每个镜头分配唯一的编号，便于在拍摄和剪辑过程中的快速查找。

（2）镜头类型：描述镜头的类型，如：长镜头、中镜头、特写镜头、高角度镜头、低角度镜头等。

（3）镜头描述：详细描述镜头中的内容，包括主题、背景、角度、动作、表情等，如拍摄角度（如正面、侧面、俯视、仰视等）、演员动作、摄影机动作（如平移、缩放、跟踪等）等。

（4）镜头时长：标明镜头的预计时长，便于导演和剪辑师掌握节目的整体时间进度。

（5）对话及旁白：如有对话或旁白，需详细标明对话内容及配音人。

（6）音效及音乐：标明镜头中需要添加的音效和背景音乐，包括音效来源、音乐曲目等。

（7）转场效果：如有特殊的转场效果，需在分镜头脚本中标明，如溶解、翻页、推移等。

（8）注意事项：列举镜头拍摄过程中需要注意的事项，如道具、灯光、表现力等。

3. 制作故事板

对于复杂的节目镜头或重要的场景，需要制作相应的故事板。视听节目的故事板是一种通过图文结合的方式，将整个节目的故事情节、画面设计、场景转换等元素展示出来的工具。故事板可以帮助节目制作员更好地理解镜头的视觉效果，并在拍摄前进行修改或调整。

故事板通常由一系列图像和简短的文字描述组成，用于传达节目的视觉和叙事方案。在制作故事板之前，确保已经明确了整个节目的故事情节和关键事件，这包括主要的情节转折点、高潮部分和结局。将整个故事分割为不同的场景，每个场景包含一个或多个关键事件，这有助于更好地组织故事板的内容。

对每个场景设计关键的画面和视觉元素，包括角色的动作、表情，场景的背景，以及任何重要的物品或符号。为每个场景选择适当的画面构图和镜头，考虑摄影角度、镜头大小、镜头运动等因素，确保画面表达清晰、生动。在每个画面上添加简短的文字描述，说明该画面发生的事件、角色的台词或情感状态。如果有特殊效果或需要音效的场景，要在故事板中进行标注，为后期制作提供指导。故事板的文字应当简洁明了，能够有效地传达信息。

故事板应当按照故事发展的顺序排列，确保观众能够理解故事的逻辑和情节推进。在故事板中需要考虑场景之间的过渡，以确保整体节目呈现出连贯性和流畅感。

故事板的制作通常需要制作团队的参与，特别是导演和摄影师，以确保画面设计符合实际制作的可行性，确保节目团队成员对整个节目的视觉和叙事方案有一致的理解，并进行必要的确认。

故事板是一个动态的工具，需要不断迭代和修改，确保它能够更好地反映出实际制作的要求和创作者的意图。制作视听节目故事板是一个重要的预演步骤，能够在实际拍摄和制作之前，为节目制作团队提供清晰的方向和指导，确保最终呈现出符合预期的节目效果。

4. 审核和修改

导演、摄影师或其他团队成员一起审核分镜头脚本，确保所有的镜头都能有效地传达剧本的内容和情感。在此过程中，可能需要根据反馈进行修改或调整。

分镜头脚本的具体写作方式可能会根据节目的类型和制作需求有所不同。但无论如何，分镜头脚本都应该提供足够的详细信息，以帮助制作团队有效地实现剧本的视觉效果。

视听节目分镜头脚本的编写过程需要导演、编剧和制作人员共同努力完成。在编写过程中，他们需要仔细研究剧本和场景，还需要考虑拍摄时间、成本和技术要求，以确保整个制作过程顺利进行。

视听节目分镜头脚本是制作过程中至关重要的一部分，它不仅可以帮助制作人员更好地理解剧本和场景，还可以提高拍摄效率和质量。因此，在制作视听节目时，编写一份详细的分镜头脚本非常必要。

第五节 视听节目后期制作

视听节目后期制作是将录制好的音视频素材进行编辑、剪辑、调色、配音等处理，最终形成一部高质量的视听作品的过程。它是视听节目制作的重要环节，也是决定节目质量的关键环节。

节目后期制作中，对录制得到的声音进行处理，包括降噪、增强音效、调整音量等，使听众能够更加清晰地听到内容，同时增强观感效果。对录制得到的视频进行处理，包括调整色彩、剪辑、加特效等，使视觉效果更加生动、逼真、吸引人。将处理好的音频和视频进行融合，使整个节目呈现出完美的视听效果，使整个节目更加流畅自然。为了让听众更好地理解节目内容，还需要进行字幕制作。字幕可以帮助听众更好地理解节目内容，同时也可以美化视觉效果，再加入一些有趣的字幕和图标，可使整个节目更加生动有趣。将制作好的节目进行最终输出，包括格式转换、压缩等，以适应不同的播放平台和设备。将制作好的视频节目进行压缩，以便于在手机、电视等设备上播放。

只有经过精心的后期制作，才能够制作出高质量、有吸引力的视听节目，从而吸引更多的观众，提升节目的影响力和收视率。

一、镜头的选择与组接

视听节目制作中，镜头的选择与组接对于表达情感、推动情节发展以及塑造氛围都有着至关重要的作用。将录制得到的素材进行剪辑，去除不必要的部分，保留精华内容，使整个节目结构合理、紧凑。电视节目的镜头选择与组接是电视节目制作中的核心环节，它直接影响到节目的视觉风格和叙事效果。

根据节目内容和风格选择合适的镜头类型（如广角、长焦、标准等），考虑镜头的角度和高度，以传达正确的情感和信息（如高角度、低角度、平视等），使用不同的镜头运动（如平移、俯仰、拉近、拉远等）来增强动态效果和视觉兴趣。

视听节目的镜头组接要确保镜头之间的视觉和主题连续性，避免突兀的转换。在对话中切换镜头，保持视觉流畅性。通过动作、颜色、形状或声音的相似性来平滑过渡。镜头的长度和组接速度要根据节目的节奏和氛围进行调整。使用蒙太奇剪辑来建立节奏感或表现并行事件。在关键时刻使用慢动作或快速剪辑来强调重要性。通过时间跳跃和交叉剪辑来增加叙事的复杂性和深度。利用特效和图形来增强视觉冲击力和信息传递。

视听节目的镜头选择和组接要充分考虑对观众观看体验的影响，需要确保镜头转换符合观众的视觉习惯和期望，使用引导性镜头和构图来吸引观众的注意力。

在选择和组接镜头时，视听节目制作人员需要综合考虑叙事需求、视觉美学和技术支持，以创造出既专业又吸引人的电视节目。

二、蒙太奇与视听节奏

视听节目后期制作中，蒙太奇是一个非常重要的技术，可以帮助制作人员将不同的素材组合在一起，创造出更加丰富和有趣的视觉效果。

首先准备好视听节目所需要使用的素材，如视频、音频、图片等，将这些素材导入到后期制作软件中，例如 Adobe Premiere 等，再对这些素材进行剪辑和调整，该过程包括剪辑视频、调整音频、调整图片等。在这个过程中，我们需要注意素材之间的转场和过渡效果，以确保整个节目看起来流畅和自然。

在使用蒙太奇技术时，制作者需要注意确定好蒙太奇的主题和风格，这有助于制作者更好地组合素材，创造出更加统一和有意义的节目效果。制作时要注意素材之间的转场和过渡效果，这可以使整个节目看起来更加流畅和自然；注意音频和视频的同步，这可以使整个节目看起来更加协调和有序。蒙太奇技术可以创造出各种有趣的效果，但制作者需要确保整个节目看起来有条理和连贯。蒙太奇技术可以将不同的节目素材组合在一起，创造出更加丰富和有趣的视觉效果，但也要确保整个节目看起来流畅和自然。

在视听节目的后期制作中，节奏是至关重要的，一个好的节奏可以让整个节目更加生动有趣，同时也能让观众更加容易理解和接受内容。一个好的节目开头可以吸引观众的注意力，让他们对整个节目产生兴趣，在制作节目开头时，要抓住观众的注意力，因此要尽可能快地进入主题，不要拖拖拉拉，而且开头的画面要美观，足够吸引观众的眼球。同时，画面的颜色和音乐也要搭配得当，开头的音乐要好听，可以让观众更加容易进入节目的氛围，节目的节奏要稳定，不要过于紧张或过于松散。这样可以让观众更加舒适地接受内容。节目要有亮点，可以通过一些特别的镜头或音乐来制造亮点。

一个好的节目结尾可以让观众对整个节目留下深刻的印象。在制作节目结尾时，需要注意以下几点。

（1）节奏要慢。结尾的节奏要慢下来，可以让观众感到放松和满足。

（2）音乐要优美。结尾的音乐要优美，可以让观众在结束时留下美好的印象。

（3）节目要有总结。结尾需要对整个节目进行总结，可以让观众更加容易理解和接受内容。

三、声画关系

在视听节目的后期制作中，音视频融合是一个非常重要的环节。音视频融合主要是将录制好的音频和视频进行合并，以达到更好的效果。声音和画面的协调配合，不仅能够提高节目的质量和观赏性，还可以让观众更好地理解和感受节目的内容。

首先需要对采集好的节目音频和视频进行处理。音频的处理主要包括去噪、降噪、剪辑、混响等。去噪和降噪可以去除录制时产生的噪声和杂音；剪辑是将录制好的音频进行裁剪和拼接，以达到更好的效果；混响可以增强音频的空间感和氛围感。

视频的处理主要包括剪辑、调色、特效等。剪辑可以将录制好的视频进行裁剪和拼接，以达到更好的效果；调色可以调整视频的颜色和亮度，以达到更好的视觉效果；特效可以增强视频的艺术效果和视觉冲击力。

在进行音视频融合之前，需要将音频和视频的时间轴进行校准。一般来说，可以通过对齐音频和视频的特定点来进行校准。需要调整音频和视频的音量，让音频和视频的音量保持一致，以达到更好的效果。将音频和视频进行合并，并进行最后的调整和修剪。

音效可以让观众更加身临其境地感受到节目中所展示的场景和情境；音乐可以让观众更加深入地了解节目内容所表达的情感和主题；配音可以让观众更好地理解节目内容，让观众更加深入地了解人物的情感和心理。音效和配乐可以增强节目的氛围，使观众更加投入到节目中。在电视节目中，音效和配乐需要与画面进行协调，以达到更好的效果。如果音效和配乐没有协调好，就会影响节目的整体效果。需要注意声音和画面的协调配合，保证它们的同步和协调，这样才能够更好地实现声画关系的协调配合。

声音和画面是整个节目的核心，在声画融合的过程中，需要考虑到声音和画面对于节目整体效果的影响，使它们在视听上达到更好的效果。

四、屏幕文字、图表与动画

在视听节目中需要为画面添加字幕和图表等元素，与实拍画面进行融合，使其与画面内容相呼应。在节目中，字幕与图表添加被广泛运用，以帮助观众更好地理解节目的观点和思路，还能够增强节目的趣味性、艺术性和思想性。在使用这些元素时，必须注意各种细节，以确保节目的整体效果达到最佳状态。

在视听节目中屏幕文字可以用来传递信息、强调重点、解释内容等。在视听节目制作中，屏幕文字的使用必须考虑到观众的阅读速度和理解能力，同时也要注意字体、字号、颜色等方面的选择，以确保文字清晰易读且符合节目的整体风格。

　　在制作屏幕文字之前，首先需要确定文字内容。文字内容应该简洁明了，符合节目主题和风格。同时，文字内容应该具有一定的吸引力和趣味性，能够引起观众的关注和兴趣。选择适合的字体和字号是制作屏幕文字的重要环节，字体应该简洁、清晰、易读，并且符合节目风格。字号应该根据屏幕大小、观众距离和文字内容来确定。

　　设计排版是制作屏幕文字的关键步骤。排版应该考虑到文字的位置、大小、颜色、背景等因素，使文字更加突出和易于阅读。同时，排版应该符合视觉美学原则，使文字与画面相得益彰，达到最佳视觉效果。

　　屏幕文字的显示时间应该根据文字内容和节目节奏来确定。文字内容较多或较复杂的，显示时间可以适当延长；反之，文字内容较少或较简单的，显示时间可以适当缩短。同时，还应注意文字的显示顺序和间隔时间，使文字更加连贯和自然。

　　制作视听节目中的屏幕文字要充分考虑文字内容、字体和字号、设计排版、动画效果和显示时间等。只有将这些因素合理地结合起来，才能制作出优质的屏幕文字，为观众带来更好的视觉体验。

　　为了使屏幕文字更加生动和有趣，可以添加一些简单的动画效果，如渐隐、渐显、左右滑动等。动画效果应该与文字内容和节目风格相匹配，不应过于烦琐和花哨，以免影响观众的视觉体验。

　　在视听节目中，动画可以用来展示复杂的流程、机制、原理等内容，同时也可以增强节目的趣味性和吸引力，使节目更生动、更有趣，能够吸引观众的注意力。在使用动画时，要考虑到观众的接受能力和视觉疲劳问题，避免过度使用动画，影响节目的整体效果。需要根据节目的风格和主题，通过剧本和故事板对动画进行细化和具体化。角色设计和场景设计需要根据动画风格和主题进行调整和优化，以确保动画的整体效果。

　　动画素材包括角色的动作、表情、声音等，而动画效果则包括转场、特效、音效等。在完成动画素材和动画效果后，需要进行后期制作和渲染。后期制作包括色彩调整、音频处理、字幕制作等，而渲染则是将动画素材和动画效果合成为最终的动画文件。

　　在视听节目中，图表可以用来增强观众的理解和记忆效果，同时也可以使节目更加生动有趣。在使用图表时，必须注意图形的简洁性和易懂性，避免出现过于复杂或难以理解的图表。

　　不同的图表类型适用于不同的数据类型。在选择图表类型时，需要根据数据的特点和呈现效果来进行选择。对于视听节目中的图表，数据可以来源于多个渠道，例如调查问卷、统计数据等。在设计图表时需要考虑到多个方面，例如颜色搭配、字体大小、图表尺寸等，同时还需要保证图表的易读性和美观性，让观众能够轻松理解所呈现的信息。

　　在制作视听节目时，需要将制作好的图表导入到节目中。导入时需要注意图表的位置和大小，让观众能够清晰地看到图表中的信息。

　　制作视听节目中的图表需要注意多个方面，包括图表类型、数据收集、设计、制作和导入等。只有在这些方面都做好了，才能制作出高质量的视听节目图表。

五、特技语言

　　视听节目的特技语言指的是在电视或其他视听节目中使用的视觉和听觉特效，这些特效用于增强叙事、创造特定的氛围或提供视觉冲击力。特技语言可以分为视觉特效、声音特效、剪辑特效等不同的类型。

　　视觉特效使用计算机技术创造的虚拟场景或角色。一些视听节目使用虚拟现实技术，让观众沉浸在一个虚拟的三维环境中，增强观赏体验。通过在演员或物体上安装传感器，捕捉其运动轨迹，然后将其转化为计算机动画。通过动态追踪技术，捕捉演员的动作表现，并将其转化为特效场景中的角色，使动作表现更加逼真。在后期制作中替换背景色以插入不同的背景或场景，添加与视觉动作同步的声音效果，如脚步声、开门声，背景中的声音，如风声、雨声或人群嘈杂声，创造特定的声音效果来支持节目的视觉内容。

在视听节目的后期制作中，特效的应用越来越普遍。特技语言可以让画面更加生动、丰富，也可以弥补拍摄时的不足，提高节目的观赏性和吸引力，还可以讲述故事、传达情感和创造特定体验，正确使用特效可以极大地提升节目的质量和观众的观看体验。在节目的宣传片和片头中也可加入各种特效元素，使得整个节目更加引人注目。

六、节目合成

视听节目的合成是指将实拍画面、特效、音频等元素进行融合，以达到最终的视听表现。视听节目中的特效可以增强作品的视觉冲击力和观赏体验，帮助创作者更好地传达情感、表现故事情节，以及塑造氛围。合成过程涉及多个阶段和技术，以下是一些完成视听节目合成的技术手段。

1. 背景替换

绿幕或蓝幕技术可以让演员在特定的背景色前表演，通过后期处理，将实拍画面与其他场景或元素进行合成。背景替换技术可以通过多种方式实现，其中最常见的是使用绿幕或蓝幕技术。这种技术可以在拍摄时使用特殊的绿色或蓝色背景，然后在后期制作中将其替换成其他图像或视频，这种技术可以帮助制作人员在不同的环境中进行拍摄，同时也可以让他们更加灵活地控制场景中的各个元素。

在背景替换技术中，最重要的一步是准确地拍摄绿幕或蓝幕。为了获得最佳效果，制作人员需要使用专业的照明设备和摄像机来拍摄。他们还需要确保拍摄的画面具有足够的对比度和清晰度，以便在后期制作中进行更好的调整。

在后期制作中，制作人员需要使用特殊的软件来进行背景替换，这些软件可以让他们轻松地将绿幕或蓝幕替换成其他图像或视频。在进行背景替换时，制作人员需要注意几个关键因素：首先，需要确保新的背景与原始画面的光照、阴影和色彩相匹配。其次，需要确保新的背景与人物或其他元素的位置和运动相匹配。最后，需要确保新的背景与原始画面的分辨率和帧速率相匹配。

在视听节目的后期制作中，背景替换是一项非常重要的技术。在视听节目中背景替换可以帮助制作人员在不同的场景中进行拍摄，同时也可以在后期制作中通过调整背景来实现更好的效果。

2. 三维动画融合

在现代电视节目在后期制作中，三维动画融合技术是一种非常重要的技术手段。三维动画融合能够将真实拍摄的影像和虚拟的三维图像进行无缝结合，从而实现更加生动、逼真的视觉效果。

《中国诗词大会》是一档非常受欢迎的文化节目。在这个节目中，三维动画融合技术也被广泛运用。在节目中会有一些特效场景，例如山水、古代建筑等，这些场景都是通过三维动画融合技术制作的。节目中的一些虚拟场景也是通过三维动画融合技术实现的。

随着技术的不断发展，三维动画融合技术会越来越成熟，为视听节目带来更加精彩、逼真的视觉效果。

3. 音频混合

音频混合可以将多个音频轨道混合在一起，以创造出更加丰富、立体的音效。在电视、电影、广播等各种媒体中，音频混合被广泛使用，为观众带来更加震撼、逼真的音效体验。视听节目的后期合成中，需要为画面添加旁白、音乐和实地录音等音频元素。使用音频编辑软件将选好的音频素材进行剪辑、调整音量、混响等处理，并根据画面的需要进行同步。

音频混合技术在各种媒体中都有广泛的应用，它可以为观众带来更加丰富、立体的音效体验。对于视听后期制作人员来说，掌握音频混合技术是非常重要的，掌握这项技术后就能为观众创造出更加出色的作品。

4. 色彩调整

在视听节目的制作过程中，需要统一不同场景的色彩风格对画面进行色彩校正、调整亮度、对比度、饱和度等，使画面符合整体的风格和氛围。

在视听节目的制作中，通过对色彩进行调整，可以使视听节目画面更加饱满、生动，同时也能够突出节目的主题和氛围。在视听节目中，会根据不同的节目主题进行不同的色彩调整，不同的场景进行不同的色彩调整，比如在户外拍摄时，会增加一些黄色和棕色的调整，使得画面更加贴近自然，又如在歌唱类节目中的慢歌环节中，会增加一些灰色和黑色的调整，使得画面更加沉稳，经过调整后，能够让观众更好地融入节目中，感受到其中的情感和氛围。

 课后思考题

1. 视听节目制作流程中的前期策划的要求与内容是什么？

2. 视听节目前期策划有哪些方法？请举例说明。

3. 设定一个视听节目主题，请简述围绕这一主题应该如何进行前期采访。

4. 选择一个视听节目，请写出该节目的前期摄录策划方案。

5. 选择一个视听节目，按教材中的视听节目文本结构样式，写出该节目的节目文本。

6. 视听节目文本在视听节目制作中的作用是什么？请说明视听节目文本编写过程中需要考虑的重要因素。

7. 选择一个视听节目，为这个节目设计一个分镜头脚本。

8. 视听节目的后期制作包括哪些内容？后期制作阶段的关键任务是什么，为什么这个阶段在整个制作流程中至关重要？

9. 请详细分析前期制作、拍摄与录制、后期制作这三个主要阶段的相互关联和作用。

10. 请结合具体实例，论述数字技术的发展如何改变了传统的视听节目制作流程。

第四章

视听节目的包装与营销策划

视听节目的包装与营销策划是节目策划过程中不可或缺的重要环节。节目包装是指对节目内容进行整体视觉、声音和形象设计，以提升观赏性和专业性，增强节目的辨识度和吸引力。营销策划是指通过各种手段和渠道，将节目推广给目标受众，提升节目的知名度和影响力，从而实现节目的成功播出和传播。视听节目的包装与营销策划密切相关，两者相辅相成，共同促进节目的成功制作和推广。

在视听节目的包装方面，需要精心设计节目的片头、片尾、节目标志（LOGO）、画面风格、字体选择、音效、配乐等元素，以塑造节目的独特形象和风格，吸引观众的注意力。而在营销策划方面，则需要制订合适的推广计划，选择适当的传播渠道，进行宣传推广和品牌塑造，以扩大节目的影响范围，吸引更多的目标受众。通过综合运用包装和营销策划，可以提升节目的知名度、口碑和市场份额，实现节目的成功播出和商业价值。通过科学合理的包装设计和营销推广，可以提升节目的观赏性和专业性，扩大节目的影响力和受众群体，实现节目的成功制作和传播。

随着信息传播的日益便捷和多样化，如何设计好的包装和采取有效的营销策略，成为媒体从业者需要面对和解决的重要问题之一。本章将系统介绍视听节目包装与营销的基本概念、特点以及发展趋势，并深入探讨视听节目的内容创作、制作技术、包装设计等方面的知识。在此基础上，本章对视听节目的营销策划进行了详细的阐述，从市场调查、定位、策略制定到渠道布局、宣传推广等方面，提供了一套完整的营销策划框架。同时，针对当前市场中的竞争态势，结合一些成功的营销案例和实用技巧，分析视听节目包装与营销在实际应用中可能遇到的问题和困境，提出针对性的解决方案。

第一节　视听节目包装概述

视听节目的包装是一种重要的传播手段和艺术形式，具有提高节目的观赏性、吸引力和传播效果，提升节目品质和影响力的关键作用。通过精心设计的视觉元素、声音效果、艺术表现形式和多种技术手段，节目包装能够营造出独特的节目风格，吸引观众注意力，使其产生兴趣和好奇心，从而增强节目的黏性。

节目包装是塑造节目品牌形象的重要手段之一。通过统一的视觉风格和形象设计，节目包装可以为节目打造独特的节目标志和特色，提升节目的辨识度和认知度，增强观众对节目的信任和好感度。

视听节目的包装是一项综合性的工作，需要结合节目内容特点和目标观众需求，精心设计和打造。通过科学合理的包装策略和创意设计，视听节目的包装可以有效地提升节目的品质和影响力，实现更广泛的传播和更深层次的观众互动。

一、视听节目包装的发展历程

我国视听节目包装经历了从简单到复杂、从传统到现代、从模仿到创新的发展历程。在不断的探索和创新中，中国视听节目包装已经成为节目传播和品牌塑造的重要组成部分。

早期的视听节目包装阶段主要是指20世纪50年代到80年代，电视和广播刚刚兴起。由于技术条件有限，早期的视听节目包装相对简单，主要以文字标题、单一背景音乐和基本的视觉效果为主。这一时期，节目包装的形式相对保守，没有太多的创意和个性。但即便如此，早期的视听节目包装仍在一定程度上提高了节目的观赏性和辨识度。

随着科技的发展和市场竞争的加剧，从20世纪90年代开始，我国的视听节目包装逐渐呈现出多元化的发展趋势，形式也变得丰富多样，包括标题设计、音乐和音效、节目内容规划、节目形象设计、导视和宣传片以及节目互动环节等。此外，设计师们也开始更加注重创意和个性，通过独特的设计风格和视觉效果，为观众呈现出具有高度艺术性和吸引力的节目。

进入21世纪后，随着技术的进步和市场的发展，我国视听节目包装进入了快速发展的阶段。这一时期以互联网、数字技术和多媒体技术的飞速发展为背景，视听节目包装在形式、内容和手法上都取得了显著的创新与突破。节目包装开始更加注重创意和视觉效果，采用了更加丰富多样的手段，如CG特效、3D动画、虚拟现实等技术。节目包装设计在提升节目观赏性和品质的同时，也成为节目宣传和品牌塑造的重要手段。这些创新和突破丰富了视听节目包装的形式和内容，进一步提升了视听节目的艺术性、创新性和吸引力。

在不断变化的媒体市场环境下，视听节目包装仍需不断创新和拓展，以满足观众日益增长的审美需求和实现更高水平的发展。人工智能、大数据、云计算等前沿技术，为节目包装提供更多创新可能，实现更高水平的个性化和智能化的视听节目包装。设计师们通过加强与观众的互动，让观众参与到节目包装的设计和制作中，以提高节目的口碑和影响力。

在创新形式方面还可以将视听节目包装与其他领域如广告、游戏、电影等进行融合。除形式创新外，在节目包装的内容还应该融入更多的本土文化元素，展现各地区和民族特色，弘扬优秀传统文化，提升节目包装的文化内涵和价值。

二、视听节目包装的类别

视听节目包装是指对电视节目或广播节目进行整体设计和创意处理的过程，包括视觉、声音、内容和品牌形象等多个方面的设计。目的是提高节目的观赏性、吸引力和识别度，从而提高收视率或收听率。

视听节目包装是指对节目进行综合性设计和规划，包括视觉、声音和形象等方面，以提升节目的观赏性、辨识度和专业性。它涵盖了节目的片头、片尾、节目标志、画面风格、字体选择、音效、配乐等元素，旨在创造出独特的视听效果和氛围，吸引观众的注意力，为节目打造独特的品牌形象。

1. 片头和片尾设计

片头和片尾设计是视听节目包装中的重要组成部分，它们分别出现在节目的开场和结束阶段，具有引导、识别和结束节目的功能。

片头设计旨在吸引观众的注意力，引导观众进入节目内容，同时展示节目的名称、节目标志等信息，通过独特的字体、颜色、图形和动画等元素，制作出具有吸引力和辨识度的节目标题。制作团队通过精心设计的片头，营造节目的氛围和风格，使节目具有较强的辨识度。

片尾设计为观众提供了制作团队的信息以及相关的版权声明，具有整个节目的落幕作用。有时片尾也会包含一些相关的提示信息，如下集预告、重要声明或其他节目与活动的宣传广告等。片尾通常会伴随着特定的背景音乐，这种音乐往往具有庄重、温馨或轻松的风格，为节目的结束增添一份气氛。

片头和片尾设计在视听节目中扮演着非常重要的角色，它们不仅是节目内容的开端和结束，更是节目包装中的关键元素，直接影响着节目的观赏性、辨识度和专业性。

2. 画面风格设计

节目包装中的画面风格设计是为了在视觉上呈现出节目的独特氛围和风格，从而吸引观众的注意力，提升节目的观赏性和吸引力。画面风格设计包括画面的色彩、构图、特效等方面的设计，用于营造节目的视觉风格和氛围，不同类型的节目可能采用不同的画面风格。

色彩是画面设计中的重要元素，不同的色彩组合可以带来截然不同的视觉效果和情绪体验。根据节目的主题和氛围，选择合适的色彩搭配，可以营造出明快活泼、庄重严肃、梦幻浪漫等不同的画面氛围。

构图布局决定了画面中各个元素的排列位置和相互关系，直接影响着画面的整体美感和视觉效果。通过精心设计的构图布局，可以使画面更加生动有趣，吸引观众的目光，同时也可以突出节目的重点内容和主题。

特效是画面设计中常用的手段之一，通过特效的运用，可以为画面增添更多的层次和动感。不同类型的节目可以采用不同的特效效果，如动感的过渡效果、梦幻的光影效果等，以提升画面的视觉吸引力和观赏性。

画面设计中的图形元素可以是文字、图标、图形等各种形式的元素。精心设计的图形元素，可以为节目包装增添独特的风格和个性，同时也可以提升节目的辨识度和专业度。

节目包装中的画面风格设计旨在通过色彩、构图、特效和图形元素等的巧妙组合，为节目营造出独特的视觉风格和氛围，吸引观众的目光，提升节目的品质和观赏性。

3. 节目字体选择

字体是视听节目中文字信息的呈现方式，选择合适的字体可以增强节目的视觉效果和表现力，使观众更易于理解和接受节目内容。它不仅是文字信息的呈现方式，还可以直接影响节目的视觉效果和表现力，进而提升观众对节目内容的理解和接受程度。选择合适的字体可以使节目呈现出不同的氛围和风格，增强节目的视觉吸引力和表现力。

字体的外形和排版方式可以直接影响节目的视觉效果，字体的风格应该与节目的整体风格和主题相匹配。一档庄重严肃的纪录片节目，可以选择端庄稳重的字体，而一档活泼欢快的娱乐节目，则可以选择轻松活泼的字体。选择合适的字体，可以更好地表达节目内容所希望传达的情感和情绪。在观众需要迅速获取信息的情况下，选择具有良好可读性的字体非常重要，避免选择过于花哨或艰深的字体。

4. 节目配乐和音效

节目配乐和音效是为节目选用或创作适当的背景音乐、主题曲、插曲和音效，增强节目的情感表达和氛围营造。不同类型的节目需要不同风格的音效和配乐来配合节目的内容和氛围，以达到更好的视听呈现效果。

节目音效可以通过声音的变化和效果营造出不同的氛围和场景，增强节目的真实感和沉浸感。在纪录片节目中，合适的自然环境音效可以增强观众对场景的代入感；在综艺娱乐类节目中，特定的音效可以为角色的动作和表情增添生动感。

节目配乐是通过音乐的选择和运用来营造节目的氛围和情感。不同风格的音乐可以传达出不同的情感和情绪，例如欢快的音乐可以增添节目的活力和愉悦感，悲伤的音乐可以加深观众对情感的共鸣。在综艺节目中，配乐的选择可以根据节目的节奏和氛围进行调整，以增强观众的观看体验和情感投入。

音效和配乐在节目制作中都扮演着非常重要的角色，它们能够为节目增添丰富的情感表达和氛围营造，提升观众的观赏体验和参与度。正确选择和运用音效和配乐，可以使节目更加生动、感人和具有吸引力。

5. 节目标志设计

节目标志是指一种具有独特设计和符号的图形、文字或其组合，代表着特定实体（如公司、品牌、产品、服务等）。在视听节目领域，节目的标志通常是一种独特的图形或文字标识，用于识别和宣传该节目的品牌形象。

好的节目标志设计应该简洁明了、具有辨识度，并能够准确地传达节目的主题、特点和风格，可以向观众传达节目的基本信息和特色，从而建立起节目的独特形象和品牌价值。节目标志设计需要具备独特性和与众不同的特点，使其在众多节目中脱颖而出，简洁的节目标志更容易被观众识别和记忆，具有更强的辨识度。此外，节目标志设计还需要考虑到在不同媒体上的呈现效果，包括电视屏幕、网络平台、印刷品等，要保证在各种情况下都能清晰可见，不失真变形。

通过合理的设计和精心的构思，一个优秀的节目标志能够成为节目品牌的有力代表，帮助节目建立起独特的形象和品牌价值。

6. 导视和宣传片

在视听节目包装中，导视和宣传片用于引导观众了解和感知节目，以及促进节目的宣传和推广。

节目导视是指在节目播出期间，通过一系列图形、动画或文字信息，向观众介绍节目的基本信息和内容安排。导视的设计通常包括节目名称、节目主题、主持人介绍、时间安排等内容，旨在帮助观众更好地理解和欣赏节目，提升观看体验。

节目宣传片是指专门为节目制作的短视频，用于在节目开播前或播出期间进行宣传和推广。宣传片通常包括节目的精彩片段、主题音乐、主持人介绍等内容，通过生动的画面和音乐，吸引观众的注意力，激发观众对节目的兴趣，从而增加节目的观众群体数量和提升收视率。

视听节目导视和宣传片不仅可以引导观众对节目的关注和理解，还可以提升节目的知名度和影响力，为节目的成功播出和推广奠定基础。因此，在节目包装的设计过程中，导视和宣传片的制作和运用应该得到充分重视和精心策划。

第二节　视听节目包装的特点

不同类型的视听节目包装确实具有不同的特点和要求，因为它们所要传达的信息、观众群体和节目风格都不尽相同。

新闻节目的包装通常注重简洁、明了，以传达信息为主要目的，画面设计简单大方，字体清晰易读，注重文字和画面的统一性，以突出新闻事件的重要性和紧迫感。娱乐节目的包装通常更加活泼、生动，以吸引观众的注意力，画面设计多样化，色彩鲜艳，注重节奏感和视觉效果，以增强观众的观赏体验和娱乐感。纪录片的包装通常注重真实感和深度，画面设计风格严谨，注重内容的展示和叙事方式，以体现节目的专业性和思想深度。音乐节目的包装通常注重节奏感和音乐性，画面设计多变，注重舞台效果和灯光效果，以突出音乐的魅力和节目的视听享受。教育节目的包装通常注重知识性和启发性，画面设计清新简洁，注重文字和图表的呈现，以突出节目的教育价值和信息传递效果。

不同类型的视听节目包装在设计和呈现上有着各自独特的特点和要求，需要注重与节目内容和观众群体相适应，以达到最佳的传播效果和观赏体验。

一、新闻类视听节目包装

新闻类视听节目包装的主要特点是简洁明了、时效性强、信息量大。在包装中，需要使用各种视觉元素，如字幕、画面、音效等，来突出新闻的重点和要点。同时，新闻类节目包装需要注重信息的真实性和客观性，不能夸大其词或歪曲事实。

新闻类节目的形式非常多样，如《新闻联播》《新闻30分》《焦点访谈》等。每种形式都有其特点，有些节目是以新闻资讯为主，有些则是以深度报道为主，还有些则是以专题访谈为主。不同的形式能够满足不同受众的需求，也能够让观众在不同的时间段内获取到最新的新闻资讯。

新闻类节目的画面通常都是简洁明了的，主要是为了让观众更加容易理解和接受。新闻节目包装设计通常注重简洁明了，以便快速传递信息。画面简单，色彩明亮，字体清晰易读，让观众能够迅速获取关键信息。

新闻节目的包装设计通常具有一定的严肃和庄重感，以彰显新闻的权威性和正式性。画面稳重，色调较为沉稳，注重凸显新闻的重要性和严肃性。需要体现出一定的专业性和权威性，以增强观众对节目的信任和认可度。画面设计、字体选择等方面需要符合新闻行业的规范和标准，体现出节目制作团队的专业水准。

新闻节目包装设计注重突出信息导向，以确保观众能够快速理解新闻事件的要点和核心内容。画面通常会配以文字提示或关键图像，帮助观众更好地理解新闻报道。

新闻节目的包装设计需要具有一定的时效性，及时反映最新的新闻事件和热点话题。因此，在设计上可能会采用动态图像或实时更新的内容，以确保观众获取最新的信息。

优秀的新闻类节目包装，在画面设计和配乐上都有很高的水准，让人们在获取新闻信息时感受到强烈的氛围感。新闻类节目在包装上有其独特的特点，这些特点能够让观众更加容易理解和接受新闻资讯，也能够满足不同受众的需求。随着科技的发展和观众需求的变化，新闻类节目也在不断创新和改进，希望未来能够为观众带来更加优质和丰富的节目内容。

二、综艺娱乐类视听节目包装

综艺娱乐类节目包装的主要特点是趣味性、互动性和娱乐性。在包装中，需要使用各种视觉元素和音效，如动画、特效、音乐等，来增强观众的视听体验。同时，娱乐类节目包装需要注重情感营造和互动体验，让观众感受到快乐和愉悦。

综艺节目的受众群体通常比较广泛，需要通过鲜明的视觉形象来吸引观众的注意力。因此，在综艺节目包装中，通常会采用明亮、鲜艳的色彩和大胆、夸张的造型设计，以及富有创意的视觉特效，使整个节目包装具有强烈的视觉冲击力。

每个综艺节目都有其独特的主题和风格，需要根据不同的节目类型和内容进行个性化、定制化的包装设计。在包装设计中，需要考虑到节目的受众群体、主题、风格等因素，以及节目品牌形象的塑造，从而打造出与众不同的节目形象和品牌形象。

综艺节目的主要目的是为观众提供娱乐和情感体验，需要通过包装设计来营造出一种温馨、亲切、有趣的氛围，增强观众的情感共鸣度。在包装设计中，需要注重节目的情感表达和情感渲染，以及观众与节目主题之间的情感联系，从而使观众更加投入和参与到节目中来。

综艺节目的成功不仅仅在于节目本身的质量和受众反响，还需要考虑到节目的商业价值和商业效益。在包装设计中，需要注重节目品牌形象的塑造和商业价值的提升，通过包装设计来增强节目的商业吸引力和增加商业价值，为节目的成功打下坚实的基础。

综艺节目包装不仅是一种视觉形象的呈现，更是一种情感体验和商业价值的提升。通过精心设计的节目包装，打造出与众不同的综艺节目形象和品牌形象，吸引更多观众的关注和喜爱，成为一个具有品牌价值的综艺节目。

三、纪录片节目包装

纪录片节目是一种以真实事件或人物为主题的节目，它的制作过程需要经过精心的策划、拍摄和后期制作。纪录片节目的包装则是将这个过程中所得到的素材进行处理，将其转化为一个完整、有吸引力的节目。

纪录片节目包装的主要特点是真实性、深度性和艺术性。纪录片节目包装画面呈现真实场景和事件，以展现事实真相为主要目的。纪录片节目通常会有一些亮点，比如某个人物的故事、某个事件的发生过程等。包装需要突出这些亮点，让观众在短时间内能了解到这些亮点，并对节目产生兴趣。

纪录片节目包装设计通常简约清晰，画面简洁，色调自然，字体清晰易读，以便观众集中注意力，并更好地理解节目内容。使用各种视觉元素和音效，如画面、音乐、解说等，来呈现纪录片的主题和内涵。纪录片节目包装设计通常会体现出一定的文化内涵，包括历史、地域、人文等方面的元素，以丰富节目的内涵和深度。

视听节目包装的类别与特点各不相同，但都需要注重视觉元素和音效的运用，让观众获得更好的视听体验。同时，不同类别的节目包装需要注重不同的方面，如新闻类需要注重信息的真实性和客观性，娱乐类需要注重情感营造和互动体验等。只有在注重细节的同时，才能制作出更具有吸引力和观赏性的视听节目包装。

第三节 视听节目包装的作用

视听节目包装已经成为吸引观众注意力、提升节目品质、树立节目形象的重要手段之一。无论是电视节目、网络视频还是广播节目，精心设计的节目包装都能够有效地传达节目的内容和特色，吸引观众的眼球，从而提高节目的收视率和影响力。

通过对视听节目包装的深入了解和分析，深入探讨视听节目包装的作用，剖析其在节目制作和宣传过程中的重要意义，以及如何通过合理的包装设计实现节目的成功制作和传播，可以更好地把握节目制作的核心要素，提升节目的质量和竞争力，实现媒体内容生产与传播的目标与价值。

一、吸引观众注意力

节目包装是观众第一眼接触到的节目元素。精心设计的包装能够吸引观众的注意力，让他们对节目产生兴趣，从而提高观看率。通过独特的视觉效果、声音效果和艺术设计，节目包装能够传达节目的特色和风格，给观众留下深刻的印象，激发他们的好奇心和欲望。在当今竞争激烈的媒体市场中，一个吸引人的包装设计往往能够使一档节目在众多节目中脱颖而出，成为观众的首选。

视听节目包装吸引观众注意力的关键在于设计与内容的结合，以及独特的视觉和声音效果。通过鲜艳的颜色、引人注目的图案和创意的布局来设计节目包装，其在屏幕上脱颖而出，吸引观众的眼球。利用精美的画面特效、动画效果和过渡效果，增强节目包装的视觉吸引力，让观众产生视觉冲击和愉悦感。选择适合节目风格和主题的背景音乐和声音效果，通过声音的张力和节奏来吸引观众的注意力，增强节目包装的情感表达和吸引力。在节目包装中突出展示节目的特色内容和亮点，例如重要的主题信息、精彩的片段预告或高潮部分，引起观众的好奇心和兴趣。

随着技术的发展，节目包装还需要增加交互式设计和多媒体元素，增加观众与节目包装的互动性，提升观众的参与感和体验感。不同类型的视听节目，如果想要在众多节目中脱颖而出，就需要有通过创意策划制作具有独特主题和风格的节目和包装，这样可以让观众更容易地记住视听节目，并且在市场上更容易被发现。

二、提升节目形象

节目包装的设计不仅仅是为了吸引观众的眼球，更重要的是能够展示节目的专业性、创意性和品质，从而提升节目的整体形象和口碑，树立节目品牌。一个精心设计的节目包装可以通过独特的视觉元素、优秀的制作质量和创新的设计理念，向观众传递出节目的高水平制作标准和专业素养，让观众对节目产生信任和好感。

节目包装是节目品牌形象的重要组成部分，能够为节目赋予独特的视觉识别和品牌特征，使其在竞争激烈的市场中脱颖而出，赢得更多的关注和认可。因此，精心设计的节目包装不仅能够提升节目的观赏性和竞争力，更能够为节目打造一个良好的品牌形象，为节目的长期发展奠定坚实的基础。

一个成功视听节目所必备的优秀视觉形象，无论是颜色搭配还是服装设计，都需要与整个节目主题相符合，并且要有足够的辨识度。节目包装设计应突出节目的特色和风格，通过视觉效果、音乐选取、画面布局，凸显出节目的独特魅力，形成鲜明的品牌形象。一个好的品牌形象可以让观众更容易地记住和接受一个节目，从而提升节目的知名度和影响力。

一个好的节目包装可以提高知名度和观众黏性，让观众更加喜欢和信任该节目。在设计视听节目包装时，需要注重细节，并且要保持统一性和独特性。节目包装设计应该符合节目的整体品牌定位和风格要求，形成统一的视觉风格和品牌形象。通过连贯的设计风格和标志性的视觉元素，提升观众对节目的认知度和记忆度，增强节目的品牌效应。

精心设计的节目包装可以展示出节目制作团队的专业性和高水平，从而树立节目的品质形象。高质量的视觉效果、流畅的过渡动画、清晰的画面和声音，能让观众感受到节目的专业性和品质保障。

三、宣传推广节目

设计的节目包装可以成为节目宣传的工具，通过各种强有力的宣传传播，提高节目的形象和曝光率。

节目包装设计包括海报、宣传单页、宣传册等宣传物料的设计。这些物料通过吸引人的视觉效果，突出节目的特色和亮点，吸引观众的注意力，提高节目的曝光率。利用电视、广播、网络等媒体平台进行广告宣传，展示节目的预告片、宣传片等，吸引观众的关注。同时，可以通过新闻发布、专访报道等方式，提高节目的知名度和影响力。

在社交媒体平台上发布节目的宣传图片、预告片、花絮等内容，吸引粉丝关注和转发，扩大节目的影响范围。利用社交媒体的传播特点，将节目信息迅速传播给更多的用户。设置节目官方网站、社交媒体账号等平台，与观众进行互动交流，提供节目相关的资讯、花絮、互动活动等内容，增加观众的参与度和黏性，形成良好的口碑效应。通过以上宣传推广方式，节目包装能够有效地吸引观众的注意力，提高节目的曝光率和影响力，为节目的成功播出和传播打下坚实的基础。

视听节目包装需要有创新性和时尚感。随着媒体技术的不断发展和观众需求的不断变化，视听节目包装也需要不断创新和更新，短视频制作成为一种新兴的形式，通过独特的拍摄手法和后期处理技术，可以让观众在短时间内获得更多信息和乐趣。同时，在时尚感方面，视听节目包装也需要与时俱进，采用流行元素和时尚设计来吸引年轻观众。

第四节　视听节目营销策划概述

视听节目营销是指在视听节目制作完成后，通过各种手段和策略，将节目进行有效的推广、宣传和销售的过程。它是节目制作过程中至关重要的一环，涉及市场调研、目标定位、宣传推广、渠道管理等多个方面。视听节目营销的目标是提高节目的知名度、吸引力和收视率，从而达到商业和品牌效益的最大化。

视听节目营销需要进行市场调研，了解目标受众群体的需求、喜好和行为特征，确定节目的目标受众定位和市场定位，为后续的营销策略提供基础。利用各种媒体平台、社交媒体、宣传活动等手段，通过海报、预告片、新闻稿、线上线下宣传活动等多种形式，对节目进行广泛宣传和推广，提高节目的曝光度和知名度。

视听节目营销需要综合运用多种手段和策略，以提高节目的曝光度、吸引力和市场占有率，从而实现商业和品牌效益的最大化。此外，还需要不断收集、分析观众数据和市场反馈，评估营销策略的有效性和节目的表现，及时调整和优化营销策略，以提高节目的市场竞争力和影响力。

视听节目营销是一种非常有效的营销手段，可以通过各种方式进行宣传推广，具备覆盖面广、宣传效果明显、影响力大、宣传效果持久、品牌形象提升等特点，使企业的产品和服务得到更好的宣传和推广。视听节目营销策划根据不同的节目类型、目标受众和市场需求，可以有多种类型和特点。

一、物料推广

物料推广是视听节目营销中的一种常见类型，主要通过制作和分发各种物料进行宣传和推广。这些物料可以是海报、宣传单页、宣传册、宣传视频等，用于向目标受众传达节目的信息、特点和吸引点，以吸引他们关注和观看节目。物料推广的关键是设计出吸引人、内容精彩的宣传物料，并通过合适的渠道进行广泛的传播。

1. 海报和宣传单页

海报和宣传单页通过图文并茂的方式展示节目的亮点和特色，吸引目标受众的眼球。视听节目中海报和宣传单页的制作需要满足一定的要求，以确保它们能够有效地传达节目信息，达到预期的宣传效果。

海报和宣传单页上的文字和图片需要清晰明了地传达节目的名称、时间、地点、主题、主要内容等基本信息，确保观众能够一目了然，同时突出展示节目的亮点、特色和吸引点，吸引观众的眼球，增强他们观看节目的兴趣和欲望。

海报和宣传单页的设计风格应与节目的主题和风格保持一致，色彩、字体、排版等元素统一，以提升整体的视觉效果和品质感。通过巧妙的排版和精美的设计，海报和宣传单页看起来美观大方、内容丰富，足够吸引观众的眼球。海报和宣传单页的尺寸和比例应该合适，既能够满足信息传递的需求，又能够方便观众阅读和收藏。

海报和宣传单页中使用的图片素材需要具备高清晰度、高质量，以确保图像清晰、细节丰富。海报和宣传单页上的文字表述要简洁明了，言简意赅，避免过多的文字内容，以免造成信息过载。

视听节目制作出符合节目宣传需求的海报和宣传单页，将有助于提升节目的宣传效果和观众吸引力。

2. 宣传册和宣传资料

视听节目的宣传册和宣传资料，主要包括节目介绍、主要内容、制作团队介绍等信息，用于向潜在受众、合作伙伴和广告客户展示节目的信息、亮点和特色，以吸引他们的关注和支持。

宣传册和宣传资料包含对节目的简要介绍，包括节目的名称、主题、内容概要、播出时间和频道等基本信息。突出展示节目的亮点和特色，包括独特的创意、精彩的内容、知名的主持人或嘉宾等，以吸引读者的眼球。

宣传册和宣传资料中应该包含节目的主题海报和精选图片，以图文并茂的方式展示节目的视觉效果和内容特点。如果节目曾取得过良好的播出成绩或口碑，可以在宣传册和宣传资料中加以突出展示，以增强节目的可信度和吸引力。

节目的合作伙伴或赞助商，应在宣传册和宣传资料中展示合作伙伴的信息和赞助商的支持。通过节目宣传册和宣传资料，节目制作方可以有效地向外界展示节目的品质和价值，吸引更多的观众和合作伙伴，提升节目的影响力和商业价值。

3. 宣传视频和预告片

宣传视频和预告片通过动态的画面和声音吸引受众的注意力，概括性地展示节目的亮点和看点。

视听节目宣传视频和预告片突出展示节目的亮点和特色，包括节目的创意、内容、主持人或嘉宾等，以吸引观众的眼球。预告片可以通过展示节目的精彩片段或情节片段，引导观众了解节目的故事情节和发展线索，激发他们的好奇心和期待感。

宣传视频和预告片的画面具有视觉冲击力，通过精美的画面和剪辑，增强观众的观看欲望。宣传视频和预告片的节奏应该紧凑有力，避免过长和拖沓，以保持观众的注意力和兴趣。宣传视频和预告片应该清晰地传达节目的名称、播出时间、频道信息等基本信息，方便观众了解和收看节目。

通过视听节目的宣传视频和预告片可以有效地向观众展示节目的魅力和吸引力，增强观众的期待感和观看意愿，从而提升节目的收视率和影响力。

4. 路演和发布会

路演和发布会是视听节目物料推广中常见的宣传活动形式之一，通过现场展示、演讲、互动等方式向观众和媒体介绍节目，并增强宣传效果、互动体验。

路演是指在各地举办的宣传推广活动，可以选择在商场、学校、社区等人流密集的地方进行。节目制作方或主创团队可以到现场与观众进行面对面的交流，向他们介绍节目内容、制作背景、主题特点等，吸引观众的关注和参与。同时，也可以通过现场放映节目片段、举办小型表演或互动游戏等形式，增强活动的趣味性和互动性，吸引更多人群的关注。

发布会是一种正式的宣传推广活动，通常在节目正式上线或播出前举办。在发布会上，节目制作方会邀请媒体、粉丝、行业人士等相关人员参加，介绍节目的制作情况、主要内容和亮点，同时公布节目的播出时间、平台等信息。发布会可以设置精心策划的节目环节，如主创人员的见面会、节目片段的首映、现场互动环节等，提升活动的氛围和效果。同时，媒体也可以通过发布会了解节目的最新动态，及时报道相关信息，增强节目的曝光度和关注度。

路演和发布会作为直接面向观众和媒体的宣传活动形式，能够有效地吸引目标受众的关注和参与，提升节目的知名度和影响力，促进节目的成功推广和播出。

二、口碑营销

视听节目的口碑营销策略是通过观众的口口相传、社交媒体分享、媒体报道等方式，利用观众和媒体的口碑来推广节目，提升节目的知名度、关注度和观众满意度。随着社交媒体的普及，口碑营销已经成为视听节目推广的重要手段之一。视听节目口碑营销策略的实施需要结合实际情况和受众需求，通过参与热门话题、制作有特色的内容、与受众互动和利用明星效应等方式来提高节目的知名度和影响力，进而引发口碑传播，提升节目的收视率和受众满意度。

1. 优质内容打造口碑

视听节目的内容质量是吸引观众的关键因素之一，优质的内容能够赢得观众的认可和口碑。精心策划是打造优质内容的第一步，节目制作方需要深入了解目标观众的喜好和需求，结合市场趋势和竞争情况，制定合适的节目策划方案。在节目内容的创作过程中，创新是至关重要的，制作方应该不断挖掘新的题材、新的视角和新的表现形式，以保持节目的新颖性和吸引力。此外，拥有优秀的制作团队也是确保节目质量的关键，他们应该具备丰富的经验和专业的技术能力，能够将策划方案落实到具体的制作环节中，确保节目的制作质量和效果。

通过精心策划、创新内容和优秀制作团队的努力，节目制作方可以打造出具有吸引力和品质保证的节目，从而赢得观众的好评和口碑，进而提升节目的知名度和影响力。制作方提供具有独特性和创新性的内容，能够吸引观众的关注并留下深刻印象。制作方不断探索新的主题、故事线和表现形式，确保节目内容与众不同，从而引发观众的兴趣和讨论。

优质的节目制作质量是打造口碑的关键。无论是节目的剧本、导演、演员表演还是后期制作，都应该力求精益求精，确保节目的每一个环节都达到或超过行业水准，给观众留下深刻印象。

2. 社交媒体互动

利用社交媒体平台开展互动营销是视听节目口碑营销的重要策略之一。利用社交媒体平台开展互动营销，通过在微博、微信、抖音等平台上发布节目相关内容（如花絮、幕后故事、片段预告等）、开展话题讨论、邀请观众参与互动等方式，扩大节目的曝光度和影响力，引发观众的关注和讨论，形成良好的口碑传播效应。通过社交媒体平台的互动，节目制作方可以及时了解观众的反馈和意见，从而及时调整节目内容，提升观众满意度。

3. 引导观众分享

通过在节目中设置分享互动环节或在节目结尾处提醒观众分享节目给朋友的方式，可以促使观众主动参与节目的分享和传播，从而扩大节目的传播范围和影响力。这种分享互动环节可以是与节目相关的话题讨论、观众投票、分享节目片段或幕后花絮等内容，通过吸引观众的参与和互动，增强了观众的参与感和归属感，从而提高了他们对节目的好感度和忠诚度。

提醒观众分享节目也可以让他们意识到节目的价值和重要性，进而主动将节目推荐给身边的朋友和家人，扩大了节目的受众群体和影响力。因此，分享互动环节和提醒观众分享节目是促进口碑传播的有效方式之一。

针对观众的评论、建议和反馈，节目制作方需要及时给予回应和处理，积极改进节目内容和制作质量，提升观众的满意度和信任度，从而促进口碑的形成和传播。

4. 与意见领袖合作

与社交媒体上的意见领袖、影响者合作是一种有效的口碑营销策略。这些意见领袖和影响者在社交媒体上拥有大量的粉丝和关注者，他们的言论和推荐具有一定的影响力和号召力。通过邀请他们观看节目并分享自己的看法和评价的方式，可以让更多的观众关注到节目，提高节目的曝光度和知名度。

由于这些意见领袖和影响者在社交媒体上的影响力，所以他们的推荐往往能够引起更多人的关注和讨论，进而扩大节目的口碑传播范围。与此同时，与这些意见领袖和影响者的合作也可以增强节目的信誉和可信度，使观众更愿意接受并尝试观看节目，从而形成良好的口碑效应。因此，与社交媒体上的意见领袖、影响者合作，是提升节目口碑和推广节目的有效途径之一。

三、话题营销

节目的话题营销是指节目制作方针对节目内容或相关话题进行的一系列推广活动，旨在通过创造或参与热门话题，吸引观众的关注和讨论，从而提升节目的曝光度、关注度和影响力，促进节目的传播和推广。这种营销策略通过与观众产生共鸣，引发共同话题，实现了节目内容与受众之间的互动和连接，进而达到推广和传播的目的。

1. 内容相关话题营销

利用节目内容中的热点、争议或特色话题进行营销推广，吸引观众关注。发掘节目中的独特特色、引人注目的亮点或有争议的话题，并将其作为营销的重点内容。根据节目的热点话题，制作相关的视频、图片、文章等内容，在社交媒体平台或其他网络渠道上进行推广。

在社交媒体上发起与节目相关的话题讨论，可以是针对节目内容、嘉宾观点、节目亮点等方面，引导粉丝参与讨论，增强话题的热度和曝光度。关注社交媒体上的热门话题或事件，与其相关联并参与讨论，巧妙地将节目相关内容融入其中，引发观众的注意和讨论。

鼓励观众参与到热点话题的讨论中，通过评论、转发等方式分享他们的观点，增加话题的传播面和影响力。在节目播出期间或之前，举办线上或线下的互动活动，与观众共同探讨节目内容中的话题，增强观众的参与感和忠诚度。利用各种媒体资源，包括新闻报道、专访等，增强话题的曝光度，吸引更多观众的关注。

利用各类社交媒体平台，如微博、微信、抖音等，发布与节目相关的内容，如节目预告、花絮、幕后故事等，吸引粉丝关注。与粉丝互动，回复评论、点赞转发，鼓励粉丝分享节目内容和话题讨论，扩大话题的影响范围。

定期更新节目相关内容，保持粉丝的关注度和参与度，不断创新和丰富话题内容，保持话题的持续性和活跃度。通过在社交媒体平台上发布与节目相关的内容和话题讨论，可以吸引更多的粉丝关注，扩大节目的曝光度和影响力，达到话题营销的目的。

2. 嘉宾话题营销

针对节目中的嘉宾进行话题营销，包括嘉宾的独特经历、观点或活动等，引发观众关注。通过突出嘉宾的独特经历、观点或活动等特点，制作相关内容，并通过各种渠道进行推广，从而吸引观众的关注与参与。这种策略的目的在于利用嘉宾的个人魅力和知名度，为节目增强话题性和吸引力,进而提升观众的关注度和收视率。

深入了解每位嘉宾的背景、经历和故事,挖掘其中具有吸引力的特点和亮点,为其打造个性化的话题内容。根据嘉宾的特点和相关话题,制作符合其风格的宣传素材,如海报、宣传片等,突出其个人魅力和吸引力。在各大社交媒体平台上发布与嘉宾相关的内容,包括其采访片段、幕后花絮、专访文章等,引发观众的关注和讨论。通过举办线上直播、问答环节、粉丝见面会等活动,与观众互动,增强话题的曝光度和参与度。将嘉宾的话题与当前热点或其他相关话题进行联动,增强话题的曝光度和关注度。

通过对嘉宾话题的精准营销,可以有效地引发观众的兴趣与参与,从而促进节目的成功推广与传播。

3. 热门事件话题营销

热门事件话题营销是一种利用当前社会热点事件或话题进行营销的策略,其与节目内容相关联,旨在吸引观众关注和参与讨论。策划者需要根据节目内容和观众群体的特点,选择与之相关或引起共鸣的热点事件或话题。这些事件可以是社会新闻、娱乐圈消息、体育赛事等各种类型。

将选定的热点事件与节目内容进行关联,确保二者之间有一定的相关性或共同点。这可以通过节目的主题、内容设置、嘉宾邀请等方式实现。根据选定的热点事件,制作与之相关的内容,如节目预告、专题报道、评论分析等,这些内容可以在节目前、中、后期发布,以增强话题的持续性和关注度。

将制作好的相关内容发布到各大社交媒体平台和视频平台,通过推广、转发等方式扩大内容的曝光度和影响力。同时,利用节目的官方账号和嘉宾的个人账号进行推广,吸引更多观众的关注和参与。

鼓励观众参与讨论,提出自己的看法和观点,分享自己的经历和感受。可以通过社交媒体平台上的评论、投票、问答等形式,与观众进行互动,增强他们的参与感和归属感。

随着热点事件的发展和变化,及时更新和跟进相关内容,保持观众的关注和参与度。同时,对话题营销的效果进行监测和评估,及时调整策略和措施,以达到最佳的营销效果。

四、情感营销

视听节目情感营销策略是指在节目制作和传播过程中,通过情感化的手法和手段,让受众产生共鸣和情感认同,从而达到提高收视率、提升品牌形象和促进销售的目的。这种营销方式注重在观众心理上产生共鸣和情感共振,从而增强对节目的认同感、好感度和忠诚度。

1. 情感化内容制作

制作具有感染力、温暖人心或引人深思的内容,通过故事情节、音乐、画面、人物塑造等手法,打动观众的内心,引发情感共鸣。

情感营销的核心在于创造具有感染力和共鸣力的内容,从而触发观众内心深处的情感反应。设计富有情感张力和戏剧性的故事情节,让观众跟随角色的成长、挑战和奋斗,感受到情感上的共鸣和激动。运用恰到好处的音乐配乐,通过节奏、旋律和情绪表达,增强场景的氛围和观众的情感投入,从而引发共鸣和感动。通过精美的画面构图、镜头语言和色彩搭配,营造出舒适温馨、感人至深或振奋人心的视觉效果,引发观众的情感共鸣和情绪激荡。

塑造鲜活立体的角色形象，让观众能够产生共鸣和情感联系，与角色一同经历故事中的喜怒哀乐，从而更深地沉浸在节目中。引入能够触动观众内心的情感主题，如友情、爱情、家庭、梦想、奋斗等，通过情感的表达和交流，打动观众的心灵。

通过以上手法的综合运用，节目制作方可以打造出引人入胜、令人难忘的内容，引发观众的情感共鸣和投入，从而实现情感营销的目标。

2. 情感化宣传推广

在节目预告、宣传片、海报等宣传材料中注入情感元素，节目制作方可以表达节目背后的情感核心和情感故事，引发观众的共鸣和情感投入，从而吸引他们对节目的关注和期待。这种宣传推广的关键在于通过精心设计的画面、音乐、文字等元素，打造出能够触动观众内心的情感场景和情感体验，让观众在观看宣传材料的过程中产生共鸣和情感连接，进而激发他们对节目的兴趣和期待。

在节目预告中，可以选取节目中最具有情感张力和吸引力的片段或场景进行展示，通过剪辑、配乐等手法营造出紧张刺激、温馨感人或悬疑神秘等不同的情感氛围，引发观众的好奇心和期待感。在宣传片中，可以运用故事叙述、情感解读等方式，深入挖掘节目背后的情感内核和主题，通过观众情感共鸣和情感投入，提升节目的关注度和观看率。而在海报等宣传材料中，可以通过文字、图片等元素，生动地展现节目的情感主题和情感亮点，吸引观众的眼球和情感共鸣，促使他们积极关注和观看节目。

通过在节目预告、宣传片、海报等宣传材料中注入情感元素，制作方可以有效地激发观众的情感共鸣和情感投入，从而提升节目的关注度、观看率和口碑效应，实现情感营销的目标。

3. 情感化互动体验

创造情感化的互动体验通过让观众参与到节目中来，增强他们对节目的情感连接和参与度，从而提升节目的关注度和吸引力。这种策略可以通过多种方式实现，包括线上线下活动、话题讨论、投票互动等。

节目线上线下活动，如观影会、明星见面会、主题讨论会等，与观众近距离互动，让观众深入了解节目背后的情感故事和情感主题，感受到节目制作方的用心和诚意，增强对节目的情感认同和忠诚度。通过话题讨论的方式，与观众展开互动，共同探讨节目中的情感内容和情感体验，分享自己的观点和感受，形成良好的互动氛围，促进情感交流和情感共鸣，增强观众对节目的情感投入和参与度。通过投票互动的方式，让观众参与到节目的决策和评选过程中来，例如选出最喜爱的角色、最感动的瞬间等，让他们成为节目的参与者和共同创作者，增强对节目的情感投入和归属感。

创造情感化的互动体验是一种有效的情感营销策略，让观众参与到节目情感中来，从而提升节目的关注度、观看率和口碑效应，实现情感营销的目标。

4. 情感化品牌营销

塑造节目情感化品牌形象是情感营销的重要策略之一。通过品牌故事、品牌文化等方式传递情感价值观，增强观众的情感认同和忠诚度，从而提升节目的影响力和竞争力。

视听节目需要打造一个积极向上、温馨感人的品牌形象，通过节目内容和节目制作方的形象传递正能量和温情，让观众产生共鸣和情感连接。通过品牌故事的讲述，向观众传递节目背后的情感故事和情感核心，展示制作方的用心和情感诚意，引发观众的共鸣和感动。

此外，还可以通过节目品牌文化的传播，向观众展示节目的情感价值观和理念，建立起与观众之间的情感连接和信任关系，增强观众对节目的情感认同和忠诚度。在运用情感化手法和手段时，需要确保情感表达的真实性和自然性，避免过度渲染和虚假情感。

视听节目情感营销策略是一种有效的营销手段，在实施过程中需要注意策略的选择和实施方式，才能达到预期的效果。情感化的手法和手段需要真实、自然，不可过度煽情和造假。情感化的手法和手段需要与节目主题和受众群体相适应，不可随意使用。因为不同的节目主题和受众群体对情感的接受度和需求有所差异，制作方需要根据实际情况选择合适的情感表达方式，以确保观众能够产生共鸣和情感连接。

情感化营销往往是为了增强节目品牌与消费者之间的情感联系，提升节目品牌认知度和忠诚度。因此，制作方在进行情感化营销时，需要确保所传递的情感价值观与赞助商的品牌形象和产品特点相一致，以达到更好的营销效果。

第五节　视听节目营销创新策略

视听节目的营销策略是多种手段的综合运用，旨在提高节目的收视率和影响力。在今后的市场竞争中，视听节目需要不断创新和完善营销策略，以保持自身的竞争优势和市场地位。

一、长短视频互动营销策略

视听节目长短视频互动营销策略是一种新型的营销手段，它将传统的广告形式与互动营销相结合，通过用户参与互动，增强产品或服务的曝光度，提高品牌知名度和用户黏性。

长短视频互动营销策略的出现确实为品牌营销带来了新的可能性和机遇。通过结合视频内容和互动元素，可以吸引用户的注意力并促使用户参与，从而提升品牌的曝光度和用户互动体验。这种策略不仅可以增加品牌在社交媒体平台上的曝光率，还能够增强品牌与用户之间的情感连接，进而提高用户的品牌忠诚度和购买意愿。长短视频互动营销策略的成功实施，需要品牌具备创新意识和敏锐的市场洞察力，以及对目标受众的深刻理解，从而有效地吸引用户参与并达到营销目标。

1. 用户参与互动

长短视频互动营销策略的核心在于引导用户参与互动。其实质在于通过制作富有趣味性和吸引力的视频内容，诱发用户的观看和参与，从而达到提高品牌知名度和用户忠诚度的目的。这种策略的实施需要注重视频内容的创意性和吸引力，同时在互动设计上巧妙引导用户参与，建立积极的互动关系，以提升品牌的曝光度和用户黏性。

节目策划与制作团队能够通过制作一系列有趣的短视频，来增强品牌影响力。这些视频内容需要具备趣味性和吸引力，从而诱发用户的分享和点赞行为，从而扩大品牌的曝光范围。此外，视听节目还可以增设互动环节，例如观众投票或留言互动，以提升节目的趣味性和互动性，从而增强用户参与度。在社交媒体平台上，可以采用用户生成内容（UGC）的策略来增强节目曝光度和用户黏性。UGC 的形式可以包括用户分享的节目图片、视频、评论、故事等。视听节目可以通过奖励、分享活动、挑战等方式激励用户参与，从而扩大品牌在社交媒体上的影响力和影响范围。

2. 针对平台定制

视听节目长短视频互动营销策略的成功与否，确实需要根据不同的平台进行定制。每个社交媒体平台都有其独特的用户群体和特点，因此需要针对不同平台的用户喜好和行为习惯进行调研和分析，以制定相应的营销策略。

在短视频平台上，品牌方可以制作一些有趣的短视频，通过用户分享和点赞来扩大品牌影响力。在抖音等短视频平台，品牌方可以采用快节奏、有趣、吸引人的短视频形式，利用音乐、特效等元素来吸引用户的注意力。

对于以图文内容为主的平台如微博和微信，可以结合文字、图片和短视频的形式，发布有趣的文案和配图，并结合话题讨论或投票互动，与用户进行更深层次的互动和沟通。只有根据不同平台的特点和用户需求，制定合适的营销策略，才能取得更好的营销效果，提高品牌在社交媒体平台上的曝光度和用户的参与度。品牌方需要针对不同的平台进行定制，并寻找具备相关经验和技能的团队或机构来帮助实现视听节目长短视频互动营销策略。

二、线上线下互动营销策略

视听节目线上线下互动营销策略借助各种线上和线下渠道，与观众进行实时的互动，从而促进视听节目的曝光和用户的参与。对于媒体机构而言，不断创新和完善这种互动策略至关重要，唯有通过创新的方式吸引观众的注意力，才能在市场竞争中脱颖而出，获得更好的营销效果。

通过线上渠道如社交媒体平台、官方网站等，可以与大众实现即时互动，促进品牌知名度的提升。在社交媒体平台上，品牌方可以与用户实时互动，如回复评论、发布动态等，增强用户参与度和活跃度。社交媒体平台拥有庞大的用户群体，通过在这些平台上进行互动，品牌可以覆盖到更广泛的受众，提升品牌知名度和曝光度。

与传统线下活动相比，线上互动的成本相对较低，且能够实现更高效的互动效果，是一种经济实惠的营销方式。用户可以随时随地通过手机或电脑进行互动，不受时间和空间的限制，提高了用户参与的便捷性和舒适度。

节目可以通过社交媒体平台的用户数据和分析工具，精准定位目标受众，有针对性地开展互动营销活动，提高营销效果。

1. 线上直播互动

直播已经成为一种备受欢迎的线上互动方式。通过在直播平台上开展互动活动，节目制作方能够与观众实现实时的互动，从而增强用户的参与感和品牌的曝光度。直播具有即时性和互动性的特点，观众可以通过弹幕、礼物、评论等方式与主播进行互动，提出问题、表达看法，甚至参与节目内容的决策和制作过程。这种实时的互动体验能够吸引更多的观众参与，提高用户的黏性和品牌的曝光度。

直播还能够为观众提供一种沉浸式的观看体验，增强品牌与用户之间的情感连接，促进用户对节目的认知和忠诚度。因此，借助直播这种热门的线上互动方式，节目制作方可以更好地实现营销目标，提升品牌的影响力和竞争力。视听节目通过线上线下互动营销，让观众参与到节目内容创作、传播和推广中，从而提高用户黏性、增强品牌曝光度和营销效果。

2. 虚拟活动和游戏

制作各种虚拟活动和游戏是一种广泛采用的线上互动营销策略，旨在吸引用户积极参与并增强其与品牌之间的互动性。

这些活动的形式多种多样，包括线上游戏比赛、虚拟展览、在线问答等，其目的在于通过用户参与的互动方式来提升品牌曝光度、用户黏性和视听节目的认知度。这些虚拟活动、游戏的策划和实施需考虑多种媒体形式的结合，以创造出引人入胜、生动有趣的线上互动体验，从而吸引并留住用户，为节目与用户之间的互动关系打下坚实基础。

3. 线上互动式广告

制作具有互动性质的广告是一种有效的线上互动营销策略，主要包括互动式视频广告和互动式H5页面等形式。

互动式视频广告允许观众在观看视频时参与互动，例如点击特定区域触发相关内容或行动，从而增强了用户的参与度和互动体验。互动式H5页面是通过制作富有趣味性和互动性的网页，吸引用户进行交互操作，如滑动、点击、填写表单等，以达到提升用户参与度和互动体验的目的。

这些形式的广告能够吸引用户的注意力，促使用户更积极地与广告内容互动，进而提升品牌的曝光度和用户参与度。

4. 线下互动体验馆

通过线下渠道如活动现场、街头宣传等，可以与观众面对面进行互动，增强品牌的体验感和亲和力。综合利用线上线下的互动渠道，将能够更有效地吸引观众的注意力，提高品牌的曝光度和用户的黏性，从而实现营销目标。

在城市的热门地段或商业区建立线下互动体验馆是一种创新的营销策略，旨在让观众亲身体验节目的互动内容和创新技术，以增强他们的参与感和体验感。

通过搭建互动体验馆，观众可以参与各种互动活动，如与节目相关的游戏、互动展示等，增强了观众与节目之间的互动性和参与度。互动体验馆提供了更直观、更实际的体验方式，观众可以亲身感受节目背后的创新技术和内容，从而提升了他们的体验感和参与度。

通过打造互动体验馆，节目可以树立更加鲜明的品牌形象，展示其创新、互动和体验的特点，提升了品牌在观众心中的认知度和美誉度。位于城市热门地段或商业区的互动体验馆具有较高的曝光度和吸引力，能够吸引更多的观众前来参观和体验，从而增强了节目的知名度和影响力。观众在互动体验馆中可以与其他观众进行交流和互动，分享感受和体验，促进了社交互动和用户口碑传播。

通过建立线下互动体验馆，节目可以更好地与观众进行互动，提升观众的参与感和忠诚度，为节目的推广和营销带来新的机遇和挑战。

三、视听节目营销策划要点

视听节目营销策划是确保节目成功推广和品牌形象塑造的关键环节。在视听节目营销策划时需要明确营销的目标，包括提升节目知名度、吸引更多观众、提高收视率等，确保策划的方向明确。对目标受众进行细致的分析和定位，了解他们的兴趣爱好、观看习惯、社交媒体偏好等，以便有针对性地进行营销，制作有吸引力、有趣味性的节目内容，引发受众的兴趣和关注，提升节目的曝光度。

明确节目的品牌形象和核心价值观，确保营销活动与节目品牌形象保持一致，塑造统一的节目品牌形象。充分利用各种营销渠道，包括电视、社交媒体、线下活动等，确保广泛的曝光和覆盖面。尝试新颖创意的营销手段，如互动式广告、虚拟现实体验、线上线下活动结合等，吸引受众参与和互动。

对营销效果进行数据监测和分析，了解受众反馈和行为，优化营销策略和活动方案，提升营销效果。不断评估和调整营销策略，根据市场反馈和数据分析，及时调整营销方案，持续改进和优化。

1. 精准营销

精准营销是视听节目营销策略中非常重要的一环。媒体平台需要通过数据分析和人群定位等手段，精准地锁定目标受众，从而实现精准营销。

通过市场调研，可以深入了解目标受众的特征、兴趣爱好、消费习惯等信息，这些信息帮助节目制作方更准确地把握受众需求，有针对性地设计节目内容和营销策略。市场调研还可以帮助节目制作方了解竞争对手的情况，把握市场趋势和机会，为制定营销策略提供有力支持。综合利用定性和定量的市场调研方法，可以为视听节目的营销策略制定提供可靠的数据和依据，提高营销策略的针对性和有效性。

此外还需要对营销效果进行数据监测和分析。通过数据监测和分析，可以深入了解受众的反馈和行为，包括他们对节目的喜好程度、观看习惯、互动行为等。这些数据可以帮助节目制作方及时发现问题和优势，为营销策略的调整和优化提供依据。综合利用各种数据监测工具和分析方法，可以更科学地评估营销效果，从而不断提升营销策略的有效性和效率。

2. 品牌建设

媒体平台需要通过多种手段来塑造自身的品牌形象，以提升品牌知名度和美誉度。其中一种重要的手段是将节目与品牌形象进行关联。通过在节目内容中融入品牌的核心价值观和形象元素，以及开展相关的营销活动，可以有效地传播品牌形象，提高观众对品牌的认知和好感度。

这种关联可以通过节目的片头、片尾、赞助标识、广告插播等方式实现，从而在观众心中留下深刻的印象。通过与节目相关的营销活动，如线上线下互动、社交媒体互动、赛事活动等，也可以进一步加强品牌形象的传播和影响力，吸引更多的目标受众关注和参与。综合利用这些手段，媒体平台可以有效地塑造自身的品牌形象，提升品牌价值和竞争力。

在节目内容中嵌入品牌的标识、口号或特定元素，以及通过赞助、合作或广告等方式展示品牌的形象和理念，有助于增强观众对品牌的认知和好感度，提高品牌的知名度和美誉度，从而促进节目品牌的发展和增强市场竞争力。

3. 多渠道推广

视听节目的营销策略需要通过多种渠道来进行推广，以提高曝光度和受众数量。例如，可以通过电视、广播、网络等多种媒体平台来进行推广，还可以通过社交媒体、微信公众号等新媒体平台来进行推广，从而实现营销效果的最大化。

通过在电视等传统媒体上进行广告投放，可以覆盖大范围的受众群体，增强节目的知名度。同时，利用社交媒体平台如微博、微信、抖音等进行推广，可以与受众进行直接互动，提高受众的参与度和黏性。

此外，举办线下活动如发布会、路演、观众见面会等，也是一种有效的推广方式，可以增加观众与节目的互动机会，加深观众对节目的印象和喜爱程度。综合利用各种推广渠道，可以最大限度地提高节目的曝光度和影响力，吸引更多观众的关注和支持。

4. 预算控制

视听节目的营销策略需要从多个方面进行考虑，以实现营销效果的最大化。媒体平台需要不断地进行创新和改进，提高自己的节目质量和品牌形象，从而吸引更多的观众和听众，实现商业价值的最大化。

合理规划和控制营销预算是确保营销活动有效执行的重要步骤。通过对市场需求、竞争环境和目标受众的深入分析，可以确定适当的营销预算，并将其分配到不同的营销活动和渠道上。在分配预算时，需要根据每个渠道的效益和投资回报率进行权衡，确保每一笔投资都能够实现最大的营销效益。同时，需要在执行过程中不断监控和评估营销活动的效果，及时调整和优化预算分配，以确保资源的有效利用和最终的营销目标达成。通过合理规划和控制营销预算，可以有效降低成本，提高效率，使营销活动价值最大化。

 课后思考题

1. 请分析节目的视觉设计、片头片尾、音乐音效等包装元素如何提升观众的第一印象和收视兴趣。

2. 请论述品牌形象的建立如何通过包装元素（如标志、颜色、口号等）增强节目的识别度和观众忠诚度。

3. 请讨论在当今媒体环境中，如何利用电视、网络、社交媒体等多种平台进行整合营销，以最大化视听节目的传播效果。

4. 请详细分析如何通过市场调研和观众分析，了解目标观众的需求和偏好，从而制定有效的营销策略。

5. 请论述如何在节目包装中融入特定的文化元素（如地域文化、历史文化等），增强观众的情感共鸣和文化认同。

6. 分析社交媒体如何通过互动、分享、口碑传播等方式，为视听节目提供新的营销渠道。

7. 请论述通过开发与节目相关的衍生产品增强观众参与度和增加节目的商业价值。

8. 从视听节目的包装历程看，结合具体案例分析未来视听节目包装的发展趋势。

9. 请分析在新媒体语境下，节目营销如何增强观众对节目的兴趣和参与度。

10. 视听节目包装与营销之间有着紧密的关系，请具体分析两者的相互作用。

视听节目
分类创意与策划

▲▲▲▲▲▲▲▲

视听节目分类体系的完善不仅有助于保证电视节目制作系统的稳定性，还促进了电视节目的创新。在视听节目分类体系下，每一类电视节目都有明确的组织结构和叙事特征，观众能够根据这些特征迅速地理解电视节目的内容。电视节目的创新需要借鉴和沿袭现有节目类型的组织结构和表述方式，否则就有可能引起观众的不适应，影响节目的市场表现。因此，电视节目分类系统为创新提供了一套结构标准和叙事标准，让节目在创新的同时，保留观众可预期、可理解的节目结构和叙事体系，减少电视节目制作过程中存在的不确定性和风险。

在多种定性分类系统中，采用四分法，依据节目的内容性质（或社会功能）将电视节目划分为新闻类节目、娱乐类节目、社教类节目和服务类节目的节目分类系统比较受学者们的青睐。这种简洁的分类方法被广泛应用于电视节目传播形态研究和节目经营研究中。周鸿铎在其《电视节目经营策略》一书中将电视节目分为了新闻节目、教育节目、文艺节目和服务节目四类；童宁在其《电视传播形态论》中也将电视节目分为了新闻节目、社教节目、文艺节目和服务节目四类。

近年来，学术界对电视节目分类投入了更大的关注。2006 年 3 月，浙江大学出版社出版了徐舫州的《电视节目类型学》，进一步明确了电视节目分类作为电视研究的一个重要分支的地位。该书将电视节目划分为电视新闻资讯节目、电视谈话节目、电视文艺节目、电视娱乐节目、电视纪录片等八大类，并分别就各类节目的发展历程、划分理论、划分类型和热点问题进行了阐述，对我国电视节目分类研究有积极的推动作用。

依据节目内容的功能与属性将视听节目分为若干类型。

（1）新闻类节目：主要报道新近发生的事实和事件，包括新闻报道、新闻评论、新闻访谈等形式，以及政治、经济、社会、文化等各个领域的新闻内容。

（2）综艺娱乐类节目：以娱乐为主题，包括综艺节目、真人秀等形式，旨在为观众提供轻松愉快的娱乐内容。

（3）社会教育类节目：主要以社会教育为目的，包括纪录片、教育专题、公益广告等形式，旨在向观众传递知识、提高素质、促进社会进步。

（4）社会服务类节目：主要为观众提供各种服务信息和服务指导，包括生活服务、消费指南、健康保健、法律咨询等形式，旨在满足观众的实际需求和解决实际问题。

节目分类的一个重要作用是指导实践操作，并为节目评估提供基础。自 20 世纪 60 年代以来，随着广告营销中市场细分理论的兴起，市场和学界越来越迫切地需要根据观众的实际需求以及节目的具体形态对节目类型进行科学的划分，以帮助电视台和广告商明确地找到目标观众群体。

第五章

新闻类视听节目策划

新闻节目是视听节目类型的重要组成部分之一，新闻视听节目是整个视听节目的核心和主体，在各级电视台均处于主导地位。在新媒体的环境下，我国视听节目的发展有了新格局，传统意义上的视听节目发生了巨大的变化。在媒介融合的语境下，新闻视听节目的制作和播出注入了越来越多的新元素，新元素融入新闻视听节目可以提高节目的质量，推动新闻视听节目在媒体融合环境下的进一步发展。　新闻视听节目作为媒体的重要信息载体，必须满足新时代受众的需求，随时进行节目创新。

新闻类视听节目在内容、形式和传播平台方面的多样性。这些节目既有国际性的报道，也有关注本土问题的报道；既有正式的新闻报道，也有轻松幽默的娱乐节目；既有传统的广播和电视平台，也有新兴的网络和移动平台。这些多样性体现了新闻类视听节目在满足不同观众需求和传播方式方面的广泛适应性。

新闻节目策划，作为新闻传播过程中的重要环节，关系到新闻的质量、传播效果和观众满意度。在当今这个信息爆炸的时代，新闻节目策划所处的背景也变得愈发复杂。社会的快速变革为新闻节目策划提供了丰富的素材，也对新闻节目策划提出了更高的要求。新闻节目应紧密关注社会热点、民生问题等方面，以满足观众对新闻的需求，同时传播正能量，引导社会风气。随着社会的发展，观众对新闻节目的需求愈发多样化。在策划新闻节目时，需要关注不同年龄、性别、地域等观众群体的喜好，以提供有针对性的节目内容，满足观众的需求。

在新闻节目策划背景下，策划者需要关注市场竞争、技术发展、社会变革、观众需求、媒体融合、新闻伦理、文化传播和国际传播等多方面因素，综合考虑后制定出具有针对性和可行性的新闻节目策划方案。策划出的独具特色、吸引人的新闻节目，既可以满足观众的需求，也能推动产业的发展，提升国家的文化影响力。

现在新闻作为传播信息、记录时代变迁、展示社会风貌的重要载体，其所承担的社会责任和作用日益凸显。新闻节目作为新闻传播的主要形式之一，其策划与制作过程不仅关系到新闻的质量、传播效果和观众满意度，同时也直接影响到新闻媒体的发展和竞争力。因此，掌握新闻节目策划的技巧和原则，对于新闻从业者和传媒专业的学生具有极其重要的意义。

第一节　新闻类视听节目概述

新闻节目作为新闻传播的重要载体，其形式和内容的多样性直接关系到新闻的传播效果和受众满意度。在新闻媒体的发展过程中，新闻节目已经从单一的形式逐渐演变为多元化的表现，涵盖了电视、广播、网络等各种媒介。了解和掌握新闻节目的概念与类型，对于新闻工作者和传媒专业的学生具有重要意义。

本节将重点介绍新闻节目的基本概念以及各种类型，内容包括新闻节目的定义、特点、分类及其在各类媒介中的具体表现形式。本节对新闻节目有一个全面的概述，深入分析各类新闻节目的特点和风格，为后续的新闻节目策划和制作工作奠定基础。

一、新闻类视听节目的定义

1. 新闻的概念

新闻的起源是一个古老而又复杂的问题，有许多不同的理论和观点。归纳起来主要有三种观点。

（1）生产劳动说：这一观点源自马克思主义的新闻观，生产劳动说认为，新闻起源于人类社会的生产劳动实践。人们在生产劳动中相互合作，需要彼此交流信息、通报情报、交流经验，以更好地认识客观世界并规划自己的行动。因此，新闻被视为人类社会生产力发展的产物，是社会生活中不可或缺的一部分。

（2）本能需要说：本能需要说认为新闻起源于人类的本能需要，即人类对未知事物的好奇心和求知欲。按照这种理论，新闻的产生是人类天生的一种心理现象，与社会实践和生产活动无直接关系，而是源于个体对周围世界的感知和探索。

（3）心理欲望说：心理欲望说认为新闻的产生是源于人类的心理欲望，如对刺激、娱乐和情感满足的需求。按照这种观点，新闻的产生更多地受到个体情感和心理状态的影响，而非客观的社会实践。

对于新闻起源的探讨，不同的理论和观点都提供了一定程度上的解释，但也反映了人们对于新闻传播活动的多维度理解和认知。我国学界和业界对新闻的定义有很多，但大多受到徐宝璜、陆定一、范长江等新闻界前辈的影响。

"新闻"有广义和狭义之分，狭义的"新闻"指新闻消息，我们所讲的"新闻"是指大众传播媒介公开向社会传播的广义的新闻。在新闻学研究中，新闻学者和新闻工作者提出了数以百计的新闻的定义。有代表性的定义如下。

（1）事实说：将新闻视为某种事实的存在。例如，徐宝璜认为新闻是与人类生存相关的最近发生的事实和现象。徐宝璜认为："新闻者，乃多数阅者所注意之最近事实也"。据此，徐宝璜的新闻定义具有双重含义：在显性层面，它是一个操作标准，说明了什么是新闻以及如何选择新闻，解决了不必事事皆为新闻的问题；在隐性层面，它是一个哲学命题，即事实是客观存在的，可以被人们注意并被选择报道，但不能被编辑和记者更改、制造或歪曲，否则就不是事实，也就不是新闻。

（2）报道说：将新闻定义为对某种事实的报道或传播。陆定一认为新闻是对新近发生的事实的报道，从新闻的本源出发论述新闻事实。陆定一在《我们对于新闻学的基本观点》一文中提出："新闻的定义，就是新近发生的事实的报道"。陆定一在对定义的阐释中分析了事实与新闻的关系："事实是第一性的，新闻是第二性的，事实在先，新闻在后"。范长江对新闻的定义是："新闻是广大群众欲知、应知而未知的重要事实"。

（3）信息说：将新闻视为一种特殊的信息。宁树藩认为新闻是经过报道或传播的新近事实信息。

在我国新闻学界，陆定一关于新闻的定义得到了广泛认同，他在《我们对于新闻学的基本观点》中提出"新闻是新近发生的事实的报道"。然而，在当今信息传递迅速、传输设备现代化的背景下，这一定义显然存在局限性。例如，正在发生的事件尚未出现结局就已经被报道出来；对一个事件进行连续的追踪报道，甚至进行实况转播，使得报道与事件的发生、发展同步进行；此外，新闻报道的对象未必都是新近发生的事件，有些早已发生的事件，由于种种原因在发生的当时不为人们所知，虽然已经过去一段时间，但一旦被发现，仍然具有很高的报道价值。

2. 新闻类视听节目的概念

新闻类视听的定义，学者们有不同的看法。以电视新闻节目的概念为例，杨秉林将电视新闻定义为"用电视作为传播媒介对新近发生或正在发生的政治事件或社会事件的报道"，黄匡宇认为电视新闻是"凭借电视媒体传播的新闻"，朱羽君等人则将其定义为"以现代电子技术为传播手段，以声音、画面为传播符号，对新近或正在发生、发现的事实的报道"。电视新闻是以现代电子技术为传播手段，以声音画面为传播符号，对新近发生或正在发生、发现的事实的报道。这些学者的观点为我们理解新闻类节目提供了理论基础。可以得出结论：新闻类视听是利用现代电子技术作为传播手段，通过声音和图像对新近发生或正在发生、发现的事实进行报道。在这一定义中，"正在发生"意味着报道和事件发生是同步的，而"发现"则指的是对新事物的报道和新观点的发现。

新闻类视听节目是以传播时事新闻、政治事件、社会动态和其他各类新闻资讯为主要内容的视听节目。通常包括新闻报道、评论、深度报道、专题报道等，其核心目的是传播真实、客观、公正的信息，旨在帮助观众了解国内外发生的重大事件、人物动态、政策变化等，满足人们对时事新闻的需求。同时，新闻类节目在传播过程中，应承担社会责任，为公众提供高质量的信息服务，捍卫社会主义核心价值观。

二、新闻类视听节目的发展历程

利用多种媒介形态，包括广播、电视、音像、电影、报纸、杂志、网站等，通过融合的广电网络、电信网络和互联网络进行信息传播，实现了信息的融合传播。用户可以通过多种终端如电视、电脑、手机等，获取所需信息的发展趋势日益明显。这种发展使新闻业重新焕发生机，朝着多元化和产业化的方向发展。在这一背景下，电视新闻节目得到了新的发展空间，不同形式的新闻节目在电视荧屏上不断演化，通过家庭电视终端传递信息，发挥着多种功能。

1. 广播新闻节目

广播是新闻类节目的鼻祖，最早的新闻节目主要以音频形式传播。在广播媒体兴起之初，新闻类节目主要以广播新闻和时事评论为主，通过无线电波传播新闻信息。这一时期的节目形式以文字报道和解说为主，受众通过收听广播电台获取新闻资讯。

我国广播新闻的发展第一阶段是从 20 世纪 40 年代人民广播成立初期到 1978 年 12 月党的十一届三中全会召开期间。这一阶段的广播新闻评论处于起步阶段，基本上是在报刊评论的基础上进行改写或编写，形成了最初的广播新闻评论理念和形态。除中央台的广播新闻评论外，地方台几乎没有广播新闻评论，而中央台也只是在少数几个时段播出过少量的广播评论，早期的广播新闻评论理念尚不成熟，在社会和新闻界没有形成舆论中心，没有发挥应有的作用。这一阶段明确了广播新闻评论的形态，并为其进一步发展提供了重要条件。

第二阶段是从 1978 年 12 月党的十一届三中全会召开到现在。在这一阶段，广播新闻评论逐渐摆脱了报刊评论形式的束缚，充分发挥广播的优势，探索广播个性化的评论形式。新时期广播新闻评论的发展过程以《焦点时刻》《新闻纵横》等最早的一批广播评论性节目的出现为分界线，可以分为探索和发展两个十年阶段。湖北台的《焦点时刻》主要采取"深入报道、公正评说"的节目形式，对诸多重大新闻事件、社会热点问题进行大量报道、分析和批评。中央台的《新闻纵横》一开始就明确定位为舆论监督节目，以记者兼主持人的播报方式，依托新闻事实，融合新闻报道和评论于一体，配合《新闻和报纸摘要》《新闻联播》等节目进行深入、拓展和延伸报道，《新闻纵横》具有比单个评论节目更为稳定的节目风格和形态，同时也有更为广阔的发展空间。

为了适应社会需求，广播电视媒体从改革新闻内容与形式入手，加大信息传播的量和时效性，以确立其在现代信息传播中的权威地位。自 1983 年第十一次全国广播电视工作会议提出"以新闻改革为突破口，带动整个广播电视宣传改革"的要求以来，各广播电台和电视台都大力推进了新闻改革，努力将广播电视打造成"要闻总汇"，并通过其他节目改革，实现广播电视"扬独家之优势，汇天下之精华"的目标。广播新闻改革成为改革的先行者。

1983 年 1 月，上海人民广播电台第一套节目率先开办了全天候正点新闻，电台其他几个频率也相继开设了简明新闻，使得全台的新闻节目每天达到 40 多次，极大地提升了新闻流转速度。此后，许多电台纷纷开设整点新闻，并加强了重点新闻节目的制作，创办了一大批有影响的新闻节目。广播的深度报道、批评报道、专题报道、典型报道等也得到了加强和改进。

在广播界，1983 年 7、8 月，广播电视部根据公安部提出的加强法治宣传的要求，责成中央人民广播电台积极筹办一个法制节目。9 月 15 日，广播电视部、公安部、司法部向全国发出联合通知，要求各地广播电台和公安部、司法部大力协助、配合和支持中央人民广播电台办好《法制园地》节目。11 月 5 日，《法制园地》开始播出。

《法制园地》是一个集新闻性、知识性的专题节目，通过广播谈话、典型报道、评论、法律常识讲解等形式，帮助听众了解、学习我国法律，增强法治观念，养成遵纪守法的习惯；学会以法律为武器，保护自己的合法权益。同时，鼓励听众积极贯彻中央提出的综合治理的方针，同各种犯罪活动作斗争，促进社会治安和社会风气的根本好转。

2. 电视新闻节目

20 世纪 50 年代，电视逐渐普及，新闻类节目开始向电视领域拓展。随着电视技术的不断进步，新闻节目也从最初的黑白画面发展到彩色画面，画质和播放速度得到显著提升。例如，美国的 CBS 和 NBC 分别于 1948 年和 1949 年开播了首个电视新闻节目。

1958 年 5 月 15 日，北京电视台（中央电视台的前身）成立后仅半个月的时间，便首次播出了自制的电视新闻节目《图片报道》，标志着中国电视新闻的最初形态。该节目采用将新闻图片分割并组合，再配以解说的形式进行报道。半年后，于同年 11 月 2 日开播的《简明新闻》则是一种口语形式的消息类新闻节目，通常安排在晚间节目结束前播出，每次时长约 5 分钟。该节目的稿件基本由中央人民广播电台新闻部提供。

中国电视新闻的起步伊始，持续了长达 20 年的时间，中国第一代电视工作者，大多具有电影厂和电影学院的背景，因此采用了"电影化"的制作理念，他们以"用电影方式制片，用电视手段传播"为常态。当时播出的《电视新闻》节目，其图像新闻来源主要是中央新闻电影制片厂的纪录片和《新闻简报》，并非定期播出，每周大约播放 2～3 期。由于《电视新闻》主要传递《新闻简报》的内容，其时效性不强，反映范围也较窄，因此未能吸引观众的兴趣和注意。

1976 年 7 月 1 日，随着各地电视台的协作，中央电视台开始试办新闻联播节目。当时的节目内容仅涵盖国内新闻，没有国际新闻，也没有口播新闻，每次播出时长为 10～15 分钟，栏目仍称为《电视新闻》。

中国电视新闻史上的另一重要节点发生在 1978 年元旦。这一天，中央电视台正式开办了《全国电视台新闻联播节目》（简称《新闻联播》），恢复了播音员出镜向观众报告节目的方式，并采用直播形式。每条新闻保持在 3 分钟内，去掉了原来的小标题，采用现场音响，带来现场感和真实感。《新闻联播》在这一阶段主要采用"国内新闻""口播新闻""国际新闻"三段式。节目由各地电视台提供新闻素材，经过编辑后播出，再由各地电视台向全国联播。《新闻联播》的推出标志着我国建立了全国范围的电视新闻网。

20 世纪 70 年代～80 年代，有线电视和卫星电视技术的发展推动了新闻类节目的多元化，电视新闻改革也在步步紧跟。1983 年 3 月，湖南电视台创设的《晚间新闻》开创了国内电视台晚间新闻报道的先河。次年 1 月，中央电视台开始增播《午间新闻》，1985 年 3 月又推出了《晚间新闻》，同年 12 月又试播了《英语新闻》，之后还陆续开办了《经济新闻》与《体育新闻》。至此，中央电视台早、中、晚三个时段的新闻节目空档基本填满。

1993 年 3 月 1 日，中央电视台第一套节目每天新闻播出次数由 4 次增加到 12 次，新闻的全天播出总量由 65 分钟增加到 165 分钟，重要新闻首次实现了滚动播出。同年 5 月 1 日，推出了大型新闻板块栏目《东方时空》，其中的《焦点时刻》不仅以最快、最新的热点新闻吸引了众多观众，而且在新闻评述方面也颇有建树。次年 4 月 1 日，中央电视台在《新闻联播》之后推出了《焦点访谈》，针对领导重视、群众关心的热点、难点问题进行翔实的报道和分析，该节目以引导舆论、注重"沟通""平衡""监督"为特点，成为全国收视率最高的新闻栏目之一，受到上至中央领导下至平民百姓的普遍欢迎。

1995 年 4 月 3 日，中央电视台推出《新闻 30 分》，使午间新闻大大扩容。1996 年 1 月，改版后的《新闻联播》以直播形式与观众见面，大大增强了节目的新闻性；5 月，开播国内最长的深度报道新闻栏目《新闻调查》。

1997 年 5 月 1 日，中央电视台在每天早 6 点增加了《早间新闻》，与改版后的 7 点和 8 点《早间新闻》互相呼应，形成以新消息为主的完整新闻时段，新消息比重占 60% 以上。同一天，《晚间新闻报道》的播出时间增加到 45 分钟，使之成为中央电视台跨时间最长、报道量最大、报道面最宽、最具特色的一个新闻节目。

2003 年 5 月，央视新闻频道（CCTV-13）试播，7 月 1 日正式播出。新闻频道把"第一时间、第一现场、第一需要"和"与世界同步、汇集天下风云"作为基本理念和追求目标，以"整点新闻＋现场直播＋字幕新闻＋专题深度报道与评论"的报道模式，每日24小时不间断播出。

随着电视技术的发展，新闻类节目开始在电视媒体上展现。电视新闻节目以图像和声音的结合呈现新闻信息，使观众可以通过视听方式获取更丰富、更直观的新闻报道。电视新闻节目的出现丰富了新闻传播形式，成为人们了解时事的重要渠道。

3. 网络新闻节目

21世纪初，随着互联网的普及和发展，新闻类节目开始向网络领域拓展。许多传统的电视台和新闻机构纷纷设立网站和在线视频平台，提供文字、图片、视频等多种形式的新闻资讯。

网络广播是广播在网络时代寻求生存与发展的新探索，是媒体融合的产物。与传统广播相比，网络广播不需要占用卫星轨道和频率资源，借助互联网这一载体实现了更为自由和多样化的传播形式。网络广播根据呈现方式可分为直播和点播两种形式。直播是指电台实际播出的节目通过网络进行传输，而点播则是按内容将广播节目制作成不同的片段，用户可以根据自己的喜好自主选择收听。用户可以随时随地利用互联网收听广播节目，无须受到地域和时间的限制，极大地提升了广播节目的便捷性和灵活性。

政府网络广播在网络广播领域占据着主导地位，其依托传统广播媒体的丰富节目资源，具有较高的专业性、公信力和品牌度。其中，以中央人民广播电台主办的中国广播网发展最为成熟，影响力最大。央广网依托中国之声等16套广播频率、中国广播联盟的180余家成员台以及驻全国39个地方站，已经发展成为拥有50多个专业频道和34家地方分网的综合性新闻门户。

通过网络，传统广播电台在新媒体时代不仅找到了新的生存平台，而且得以扩展自己的传播形态。从单纯的音频制作发展为集文字、图片、音视频于一体的多媒体传播平台，扩大了自身的受众群体和传播路径，实现了传统媒体向新媒体的转型与升级。互联网视频平台的兴起为新闻类节目提供了更广阔的传播空间，人们可以通过网络随时随地观看新闻视频。移动应用的发展也使得新闻类节目可以更加个性化地满足用户需求，例如定制化的新闻推送、直播报道等形式。

随着数字时代的到来，新闻类视听节目的形态变得更加动态。网络电视、手机电视等新媒体通过继承、竞争、互补、共存等多种方式接轨与融合，形成了一个融合多种视听传播载体的大电视的概念。

目前，国内传统电视传媒的新闻节目形态普遍引入了网络元素。例如，许多电视新闻节目都开设了网络新闻板块，直接将网络数据、图像和交互过程等内容融入节目之中。这种做法不仅增加了新闻信息的广度和综合性，还将网络点击量引入到电视屏幕上。

网络电视新媒体以电脑屏幕为视听界面，与传统电视频频合作，争夺内容制高点，引发了"电视2.0"的概念。随着网络视频技术的不断发展，一旦达到与传统电视相媲美的水平，传统电视作为主导媒体的地位将会被取代。网络电视新闻节目大量借鉴了传统电视的内容，但在传播方式上发生了根本性的变化，从以台网为核心的中心辐射形传播转变为以每一位观众为节点的互联式传播。这种变化使得网络电视新闻节目更具吸引力，尤其是对年轻网民而言，形成了全新的节目形态。

2005年2月24日，人民网、人大新闻网、政协新闻网联合推出了国内首家以手机为终端的无线新闻网——"两会"无线新闻网，标志着手机新闻报道国家重大政治活动取得了历史性突破。2007 年 10 月，中央电视台推出时政新闻手机视频杂志《手边——"十七大"特刊》，率先在新媒体领域开拓了视频阅读业务，同时组建了国内第一个时政报道"无线联盟"。2007 年 12 月 18 日，中央电视台正式与国际奥委会签约，在北京宣布其新媒体平台 CCTV.com 成为北京奥运会官方互联网和手机转播机构。CCTV.com 依托全力打造的"CCTV 奥运手机电视台"，通过手机流媒体平台、WAP 平台、客户端交互平台、手机视频杂志平台等多种形式，参与北京奥运会赛事新闻报道。

为了更好地传递信息和观念，简短、资讯化的消息和访谈类视频新闻节目已成为网络电视、手机电视等新媒体的主要节目形态之一。单纯将传统电视新闻节目剪辑并转移到网络和手机平台上，无法充分发挥新媒体在信息即时性、多媒体体验和互动性方面的特点。因此，综合利用网络电视和手机电视等新媒体的特性，不断改进和重构视频节目形态。

随着数字技术的发展，传统电视的概念向包括传统电视、网络电视、手机电视等在内的大电视概念过渡。传统电视新闻节目、网络电视新闻节目和手机电视新闻节目等将日益融合。在大电视概念的背景下，电视新闻节目的数量将以几何级数增加，节目形态不断衍生，并不断发生裂变。

4. 短视频新闻

智能手机和互联网的普及为新闻类节目提供了新的传播途径。新闻类移动应用、短视频平台等涌现出来，使新闻节目更加便捷、个性化。今日头条、腾讯新闻等新闻类 App 为用户提供定制化的新闻推送服务。

随着社交媒体的兴起和用户生成内容的盛行，新闻类视听节目的传播形式日益多元化。除传统的新闻报道和时事评论外，一些新兴的形式如网络直播、短视频新闻、社交媒体互动等也成为新闻传播的重要方式。这种多元化发展使得新闻类节目能够更好地满足不同受众的需求，提升了新闻报道的传播效果和影响力。

短视频新闻是利用短视频呈现新闻报道的一种新型内容形式，是短视频技术在新闻领域的衍生产品。相较于普通短视频，短视频新闻具有较强的新闻性，其内容紧密贴近新闻事件，通常包括公共领域的重大突发事件、网友亲历的新闻现场、生活趣事、网民测试、体验视频等。

在新闻事件发生时，现场群众利用手机迅速记录现场情况，视频的时效性和现场感强，在网络上得到广泛传播。为了抢占报道先机，媒体逐渐开始采用短视频作为报道形式，并发布短视频新闻。

短视频新闻作为一种新的报道形式，具有丰富的报道形式，能够全景式地反映事件现场。相较于传统的网络新闻采用的"文字＋图片"形式，短视频新闻通过剪辑将文字、图片、声音和视频融合在一起，极大地丰富了报道的形式和内容，使新闻现场的情况能够更全面地呈现给受众。

各类新闻客户端为了增强用户黏性并吸引新用户，纷纷推出了短视频新闻专栏。这些客户端包括门户网站新闻客户端、传统媒体新闻客户端以及聚合类新闻客户端。门户网站新闻客户端如新浪新闻、腾讯新闻等，通常聚焦于多样化的新闻内容，并在短视频新闻专栏中推出与时事热点相关的短视频报道。传统媒体新闻客户端如人民日报、央视新闻等，则更多地利用自身新闻资源，提供与其所属媒体关注领域相关的短视频新闻报道。而聚合类新闻客户端如今日头条、百度新闻等，通过算法分析用户兴趣，为用户量身定制短视频新闻内容，以提升用户体验和黏性。这些短视频新闻专栏的推出，不仅丰富了新闻客户端的内容形式，也提升了用户获取新闻信息的便捷性和多样性，满足了用户对于快速、直观获取新闻的需求。

新闻类节目的发展历程反映了技术进步对传播方式的影响，以及人们在获取新闻信息上的需求变化。从广播到电视，再到互联网，新闻类节目不断创新和拓展，呈现出多样化的发展趋势。

三、新闻类视听节目的类型

新闻节目类型研究的核心问题之一是对新闻节目进行分类。常见的新闻节目类型包括新闻报道、新闻评论、专题报道、深度报道、新闻调查等。不同类型的新闻节目在传播内容、形式、目的和效果上各有特点，需要在制作和传播过程中进行针对性的处理。

新闻节目形式是指新闻节目的不同展现方式，主要体现在内容组织、报道方式、节目结构以及传播手段等方面。例如，电视新闻、广播新闻、网络新闻等。不同形式的新闻节目在传播媒介、传播速度、信息呈现方式等方面有所不同，对新闻传播的效果和影响力产生重要影响。

根据表现方式、播出方式、报道内容和播报方式的不同，还可以进一步细分出口播新闻、字幕新闻、图片新闻、影像新闻、现场报道等不同类型的电视新闻节目。根据其节目特点、性质、形态、功能和播出方式，可以将其分为消息类新闻节目、专题类新闻节目、评论类新闻节目、谈话类新闻节目、杂志类新闻节目、直播类新闻节目。在多种分类并存的情况下，一个节目往往同时隶属于几种节目类型。

1. 消息类新闻节目

消息类新闻节目是一种以现代电子技术为传播手段，利用图像、声音、文字等传播符号，快速、简要、广泛、新颖地报道新近、正在或即将发生的事件、事态的视听节目形态。

在消息报道中，通常是对新近、正在或即将发生的事件进行单纯的陈述，往往不加评论或修饰，这种报道形式常见于常规事件报道或突发事件报道中。在突发事件报道中，由于通常无法立即获取事件的全面信息，也无法对事件的性质进行深入判断，因此简洁的陈述往往是最有效的方式。有些消息报道甚至只包含一两句话，旨在满足观众对最新事件的知晓需求。

消息类新闻节目具有快速传播的特点，一旦有价值的事件发生，电视台会迅速报道。它以真实、客观为基点，旨在迅速、广泛、简短、鲜活地报道国内外新近、正在发生或发现的事情。用客观事实形象、真实、快捷地传播是其基本特点。

电视消息报道的基本形式是演播室口头播报与现场记者采访的有机组合。它以快速、简短、明晰、鲜活、新颖、直观的方式满足了人们的日常性信息需求，同时通过现场画面保持一定的信息场景，让人们对信息的感知有一种完整的状态。通过新闻主播或记者与观众进行的面对面新闻传播，丰富了人际交流的内涵。

消息类新闻节目采用多种形态进行报道，主要以录像新闻为主，同时也会使用口播新闻、字幕新闻、图片新闻等形式。消息类新闻节目通常不单独播出，而是置于某一新闻栏目中，与其他新闻报道一起进行捆绑播出，这与专题类等其他形式的电视新闻节目有所区别。在报道篇幅上，消息类新闻节目要求简短和简要，既包括动态性的"一事一报"，也包括非事件性、典型性、经验性新闻的"多事一报"。

消息类新闻节目报道新闻事件的概貌而不涉及其中细节的内容，其特点是简短、明晰和客观。消息通常在新闻节目中占据重要地位，因为其能够提供及时的信息，增强节目的时效性和客观性。

根据中国广播电视新闻奖的评选标准，消息报道可以分为短消息和长消息两种类型。短消息一般在1分30秒以内，而长消息则在1分30秒至4分钟之间。消息报道类节目以播报消息为主要内容，有助于扩大新闻信息的覆盖范围，是人们获取新闻信息的主要途径之一，中央电视台的《新闻联播》《新闻30分》《新闻直播间》等节目都是以消息报道为主的新闻节目。

2. 专题类新闻节目

广义的专题类新闻节目包括了狭义的专题类新闻节目以及其他形式的专题类新闻节目，例如评论类新闻节目、谈话类新闻节目、直播类新闻节目、纪实类新闻节目和调查类新闻节目等。这是因为这些节目都以一个特定的主题或题材为中心，独立成为一个节目形态。狭义的专题类新闻节目则指的是以专题新闻、专题报道、专题访问和电视专题片等形式独立播出的专题类新闻节目。

专题类新闻节目通常围绕一个主题展开报道，采用消息、通信、特写等多种形式，对新近发生、发现或正在发生的新闻事实进行深入报道。这类节目形式包括固定的专栏节目，如中央电视台的《焦点访谈》，以及各种特别节目，播出时长从几十分钟到几小时不等。

专题类新闻节目采用多种形式，如电视专访、电视讲话、新闻调查、系列报道等。电视专访是记者或主持人对相关新闻人物、重要事件或社会问题进行深入访谈报道，常采用问答或交谈方式。电视讲话是请新闻人物或权威人士在电视上就特定问题发表讲话，介绍个人看法和相关情况。新闻调查是对新闻事件或社会问题进行深入调查报道，展现多侧面的视角和全貌。系列报道是针对同一主题，从不同角度、侧面进行多次性报道，通过多个系列单元形成报道整体，使观众更深入地了解新闻事件。

专题类新闻节目的特征之一是其兼具时效性与时宜性。时效性在新闻传播中扮演着重要角色，因为新闻的价值在很大限度上取决于及时性。尽管相对于新闻消息而言，专题类新闻节目的时效性并非那么迫切，但仍然需要充分考虑时效性因素。这意味着节目的内容应当紧密围绕当前的新闻事件，紧跟时代的步伐，以确保其具有时效性和时宜性特征。

专题类新闻节目的另一个显著特征是其具备全面性与深刻性。在新闻报道中，通常先有新闻消息的发布，随后才有专题报道。新闻消息追求的是时效性，以迅速和新鲜取胜，而专题报道则注重广度和深度，通过对消息的补充、延伸和深入挖掘而著称。专题报道的优势在于能够选择性地挑选出具有价值和社会反响的素材，补充相关事实，提供背景资料，提供理论支撑，并将新闻事实置于与其他事物的关联中。因此，专题报道能够超越对时事层面上意义的简单把握。观众在专题报道中能够领略到的内容已经超越了新闻消息所提供的表面含义，这些内容使他们能够了解现象背后的原因、过程和道理，从而形成更为全面、深入和透彻的认知。

3. 评论类新闻节目

评论类新闻节目主要通过评论、分析、讨论等方式，对新闻事件进行解读和评价。这类节目通常邀请专家学者、政策制定者或者社会各界人士参与讨论，提供多角度、多层次的观点和看法。

评论类新闻节目是一种电视新闻节目形态，其主要内容是对新闻事件、社会问题或政治经济现象进行深入分析和评论。这类节目通常是由主持人或专家学者以言辞清晰、观点明确的方式对新闻事件进行解读和评述，旨在引导观众对新闻事件进行思考和理解。评论类新闻节目的特点包括针对性强、言论立场明确、思想深刻、内容丰富。这种节目形式旨在提供更深层次的思考和分析，帮助观众更全面地了解新闻事件的背景、原因和影响。

早在 1980 年，央视创办的第一个评论性节目《观察与思考》栏目就展示了带有述评性质的新闻节目，打破了以往只有报道没有评论的节目形态。节目类似的评论性质也出现在诸如《东方时空》等新闻杂志栏目以及深度报道类新闻节目中，如《新闻调查》等。评论类新闻节目具有两种最为典型的形态。一种是"论理"与形象相结合的"评论片"形式，也称为"述评类节目"。另一种是以意见性信息为主导的"主评型节目"。在第一种形式中，"论理"是新闻评论节目的核心内容，"以理服人"是其传播目的。通过将画面语言与编辑语言相结合，这种评论不仅具备一定的新闻信息量（即"述"的部分），还增强了思想的深度和影响力（即"评"的部分）。采用画面来叙述事件能够提高信息的可信度，因为观众更容易相信所看到的画面。而在剪辑过程中，可以利用蒙太奇的不同处理方式，使得每个具体的画面形成不同的逻辑关系，从而超越了画面本身所表达的含义，达到更深入的说理效果。

4. 谈话类新闻节目

谈话类新闻节目是一种以"谈"为主要手段，就"受众普遍关心的某一新闻事件或问题，与有关人士交换看法，或请他们讲述事情的来龙去脉，或探讨问题"的新闻性节目样式，目的在于通过谈话节目深入了解和解释新闻事件，帮助观众更全面地了解事件的来龙去脉和内涵。通过分析评论，节目为观众提供了多角度、客观性的观点，帮助他们更好地理解新闻事件的复杂性和深刻性。

这类节目通常围绕着当前热点新闻事件展开谈论和探讨。主持人和嘉宾会就新闻事件的背景、原因、影响等方面展开深入的讨论和分析。新闻谈话节目在主持人的带领下，邀请嘉宾和观众（某些节目可能不设现场观众），针对社会当前关注的热点和焦点问题展开平等的对话和交流，为各种意见、观点和见解的表达与沟通提供一个平台。这类节目的代表性范例如中央电视台的《面对面》，该节目着重于采访具有新闻价值的人物，并通过主持人对嘉宾的访谈来解读新闻事件，同时记录历史。

这类节目通过聚焦社会舆论和民意，反映和引导公众对于重大事件和热点问题的关注和思考。通过对舆论的聚焦，节目能够帮助公众更好地了解社会热点和问题，引导公众形成正确的认知和态度，促进社会思考和共识达成。

根据节目形态的不同，谈话类新闻节目可分为栏目型谈话和依附型谈话两种形式。

（1）栏目型谈话。这种形态的节目以栏目的形式呈现，通常围绕某一新闻事件或话题展开，从政治、经济、利益、文化等多个角度对事件进行分析。节目主要通过多视角、多层面地探讨事件的性质，揭示事件的起因、影响、意义以及与其他事物的内在关系。栏目型谈话节目在结构上较为丰富，能够提供更全面深入的讨论和分析。

（2）依附型谈话。这种形态的节目通常依附于一篇新闻报道之后，采用嘉宾评说或分析的方式对报道内容进行进一步的解读和阐释。节目内容可能包括嘉宾对事件性质的评述，或是对事件涉及的事理进行分析，阐明事件的意义和影响。依附型谈话节目在播出形式上通常与某篇新闻报道相关联，是新闻报道的补充和延伸，通过嘉宾的观点和分析，为观众提供更多的思考和认识角度。

5. 杂志类新闻节目

杂志类新闻节目，是一种以杂志编排方式呈现，在固定时间播出的新闻节目形式。在这种节目中，杂志类新闻节目通常由多个主题、多个内容、多个风格的版块组成。相对于其他新闻专题节目而言，内容更加广泛，版块设置跳跃性较大，话题大小不一，不易形成单一的受众面。

这类新闻节目可由多位主播或评论员主持，主持人扮演着统领的角色，将多个不同内容和形式的新闻报道整合成一档独立播出的新闻节目。这种节目形式类似于传统纸质杂志，通过主持人的引导和串联，将各种新闻主题、报道以及专题内容整合在一起，呈现给观众。杂志类新闻节目会包括多个独立的新闻片段或专题报道，涵盖政治、经济、社会、文化等各个领域的内容。同时，也可能穿插一些特别报道、采访、评论等元素，以丰富节目的内容和形式。

杂志类新闻节目通过其板块格局的设置来体现，具有多元、互补的特点。所谓多元指的是节目设置要丰富、翔实，尽可能达到综合、完整的信息传播效果；所谓互补是指节目板块之间不雷同、详略得当、深浅不一，既有完整的信息概述，又有详尽的新闻特写，这样才能体现杂志类深度报道节目的特色。

以中央电视台的新闻杂志类专题节目《东方时空》为例。根据2001年9月份的节目安排，整个节目采取了动态信息和专题报道相结合的形式，通过三段"早新闻"将节目划分为三部分。其中，"早新闻"按国际新闻、国内新闻、体育新闻、财经新闻、旅游状况以及交通安全等分类。在"传媒链接"版块介绍了当天各类报纸上重大的信息、社论、点评和趣闻，而"时空资讯"版块则包括了"文化资讯"和"出行资讯"两个小专题，前者介绍文化市场上的新颖文化剧目、演出和现象，后者介绍交通、市场资讯等方面内容，为观众提供生活服务。此外，《直通现场》是一个新闻小专题节目，跟进报道新近发生的一些新闻事件，而《东方之子》和《百姓故事》分别是人物特写和讲述老百姓自己的故事的专题。

《东方时空》这个杂志类深度报道新闻专题节目不仅在时间上进行了扩充，还在内容上进行了扩展，将流动信息资讯、动态新闻报道、新闻人物特写、社会专题评析、文化现象探讨以及综合社会评论整合在一起，形成了一个"新闻百科大全"的手册。这种节目形式的特点在于整合性和综合性，通过将多个不同内容和形式的新闻报道组合在一起，使得观众可以在短时间内获取到更多的信息，同时也提供了更丰富的观看体验。

6. 直播类新闻节目

从1993年开始，我国电视新闻节目逐渐从录播转向直播。这一阶段的节目在播放次数、新闻时效、报道内容等方面都有了显著提升，同时新闻栏目开始不断增多，节目形态也发生了崭新的变化。1993年，《东方时空》节目诞生，作为一档新闻杂志型栏目，结束了央视早晨7点到8点的无节目时段。最初，该节目由"新闻""东方之子""金曲榜""生活空间""焦点时刻"五个板块组成。随后，经过多次改版，包括取消节目、增设节目、改名等。到了1996年，节目新增了"面对面"栏目，各子栏目由总主持人统一串联。

新闻直播节目是指在重大事件发生时，通过现场直播的方式，让观众实时了解事件进展。新闻直播节目通常具有很强的时效性和紧迫感，为观众提供第一手资料。在重大突发事件发生时，电视台会进行现场直播报道。直播类电视新闻节目具有多种形态，其中主要包括以下三种。

（1）演播室新闻直播。演播室新闻直播也称为新闻直播，是一种相对于录播而言的播出方式。这种形式首次在 1989 年由《山西新闻》率先采用，之后中央电视台一套于 1996 年元旦起，包括《新闻联播》在内的所有新闻节目都实现了新闻直播。这种直播形式的优势在于能够及时播出最新录制的新闻节目，从而有效提高了电视新闻报道的时效性。然而，就报道内容而言，此种形态的直播主要以演播室为基地，主要涉及主持人和嘉宾的讨论、解读，缺少实地报道的真实感和现场感。

（2）现场实况转播。这种形态的直播具有四个明显的特点：首先，观众接收到的节目信号与现场实况在时间上完全相同。其次，这种直播形式主要用于"正在发生"或"正在进行"的事件，如体育赛事、文艺演出、群众活动等，并不包括"已经发生"的新闻事实。第三，现场实况转播的报道方式重在对事件过程的忠实记录，记者不能直接出镜报道，只能记录事件的过程。最后，这种形态的直播是针对单一的某个现场，不具备从一个现场转到另一个现场的功能。

（3）现场直播。又称为现场直播报道，是一种将播出方式与报道方式相结合的电视新闻节目形式。与现场实况转播不同，现场直播不仅要完整地记录事件的全过程，还可以运用多种报道方式，如记者的采访、解说、事件背景介绍、专家分析等，并且可以涵盖一个点的现场直播或多个点的现场直播。此外，现场直播的节目主持人可能是一个人或多人，通常多人主持是因为现场直播节目的时长较长，需要多人轮流主持。

直播的新闻时事评论节目，虽然在新闻界并非新鲜事物。然而，这些节目中的评论更多地局限在新闻节目的内容组成上，尚未形成相对独立的、具有自身节目风格和结构特征的评论性新闻节目形态。《新闻1+1》的节目模式具有其开创性和独特价值，不仅在节目样式上进行了创新，将新闻节目中的"评论内容"单独分离出来，并构建了具有独立形态特征的新的节目模式——新闻评论节目，大胆采用现场直播新闻时事评论的节目模式。

节目涉及民生热点的时事评论，而且采用现场直播方式，旨在给观众呈现对当下社会民生热点的最新、最热、最真实的个性点评。每期节目选取当天最新、最热、最快的新闻话题进行评论分析，其新闻内容鲜活，社会热点的第一时间捕捉，更加凸显了节目的价值和吸引力。

新闻类视听节目可以根据多种标准进行分类。根据报道内容和领域，可以分为时政新闻、社会新闻、经济新闻、科技新闻、文化新闻、体育新闻、娱乐新闻等；根据节目形式和风格，可以分为新闻联播、专题报道、评论性新闻、新闻综合节目、新闻直播、脱口秀新闻；根据传播平台和渠道，可以分为电台新闻、电视新闻、有线电视新闻、卫星电视新闻、网络新闻、移动新闻。

这些分类方法可以相互组合，形成更为具体的新闻类视听节目类型。如《新闻联播》作为中央电视台的重要新闻节目，具有多重特征和功能，因此可以根据不同的分类标准和视角进行多重归类。从其报道范围和影响力来看，可被归类为全国性新闻节目；而其报道内容涵盖政治、经济、社会、文化等多个领域，故具备综合性新闻节目的特征；考虑到其播出形式和制作模式，又可被视为联播类新闻节目；同时，主持人在节目中的引领和统领作用使其具备主持人新闻节目的特征。另外，该节目采用普通话进行播报，并在晚间固定时间段播出，因此也可被分类为普通话新闻节目和晚间新闻节目。综上所述，对《新闻联播》的分类取决于选择的分类标准和视角，它在不同的角度下具有多重分类的可能性。

在实际工作中，媒体机构可以根据自身定位和观众需求，选择适合的节目类型和传播方式，以提高节目的受众覆盖和影响力。

第二节　新闻类视听节目的特点与功能

当前国内传统电视传媒的新闻节目形态在信息传播中融入了网络元素，这一趋势在多个方面得以体现。首先，众多电视新闻节目开辟了专门的网络新闻板块，将网络数据、图像和交互过程等元素直接整合到节目中，以提升信息的广度和综合性。其次，部分节目通过引入网络点击、实现即时交互等方式，拓宽了观众的参与面，增强了新闻节目的交互性和选择性。

新兴媒体形式的出现预示着随着网络视频技术逐渐赶超电视模拟技术水平，传统电视在媒体格局中的主导地位可能会受到挑战。网络电视新闻节目的传播方式从传统的以台网为核心的中心辐射形式，转变为以每位观众为节点的互联式传播模式，尤其是年轻网络受众，形成了更具吸引力的新型网络电视新闻节目形态。

随着中国移动通信技术的升级演进，手机正迅速崛起成为继电影、电视、电脑之后的第四块屏幕，预示着新闻传播形式的进一步改变与影响。

一、新闻类视听节目的特点

新闻类视听节目不仅是传递新闻内容的重要载体，还是文化传播的重要途径，在价值观的塑造和弘扬方面发挥着重要作用。新闻节目的现实意义在于它能够为观众提供当前时事和事件的最新信息，以及对这些信息的解读和分析。通过观看新闻节目，观众可以了解到国内外政治、经济、社会等方面的动态，从而更好地理解世界和自己所处的环境。

1. 时效性

时效性在新闻类视听节目中是至关重要的，它指的是节目在产生应有传播效果的时间限度内的传播价值。一般来说，新闻事件、事态的报道时间越早，其新闻价值就越高；反之，报道时间越晚，新闻价值就越低。随着科学技术的不断进步和通信设备的发展，现代新闻业追求时效性已成为重要方向之一，致力于加快新闻信息的传播速度和改进传播技术。

电视技术的发展为提高新闻类视听节目的时效性提供了有利条件。例如，电子新闻采集系统（ENG）的广泛应用大大加快了新闻的采集和制作速度。现代电视新闻节目已经能够实现对新闻事件、事态的采编播同步，这为其在时效上带来了独特优势。

中国的电视新闻传媒已经能够圆满完成对重大新闻事件、事态的现场直播。在重大政治活动进行时，如党代会、人民代表大会等，电视观众可以通过荧屏目睹会议的现场进程。此外，电视新闻节目的多次滚动播出能够及时传播记者现场报道，对重要新闻事件的进展进行多次连续报道。同时，通过电视字幕传送的字幕新闻，可以在其他节目播出时不中断节目，以简讯形式直接传送事件、事态的最新进展情况。

在具体操作中，新闻必须力求时效。时效性元素在实践中可以进一步细分为时新性，即新闻报道的及时性和新颖性，以确保新闻信息的传播效果和价值。

2. 真实性

新闻类节目应该客观、公正地报道事实，避免主观色彩和偏见，保持新闻报道的客观性和中立性。

电视新闻节目形态的真实性元素是电视新闻节目生命力的体现。然而，真实性并不仅等同于客观事实本身，而是客观事实经过主观呈现后的结果。它体现了对新闻报道的文本与所报道的客观事实之间关系的描述，表明了新闻文本是否以及在何种程度上反映了客观事实。

在新闻类视听节目中，真实性的体现涉及多个方面。首先，是新闻报道的客观性和准确性。一个具有高度真实性的节目会尽可能准确地呈现事件的真实情况，避免主观偏见或失实报道的情况发生。其次，真实性还体现在报道的客观事实的完整性，即是否全面呈现了事件的各个方面和多个视角。此外，真实性还涉及报道的编辑、制作过程中的公正性和透明度，确保新闻节目的真实性和可信度。

电视新闻节目在报道事件和事态时必须尊重事实，确保报道的准确性和可靠性。这种真实性体现在多个方面。

（1）事实真实。新闻视听节目的真实性首先体现在对事实的真实性上。但有时因为采访不够深入，或者是偏听偏信采访对象提供的材料会导致报道失实。因此，电视记者需要进行深入调查核实，以避免报道失实的情况。

（2）本质真实。除了表面现象的真实性，新闻报道还应该追求事物本质的真实。电视记者需要透过事物的表象，深入挖掘事物的本质。在现代社会，事物往往十分复杂，其中正确与错误、原因与结果之间的关系也可能错综复杂。因此，电视新闻节目需要更加深入地理解事物的本质，以报道出更加符合事物本质的真相。

（3）表现真实。电视新闻节目具有形象化特点，要求报道不仅事实真实，而且在视听结合的形象化传播上也要真实可信。这意味着报道应该通过视听结合的形式展现真实的情况，确保观众能够真实地感受到所报道事件和事态的真实性。

新闻节目在追求真实性方面应该确保报道的事实真实、本质真实，并通过形象化的传播方式真实地呈现给观众。电视新闻节目的真实性是对新闻报道与客观事实之间关系的描述，是保证新闻报道的可信度和公信力的重要因素之一。

3. 新鲜性

在互联网时代，媒体报道的同质化现象引发了人们对新闻内容个性化和差异化的关注。通过挖掘独特角度，深入挖掘热点事件的细节和不同侧面，为报道赋予个性化和独特性。创新表现形式是实现个性化报道的重要手段，利用多种媒介形式并经过专业加工，呈现丰富多样的信息，提升用户体验。

新闻的新鲜性体现在报道的事实内容具有新意和新颖性，吸引观众的兴趣。电视新闻节目的新鲜性元素主要体现在以下三个方面。

（1）首创性。首创的事物往往具有新意，吸引人们的关注。报道第一次发生的事情或者某个领域的第一次突破，如中国在奥运会某个项目上实现金牌零的突破、成功发射第一艘载人飞船等，都是新闻报道中的新鲜事物，具有吸引力。

（2）特色、特点。新闻报道应该注意挖掘事物的特殊性，突出其与其他事物的区别。通过对事物的纵向和横向比较分析，可以发现其独特的特色和特点，从而增加报道的新鲜感。

纵向比较是指事物本身前后的比较，而横向比较则是指与其他事物的比较。

（3）奇趣、反常。奇趣、反常的事物往往能够吸引人们的注意力，因为它们具有新颖性和特殊性。这类新闻报道不仅能够引发人们的好奇心，还能够促使人们深入探索。因此，奇趣、反常新闻报道的价值不在于追求耸人听闻，而在于围绕这些奇趣、反常事物引发的知识传播和思考。

新闻类视听节目的新鲜性体现在报道的事实内容具有新意和新颖性，吸引观众关注，并通过首创性和特色、特点及奇趣、反常等方面的呈现，增强新闻报道的吸引力和影响力。此外，定制化服务能够根据用户的兴趣和偏好提供个性化的新闻内容，增强用户的满意度和忠诚度。节目特色的强化也是实现差异化报道的关键，主持人应注重个性化表达，加强节目的趣味性和吸引力。

4. 形象性

电视新闻节目通过图像与声音的传播，具有直观性和形象性的特点，能够生动展现新闻信息，将观众置身于事件发生的现场，从而增强了电视人际传播的特征。真实再现是新闻报道中不可或缺的要素，它要求报道者以客观的态度对新闻事件进行再现，通过现场还原、视角选择和形象化场景的呈现，使观众更加直观地了解新闻事件的发展过程和重要意义。

以现场的视角对新闻事件和事态进行报道，形成形象化的场景。电视新闻报道需要尽可能还原新闻现场的真实情况，通过图像和声音的再现，使观众仿佛置身于事件发生的现场。这种现场还原能够增强报道的真实感和客观性，使观众更加直观地了解新闻事件的发展过程。

新闻节目常常通过将电视记者置于镜头前，直接报道新闻事件的现场情况。这种形式能够让观众更加直观地感受到事件的真实性和紧迫感，增强了新闻报道的可信度。主持人在电视新闻节目中扮演着引导和解说的角色，通过面对观众进行直接交流，使得观众能够更加深入地了解报道的内容，并与主持人进行互动。

报道者应当选择合适的视角来呈现新闻事件，以便观众更好地理解事件的发生原因和影响。报道者通过镜头的视角，将观众带到事件现场，让他们仿佛置身其中，目睹事态发展，增强了新闻报道的形象性和真实感。通过选择合适的视角，可以突出事件的关键信息，准确地传达事件的重要意义。

通过图像、声音和文字的组合，形成形象化的场景，让观众通过视听的方式更加直观地感受到新闻事件的真实性和重要性。这种形象化的场景能够增强报道的吸引力和感染力，提高观众的关注度。

5. 深刻性

新闻类视听节目报道的深刻性指的是传递给观众的信息不应该是单一、零散和表面的，而应该是立体的、相互联系的、具有深度的。除了报道新闻事件本身，还需要分析新闻事件的背景、原因、结果和意义，即对新闻进行解读。我们已经进入了解读时代，电视新闻的深度报道是信息社会要求对信息进行深度解读的产物，也是全球传播环境中媒体提高新闻报道竞争力的重要手段之一。

随着现代电子采集声画同步技术的采用，视听节目画面不再有表现人们思想活动和快速易逝的局限。人们可以在电视上对新闻事件进行更深入的讨论，因此电视深度报道应运而生。例如，新闻谈话和访谈类的深度报道栏目，这些节目邀请嘉宾、现场观众或场外观众共同参与话题讨论，讨论的话题通常与当天或最近发生的新闻事件相关。这些节目以新近的新闻事实为基础，但并非以发现事实为目的，而是在已有事实的基础上进行分析、讨论，探讨新闻事件的意义，让嘉宾和观众直接发表分析性言论，打破了电视无法表达和传播思想观念的传统看法。中央电视台新闻频道播出的《央视论坛》《面对面》《新闻会客厅》等节目都是具有深度的新闻栏目。

二、新闻类视听节目的功能

新闻类视听节目的主要功能是提供与人类生存密切相关的信息，同时还具有教育功能、娱乐功能等其他功能。新闻视听节目应当秉持正确的价值观，传递正能量，引导社会舆论，为社会稳定和谐发挥积极作用。

随着我国新闻改革的深入，电视新闻传播的功能逐渐从过去的单一宣传功能和喉舌论开始细化和分工，形成了集宣传、监督、告知、沟通和服务于一体的多元化格局。民众化的制作理念和娱乐创作理念共同催生了民生新闻。

1. 舆论引导

我国广播电视新闻节目的指导原则是坚持正面宣传为主，坚持正确的舆论导向。这就要求广播电视新闻节目在舆论引导的过程中，要把正确的政治方向放在首位，为社会主义现代化建设创造有利的社会条件。广播电视新闻节目中的内容构成和时段分配中，相当大的部分用于宣传党和国家的路线、方针、政策，报道社会主义现代化建设取得的成就，反映人民群众的生活、劳动和精神面貌，表达政府对重大国际国内问题的态度等。

新闻类视听节目通过大量的日常报道和长期的潜移默化，使观众在心目中形成了关于这个社会、这个时代辨别是非的舆论标准。通过新闻评论和时事分析，对社会上的热点和焦点问题进行深入剖析，引导人们形成一种舆论态度。通过适当的"议程设置"，即选择新闻报道的方式，引导群众关注一些问题或冷落一些问题，从而将"焦点"和"热点"提请人们关注，暂时缓解过分激化的事态，在遵循新闻规律、不违背真实性和客观性的前提下，对社会产生舆论导向作用。

新闻类视听节目是舆论的反映者和引导者。通过新闻传播，它们扩大和强化正确的、有利的舆论，同时抑制和减弱错误的、不利的舆论，从而正确把握舆论的发展方向。电视作为一种传播面广、声情并茂的媒介，在舆论引导方面具有独特的优势和魅力。随着电视进入千家万户，一条重要新闻或一个社会热点报道往往可以引起社会轰动效应。电视已经在每时每刻、有意无意地影响着社会舆论，影响着人们的思想和行动。

舆论引导的关键在于导向正确。舆论导向正确，可以凝聚人心；而舆论导向错误，可能造成严重后果。如何进一步提高电视新闻的舆论引导水平，使舆论引导更准确、更鲜明、更生动、更有特色，以及更充分发挥作用，是电视新闻传播者需要深入研究和解决的重要课题。

2. 舆论监督

舆论监督是新闻媒体的一项重要功能，主流媒体一直以来都是我国舆论监督的主力军，在舆论监督报道方面发挥着引领者的作用。舆论监督是指媒体通过新闻报道、评论和舆论引导等方式，监督社会公共事务，揭露问题、曝光不良现象，推动社会正义和公平，维护公众利益和权益，促进社会进步和发展。

主流媒体通过深度报道、独家调查、专题评论等方式，针对社会热点、突发事件、重大事项进行跟踪报道和深度分析，发挥着舆论引导和社会监督的作用。在推动社会治理体系现代化的进程中，舆论监督发挥着重要作用，通过揭露问题、监督权力、服务民生，主流媒体为政府决策提供参考，为社会稳定和谐发挥着积极作用。

主流媒体通过对经济、科技、文化、环保等方面的监督报道，推动产业创新和发展，引导社会舆论关注创新创业，促进经济持续健康发展。同时，舆论监督还可以监督企业行为，推动企业加强自律和社会责任，促进产业健康发展和良性竞争。

新闻评论性节目大多定位于舆论监督，配合新闻节目进行深度拓展和延伸报道。这些节目针对重大社会问题、重大社会现象、国内外重大新闻事件等展开评论，通过深入报道和分析，向观众呈现了更为全面、深入的新闻报道，使人们了解到更多的背景信息和深层次内涵。新闻评论节目还积极关注老百姓欲知而未知的焦点问题，通过评论性节目的形式展开讨论，引导舆论关注社会热点，反映民意诉求。

评论性节目自开播以来，播出了大量的评论作品，它们不断丰富节目内容，提升节目质量，深化报道角度，拓展报道领域，在舆论引导、社会监督和民意表达等方面发挥着重要作用。

舆论监督是新闻媒体的一项重要职责和使命，主流媒体应当充分发挥自身优势和作用，深化舆论监督报道，促进社会公平正义，推动社会和谐稳定发展。

3. 信息传播

市场的发展需要信息的自由和大量流通。广播电视作为信息产业，应及时、大量地提供经济信息，以服务市场。广播电视信息产业的功能主要有三个方面：生产和传递信息的功能、导向社会资源的优化配置功能、经营信息的功能。

广播电视经济新闻节目的增加，提升了对经济信息的传播和服务。1992年，中央人民广播电台一次性推出了6个大型综合性板块节目，其中包括经济板块节目《经济生活》，1994年，中央人民广播电台对广播节目进行调整，进一步强化了以经济、信息和科技为主体的第二套节目的服务功能。1992年8月31日，中央电视台开播了《经济信息联播》节目，尽管《经济信息联播》的播出时长仅为30分钟，但每期内容丰富、节奏明快，信息量大，对我国社会主义市场经济的发展起到了积极作用。

4. 对外传播

中国广播电视媒体着力塑造国家形象，加强传递中国声音，长期以来，中国广播电视媒体在对外传播中重视新闻节目的重要作用，充分满足不同国家受众对了解中国信息、了解世界信息的需求。

为了加强各地区传播中心新闻和时事节目的针对性和快速反应能力，中国国际广播电台在2009年9月8日成立了东南亚地区传播中心和西亚非地区传播中心的地区传播中心编辑部。2009年年底，中国国际广播电台各地区传播中心均成立了地区编辑部，这些编辑部进一步加强了各地区传播中心下设语言部的新闻节目制作力量，推出了一大批新闻性对外广播节目。

自2009年以来，中央电视台按照中央关于"统筹国内国际两个方面""立足国内、面向世界"的要求，提出并实施了"新闻立台"的传播战略。经过重新建构，几个外宣频道真正具备了独立运作的能力，都能做到整点有新闻、次次有更新。这些新闻节目速度快、信息量大，而且包装新颖、形式多样。

第三节　新闻类视听节目创意与策划

好的节目策划能够提高新闻节目的质量和观众的收视率。精心的策划方案可以使新闻节目更加有内涵、有针对性和有吸引力，增强观众的兴趣和关注度。新闻类视听节目的策划可以使报道更加全面、客观和准确。策划人员通过周密的调查和策划，选择更为新颖、独特和深入的角度，保证报道角度的多元化和完整性，规避偏见和误导，提高报道的真实性和可信度。一些新闻节目策划可能会引领一些新闻趋势或风潮，可以推动新闻业的变革和进步，扩大新闻的传播范围和影响力。

一、新闻类节目创意与策划原则

新闻思维的特殊性主要体现在思维结构上，思维结构具有同化和顺应的功能。因此，创新思维是建立在新闻思维结构之上的，是建立在新闻记者原有的知识结构和实践经验的基础之上的。新闻思维结构的存在影响着创新思维的活动。对于新闻节目而言，摆脱思维定式的束缚，训练创新思维能力，力求对事物有独到见解，是新闻创新不可或缺的。无论是思考采访中遇到的新问题如何解决，还是思考如何用新形式来表现主题，都需要有新的思考程序和步骤。在面对世界多极化、经济全球化和科技进步等新形势下，新闻工作者应努力进行创新和改进，增强时代感，加强针对性、时效性和主动性。这些都离不开创新思维的培养和应用。

1. 报道风格多样化

除了传统的正式新闻报道，还出现了更加轻松、幽默的新闻节目，浙江电视台钱江都市频道的大型日播新闻情景喜剧，这个节目将电视情景喜剧的元素与电视新闻节目的元素进行了融合。每天播出一集，以钱塘江畔、老墙院内几户普通老百姓的家庭生活为主要表演内容，展现了与《我爱我家》等北方情景喜剧截然不同的定位和风格。

江西电视台的《传奇故事》将电视游戏节目、电视资讯节目和电视法制节目的各种元素有机地融合在一起，实现了"统一打包"，整合成符合大众需求的形式。

珠海广播电视台的《新闻聊吧》通过将广播、电视和网络三种元素进行嫁接，创造了一种多元化的传播形式。在节目中，主持人与嘉宾和被邀记者就一个话题进行访谈时，其内容通过广播和网络两个传播通道实现音频直播，同时在网络上进行现场图文传送。观众可以通过广播和互联网收听节目，并通过热线电话和网络论坛互动，深度参与节目。电视台会派记者对节目中的精彩访谈进行追踪报道。整个节目制作过程的内容、花絮和照片会在珠海视听网的《新闻聊吧》节目组博客上保存，网友可以随时访问互联网，了解《新闻聊吧》的节目内容。

2. 节目形态娱乐化

中国新闻视听节目形态的娱乐化趋势主要体现在内容选择偏向软性新闻或将硬性新闻软化。节目更倾向于选择能够引发观众兴趣的轻松愉快的主题，如娱乐明星的消息、社会趣闻等，而较少涉及严肃的政治、经济等硬性新闻。

国内新闻娱乐化在新兴的电视新闻节目形态中得到了体现，例如电视新闻杂志、电视新闻谈话、电视新闻调查、电视新闻故事、电视民生新闻、电视方言新闻等节目。在这些节目中，新闻内容被赋予了不同程度的娱乐化处理。

在这些节目中，新闻被赋予了更多的娱乐元素，以吸引观众的注意力。它们通常以轻松幽默的方式呈现新闻内容，结合明星访谈、搞笑段子等元素，强调情节性和戏剧性，采用新闻故事化、新闻戏剧化的手法，让新闻更加接地气、富有趣味性。新闻事件往往被夸大或戏剧化处理，注重事件背后的人物、情感和冲突，以增强节目的娱乐性和吸引力。

节目制作采用更加丰富多彩的视听效果，包括精美的场景设计、动感的音乐、引人入胜的画面等，以提升观众的视听体验。采用生动有趣的播报方式，例如增加幽默元素、夸张语气，以及利用配音、特效等手法进行增强，使观众更容易接受和产生共鸣。

在包装样式上，采用了丰富的动画效果和艺术字体，以展现轻松活泼的氛围。例如，《阿六头说新闻》的片头设计采用了夸张的表情和体态，营造了急切的氛围，而片尾则以时尚的RAP说唱乐和FLASH动画呈现，字幕标板也采用生动活泼的字体，如《阿六头说新闻》以其标志为底板，注入了趣味性。

当下的新闻视听节目采用了多样化的娱乐化播报方式。《新闻坊》发展成了三人的聊新闻节目，《城市日记》由两位主持人共同主持。播报风格喜剧化，如《大刚说新闻》主持人采用了戏谑的风格说新闻。主持人角色的演员化也很明显，《阿六头说新闻》的主持人除使用杭州话说新闻外，还在表演中融入了戏剧元素，并对新闻内容进行评书化的演绎。播报语言的方言化也在一些节目中出现，如南京电视台的《听我韶韶》就是用南京方言进行新闻播报。

在新兴的电视新闻节目形态中，电视新闻杂志、电视新闻谈话、电视新闻调查、电视新闻故事等形式，以及方言新闻等得到了进一步发展。新闻节目的娱乐化趋势使得节目更加富有趣味性和吸引力，但也引发了一定的争议，因为这种趋势可能导致新闻报道的失真和浅薄。

3. 跨媒体融合传播

随着多种传播平台的发展，新闻机构开始尝试采用跨媒体报道的方式，通过文字、图片、音频、视频等多种形式传播新闻，提高报道的丰富性和观赏性。例如，中国中央电视台推出了"央视新闻"移动客户端，为用户提供实时新闻、直播、评论等多种内容。

网络应用在电视新闻节目中的应用愈发广泛。诸如博客、社区网站、微博等，已成为电视新闻节目获取信息、与观众互动的重要渠道。安徽卫视的栏目《超级新闻场》最初便以解读和整合网络信息而备受观众欢迎，是电视与网络内容相融合的成功典范。微博平台不仅帮助节目寻找素材，同时通过网民观点的监督和多元性，使得电视新闻报道更具客观性和全面性。电视新闻节目可以通过播出网友观点、征集选题以及借鉴微博应用等方式与微博合作，实现更加丰富多样的内容呈现。江苏省广播电视总台新闻中心与搜狐微博合作的《夜宴微波炉》便是跨越电视和微博的互动新闻节目，充分展示了网络与电视的结合所带来的创新和活力。

有些新闻节目充分体现了媒体融合的发展趋势，将传统电视媒体与网络、手机等新兴媒体有机结合，创新了节目形式和互动方式，提升了节目的吸引力和影响力。通过在微博上梳理和调查热点问题，并邀请评论员进行点评，节目实现了传统电视与网络媒体的融合，同时通过微博在线互动，进一步增强了与观众的互动性。央视《晚间新闻》的改版则巧妙地利用微博体形式，提炼节目重点，增强了信息的传达效果。此外，利用手机应用如微信的发展，凤凰卫视的《全媒体全时空》通过微信与观众进行互动，有效丰富了节目内容，并拓展了节目的传播渠道，提升了节目的影响力和传播效果。

4. 节目短视频化

短视频新闻是指利用短视频形式来呈现新闻报道的一种形式。与传统的文字新闻报道、长视频报道相比，短视频新闻具有时效性强、直观性强、新闻性强的特点。

短视频的时长通常在几十秒到几分钟之间，因此能够更快速地传达新闻信息，迅速吸引观众的注意力。在新闻事件发生的当下，现场围观群众可以迅速用手机拍摄现场情况，并通过社交媒体分享，使得新闻报道更具时效性。

视频形式能够通过画面和声音直观地呈现新闻事件的场景和细节，使观众更加生动地了解事件的发生过程和影响，增强了新闻报道的直观性和感染力。短视频新闻内容与新闻高度贴近，通常是对新近发生的重大事件、突发事件或网友亲身经历的新闻现场进行记录和报道，因此具有较强的新闻性和真实性。

随着智能手机的普及和移动网络的发展，越来越多的普通民众可以通过手机随时随地记录新闻现场，并将视频上传至社交媒体，形成UGC（用户生成内容）。这些短视频因其时效性和真实性，在网络上传播广泛，成为主流媒体报道的重要素材。观众可以通过评论、点赞等方式与短视频新闻进行互动，表达自己的看法和观点，增强了新闻报道的参与性和互动性。

短视频新闻作为一种新的报道形式，有利于提高新闻报道的时效性、直观性和新闻性，满足了观众对多样化新闻形式的需求，也促进了新闻报道的多元化和创新发展。

随着技术的不断发展，新闻类视听节目将继续面临挑战与变革。传统媒体需要不断适应新的传播形式和观众需求，提高新闻报道的质量和创新性，以在激烈的竞争中保持优势。同时，新闻节目在传播信息的同时，还应承担起引导舆论、促进社会进步的重要责任。

二、新闻类视听节目创意方法

新闻类视听节目的创新是一个涉及多方面内容的复杂过程，包括选题、观念、构思、节目形态和报道模式等方面。创新思维在新闻类视听节目中体现为接受新观念和理念，对节目形式和内容的重新构思和设计。在选题方面，创新意味着挖掘新的新闻价值和热点话题，关注社会热点和民众关注的问题。在节目构思方面，创新意味着设计新颖独特的节目形式和内容结构，丰富节目形态，提高节目的吸引力和互动性。新闻节目还需要运用新的报道手法和技术，如数据新闻、虚拟现实技术、移动直播等，以增强报道的新颖性和视听效果。这些创新举措需要不断开拓和探索，以满足广大听众的多样化需求，推动新闻类视听节目健康发展。

1. 题材元素创新

新闻节目的题材元素创新体现了节目制作的巧思和创意。《每周质量报告》专注于产品质量和安全领域的调查报道，通过深入调查和采访，为观众提供了关于产品质量的实时信息，帮助他们做出更好的消费决策，打造高质量的生活。而深圳卫视的《关键洞察力》则以分析焦点新闻人物微表情为线索，深度解析国际时事，通过引入微表情概念，为观众呈现了全新的新闻节目形态，使时事新闻更具通俗易懂的特点。这些节目的题材创新不仅丰富了新闻节目的内容，还提升了节目的吸引力和观赏性，增强了节目的核心竞争力。

新闻节目应该关注社会热点，并从不同的角度深入挖掘新闻的价值。通过挖掘独特的视角，可以使报道更具有深度和影响力，吸引观众的关注和思考。同时，深入挖掘新闻事件的背景和意义，有助于提升报道的可信度和价值。

结合时事与背景，分析新闻事件的影响和深远意义。通过混合报道的方式，可以全面展现新闻事件的各个方面，让观众更加全面地了解事件的背景和影响。这种报道形式能够增强报道的综合性和深度，提升节目的质量和影响力。

运用故事化叙述手法，让观众更易于理解新闻内容。通过生动的叙述方式，可以使新闻更加生动、形象化，增强观众的情感共鸣和参与感。这种叙述方式能够吸引观众的注意力，提高节目的吸引力和影响力。

2. 体裁元素创新

体裁元素创新为新闻节目的多样化提供了更多可能性，使节目更具丰富性和吸引力。以《零距离》为例，该节目不拘泥于单一的体裁，而是将多种形态进行重组和融合，包括组合式报道、新闻评论、新闻故事、新闻调查和新闻人物等板块，使节目内容更具多样性。而对于新闻评论节目来说，采用不同形式展开评论分析，例如在播报完一条消息后加上简短的评论，或者单独设置一个时事评论环节，或者通过谈话的形式展开多角度评论，都为观众提供了不同的观看体验，增强了节目的吸引力和趣味性。这种体裁元素创新不仅丰富了新闻节目的形式，还提升了节目的信息量和观赏性，使观众能够更全面地了解新闻事件。

节目还可以利用各种辅助手段来报道新闻。例如，2004年南京广播电视台新闻频道推出的《大刚说新闻》中的子栏目《漫画新闻》采用了漫画加说新闻的形式，这种方式不仅可以展现节目难以捕捉的新闻素材，解决节目来源不足的问题，同时也富含视觉冲击力，增强了新闻的趣味性，通过夸张和象征等手法进行舆论监督。中央电视台的《蹲点日记》专栏则采用写日记的形式介绍采访背景、缘由等，之后再播出记录内容，这种方式不仅可以交代很多新闻画面无法展示的内容，信息量也比较丰富，同时与栏目名称相呼应，充满新意。江苏城市频道的深度新闻节目《一周热点》则采用了"新闻地图""词汇墙"等全媒体方式，以此兼顾新闻的信息量。

新闻节目可以尝试融合不同的表现形式，如脱口秀、访谈和现场直播等，以丰富报道手法，吸引观众的注意力。通过这种多样化的报道手法，节目可以更好地呈现新闻内容，提高信息传递的效果。根据节目的定位和目标受众群体，可以打造独特的节目风格和氛围。通过突出节目的特色，可以吸引目标观众，增强观众对节目的好奇心和兴趣，提升节目的收视率和影响力。

3. 叙述元素创新

叙述元素创新为电视新闻节目注入了新的活力和吸引力，提升了节目的品质和观赏性。首先，在主持人方面的创新通过选择不同风格的主持人来实现，从而塑造出独特的节目形象和品牌传播效果。其次，在播报方式方面的创新体现在播报体态上，如通过全景新闻演播棚的运用，改变了传统的播报形式，使演播棚的空间更加宽敞，主播区、立播区、访谈区等不同格局的出现让节目更加丰富多样。同时，采用立播模式也使主持人能够更自由地表达，通过肢体语言与背景的互动，拉近了受众与节目的距离，增强了互动性和沉浸感。这种叙述元素创新使得电视新闻节目在形式上更具活力，在内容上更具吸引力，为观众带来了更丰富、更具有观赏性的新闻体验。

播报语言的创新方式为新闻节目增添了地方特色和文化底蕴，使节目更具生动活泼性，更贴近当地观众的生活和情感。通过选用地方方言作为播报语言，节目可以更好地与当地观众建立情感连接，使他们更容易理解和接受节目内容。例如，杭州电视台的《阿六头说新闻》使用杭州话播报，主持人阿六头已成为当地的明星，增强了节目的地域特色和认可度。苏州新闻综合频道的《施斌聊斋》以吴语播报，温州电视台的《百晓讲新闻》则用温州话播报，这些节目通过使用本地方言，使观众更容易产生共鸣和认同感。此外，一些节目还采用外语进行访谈播报，进一步丰富了节目的形式和内容，提升了观众的收视体验。总的来说，播报语言的创新为新闻节目注入了地域特色和文化魅力，使其更加丰富多彩，更具有吸引力和影响力。

4. 视听元素创新

新闻类视听节目在视觉呈现上也进行了创新，采用了更加丰富多样的视觉效果来吸引观众的注意力。一些新闻节目会在播报时加入丰富的画面元素、动画效果和特效，使节目更加生动和吸引人。同时，一些节目还会采用虚拟场景技术，将主持人置于虚拟背景中，增强节目的视觉吸引力和沉浸感。

广东新闻频道的《超级采访车》节目通过将传统的演播室搬到汽车上，实现了演播室形式的创新。传统的演播室通常是固定在电视台的室内空间中，而《超级采访车》将演播室移动到了汽车上。这样的设置地点创新使节目能够更加贴近新闻事件发生的现场，增强了报道的实时性和真实感。节目主持人在汽车上兼任司机的角色，同时进行节目主持和驾驶汽车的工作。这种设计创新不仅增强了节目的趣味性和互动性，还展现了主持人的多功能性和适应能力。主持人将汽车开入城市的大街小巷，寻找准备打车的人进行采访。这种采访方式与传统的电视采访方式有所不同，更具有随机性和活泼性，能够吸引更多观众的注意。节目后来的形态主要是记录车上所拍的见闻，下车后对当事人进行采访，并穿插相关资料或对某个事件做全程报道。这种形态创新使节目更加贴近生活、真实，增强了节目的趣味性和吸引力。

运用新颖的视觉设计，可以提高节目的观赏性和吸引力。通过创新的版式设计，可以使节目更加美观、清晰，吸引观众的眼球，提升节目的品质和水平。

5. 互动元素创新

新的数码技术得到了广泛应用，实现了多种信息在演播室大屏幕上的立体展现。这些技术的运用不仅使节目更具现代感，也为主持人和观众之间的全方位互动以及主持人与高科技设备的"人机交互"提供了可能。新的演播室设计增强了电视观众对节目的参与感，加强了主持人和演播室设备的交互性，充分体现了电视新闻节目演播室的全媒体化特点。改版后《湖南新闻联播》应用新的演播室设计，不仅提升了节目的品质和观赏性，也为湖南卫视打造了更加现代化和富有创意的新闻节目形象。

随着科技的发展，一些电视新闻节目开始加入互动元素，与观众进行实时互动。例如，在节目中设置观众参与环节，通过电话、短信、社交媒体等方式与观众进行互动交流，征集观众意见和看法，使节目更加生动有趣，增强了观众的参与感和黏性。

江苏电视台《零距离》节目在 2010 年世博会倒计时 100 天时，采取了在上海设立前方演播室的创新举措，取得了成功。随后，该节目在江苏省的中心城市苏州、常州、无锡等地分设演播室，实现了当地新闻当地报的报道方式。具体来说，2010 年 3 月 26 日，《零距离》在苏州一个临水走廊上搭建了苏州演播室，背景为小桥流水，以营造出当地的特色氛围。南京和苏州两位主持人以连线形式播报，其中苏州演播室播出约十分钟，播放所有苏南地区的新闻。同时，节目还在南京街头搭建了全玻璃背景的分演播室，吸引了众多观众。这种分演播室的设立让《零距离》节目得以开拓更多的市场，同时也在形式上拉近了受众与节目之间的距离，增强了节目的亲和力和地方感。

第四节　新闻类视听节目制作策划

新闻类视听节目具有许多独特的传播特点和表现方式，与报纸有所区别。在新闻类视听节目的创作中，视听思维应贯穿始终。节目制作者需要运用视听思维来选取和整合材料，选择既具有新闻价值又适合视听节目表现形式的新闻题材，编辑和加工新闻素材，通过可视化的形象、运动性的人与物、和谐的节奏、生动的细节以及典型的视听语言等元素，整合出作用于观众的完整视听形象。

一、把握细节

新闻类视听节目的效果在很大限度上取决于对细节的把握和呈现。通过善于捕捉具有典型性的细节，并选择适当的角度和景别进行报道，可以产生强烈的视听冲击力，达到形象化的效果。这种形象化的效果有助于增强新闻报道的生动性和真实感，使观众更加深入地了解报道的事件或事态。

具体的细节呈现不仅使报道更加生动，还能够让观众更好地理解和感受报道的内容。通过细节的典型性呈现，观众能够更直观了解新闻事件的发展过程和关键信息，使新闻报道更具可信度和说服力。这些细节的选择和呈现不仅使报道更加鲜活，也让观众更容易理解报道所传达的信息，从而提高新闻报道的效果和影响力。

"视觉新闻""立体新闻"要求用生动具体的形象和绘声绘色的画面来触动读者的视听感官，让他们"看到""听到"新闻事件，留下深刻印象。节目制作者需要学会精选最能触动听众心灵的情节和细节，包括文字刻画和典型音响采录。细节是构成一个完整事实或情节的微小部分，它可以是一句话，也可以是一个动作、一丝表情。除了文字报道，节目制作者还需要善于运用音响来增强新闻的表现力和吸引力，以丰富的音响细节提高新闻的信息量和感染力。通过音响的精心运用，新闻报道更加立体、生动，让听众更加身临其境地感受新闻事件的现场氛围，增强新闻的传播效果和影响力。

充分利用视听画面所具有的动态感优势，运用同期声、解说词、现场音响和现场气氛，在保持新闻真实性的前提下，讲究新闻的画面叙事及语言表现技巧。通过使用故事性的情节、细节、人物行动和悬念等元素来构建新闻，观众在传播过程中会产生一种悬念美、一种急切想知道事件因果的期待心理，他们能感觉到这条新闻正在发生着。中央电视台提出，许多新闻专题栏目应在新闻故事化、故事情节化、情节细节化、细节人物化等方面下功夫，这正是抓住了用现在进行时态结构新闻的关键问题，这样的故事化新闻在《焦点访谈》《新闻调查》《东方时空》等节目中非常常见。

善于抓住具有典型性的细节，并通过适当的角度和景别进行呈现，是新闻类视听节目中至关重要的一环。这种形象化的效果能够使报道更具生动性和真实感，增强观众对新闻内容的理解和认同，从而提高了报道的质量和影响力。

二、剪辑流畅

在新闻视听节目的后期制作中，蒙太奇剪辑和编辑技巧能够体现出电视记者对新闻事件和事态的思考与解释，通过流畅的视觉形象来分析新闻事件和事态，从而强化观众对报道内容的印象。良好的剪辑顺畅不仅可以使节目更具有连贯性和吸引力，还能增强观众的观赏体验，提高新闻报道的效果和影响力。

通过蒙太奇剪辑和编辑技巧，电视记者可以将新闻素材有机地串联起来，形成一个完整的故事线索。他们可以选择合适的画面和音频，以及适当的顺序和节奏，来呈现新闻事件的发展过程和相关信息。这种剪辑方式能够使报道更加生动和引人入胜，让观众更加容易理解和感受报道内容。

良好的剪辑能够提高观众的观赏体验，使他们更加投入到新闻报道中。流畅的画面和音频过渡能够减少观众的疲劳感，增强他们的观看兴趣，从而提高新闻报道的收视率和影响力。此外，通过精心设计的剪辑手法，记者还可以突出报道中的重点内容，加强观众对新闻事件和事态的理解和认同。

蒙太奇剪辑和编辑技巧在新闻报道中扮演着至关重要的角色。它们不仅能够体现记者对新闻事件的思考与解释，还能增强报道的连贯性和吸引力，提高观众的观赏体验，从而有效地提升新闻报道的效果和影响力。

三、画面创新

在信息爆炸的时代，新闻类视听节目制作需要利用多种手段提高播出效率，一种创新的方式是通过画面创新来丰富信息量。多点直播报道是指对同一新闻事件在不同报道点或同一报道点的多个角度进行全方位、多侧面的同步报道。这种报道方式能够充分展示电视新闻的魅力。例如，杭州电视台综合频道在沪杭高铁开通时进行了全程直播，通过对电视屏幕进行切割和叠加的方式，传递了多通道的信息。在直播中，背景大屏幕被分割成七个视窗，并进行动态切换，显示所有记者在大屏幕上的候场情况；而电视屏幕则被分割成四个视窗，包括正在连线的画面、下一个连线画面、演播室画面和车头速度体验画面。同时，还通过游走字幕发布相关直播信息、乘坐常识，并回答观众的问题，充分利用了屏幕空间来传递更多的信息。

在新闻类视听节目中，借助无人机、移动直播等先进设备可以为观众提供多角度、全方位的新闻现场。无人机可以提供空中视角，移动直播设备则可以在新闻现场实时传输画面，使观众能够更加全面地了解事件的发展情况，增强新闻报道的直观性和真实性。

运用 VR 和 AR 技术，可以为观众带来身临其境的视觉体验。通过虚拟现实技术，观众可以身临其境般参与到新闻现场，增强现实技术则可以将虚拟元素叠加在真实世界中，丰富新闻报道的呈现形式，提升观众的参与感和沉浸感。

还可运用大数据分析帮助节目提炼新闻事件中的关键信息，包括事件背景、相关数据和趋势分析等，从而帮助观众更好地理解事件的背景和影响。通过科学的数据分析，可以为新闻报道提供更加客观、全面的信息支持，提高报道的质量和准确度。

四、技术融合

随着科技手段与舞美艺术在电视演播室设计中的不断融合，越来越多的新型演播室被设计并投入使用。在2012年的第21届北京国际广播电影电视设备展览会上，许多融合了先进设计理念和高新科技手段的新型演播室首次与公众见面。

这些新型演播室的设计充分利用了数字技术和舞美艺术的结合，通过与技术专家合作，将电影、动漫等视觉效果通过3D立体虚拟场景的运用作为演播室的背景，实现了视觉效果的高度精细化和生动化呈现。传统的电视新闻节目在视觉表达上常显得单调乏味，而这些新型演播室的设计使得电视新闻节目的视觉效果更加丰富、立体、生动。通过对灯光、色彩、布景等各个方面的精心设计，新型演播室为节目增添了更多的视觉魅力，使得节目更具吸引力和影响力。这种创新设计不仅提升了节目的质量和观赏性，也提升了电视新闻的竞争力和影响力。

2013年，湖南卫视的新闻节目《湖南新闻联播》进行了改版，其中演播室的创新设计成为改版后的亮点之一。新的演播室设计采用了湖南卫视"芒果"台标的暖黄色作为主色调，以保持与频道统一的色彩风格，主播台呈现半圆弧形，并且可以旋转，这样的设计不仅丰富了节目的视觉效果，也为全方位、多角度的拍摄提供了可能。

五、注重现场

充满未知性的事件的发展进程以及最终结果都会引起用户的高度关注，移动直播正是满足用户探索未知事物的需求的理想选择。信息传播的层次越多，人们对信息的信任度就越低，而移动直播记者通过现场亲身采访，实时向观众呈现新闻现场，将新闻事件的最新资讯和进展直接传递给观众，省去了中间环节的转述，因此提高了新闻事件的可信度。

随着信息传播载体的改变，手机成为用户接触信息的主要终端。与此同时，用户对信息阅读的需求也发生了变化，用户不仅关注新闻事件本身，更关心新闻背后更深层的真相，这正是移动直播迅速兴起的原因。与电视媒体强调的画面质量、构图以及剪辑相比，新闻移动直播更注重现场感，尽管新闻移动直播的拍摄设备在画面质量上不如专业摄像机，但非专业设备和拍摄方式下产生的抖动画面、忽明忽暗的光线却能营造出一种真实感，因为它们更加接近"现场"。

 课后思考题

1. 从新闻类视听节目的发展历程分析新闻类视听节目的特点和功能。

2. 请分析为什么新闻类视听节目必须保证信息的真实性与客观性，并结合具体案例，说明如何在新闻报道中实现这一目标。

3. 新闻类视听节目有哪些类型?

4. 结合具体案例分析新闻类视听节目创意与策划的基本原则和方法。

5. 新闻类视听节目要如何做到形象性和深刻性,请举例说明。

6. 结合具体案例分析如何提高新闻类视听节目报道的深度和广度。

7. 请分析新闻类视听节目在内容和呈现方式上如何体现多样性与包容性。

8. 请论述叙事技巧在新闻类视听节目中的重要性,分析如何通过叙事手法增强新闻报道的吸引力和观众参与度。

9. 举例说明新技术(如 AI、大数据、虚拟现实等)在新闻类视听节目制作中的应用,分析其对新闻制作流程和新闻质量的影响。

10. 在新媒体迅速发展的背景下,传统新闻类视听节目面临的主要挑战是什么,以及新媒体技术带来的机遇有哪些?结合实例说明如何利用新媒体平台提升新闻类视听节目的影响力。

第六章

综艺娱乐类视听节目策划

近年来，中国综艺娱乐类节目的创新呈现出异常精彩的趋势。节目的形态革命和顺势应变变得至关重要，没有这些因素的节目很难生存下去，更难获得成功。从成功的典型综艺娱乐类节目中可以发现一些共性的东西，这些规律性的现象和发展趋势值得引起节目策划人的注意。综艺娱乐类节目创意策划变得愈发重要，受众对于新鲜感的追求速度越来越快，这意味着综艺娱乐类节目需要不断创新才能吸引受众。

整合创意在节目策划中的应用越来越普遍，通过对节目的全方位、立体化、过程化策划，节目效果更加突出。结合当下社会新状况进行综艺娱乐类节目的策划，通过传达励志精神和社会正能量，构成了节目成功的重要因素。综艺娱乐类节目的革新需要立足于当前的社会环境和文化氛围，必须具备趣味性和文化内涵，并传递积极向上的价值观。在新的社会环境下，综艺娱乐类节目策划需要与时俱进，把握社会文化的发展趋势。明星平民化和平民明星化也是综艺娱乐类节目发展的明显趋势，节目制作需要更加贴近普通观众的生活和情感，以及关注普通人的梦想和生活经历。

综艺娱乐类节目的未来发展需要不断创新和突破，通过积极的创意策划、整合创意，以及结合社会新状况进行节目策划，才能够吸引更多观众的关注，保持节目的持续发展和成功。

第一节　综艺娱乐类视听节目概述

随着视听节目的快速发展，综艺娱乐类节目在内容、形式和传播媒介上都发生了较大变化，因此，在界定综艺娱乐类节目时，需要综合考虑以上三个方面。综艺娱乐类节目是利用各种视听手段，包括广播电视技术或网络及新媒体技术制作，在电视或网络及新媒体平台上进行直播或转播。在内容上，综艺娱乐类节目综合了戏剧、舞蹈、音乐、杂技、魔术、相声、小品等各种艺术形式；而在形式上，则包括了游戏、竞技、竞猜、脱口秀、真人秀等多种艺术形式，旨在为广大受众提供娱乐审美和认知的节目样态。

理解综艺娱乐类节目的内涵和外延，关键在于把握"综合"和"娱乐"这两个关键词。综艺娱乐类节目的"综合"不仅包括内容上的综合，还包括形式上的综合。而综艺娱乐类节目的"娱乐"属性决定了其并非严肃的节目形态，而是通过运用各种视听技巧和艺术形式，为观众创造轻松、愉快的视听体验，旨在给观众带来愉悦和快乐。综艺娱乐类节目具有知识性、欣赏性、娱乐性、审美性、服务性等多种功能。因此，娱乐节目应被纳入综艺娱乐类节目的范畴，而综艺娱乐类节目已经不再是传统意义上的综艺节目，而是在"综合"和"娱乐"两个本体上都有所发展的广义综艺节目。

一、综艺娱乐类视听节目的概念

黄会林等学者将电视综艺节目纳入电视艺术范畴，指出电视综艺节目是运用电视技术与艺术手段制作的综合多种艺术形式的电视文化娱乐节目。电视综艺节目涉及戏剧、舞蹈、音乐、杂技、魔术、绘画、故事、相声、小品、游戏等多种艺术形式，并通常分为晚会型和栏目型两种。他们认为综合多种艺术形式的电视综艺晚会开启了电视综艺节目的先河。

孙宝国则认为电视综艺节目是电视综合文艺节目，融合了歌舞、曲艺、小品、杂技和魔术等多种舞台表演类文艺节目元素。他将传统意义上的综艺节目与20世纪90年代以来兴起的新型电视娱乐节目相区分，称后者为非传统意义上的综艺节目。

从上述两种观点可以看出，一种是从节目起源的角度狭义地定义综艺节目，强调其融合多种艺术样式；另一种是从节目发展的角度广义地界定综艺节目，认为它不仅包括传统的艺术形式，还涵盖了新兴的节目形式，具有较强的娱乐性。

上述定义都是从电视媒体的角度出发，而近年来随着互联网视频的发展，网络自制综艺节目也成为综艺节目的重要组成部分。因此，在对综艺节目进行界定时，应考虑到网络自制综艺节目的存在。

特别是对于带有互联网基因的网络自制综艺和发展较为成熟的电视综艺来说，内容上的差异是相当显著的。网络自制综艺可能更加灵活，能够更快地反应和把握观众的兴趣点，因为它们不受电视台传统制作流程和限制的约束。另外，电视综艺可能更注重制作质量和节目的大制作价值，因为它们有更广泛的观众群体和更高的制作标准。

1. 电视综艺

大部分的电视娱乐节目都可以被归类为电视综艺，但电视综艺并不完全等同于电视娱乐节目。电视综艺节目具有很强的娱乐化属性，指那些利用电视特有的手段和方式制作、传播的非虚构类电视节目内容。

在选择题材方面，电视综艺节目往往追求广泛受众的喜好，因此更倾向于选择大众化的题材；而网络自制综艺节目则更注重满足特定圈层的需求，因此会选择更为小众化或特定群体喜爱的题材。如《中国好声音》选择流行音乐作为题材，吸引了广泛的观众群体。

电视综艺在话题选择上更注重社会效应、时代价值和雅俗共赏，制作方希望通过这些主题设定，引导观众关注社会、时代、国家、创业和生活等方面的话题，并借助演讲者的思辨和个人经历，传达正确的价值观和人生观，展示出高雅的艺术水准和社会责任感。

电视综艺节目虽然具有较强的娱乐性，但在主题设置和话题把控上，需要符合社会主义核心价值观和正确的舆论导向。电视综艺节目应该在娱乐的同时，积极传递正能量，展示正面的价值观和社会风貌。如语言类综艺节目《我是演说家》主旨和目标定位在讴歌新时代、传播正能量、展示普通中国人的精气神，聆听老百姓的励志故事。电视综艺节目通过引导观众关注社会进步、个人成长等方面的话题，提升电视媒体的舆论引导力和影响力。

电视综艺节目形态程式化、规则设计标准化以及周播化的传播模式具有庆典仪式感。电视作为一种仪式化的大众媒介，为观众构建了日常仪式空间，在画面与声音构建的拟态环境和仪式化场景中，增强了观众的日常生活中的文化体验，为观众提供了归属感、认同感和审美愉悦。

电视综艺通过表演、故事等形式呈现出极具庆典仪式感的内容。如《经典咏流传》通过演播室录制，将传唱人、鉴赏团嘉宾和现场观众共置于精心打造的演播空间中。每期节目传唱多首经典古诗词谱成的流行歌曲，主持人解读诗词并由特邀传唱人演绎歌曲，传唱人讲述传唱故事，鉴赏团嘉宾进行点评，最终完成歌曲演绎。在节目中，观众通过点亮红心或微信摇一摇来表达对歌曲的喜爱，共同见证和体验这一完整的仪式过程。

2. 网络综艺

网络综艺节目有广义和狭义之分。广义上的网络综艺节目包括在互联网上传播的所有综艺节目，不论是原本电视综艺节目在网络上的传播，还是专门为网络制作的综艺节目，"网络"更多指的是传播媒介的范畴。狭义的网络综艺节目是指由视频网站、节目制作公司、个人等在网络上制作并播出的综艺节目，即网络自制综艺节目。在这种定义下，"网络"更强调内容的生产和传播，强调的是节目在策划、制作、推广和传播等方面都严格遵循网络内容生产与传播规律，与传统电视综艺节目有本质上的差别。

网络自制综艺节目的出现是在网络媒介迅速发展并与传统电视媒介并行的历史阶段下的产物，注重互动性、个性化和创新性。在中国的综艺节目格局中，网络自制综艺的兴起使整个综艺生态系统更加多元化，也是网络媒介迅速发展背景下的必然结果。

网络自制综艺更倾向于选择满足小众需求和圈层文化的题材。随着社交网络平台的兴起，网络传播越来越具有群体传播的特征。在由个体节点组成的社交网络中，不同的圈层形成了各自的共同体，拥有共同的兴趣、需求和价值观。网络传播者需要首先了解这些圈层的特征和需求，然后通过圈层内部的口碑效应和强连接关系，扩散到其他圈层，以覆盖更广泛的用户群体。因此，在网络社交圈子发布的信息具有在圈层内部快速聚焦和圈层外延迅速扩散的双重属性。这种差异反映了网络传播的特点，即以分众化、圈层化为主导，注重满足特定群体的需求，而不仅仅追求广泛受众的喜好。如《中国有嘻哈》选择嘻哈音乐作为题材，满足了嘻哈音乐爱好者的需求，并在网络圈层中获得了成功。

网络自制综艺在主题和话题上更显个性化、草根化和生活化，在话题选择、节目形式和互动环节上更具灵活性和开放性，更能引导观众参与到节目中来，共同体验和分享节目带来的乐趣和情感。网络综艺制作者通常会更加注重体现个体的特点和生活经历，打造更接地气、贴近生活的内容。他们不受严格的审查和舆论导向的限制，可以更自由地表达个人观点和情感，因此在主题和话题的选择上更具多样性和个性化。网络自制综艺节目可能会选择探讨日常生活中的趣事、草根文化、网络热点话题等，以吸引年轻人和特定群体的关注，展现出更直接、更生活化的内容风格。如语言类综艺节目《奇葩说》辩论选手来自社会基层，个性鲜明，有人甚至被视为"奇葩"，但他们在言辞表达方面却极具才华和思维敏捷。节目的辩题涉及情感、生活、工作、人际交往等方面，甚至包含启发思考的假设情境性议题，具有生活化的特点。

无论是电视综艺还是网络自制综艺，内容都是其竞争力、吸引力和影响力的关键因素。无论技术发展到了何种程度，"内容为王"仍然是永不过时的金科玉律。在内容质量得到保证的前提下，题材的选择、主题和话题的把控，以及内容的呈现等方面可能存在较大的差异。只有全面、客观、理性、深入地认识网络自制综艺与传统电视综艺之间的差异，才能够做出基于这些差异的判断，并提出具有针对性的中国综艺发展策略。

二、综艺娱乐类视听节目的发展历程

在 2014 年之前，综艺节目几乎等同于电视综艺节目。围绕电视综艺节目这个概念通常会涉及电视艺术、电视文艺、电视娱乐等术语。随着发展的不同阶段，电视综艺节目的内涵与外延都在不断发生变化。目前，关于综艺节目或电视综艺节目的定义尚未形成统一的表述，不同的学者根据其研究视域和所处的历史阶段有不同的表述。从这些表述中，我们可以看出综艺节目的发展轨迹，电视综艺节目是一个随着电视实践发展而不断演变的概念。虽然在 20 世纪 90 年代初期，电视综艺被定义为某种特定的节目类型，但随着电视综艺的不断发展和进化，如今的电视综艺已经不再仅限于某一种特定的节目形式。

1. 晚会综艺时期（1980—1989 年）

这一时期的电视节目呈现出了多样化和丰富化的特点，其中春节联欢晚会作为代表性的电视晚会形式，在中国电视文化中占据着重要地位。这种节目形式融合了歌舞、相声、小品等多种表演形式，具有浓厚的节庆氛围和文化内涵。同时，电视竞赛类节目的兴起也丰富了电视节目的内容，各种才艺比赛、知识竞赛等节目形式为观众提供了娱乐和学习的机会，成为电视荧屏上的一道靓丽风景线。

20 世纪 80 年代有大量专门化的文艺栏目的兴起，这些栏目内容丰富多彩，涵盖了音乐、舞蹈、戏剧、书画等多个领域，既有雅俗共赏的节目，也有针对特定群体的文化普及节目，为观众提供了多元化的选择。这些文艺栏目不仅提高了人们的文化品位，也促进了精神文化生活的丰富和发展。

1983 年的央视春节联欢晚会开创了中国电视联欢晚会的全新样态。尽管在 1982 年一场名为《迎新春联欢晚会》的活动曾经出现在电视荧屏上，但直到 1983 年春节联欢晚会的出现，才真正奠定了其在中国电视联欢晚会的地位，具有里程碑式的意义。1983 年的春节联欢晚会成功地开创了独具中国特色的电视文艺样态，为后来综艺节目的发展奠定了基础。

1983 年的春节联欢晚会在很多方面进行了创新，其中最具代表性的是直播方式的采用，为观众呈现了一种超越时空的真实感受，增强了观众的参与感和亲切感。此外，春节联欢晚会还采用了实时互动的方式，通过电话连线让观众真正参与到晚会中来，进一步拉近了与观众之间的距离。1983 年的央视春节联欢晚会以其独特的方式和创新的举措，开创了中国电视联欢晚会的新时代。

央视春节联欢晚会的成功让电视晚会成为最具影响力和受欢迎的综艺节目类型之一。自此，各地方电视台纷纷效仿，开始举办各种类型的晚会，包括春节联欢晚会、各种节庆晚会、主题晚会等，形成了一种多样化的节目格局。

文艺晚会具有很强的综合性，以歌舞、相声、小品等语言类节目为主要组成部分。不同的主题和受众群体使得不同的晚会呈现出一定的差异，但总体上都遵循着一定的模式样态和审美风格。这些晚会不仅丰富了电视节目的内容，也提升了观众的娱乐体验，成为广大观众期待的节目之一。

1984 年开始由中央电视台举办的"全国青年歌手电视大奖赛"在 80 年代曾经风靡一时，成为电视造星的先驱之一。在 1985 年举办的"第二届全国青年歌手电视大奖赛"上，决赛阶段更是采用了直播的方式进行播出，直播的引入为竞赛类节目带来了一大创新，观众通过实时转播可以身临其境地感受到比赛的紧张和刺激。观众对于竞赛类节目的热爱不仅来自于其中的知识或歌唱等文艺内容，更在于比赛的整个过程，直播让比赛的悬念贯穿始终。

80 年代竞赛类节目在形式上有一定的娱乐化探索，带有一定的知识性和益智性，成为早期娱乐益智类节目的雏形。这些竞赛类节目在中国电视荧屏上形成了自己独特的特色和时代氛围，为中国电视节目的多样化发展奠定了基础。

80 年代是中国电视文艺类栏目蓬勃发展的时期，一批优秀的电视文艺栏目相继兴起。中央电视台的《舞台与银幕》是 80 年代早期的代表作品，开启了电视文艺栏目的先河。自 1984 年开始，一系列文艺栏目相继问世，如《艺苑之花》《曲艺与杂技》《音乐与舞蹈》《周末文艺》等，这些栏目形式多样，涵盖了文艺专题、综合性文艺栏目以及娱乐性文艺栏目等多种类型，取得了不错的播出效果。特别是《周末文艺》，更成为后来《综艺大观》的雏形之一，为中国电视综艺节目的发展奠定了基础。

除高雅的文艺类栏目之外，这一时期还出现了一些偏向娱乐化的电视栏目。1985 年中央电视台推出的《金银场》节目，被视为电视综艺栏目化的先锋。一些地方台也开始尝试偏娱乐化和综艺性质的节目，如山西电视台的《场院游戏》和北京电视台的《午夜娱乐城》《黄金乐园》《蚂蚁啃骨头》等。从这些节目的名称就可以看出它们的娱乐化属性和综艺化意味，构成了早期电视综艺节目的一次探索和尝试。

80 年代的中国电视综艺节目发展呈现出了蓬勃的生机与活力，央视春节联欢晚会和各类电视文艺栏目的兴起，丰富了人们的文化生活，促进了中国电视文艺的繁荣与发展。

2. 电视综艺节目初创期（1990—1996 年）

20 世纪 90 年代是中国电视综艺发展的关键时期。综艺节目的概念逐渐形成，并且开始了具有本土传承性的发展。90 年代初期的电视综艺以《综艺大观》等日常化的综合性晚会为主，这些节目在当时是家庭娱乐的重要组成部分。90 年代初期的电视综艺也开始与外部进行交流互动，《正大综艺》不仅以国外文化介绍为主要内容，还参考了国外流行的益智类节目的形式和样式。这种国际化的节目风格吸引了大量观众的收看，为中国电视综艺的发展开辟了新的方向。

90 年代，一些具有代表性的节目不仅开创了电视综艺的新格局，还奠定了电视综艺的发展基础。中央电视台推出的综艺节目《综艺大观》，其涵盖了歌舞、相声、小品等多种表演形式，成为当时观众喜爱的节目之一。《正大综艺》通过一系列精彩的表演和娱乐环节，展现了中国传统文化和现代娱乐元素的结合，受到了广泛欢迎。这些节目不仅丰富了观众的娱乐选择，也为电视综艺的发展开辟了新的道路。此外，地方电视台也在这一时期开始涌现出一些具有影响力的综艺节目，如上海东方电视台和北京电视台推出的节目，更加突出地展现了娱乐属性，为后来电视游戏娱乐节目的兴起奠定了基础。

90 年代，随着电视综艺节目的兴起，娱乐化的表现手法和轻松闲趣的气质开始成为综艺节目的主要特点。综艺节目的形式迅速丰富和发展，综艺节目不再局限于传统的文艺节目表演，而是涵盖了竞猜、对抗、奖品设计等益智类节目的手段，以及现场嘉宾访谈和互动等方式。

90 年代，以《正大综艺》和《综艺大观》为代表的电视综艺节目迅速起步和发展，电视台涌现出大量相关的综艺节目。中央电视台推出了《曲苑杂坛》《艺苑风景线》《欢聚一堂》等节目，这些节目在探索不同类型的综艺节目方面作出了重要的贡献。节目逐渐专注于特定领域的专业化发展，如《曲苑杂坛》专注于曲艺，《中国音乐电视》聚焦于音乐电视。这些具有代表性的节目在形态和观念上为电视综艺的未来发展奠定了重要基础，推动了中国电视综艺的蓬勃发展。人们开始意识到电视不仅是一种信息传播工具，更是一种娱乐载体。电视综艺节目的兴起使得电视的娱乐功能得到了深入挖掘，审美属性也变得更加多元化。

上海东方电视台在 90 年代初期推出了《快乐大转盘》，该节目被认为是中国首档真正意义上的游戏娱乐节目。与此同时，北京电视台也推出了《黄金乐园》和《开心娱乐城》等娱乐类节目，这些节目都带有明显的娱乐化属性。这些节目的诞生受到了中国港台地区和国外电视节目发展的影响，并为 90 年代后期一系列游戏娱乐类节目的兴起奠定了基础。

这些新颖的节目形式和表现手法使得电视综艺节目呈现出了一种娱乐化和轻松闲趣的氛围，不再像以往那样紧绷严肃。观众可以在欣赏节目的同时，享受到放松愉悦的心情，电视综艺成为人们日常生活中的一种重要娱乐方式。尽管在 90 年代初期，综艺节目的类型和样态相对不够丰富，但它们已经确定了娱乐化和轻松闲趣的内核特征，成为当时人们对电视综艺的认知和想象。随着时间的推移，这种娱乐化的趋势得到了进一步深化和拓展，电视综艺节目在电视荧屏上的地位和影响也逐渐增强。

随着商品化和市场化的浪潮席卷，电视综艺节目的商业属性得到了更多的开发和利用。节目制作方开始更加注重节目的商业价值，通过广告赞助、产品植入等方式实现盈利。同时，品牌化也成为电视综艺发展的普遍趋势，一些成功的综艺节目不仅在观众中树立了良好的形象，还在市场上建立了稳固的品牌地位。

这一时期，中国电视综艺的发展不仅受到国内社会文化和电视发展历史的影响，还受到外部因素的互动影响。中国电视综艺节目既保留了中国传统文化的特色，又吸收了外域流行的电视元素，进行了创新和融合，形成了具有中国特色的综艺节目样态。这种内外交融的互动作用，推动了中国电视综艺在这一时期的发展和塑造。

3. 综艺节目的发展时期（1997—2003 年）

进入 90 年代后期，随着媒介生态环境和社会文化生活的持续变迁，中国电视综艺迎来了自己的成长发展时期，"综艺"的概念出现并形成。在这一时期，综艺节目在数量和类型上都得到了极大的丰富和扩展，中国综艺进行了一系列的本土化探索，其中一些节目发展成为具有时代价值的标志性作品，并引发了综艺节目发展的潮流，综艺节目类型的探索也进一步深入推进。

综艺节目在这一时期沿着两条主要路径前进：一是游戏娱乐类综艺节目，包括明星参与、集游戏和流行歌舞表演于一体；另一条是益智类综艺节目，普通人参与，知识性和游戏性并存。此外，婚恋交友类节目的兴起以及真人秀节目的初步探索也构成了这一时期电视荧屏综艺节目发展的丰富版图。

中央电视台尤其是经济频道在这段时间进行了许多综艺节目创新探索。《幸运 52》和《开心辞典》成为这一时期非常受欢迎的益智类综艺节目。它们吸收了欧美国家益智节目的风潮，同时进行了适当的本土化改造，成功实现了益智与娱乐的融合，成为综艺节目发展中的里程碑作品。以湖南卫视为代表的省级卫视推出了多档代表性的综艺节目，《快乐大本营》和《玫瑰之约》成为新潮时尚的代表，在接下来的几年持续引领着中国电视综艺的发展方向。

电视真人秀节目从 20 世纪 90 年代开始兴起，这种节目形式因其真实性强、社会性强以及与时代紧密贴近而成为最流行的一种节目类型。在 2000 年前后，受到西方电视真人秀节目兴起发展的影响，中国的电视荧屏上也开始出现了一系列真人秀节目的探索和尝试。广东电视台的《生存大挑战》于 2000 年 6 月开播，将国外热播真人秀《幸存者》的创意概念引进来，这种节目形式引发了一些关注，也催生了一些类似的节目。贵州卫视的《峡谷生存营》、浙江卫视的《夺宝奇兵》、由北京维汉传媒联合四川电视台等 20 多家电视台制作的《走入香格里拉》，以及中央电视台的《金苹果》等。这些节目在当时探索了不同的主题和形式，为中国真人秀节目的发展开辟了新的道路。这一时期的真人秀节目整体上处于探索阶段，并未形成阶段性的、标志性的发展潮流。

综艺节目在这一时期呈现出强势崛起的态势，以新潮且富有创新性的形式丰富了中国的电视荧屏。这一时期综艺节目的崛起是以更时尚化和大众化的方式出现的，并且带有强烈的商品化属性。中国电视的精英主义取向和气质开始被打破，电视成为大众文化和商品文化的主要阵地。虽然电视综艺的娱乐化取向受到了一些批评，但是其强势崛起成为 20 世纪末和 21 世纪初中国电视发展的一个时代性特征，而其中诞生的代表性作品则成为时代的标志，值得深入记录和探究。

4. 综艺节目的发展时期（21 世纪初至 2012 年）

2004 年是中国电视综艺发展的里程碑式的一年，湖南卫视推出了《超级女声》节目，开启了中国电视大众选秀的浪潮。《超级女声》带来了大众文化的视角，观众不再是被动接受者，而是积极主动的参与者，是节目中不可或缺的一部分，决定着节目和选手的命运。观众开始拥有极大的权力，这在以往的节目体验中是很少见的。在随后的几年里，选秀节目几乎成为电视综艺节目最核心的品类，素人选秀的出现和带动使得真人秀节目开始在中国泛化，故事化成为综艺节目最主要的叙事手段和方式。《超级女声》在商业和文化层面带来的颠覆也是深远而巨大的，其产品化运营模式让综艺内容的价值得到进一步释放。

2004—2007 年，综艺节目全面进入了电视选秀的时代。电视选秀节目的数量在短时间内迅速增加，电视选秀节目开始从央视、卫视向地面频道和城市台扩展。许多地面频道推出了具有木土特色的选秀活动，以贴近性和本土性吸引本地电视观众。湖南卫视的《超级女声》、东方卫视的《我型我秀》和中央电视台的《梦想中国》被称为电视选秀节目的"三驾马车"。此外，其他频道也相继推出了一些歌唱选秀节目，如江苏卫视的《绝对唱响》和《名师高徒》、安徽卫视的《超级新秀》等。

电视选秀节目的题材得到了扩展，不再局限于歌唱选秀，舞蹈、演员、综合才艺等都成为选秀的目标和载体。北京电视台的演员选拔节目《红楼梦中人》，东方卫视的男性偶像选拔节目《加油！好男儿》，以及重庆卫视的演员选拔节目《第一次心动》，还有 2010 年开播的东方卫视平民才艺选拔节目《中国达人秀》等。

以 2004 年《超级女声》为起点，经过两三年的急速膨胀与发展，电视选秀在 2008 年开始进入衰退和没落期。其原因主要包括资源过度消耗、观众审美疲劳、低俗化发展倾向以及政策上的管理限制等。从兴盛到式微，选秀节目在短短几年间经历了一次兴衰更替。

从 2007 年开始，电视选秀进入了一个相对衰落的时期，直到 2011 年，这段时间被学界称作"后选秀时代"。在这一时期，电视节目不断探索前进，新的节目类型和电视表达方式开始孕育生长，为后续综艺节目的发展奠定了基础。

在后选秀时代，才艺类节目仍然是电视综艺荧屏上的主流类型，但在选秀节目形态之外，新的节目类型和方式也在探索中。全民 K 歌节目《我爱记歌词》《挑战麦克风》，舞蹈才艺秀《舞林大会》《舞动奇迹》，以及达人选拔类节目《中国达人秀》《中国梦想秀》等，都是才艺类节目继承和革新的成果。情感故事类节目在这段时间成为一种投资回报较高的节目类型，但由于其节目性质导致了低俗化倾向。魔术综艺类、娱乐脱口秀类等节目也在这一时期有所发展和建树，其中一些甚至成为经典的电视节目形态。从 2009 年开始，由于央视春晚魔术节目的火热带动，一些魔术综艺类节目也开始出现。这些节目包括央视的《魔法奇迹》、湖南卫视的《金牌魔术团》等。

在后选秀时代，电视综艺节目的类型、叙事方式和传播模式得到了进一步探索。与此同时，情感故事类节目开始出现并成为一种主流的节目类型，强调冲突、对抗、悬念、煽情、隐私呈现和故事化叙事特征的情感故事节目成为素人节目的另一种模式和代表，推动了这一轮素人狂欢向另一个高潮发展。各上星频道也在节目类型的拓展和深化上积极探索，一些新的节目类型和现象在这一时期相继出现。

进入 2010 年，另一类现象级综艺节目开始在中国电视荧屏上出现，以《非诚勿扰》为代表的相亲交友类节目占据了电视荧屏和社会话题中心。这些节目契合社会性的角度和话题，以全新形式呈现，并且参与者更加个性化，因此获得了比上一轮相亲热更加广泛的影响力和传播度。实际上，相亲交友节目也是这一轮素人节目兴盛发展的一种延续与深化，实现了其商业和文化上的价值，为后续综艺节目的发展奠定了基础。

在这一时期，以湖南卫视为代表的省级卫视在综艺节目创作发展上的优势进一步得到强化。江苏卫视凭借其在情感节目上的耕耘，在几年内迅速实现崛起，进入了省级卫视强势频道的行列。浙江卫视在这一时期进行改版再造，在一系列节目的助推下取得了发展，为后续发展贮存了力量。综艺节目开始成为继电视剧之后投入最多、竞争最激烈的一个领域。由于综艺节目在品牌化和商业价值上的潜力，这种主流化的趋势在之后越来越得到深化。

2012 年之后，相亲交友节目开始迅速进入衰退期，除《非诚勿扰》等几档代表性节目之外，其他节目都已经停播或者进行了整改。2017 年开始出现了一些相亲交友类节目的回暖迹象。电视台和视频网站相继推出了一系列新的相亲交友节目，这些节目在内容、形态和传播模式上都进行了创新。这种回暖可能是对观众需求的反映，也可能是节目制作方不断探索和创新的结果。

在这一时期，素人成为电视荧屏的绝对主角，真人秀节目开始泛化，故事化成为综艺节目叙事的核心手段。节目制作方或者模仿国外的成功模式，或者引进国外的节目模式，逐渐形成了一种趋势。电视综艺的商业化、大片化和主流化也同样成为趋势。以电视综艺为阵地的大众文化在这一时期里强势崛起，精英文化逐渐面临失落的境地，这些都构成了电视综艺在这一时期的发展特征。

5. 综艺节目的多元化发展期（2012 年至今）

在中国电视综艺发展历程上 2012 年是一个具有标志性的年份，从这一年开始，电视综艺在中国正式进入了发展的爆发期。中国电视综艺迈向了一个全新的阶段，开启了更加多元化、商业化和创新化的发展模式。

《中国好声音》利用了新媒体的工具和手段，在收视率、话题性和影响力上达到了新的高度。它成功引领了电视歌唱类节目的回潮和热潮，成为当时电视综艺界的焦点，被视为中国电视综艺制播分离探索的里程碑。通过该节目创造的电视平台与社会制作公司之间的对赌分成、收益共享的商业模式释放了电视市场化的潜力，资本化和大规模制作开始成为电视市场的主流模式。这一成功也改变了中国电视的格局和生态，加剧了竞争、创新和人才、资金、资源的流动，制播分离成为一种必然趋势，电视综艺开始成为变革的推动力量。

随着《中国好声音》的成功，许多电视频道纷纷推出了歌唱类节目，导致歌唱节目数量达到了顶峰。《全国青年歌手大奖赛》《快乐男声》和《中国好声音》等代表作同时出现，展示了不同时代的中国电视歌唱节目。欧美三大经典电视模式如《美国偶像》《X音素》和《好声音》的本土化版本也相继出现在中国的电视荧屏上，《中国梦之声》《中国最强音》和《中国好声音》分别是东方卫视、湖南卫视和浙江卫视推出的版本。还有一些节目是从美国和韩国引进的，如北京卫视的《最美和声》和湖南卫视的《我是歌手》。

2013年歌唱节目泛滥导致了观众审美疲劳和资源消耗问题的严重，因此原国家新闻出版广电总局采取了一系列措施进行调控。这些措施包括对歌唱选拔节目实施总量控制、分散播出，以避免节目形态雷同和同类节目扎堆播出的情况。具体措施包括暂停制作新的歌唱类选拔节目、推迟播出尚未开播的节目、调整已开播节目的播出时段等。

2014年，根据原国家新闻出版广电总局的政策调控，电视歌唱节目的数量大幅减少。只有少数几档节目如湖南卫视的《我是歌手》、北京卫视的《最美和声》、浙江卫视的《中国好声音》和央视的《梦想星搭档》等进入了黄金时段播出，而其他节目则被安排在其他时间段。许多歌唱节目甚至没有在该年播出第二季，这意味着歌唱节目进入了理性发展的阶段。

目前，歌唱节目仍然是电视荧屏上的重要节目类型，但其数量保持在合理范围内，质量也得到了维持。在政策调控的影响下，歌唱节目的发展趋向更加理性，节目类型和形态也在不断变化和发展。

自从《爸爸去哪儿》节目问世以来，中国电视荧屏开始出现了各种各样的明星真人秀节目，标志着中国电视进入了明星真人秀的全盛时代。从2014年开始，《花儿与少年》《花样爷爷》《如果爱》《真爱在囧途》《鲁豫的礼物》《明星到我家》《极速前进》《喜从天降》《爸爸回来了》《奔跑吧兄弟》《极限挑战》《偶像来了》等节目相继上档，明星真人秀开始全面占领了电视荧屏。《爸爸去哪儿》的成功也带动了中国电视综艺进入了亲子和韩式户外真人秀的大年。随后《人生第一次》《爸爸回来了》《妈妈听我说》《爸爸回答吧》《中国爸爸》《来吧孩子》《辣妈学院》等节目相继问世。尽管亲子节目在儒家文化的社会背景下具有强大吸引力，但总体品质良莠不齐。

明星真人秀节目之所以受到欢迎，其中一个重要特点是明星的平民化。在这些节目中，明星们以普通人的形象出现在节目中。明星平民化的方式使明星们的行为和表现更容易引发观众的共鸣，满足了观众对于明星私生活的好奇心，因此受到了观众的欢迎。

这一时期喜剧节目的创新和更迭带来了综艺节目娱乐性和综艺性的提升。相比传统的喜剧节目，这些新节目更加注重草根元素，并加入了一些明星因素，以吸引更广泛的观众群体。喜剧的形式和内容也更加丰富多样，突破了传统喜剧表演的一些形式，呈现出更具创意和新颖的节目形态。很多节目选择借鉴草根选秀类节目的"达人秀"模式，如《笑傲江湖》《超级笑星》《我为喜剧狂》等，这些节目不仅展现了喜剧表演，还强调了草根喜剧演员背后的故事，增强了节目的趣味性和观赏性。剧场场景类喜剧节目也备受欢迎，如《我们都爱笑》《生活大爆笑》《一起来笑吧》等，这些节目通过小品、单元剧等特有环节进行串联，呈现了纯粹意义上的喜剧表演，深受观众喜爱。

6. 网络综艺兴起（2014 年至今）

新兴媒体的兴起对综艺节目的发展确实产生了深远的影响。随着新技术的出现，电视综艺面临着前所未有的竞争压力，从观众、内容到传播渠道，都形成了全方位的竞争格局，电视综艺与网络媒体之间相互影响、相互竞争。

网络视频的崛起和成长在这一时期成为电视综艺发展的重要生态因素。网络视频平台提供了更为灵活的观看方式和更多元化的内容选择，使得观众可以根据自己的喜好和时间安排来观看节目。同时，网络视频平台也为电视综艺节目提供了更广阔的传播渠道，节目可以通过网络平台实现跨地域、跨时空的观看，吸引了更多的观众群体。

电视综艺节目也开始借助网络媒体的力量进行内容创新和传播扩展。一些节目会在网络平台上推出独家内容或者与网络平台合作进行跨界联动，以扩大节目的影响力和观众群体。同时，一些网络原创节目也开始崭露头角，与传统电视综艺形成竞争关系，共同推动着整个综艺节目领域的发展。

新兴媒体渠道的兴起为综艺节目的发展带来了更多的可能性和挑战，促使电视综艺节目不断创新，适应观众需求的变化，并加强与网络媒体的互动合作，共同推动整个行业的发展。到 2016 年，视频网站逐渐形成了以爱奇艺、优酷土豆、腾讯视频、乐视视频、芒果TV、搜狐视频为代表的六大主流平台格局，而芒果 TV 作为广电系的视频网站，凭借湖南广电强大的内容生产能力，采取独播＋独特战略迅速积累了用户和粉丝。

对于视频网站而言，自制内容不仅可以更好地根据平台属性进行内容的组织和生产，而且在商业化运作上拥有更多的主动权，网络自制综艺自此进入前所未有的高速发展期。《奇葩说》（爱奇艺）、《拜托了冰箱》（腾讯视频）、《火星情报局》（优酷土豆）、《明星大侦探》（芒果TV）等现象级的爆款网络综艺相继出现，为各大平台带来了流量和关注度，同时也为网络综艺自身的发展进行了有益的尝试和探索。

2014 年被称为网络综艺的发展元年，2015 年则是网络综艺全面崛起的一年。各大视频网站集体发力网络综艺内容，代表性作品纷纷涌现。据媒体统计，2016 年全年共有 98 档网络综艺上档（除了小型资讯类网络节目以及电视节目的衍生节目），各大平台推出的网络自制综艺都在 10 档以上，是 2014 年各大平台推出自制综艺的 3～4 倍。这一现象表明，网络综艺正处于蓬勃发展的阶段，各大平台都在积极投入资源，探索创新，以满足用户的多样化需求。

网络综艺与电视综艺相比，整体上体量较小，投资基本上都在千万级别。在节目类型上，网络综艺也在逐渐探索、形成自己的路径和方法。网络综艺在题材的选择上与电视综艺有所重合，但也有很大的区别。许多在电视平台上无法很好地生根落地的题材在网络上找到了生存的土壤，比如脱口秀类节目、悬疑探案类节目、偶像养成类节目、选秀类节目等。以脱口秀为代表的话语方式类的网络综艺节目有较强的互动性、社会性以及较为灵活的形式，加上相较于电视平台较为宽松的话语表达环境，促成了这类节目的火爆。以《奇葩说》《火星情报局》《吐槽大会》为代表的话语方式类节目在这一时期受到了欢迎。

2016 年被称为直播元年，直播样态为网络综艺的发展提供了新的技术和渠道。"直播＋综艺"成为这一时期网络综艺样态的一大类别，包括《看你往哪儿跑》（腾讯视频）、《十三亿分贝》（爱奇艺）、《潜行者计划》（优酷土豆）、《完美假期》（芒果TV）等都属于直播综艺的探索。这种新的样态为观众提供了更加丰富多样的娱乐选择，也为视频网站带来了更多的商业机会。

这一时期的特点之一是精品网络综艺的输出到电视平台，呈现出台网互动的新趋势。爱奇艺出品的《我去上学啦》、腾讯视频出品的《燃烧吧少年》等节目在浙江卫视进行了播出。这种反向输出的现象表明，网络内容在吸引观众、创新节目形式和内容方面发挥了重要作用，并且在一定程度上改变了传统电视节目的生产模式和播出格局。这也为网络平台和电视平台之间的合作提供了新的契机，促进了内容资源的共享与交流。

台网联动和资源共享是电视综艺和网络自制综艺发展的重要方向之一。虽然它们依托的平台和制作机构有所不同，但在综艺节目的本质上，它们都是以娱乐为主要目的的节目形式。电视综艺可以通过在网络平台上推出衍生节目，实现跨平台传播。这样的联动可以让电视综艺在网络上获得更广泛的曝光和观众群体，同时也可以借助网络平台的灵活性和开放性来尝试新的节目形式和创新内容。网络自制综艺也可以根据电视平台的传播规律，制作适应该平台的电视版节目，不仅可以扩大网络自制综艺的影响力和观众基础，而且让电视平台获得更多新鲜的内容和受众群体，为综艺节目的创新提供更多的资源和支持，为观众提供更丰富多样的娱乐体验。

三、综艺娱乐类视听节目的类型

综艺节目的类型是在发展过程中逐渐演变和衍生出来的，受到内在因素和外在因素的影响。内在因素包括创作者的创作意图、受众需求、节目构成要素的组合、不同类型节目的借鉴与融合，外在因素则包括社会、经济、政治、文化、技术等方面的变化。综艺节目的划分标准多样，尚未形成统一的分类体系。

划分综艺节目的类型，可以从节目的核心元素（节目的内容、主题和核心特点）、节目制作的技术（摄影、剪辑、音效等技术手段）、节目传播的平台（电视、网络、移动端等）来进行分类。综艺节目的类型划分需要综合考虑以上三个方面的因素，以更全面地理解和认知不同类型的综艺节目。

不同历史时期、不同类型的综艺节目占据主导地位，展现了综艺节目形态的变迁。综艺节目的形态由多种元素构成，包括题材、叙事、视觉、听觉、时间、空间、技术和娱乐等，这些元素的组合方式会产生不同的节目形态。随着时代的更替，会出现新的综艺节目形态，但并不意味着原有形态的消失，而是新旧形态共同构建了综艺节目的新生态。新旧形态共同存在的观点，突出了综艺节目发展的多样性和连续性。

1. 综艺表演类节目

20 世纪 80 年代，综艺晚会类节目是中国电视综艺的主导类型。综艺晚会类节目在当时起到主导作用，《春节联欢晚会》是最具代表性的节目。1983 年春节联欢晚会取得巨大成功后，中央电视台自此开始每年在除夕夜举办春节联欢晚会。1984 年的春节联欢晚会在形态上更加成熟，逐渐形成了以"歌舞 + 相声 + 小品"为主要支撑的三大类节目内容体系。

表演类综艺节目以歌唱、舞蹈、小品、相声、戏剧、戏曲、杂技、魔术等文艺表演为节目的主要内容，旨在展现文艺表演节目本身的艺术审美价值和表演者的才能、技巧等。这类节目的核心要素和主要载体是文艺表演，而综艺晚会则是此类节目的典型代表，通过视听手段在特定的时间和地点下，以某一主题为引领，将各种类型的文艺表演传播给大众。典型的表演类综艺节目包括中央电视台的春节联欢晚会、各大卫视的跨年晚会或歌会等。除了综艺晚会，衍生出的综合性文艺表演为主体的综艺栏目也是表演类综艺节目的主要类型，如《综艺大观》《曲苑杂坛》《周末喜相逢》等。《综艺大观》被称为小春节晚会，在节目内容上综合了各个艺术门类，同时采用了直播形式。自1990年3月14日开播以来，它不仅受到国内观众的喜爱，也在海外产生了广泛影响。《综艺大观》开播时是央视唯一的综艺栏目，收视率一直稳居全国之首。随着时代的发展和众多优质节目的竞争，收视率下滑导致了节目的改版甚至停播。

近年来，还出现了以即兴表演、情景短剧表演、剧场表演、魔术表演等为主要内容，但不以竞技或选秀为目的的新型表演类综艺节目。与《综艺大观》同时期开播的《正大综艺》不断适应时代和观众需求，延伸出了《正大综艺墙来啦》《正大综艺谢天谢地你来啦》《正大综艺吉尼斯之夜》等节目，还有《开心俱乐部》《爱笑会议室》《魔法奇迹》等。河南卫视首创"网剧+网综"情景式晚会"中国节日"系列，《2023七夕奇妙游》让晚会更加"电影化"，将故事情节更加突出地呈现给观众。这种"电影化"的表现形式使得节目更加生动和具有吸引力。晚会也更加突出了主题，通过故事情节传达出七夕节的浪漫情感和文化内涵，让观众在娱乐的同时也能领略到传统节日的魅力。

2. 娱乐游戏类节目

人们喜欢游戏带来的快感，会对游戏产生本能的渴望。20世纪90年代中后期，随着我国经济的发展，娱乐游戏类节目开始取代综艺晚会类，以其猎奇、游戏的特点吸引大众目光。湖南卫视1997年推出的《快乐大本营》是典型代表。这类节目强调轻松娱乐，增强了刺激性和新鲜度，推动了电视综艺节目的更新和转变。

游戏娱乐类综艺节目以精心设计的游戏环节为节目架构，将参与者在游戏中的表现作为节目的主要内容，旨在为观众提供娱乐体验。此类节目的基本模式是以"明星+游戏"为核心，游戏环节是其主要看点。游戏作为一种人类从日常生活中汲取快乐的媒介，受到不同年龄、性别、职业、教育程度和社会地位观众的喜爱。典型的游戏娱乐类综艺节目包括《快乐大本营》《家庭号快乐直通车》《欢乐总动员》《开心100》等。

自20世纪90年代湖南卫视推出《快乐大本营》以来，我国的综艺节目逐渐在游戏上下功夫，将游戏作为节目的重要元素和主要功能之一。诸如《饭局狼人杀》《哥哥别闹啦》《勇敢的世界》等网络自制综艺节目更是从不同的角度探索游戏呈现的各种可能，试图通过构建游戏化的体验场景来带动用户的娱乐体验。

芒果TV推出的《哥哥别闹啦》采用的是主线式的游戏方式，游戏是节目的录制主线，一切剧情的展开均在游戏的过程中予以呈现。嘉宾根据节目的环节设置进行游戏，在斗智斗勇的游戏过程中呈现出游戏化的娱乐状态。而《勇敢的世界》的游戏方式则是体验式的。游戏是节目的辅助线，并且涉及的游戏环节较多，既有角色扮演的游戏环节，也有对战PK的游戏环节，让用户在节目构建的体验场景中最大限度地感知最自然、最游戏化的娱乐状态，进而让用户在这种状态中感知角色的性格。

3. 益智竞技类节目

在2000年前后，益智竞技类节目开始迅速走红。这类节目的内容更加广泛，设定的环节更加简单，参与者逐渐平民化，而且节目中提供的物质奖励金额也较高。虽然这类节目收视率较高，但它们并未成为综艺节目的主流。

　　益智竞技类节目的基本模式是将知识和财富相结合。节目融入了游戏、真人秀和谈话等元素，使得节目在益智的基础上增添了竞技的色彩，因此被称为益智竞技类节目。这类节目的特点包括竞争性、刺激性和真实性，而在港台地区，这些特点表现得更为直接和突出。这些节目通过吸引观众参与互动，提高了观众的益智能力，同时也增强了节目的娱乐性和竞技性。

　　益智竞技类综艺节目以益智竞猜答题为核心内容，参与者主要为普通大众，获胜者有机会获得一定的物质或精神奖励。节目核心要素包括"知识＋竞猜＋奖励"，并强调悬念、竞争、刺激和博彩等因素作为节目的看点。典型节目如《开心辞典》《幸运52》《三星智力快车》《以一敌百》《猜猜女人心》《天才冲冲冲》《小气大财神》等。随着节目发展，游戏、竞技、真人秀、脱口秀等元素逐渐融入，使得节目形态更加多元，题材更加广泛，且更注重寓教于乐的目的。

4. 体育竞技类节目

　　体育竞技类综艺节目以"全民健身"为理念，由普通大众参与，在一定规则下完成非专业性竞技体育项目的竞技类综艺节目。其宗旨在于展示普通人的快乐，核心要素包括全民运动、闯关、趣味和竞技。这类节目在2008年北京奥运会之后得到了推动，由湖南卫视的《奥运向前冲》和《智勇大冲关》等节目掀起了席卷全国的"户外趣味竞技挑战旋风"，而安徽卫视的《全民运动会》则成为中国首档室内趣味竞技闯关综艺节目。此后，户外和室内体育竞技类综艺节目纷纷涌现。随着节目的发展，明星这一元素也被引入其中，使得明星体育竞技类综艺节目成为新的综艺类型，如《星跳水立方》《中国星跳跃》等。

5. 选秀类节目

　　自2004年起，我国开始出现大规模的选秀类综艺节目。这类节目以选手展示才艺为基础，满足了普通人追求成为明星的渴望。选秀节目的问世引发了全民参与和广泛关注的热潮，打破了传统综艺节目的模式，为中国综艺节目的发展带来了颠覆性突破，开启了新的发展阶段。

　　才艺选秀类综艺节目是一类非常重要的综艺节目类型，参与者主要为普通百姓，代表作品包括《超级女声》《快乐男声》《星光大道》《中国好声音》《中国有嘻哈》等。然而，随着这类节目的不断创新，明星元素逐渐被引入，出现了星素结合和明星才艺选秀节目。例如，《笑声传奇》《梦想的声音》《天籁之战》等是星素结合的才艺选秀节目，而《我是歌手》《跨界喜剧王》《跨界歌王》等则是主打明星牌的才艺选秀节目。除参与才艺选秀的主体越来越多元化外，"才艺"的领域也从最初的歌唱才艺扩展到舞蹈、喜剧表演、魔术、厨艺、演讲等多个领域。

6. 真人秀节目

　　真人秀节目指的是对参与者在由节目组事先选定或搭建的场所和设定的特殊情境下，依循特定的任务和规则而做出的事件、行为表现、情绪情感等进行真实记录，并经过后期剪辑和艺术加工处理后具有戏剧性故事的时空自由的综艺节目。其核心要素包括人造情境、真实记录和自由时空，具有纪实性、戏剧性和故事性，是真实性与戏剧性的综合体。真人秀节目通过记录参与者在特定情境下的真实表现和情感体验，展现出生活的真实与多样性，受到观众的喜爱和关注。需要注意的是，并非所有综艺节目都是真人秀节目，采用传统现场模式的才艺类选秀、喜剧表演、魔术表演等节目并不属于真人秀节目的范畴。

中国的真人秀节目在类型上呈现出了丰富多样的特点，与传统意义上的真人秀相比，其内涵和外延都有较大的扩展，属于泛真人秀的范畴。这种扩展使得中国的真人秀节目在类型上更加多元化，也更符合观众的需求和喜好。这些真人秀节目涵盖了各个领域和主题，为观众提供了丰富多彩的娱乐内容，也反映了中国综艺节目的发展和变化。如，游戏真人秀《奔跑吧兄弟》、生存挑战真人秀《我们 15 个》、偶像养成真人秀《偶像练习生》、亲子真人秀《爸爸去哪儿》、探案推理真人秀《明星大侦探》、婚恋交友真人秀《单身战争》、旅游真人秀《花儿与少年》、美食真人秀《十二道锋味》、生活体验真人秀《向往的生活》、文化体验真人秀《百心百匠》、军旅体验真人秀《真正男子汉》、公益真人秀《我们在行动》、角色转换真人秀《变形记》、体育真人秀《冰雪奇迹》。

真人秀节目在活动地点和场景等空间因素方面已经经历了从室内演播室节目到户外真人秀和纪实类节目的录制，甚至出现了结合两种类型优势的观察类综艺节目。未来，还有更多的空间可以进行想象和创新。如利用增强现实（AR）和虚拟现实（VR）技术，将真实世界和虚拟世界融合在一起。通过 AR 和 VR 技术，节目制作团队可以创造出更加丰富、更加引人入胜的场景和体验，为观众带来全新的观看感受。

从时间因素来看，节目制作团队可以设定各种不同的时间规定，例如将完成任务的时间限定为 24 小时、48 小时，或者进行两天三夜的挑战任务等。他们还可以利用虚拟时间的概念，穿越历史或者跨越到未来，为节目增添更多的趣味性和挑战性。

21 世纪以来，融合与跨界已成为综艺节目创新的重要途径，引起了极高的关注度。在融合方面，综艺节目制作的核心要素相互交织，包括综艺表演、游戏、竞猜、竞技、脱口秀、真人秀等，再加上不同的题材因素，使得综艺节目类型的可塑性变得无限。而在跨界方面，综艺节目与纪录片、剧集、剧场表演、服务业、文化创意、科教内容、电影、游戏、出版业、电商等领域进行跨界合作，形成了各种可能的"综艺 +"形式，成为综艺创新发展的新常态。

任何一档综艺节目都很难被严格地归入某一类型中，因为它们可能具有多种类型的特点。正如简·福伊尔所言，类型的终结是类型杂交的必然产物。因此，在进行类型划分时，我们只是为了凸显每种类型最为突出的特征，而不是划出严格的分界线。过于坚持划分类型的边界将是徒劳无功的，因为综艺节目的创新和发展正是建立在各种类型和元素的融合与跨界之上的。

7. 泛娱乐类节目

泛娱乐类节目是一种多功能性的节目类型，具有丰富多样的内容和形式。这类节目吸纳了多种娱乐元素，涵盖了益智、竞猜、竞技、真人秀、表演、谈话等形式，因此被称为"泛娱乐类节目"。这些节目以娱乐为主题，通过各种形式和内容给观众带来愉悦和乐趣，是电视节目中受欢迎的一种类型。

综艺节目的创新不仅体现在内容和形式上，还可以通过空间和时间等因素的创新来提升节目的观赏性和吸引力，为观众带来更加丰富多彩的娱乐体验。在《类型研究与电视》一文中，简·福伊尔提出了电视节目类型终结的观点，认为类型杂交是不可避免的趋势。不同类型节目之间的快速流动将成为典型的收视体验。这种类型的多样性和流动性为综艺节目的创新和发展提供了广阔的空间，也为观众带来了更丰富的节目体验。

综艺节目类型具有极大的可塑性。如真人秀作为一种节目类型，近年来发展出了各种混合类型。它与综艺表演节目结合，产生了《超级女声》《中国好声音》《我是歌手》《我不是明星》等选秀节目；与户外生存体验节目结合，产生了《我的长征》《爸爸去哪儿》等纪实性节目；与生活服务类节目结合，产生了《交换空间》《十二道锋味》等新节目；与经济类节目结合，产生了《赢在中国》等新类型。

第二节　综艺娱乐类视听节目的特点与功能

综艺娱乐类节目不仅遵循传播规律，还注重艺术创新和内容创意的提升。通过不断探索新的节目形式和内容创意，综艺娱乐类节目能够走出自己的差异化发展道路，吸引更广泛的受众群体。在综艺娱乐类节目的策划中，不仅注重娱乐性和趣味性，更强调文化内涵和艺术品位的提升。通过精心策划和制作，综艺节目能够将价值理念在无形中润物细无声地传播开来，进而实现教育功能和娱乐功能的最大融合。综艺节目不仅为观众提供了丰富多彩的文化娱乐体验，还有效传播当代社会主义核心价值的正能量，推动着社会文化的发展和进步。

深入了解综艺娱乐类节目的特点，可以帮助节目策划人员更好地把握综艺节目的核心要素，包括时效性、娱乐性、互动性等方面。了解综艺节目的功能，尤其是教育功能和娱乐功能的融合，有助于节目策划人员更好地确定节目的定位和目标受众群体。在综艺节目的策划过程中，结合综艺娱乐类节目特点和功能，可以更加准确地把握节目的内容和形式，更好地把握节目的创意和创新要点。

一、综艺娱乐类视听节目的特点

综艺娱乐类节目注重艺术性，通过舞美设计、表演形式的创新和艺术元素的融合，呈现出具有高度艺术价值的节目内容。综艺娱乐类节目具有明显的商业性，是媒体获取收视率和广告收入的重要手段之一，节目制作团队通过邀请热门明星嘉宾、推出热门话题和增设节目互动环节的方式，吸引观众关注，提高节目的收视率和知名度。此外，综艺娱乐类节目具有很强的时效性，能够及时反映当下社会的热点事件、流行文化和话题，制作团队需要保持对时事的敏感度，及时调整节目内容和形式，以满足观众的需求和期待。最后，综艺节目强调与观众的互动，通过各种形式的互动环节和社交媒体平台的互动功能，与观众进行互动交流，增强节目的参与感和趣味性，提升节目的互动性和受众黏性。

1. 艺术性

综艺节目注重展示艺术，强调节目的艺术性和文化内涵，传达着传统的观念，即传者为中心的思维。综艺节目作为一种文化艺术形式，具有独特的艺术性，综艺节目的策划和创意是艺术性的核心。好的综艺节目往往能够通过独特的创意和策划吸引观众，展现出独特的艺术魅力。

综艺节目中的表演形式多种多样，涵盖音乐、舞蹈、戏剧、相声、魔术等各种艺术形式，展现了多样化的艺术表现力和风格。综艺节目的导演和编导是艺术的主宰者，他们通过布局舞台、设计节目内容和节奏，调动各种元素的组合和表现，实现艺术效果的最大化。

综艺节目的舞台设计和视觉效果也是其艺术性的表现之一。精心设计的舞台布景、灯光效果、服装造型等能够增强节目的视觉冲击力和艺术感染力。

优秀的综艺节目往往能够传递深刻的内容和意义，通过节目中的主题、故事、情感等元素，触动观众的心灵，引发共鸣和思考。

综艺节目的艺术性体现在其创意、表演、导演、舞台设计以及内容与意义等方面，是一种综合性的文化艺术表现形式。

2. 商业性

随着商品化和市场化的发展浪潮，综艺节目的商业属性在一定程度上得到了开发，品牌化道路成为电视综艺发展的普遍选择。

近几年，农耕题材的综艺节目不仅仅是娱乐，同时也扮演着地方宣传和品牌推广的重要角色。通过对乡村风貌和文化的多方展示，这些节目可以有效地提升当地形象和知名度，促进地方特色产业的发展，加快乡村新业态的培育和壮大。

《哈哈农夫》在拍摄期间所展示的云南腾冲市界头镇万亩花海的壮丽景色，通过嘉宾在社交媒体平台上的宣传，云南山水和当地特色产业得到了更广泛的曝光和认知。而《种地吧》将录制地点"后陡门58号"打造成新的打卡点，建立起集采摘、养殖、观光、娱乐为一体的家庭农场，为当地农产品的销售增加了新的发展动力。

农耕题材综艺节目还可以成为地方发展新型旅游业态的重要抓手。以《种地吧》为例，该节目热播之际，杭州市西湖区在文化和旅游高质量发展大会上发布了"十个勤天·种地星球"项目，计划在三墩镇建设一个农文旅融合的体验基地，为乡村振兴和培育新型旅游业态注入了新的活力和动力。农耕题材的综艺节目不仅能够带给观众娱乐和乐趣，同时也为地方形象宣传、产业推广和旅游业发展提供了重要的机遇和平台。

3. 时效性

综艺娱乐类节目具有高时效性和低库存性特点，这主要是由于综艺娱乐类节目紧密联系社会潮流的特性所决定的。综艺节目是与社会生活联系最密切的艺术形式之一，其对社会热点的捕捉仅次于新闻节目。特别是在娱乐热点方面，综艺娱乐类节目往往是第一时间给大众反馈的媒体形式。因此，综艺节目通常能够及时反映社会动态和大众关注的话题，保持了高度的时效性。同时，综艺节目往往具有较低的库存，因为它的内容通常与时事和社会热点相关，不适合长期保存或重复播出。

综艺娱乐类节目的时效性体现在节目内容对当前时事、热点话题的及时敏感度和反应能力。这种时效性要求综艺节目能够迅速捕捉并呈现社会上的热点事件、流行文化以及广泛关注的话题，以引领观众的关注并增强节目的话题性和互动性。为了保持时效性，综艺节目通常会邀请当下热门的明星或公众人物参与录制，以增强节目的热度和吸引力。此外，综艺节目还需要不断探索新的节目形式和内容创意，根据观众的喜好和市场需求进行调整和更新，保持与时俱进，确保观众能够在第一时间了解到最新的内容和信息。因此，综艺节目的时效性是维持其竞争力和市场地位的重要因素之一。

4. 互动性

社交互动性在综艺节目中扮演着重要角色，它通过预设话题和活动任务，与社交平台的粉丝圈层和目标受众群体积极沟通，使观众自发地完成话题任务。这种互动任务可以是带有情感的公益助人活动，也可以是与身边人、事有关的感恩表白或关怀行为。通过这种方式，观众可以带动身边的人一起参与，使得观众参与度更高、关系更持久、更亲近。

随着社会的发展和观众需求的变化，节目开始更加注重观众的享受和参与，将受众者置于中心地位。这种转变促使电视综艺节目受众从传统的观众角色转变为积极的参与者，他们不仅参与节目的互动，还参与节目的策划、评价等环节，成为节目发展中的重要力量。

互联网与生俱来的优势在于其强大的互动和参与性，这与电视这种线性媒体的特点形成了鲜明对比。尽管近年来电视媒体也积极与互联网和新媒体融合，建立了自己的网络平台，通过各种通信渠道和社交软件增强观众的互动和参与，但在广度和深度上与互联网相比仍有较大差距，这也导致了电视综艺与网络自制综艺在互动和参与上的明显区别。

综艺节目在互动和参与方面的探索主要体现在观众通过微信、微博、APP 客户端等向节目提问或发表对节目的看法，参与投票，或通过微信摇一摇获取幸运奖等。而网络自制综艺则更进一步地吸引用户的参与，不仅限于观看和评论，还包括选题策划、内容构成、节目形态等方面的参与。在网络自制综艺中，用户的参与不仅仅是观看，更像是与制作团队共同创作节目的过程，他们的意见和建议被纳入节目的制作和呈现中，这使得节目更加贴近用户的需求和喜好，也增强了用户的参与感和满足感。

二、综艺娱乐类视听节目的功能

我国的综艺娱乐类节目在发展历程中，从强调艺术展示到强调艺术享受，再到注重游戏娱乐和益智博彩，可以看出节目制作方向的不断调整和受众需求的不断变化，综艺节目的功能也在不断发生变化。

综艺节目具有多重功能，涵盖了观看、使用、娱乐和纪念等多个方面。作为一种大众文化形式，综艺节目通过电视、网络等媒介为观众提供了观看的机会，满足了他们对多样化内容的需求。综艺节目在社交媒体平台上也扮演着重要角色，观众可以通过评论、分享等方式参与其中，实现了节目的使用功能。在娱乐方面，综艺节目提供了丰富多彩的内容和节目形式，为观众带来愉悦和放松的体验。对于一些经典综艺节目，观众可能会将其视为特殊的纪念对象，与其相关的回忆和情感联系也使得这些节目在观众心中具有特殊的意义。综艺节目的多重功能不仅丰富了大众文化生活，也反映了观众对于娱乐与信息的多样化需求。

1. 娱乐功能

综艺节目是具有娱乐性质的节目，节目形式追求娱乐化，娱乐化的元素使综艺节目轻松愉快，从而更贴近普通观众的生活和喜好。但娱乐并不等同于低俗或无原则的娱乐，而是可以包含正确的导向和积极的价值观。新时代需要的综艺节目应当以娱乐性的形式，通过各种有趣的节目内容和游戏规则来传达社会主义核心价值观。这些节目可以包括真人秀、游戏竞技、才艺表演等形式，通过精彩的节目设置和创新的游戏规则，让观众在娱乐的同时感受到社会主义核心价值观的力量。

在综艺节目中，可以通过参与者的表现、互动环节等方式来歌颂真善美，传递正能量。通过选秀节目展现参赛选手的真实情感和努力奋斗的精神，鼓励观众追求梦想、努力奋斗；通过游戏竞技节目展现团队合作、公平竞争的重要性，弘扬团结友爱、诚信守规的价值观；通过才艺表演节目展示人文情怀、艺术美感，传递美好生活的向往和追求。

综艺节目作为大众娱乐的重要形式，具有广泛的影响力和传播力，可以直接触及广大观众群体。通过综艺节目形式和内容设置，可以更好地引导社会风气、影响社会心态，促进社会文明和进步。

2. 舆论引导

综艺节目作为一种追求娱乐和趣味的表现形式，其舆论引导功能常常被人们忽视。在当代社会，综艺节目具有巨大的影响力，能够直接或间接地影响观众的态度、价值观和行为习惯。综艺节目通过有趣、富有创意的内容，向观众传递正确的导向和积极的价值观，引导观众形成健康、积极的生活态度。综艺节目也可以利用舞台和平台的影响力，呼吁社会关注重要的社会问题，促进社会进步和和谐发展。

与传统的新闻舆论传播不同，综艺节目以艺术化的意见表达方式和娱乐化的情感态度体验，直接或间接地反映着社会舆论状况与走向，并对社会现实产生影响。有时甚至能够在短时间内引发社会舆论的激烈讨论，影响公共空间的舆论倾向。

在综艺节目特定的舆论传播过程中，主持人、嘉宾、策划、编导等创作人员以及选手构成了舆论传播的主体，受众则成为舆论传播的客体。主客体相互之间发出和传递的信念、态度、意见和情绪等信息相互刺激和作用，最终形成了"舆论场"。综艺节目舆论场中的各种形式，如表演、竞赛、演讲、真人秀等，都承担了生产舆论和影响舆论的具体功能。综艺节目的主创团队在策划、宣传和推广等环节中可能扮演着后续可能出现的公共讨论议题设置者的角色。节目在筹备阶段，包括导演的遴选、主题的确定、节目的送选和演员的加盟等，会以一定的传播节奏出现在媒体上，并同时"制造"某些话题以引发公众关注。

自20世纪末期开始，电视综艺晚会在舆论动员和舆论引导方面发挥了积极作用。类似1998年长江洪灾赈灾义演、2008年汶川地震赈灾义演、2013年四川雅安地震赈灾义演等，综艺晚会的"主题式舆论传播"在当时形成了极大的社会影响力。从湖南卫视以《超级女声》为代表的"平民选秀"，到江苏卫视的《非诚勿扰》，再到北京卫视在2016年推出的《二胎时代》，越来越多的真人秀节目演变成了社会舆论焦点。以《非诚勿扰》为例，节目不仅记录了当代中国青年不同的婚恋主张，还屡次引发广泛的公共讨论。节目中嘉宾的职业类型非常多样化，具有广泛的社会覆盖力和代表性。在丰富的嘉宾职业背景背后是不同的社会阅历和差异化的婚恋观、价值观，带来了多元化观点表达。

3. 教育功能

综艺节目的功能不仅局限于娱乐、信息传播和社会服务，它们也可以承担教育功能。随着民众生活品质的提高和消费升级，观众的需求和兴趣点也发生了变化。现代社会中，人们更加倾向于与贴近生活、有趣、有创意、艺术、人才发掘、宠物、衣食住行等内容相关的视频建立关联。

《极限挑战》通过环保知识的竞猜，激发了嘉宾的思考和互动，猜错就受到吃光盘中食物的惩罚，增强了节目的趣味性和教育性。综艺节目受众的"低龄化趋势"意味着对青少年观众世界观、人生观和价值观的引导与教育迫在眉睫。综艺节目尤其需要重视对青少年的引导与教育，将理想、信仰、道德的因素融入娱乐内容中，以娱乐教育相结合的方式实现"寓教于乐"，以公共讨论的方式建构"社会认同"，这也正体现了综艺节目的社会责任和社会担当。《大叔小馆》在烧烤店中践行"人生七分熟"的生活理念，通过嘉宾的人生感悟和经历分享，传递了正能量和生活智慧，也为观众提供了娱乐和启发。《忘不了的餐厅》让患有阿尔茨海默病的老人们作为餐厅服务员，通过与经理和明星嘉宾的交流，延缓病情恶化，重新找回人生的价值感，同时也为观众呈现了感人至深的情感故事。

综艺节目已经开始与教育领域结合，涵盖了学校教育、家庭教育、职业教育和社会教育等方面。北京卫视的教育公开课节目《老师请回答》采用了演播室访谈和脱口秀的形式，邀请各方代表共同参与，探讨中小学学龄阶段孩子的成长困惑、亲子关系、学习教育等问题。湖南卫视的《放学后》将镜头对准了放学后的家庭教育情境，通过真实的场景展示来传递教育理念和方法。这些节目在娱乐的同时，也在传递着有益的教育信息，满足了观众多方面的需求。

第三节　综艺娱乐类视听节目创意与策划

一、综艺娱乐类视听节目策划原则

1. 政策引导

综艺节目的正能量和服务社会属性在电视台年度社会责任报告中占据着重要的位置。电视台和节目制作公司需要深入研究各级各类宏观管理政策，以了解其对电视行业发展的影响。相关文件通知和政策传达对节目数量和类型进行宏观调控，引导正确的文化创新方向。这些阶段性调整会对制作周期较长的电视综艺节目产生一定的影响，因此电视媒体人需要及时把握政策变化并做出相应调整。

电视媒体人可以通过找准自身的优势，深入研究政策精神，精心策划节目选题，并且更多地开发现有资源，调动和优化全社会资源，吸引年轻人的关注，让他们投身于现代化生产和建设中。其中，对农业主题的创新是近年来的一个明显趋势，节目如东方卫视的《我们在行动》和湖南卫视的《哈哈农夫》《向往的生活》等，都是对农业生活进行创新性呈现的尝试。

针对国家层面倡导的科技创新，科技科学类综艺节目也在不断涌现。这些节目通过完成科技挑战、揭秘实验原理、展示科学达人的比拼等形式，向观众展示了科技的魅力。然而，有些节目由于在科技与娱乐结合方面做得不够到位，在话题性和服务性方面存在欠缺，导致节目的传播力和商业转化能力不足，使得节目在持续播出新一季时面临较大的困难。

原国家新闻出版广电总局于2015年7月22日推出《关于进一步加强真人秀节目管理的通知》（俗称限真令），对真人秀节目从内容到价值进行调控引导。限真令的出台标志着对真人秀节目的管理进入了一个新阶段。这项政策从多个方面对真人秀节目进行了调控和引导，包括融入社会主义核心价值观、挖掘展示思想文化内涵和社会意义、推进和鼓励创新创优、避免过度明星化、抵制低俗和过度娱乐化倾向以及加强管理调控等方面。这些措施旨在引导真人秀节目健康发展，避免出现内容单一、导向偏差、明星嘉宾作秀等问题，从而保障节目的质量和观众的利益。

这一政策的出台对真人秀节目的发展产生了积极的影响。节目在内容、导向、参与嘉宾、创意来源等方面都进行了适当的调整和把控，真人秀从数量到质量上的非理性发展趋势得到了一定程度的控制。同时，政策还加强了对节目的管理和监督，通过黄金时段节目备案制、评奖评优等方式，进一步引导真人秀节目健康发展，提升其社会效益和观赏价值。

针对同质化现象，政策限制和鼓励多样化发展成为一种必要的手段。政府部门通过出台相应的政策，对节目同质化现象进行调控，鼓励电视台和制作方积极探索新的节目类型和形式，以确保电视节目的多样性和创新性。此外，政策还着重加强了对引进类节目的管理和引导，限制了过度依赖外部引进节目模式的现象，鼓励自主创新，促进中国电视节目的原创能力和国际竞争力的提升。通过这些政策措施，可以有效地引导中国电视行业朝着多样化、创新化的方向发展，从而提升节目的质量和观众的体验，进一步推动中国电视事业的发展。

因此，综艺娱乐类节目的创新需要更加注重对政策导向的把握，同时也需要充分考虑观众的需求和市场的变化。只有在政策指引下，充分挖掘现有资源，创造出更加符合时代需求的创新节目，才能够实现节目的持续发展和商业价值的实现。

2. 形态多元

爱奇艺一直秉承着"年轻化"的创作方向，深入挖掘青年潮流文化，并推出了一系列自制综艺节目，涵盖了选秀、音乐、说唱、情感等垂直领域，其中包括《乐队的夏天》《我是唱作人》《中国新说唱》《这样唱好美》《青春有你》《遇见你真好》《做家务的男人》等节目。同时，爱奇艺还注重对品牌综艺节目资源的二次开发利用，通过衍生节目如《开饭啦，唱作人》《新说唱官方Bot》《乐队我做东》等，建立了节目矩阵，扩大了平台的传播力和影响力。

2020年爱奇艺继续发力原创综艺节目，推出音乐力、少年风、生活趣、新国潮、体育燃、TA时代六大主题。通过这些节目，巩固了潮流文化引领者的地位，实现了娱乐、文化品位、生活方式、家庭成长等系列内容的全覆盖，进一步深耕了垂类市场，并对大众市场进行了精细化开发。在综艺节目的游戏设计和道具选取上，可以适度借鉴游戏行业、新闻话题、艺术创意以及科技发明等领域的元素。需要注意的是不可直接照搬，而应进行视觉改造和元素、功能创新的组合。

当下的综艺节目已经演变成为一个形态多元的产品系列，不再局限于1小时左右的长视频节目，相同的素材可以通过多种拍摄和剪辑方式呈现。例如，在网络综艺节目中流行的直拍、日记模式和生活花絮等内容都可以制作成短视频。以湖南卫视2019年第一、二季度周日下午档的《哈哈农夫》为例，芒果TV同步播出节目正片和会员尊享版，同时每日更新的《哈哈农夫养成记》、明星嘉宾的特辑（或称为CUT版），与此同时，节目的短视频则广泛传播于微博、抖音等平台。此外，节目的饭制版（粉丝制作的节目视频）、节目未播出前的路透视频以及嘉宾同时期参加其他节目的剪辑片段也在芒果TV的搜索推荐链接中。

社交媒体如微博已经极大延长了电视综艺节目的推广周期，一般从播出前的前六天延伸至播出后的一天，甚至更长。大量的宣传物料，包括海报、动图、预告片等，激发了网友的好奇心和粉丝的积极转发。

3. 扎根现实

综艺节目的艺术创作需要紧密扎根于现实生活，不能脱离群众。只有真正理解不同行业的职业要求，对社会有更深刻的认知，才能敏锐地把握时代的变化，对时代的命题进行创新性的发掘，并融入节目的主题策划和制作中。这样做可以避免只是追求视觉上的好看和短暂的感官愉悦体验。

综艺节目的策划可从日常生活和现实情境中汲取灵感，特别是在规则设计方面。《青春环游记》嘉宾蒙眼合作吃南京特色美食，通过合作完成任务，增进了团队的默契和互动，也为观众展示了不同地方的美食文化。《听得到的美食》嘉宾根据听到的美食制作指令完成美食制作，挑战了他们的感官和技能，增强了节目的趣味性和竞技性。《向往的生活》通过美食作为媒介，嘉宾在饭桌上放松心态，聊人生趣事，增进了彼此之间的情感交流和互动，也为观众展示了真实生活中的温暖和美好。

《十三亿分贝》通过"澡雪山房"和"大黄宫"两个直播间这两个互动场景，将嘉宾和选手置于日常家庭起居般的环境中，拉近了他们之间的距离，也增强了与用户之间的互动感。这种置景风格贴近现实生活的设计使得节目更具亲和力，让用户感觉仿佛身临其境，与节目中的人物们共同经历。节目以网络直播的形式进行录制，通过弹幕和实时互动，嘉宾与用户之间可以进行即时交流，用户的参与也成为推动节目发展的重要因素。这种双向互动的模式打破了传统的中心模式，让每位用户成为节目的中心，从而激发了用户参与的热情，使他们能够更主动地构建节目所传递的意义。这种互为中心的节目模式不仅增强了用户的参与感和黏性，也使节目更加具有时效性和互动性，从而更好地满足了当下观众的需求。

综艺节目在设计体验场景时，要注重贴近日常生活的设定和氛围，这种设计让用户感受到一种亲切感，仿佛置身于熟悉的日常环境中，从而引发愉悦和舒适的情绪。节目受众能够自然而然地投入，感受到参与的愿望，因为这些场景与他们的日常生活经验相契合，他们能够轻松地融入其中。这种贴近生活的体验场景不仅增强了用户的情感共鸣，还促进了他们的主动参与，使节目更加吸引人，并增强了用户的互动性。

在综艺节目的创作中，要将综艺节目与人民的需求结合起来。从群众中选取素人代表，让他们展示自己的多才多艺、生活态度和精神风貌，分享自己的故事和观点。综艺节目不仅要给予明星足够的关注，还要从人民群众的需求出发，多做公益性的主题策划，承担起正向舆论引导和公共服务的责任，特别是对青少年的正确人生观、价值观以及社会生态系统的健康运行起到正面的、健康的影响。

4. 贴近本土

综艺娱乐类节目策划的"本土化"原则体现了节目内容与观众本地化之间的关系，要求节目策划应遵循特定地域的文化习惯和民族特性，以满足本地受众的接受心理、欣赏趣味、品位和风格。本土化包括节目内容、价值取向、审美风格以及表达方式等多个方面。

国内电视台引进各种国外"真人秀"节目，其成功与否取决于节目是否符合本土文化特点和观众的审美需求。成功引进的节目形式如《幸运52》《开心词典》《超级女声》等符合中国观众的审美需求，在竞争中充分考虑了中国观众的情感需求，将竞争与温情相结合，体现出中国传统美学观念中的冲淡、平和、中庸和谐的文化心理。

本土化是电视节目策划必须首先坚持的一项重要原则。只有充分考虑本地观众的文化背景、审美需求和价值取向，节目才能真正赢得受众的认同和喜爱。贴近本土文化能够使节目更具有认同感和吸引力，从而吸引更广泛的受众群体。通过从小切口观察时代发展，节目能够更好地反映社会的变化和人们的生活状态。

优酷品牌综艺《这！就是街舞》在海选期间的场景建构与传统的大舞台大场面不同。节目采用了棚内还原的方式，以"赛博朋克"为整体美学风格，搭建了四条代表不同地域文化的主题街道。这些街道分别展现了北方大宅门建筑、上海新式弄堂、岭南骑楼以及街舞发源地的特色，这种设计将街舞文化的发源地还原到街头巷尾，体现了街舞的本源和特色。通过这样的场景建构，节目传达了自由平等、为梦拼搏的价值观，彰显了青年文化和潮流文化，同时融入了中华优秀传统文化符号，体现了中华精神的坚韧不拔和勇往直前。

中国是一个农业大国，农耕文化一直是中华文明的重要组成部分，为艺术创作提供了丰富的素材和灵感。近年来，随着乡村振兴战略的全面推进，《种地吧》《超级新农人》《哈哈农夫》等综艺节目将视野和背景聚焦于农村，直接或间接地探讨粮食安全、农村现代化和乡村产业发展等主题，旨在吸引更多年轻受众关注土地，发现土地的魅力，并传承发展农耕文化。

这种贴近本土文化的创新不仅能够提升节目的文化质感和亲近感，还能够引发观众的共鸣和情感共鸣，从而增强节目的影响力和吸引力。通过这种方式，节目能够更好地反映时代的发展进步，展现勤劳的劳动者给城乡建设带来的活力，为观众呈现出更加丰富多彩的文化画面。

二、综艺娱乐类视听节目创新方法

1. 品牌化策略

品牌的核心是通过名称、术语、象征、标志或设计等方式与竞争对手的产品或服务进行区分，并在消费者心里形成独特的印象。品牌战略是节目为提高自身在市场上的竞争力和影响力而制定的一系列长期性、根本性的总体发展规划和行动方案。在综艺节目领域，品牌战略有助于提升节目的精品形象，在追求社会效益的同时，注重市场效益的提升。

以优酷推出的"这！就是"系列为例，这一系列节目包括《这！就是街舞》《这！就是铁甲》《这！就是灌篮》《这！就是歌唱·对唱季》等。该品牌战略的构架组合不仅包括节目本身，还涵盖了衍生产品销售、线下活动、音乐制作和演艺经纪等多个方面。这些节目以专业化制作为品牌定位，体现在选手、宣传推广和制作三个方面的专业化上。选手具备较强的专业实力，宣传推广采用专业的推广策略，制作过程精致化、节奏紧凑、剧情连贯，加之青年文化的垂直细分，使得这一品牌具有鲜明的个性和传播精准度。

品牌战略对于综艺节目的生产与传播具有重要意义。通过树立品牌意识，制定品牌战略，以精品内容和专业制作为核心竞争优势，综艺节目与衍生节目共同构成品牌系列。

2012年浙江卫视的《中国好声音》与视频网站合作，同步制作了有关好声音的纪录片，视频网站也开发了《中国好声音之成长教室》等相关节目，实现了节目资源的全面开发。许多热播的电视综艺节目都采用了类似的运营方式，与视频网站合作开发网络节目。在广告合作方面，也实现了网络节目的新招冠名商、贴片广告等形式，与视频网站共同分享收益。目前，一线卫视的品牌节目几乎都有视频网站版的VIP专属节目，包括幕后揭秘、精彩花絮、聊天、嘉宾剪辑、纪录片制作特辑等，突破了电视节目频道播出的限制。

衍生节目是指在特定的时期和历史环境下，由传媒母体派生出的具有独特特质、满足受众需求并具有广泛市场前景的节目。衍生节目最初出现在电视综艺制作中，在电视台对电视综艺衍生节目的播出编排中，最初将其视为填充特定时间段的节目空白的方式。网络综艺衍生节目则是对电视综艺衍生节目制作和播出模式的延续。

随着电视综艺节目规模的扩大，录制素材的数量也越来越大。由于电视综艺正片时长的限制，许多录制素材被舍弃，但这些舍弃的素材恰好可以用于衍生综艺节目。《奔跑吧》的衍生节目《跑男来了》采用未播放的花絮和艺人后续采访相结合的形式进行创作；《不能说的秘密》是《中国好声音》的衍生节目，主要内容是选手访谈和幕后花絮。

在网络综艺领域，由于依托互联网更加多样的互动方式和非线性的播放模式，衍生节目类型更为多样化，包括衍生短视频、衍生长节目和衍生直播等。《奇葩说》衍生出了《奇葩大会》，《明日之子》衍生出了《明日之子八点见》等。2018 年，网络综艺制作衍生长节目已经成为一种行业现象。衍生节目与原节目同时上线，按照星期为单位进行排片，排播周期与原节目相似，需要付费收看属性，节目内容与原节目有密切相关性，可能是相同的嘉宾或与原节目内容紧密衔接的节目。通过衍生节目的创作，电视综艺不仅最大化利用了录制时的素材，还延续了综艺的品牌化。

2. 创新叙事模式

传统电视综艺节目的叙事者通常限于主持人、嘉宾和制作方，但在网络自制综艺节目中，用户也成为叙事者之一。用户通过弹幕互动，参与到节目的叙事过程中，为节目增添了更多的趣味性和互动性。这种叙事方式的转变使得节目更加生动活泼，与观众的互动更加紧密，和传统电视综艺节目相比，具有明显的优势和特色。

以腾讯视频推出的网络自制综艺节目《Hi 歌》为例，节目于 2014 年的最后一期年度盛典采用了网络互动技术，通过腾讯视频 App 进行同步直播。观众不仅可以在线上给喜爱的选手投票、送 3D 鲜花，还可以通过弹幕与直播间的明星进行实时互动。观众通过网络互动技术将想要表达的话语、观点或问题实时呈现在节目专门打造的弹幕空间上，与主持人、明星嘉宾进行互动。

在《十三亿分贝》中，网络互动的作用得到了更为深入的发挥。相比于《Hi 歌》中网络互动作为副线存在的情况，在这档节目中网络互动支撑起了主要的故事线，并贯穿于整个节目的导师面试选手的过程中。节目中四位导师在面试选手时，他们所在的房间就是一个直播间，导师们可以通过房间内的网络直播平台与网友实时互动，甚至可以根据网友的提问来满足网友的需求，从而使得节目更具参与感。导师与选手的互动以及选手的表现也会以网络直播的形式呈现。

网络互动技术在《十三亿分贝》中支撑起了整个节目的叙事模式。节目采用了直播视角，同时通过多向互动（导师与正在接受考核的选手的互动、导师与音乐人等候区的选手的互动、导师与网友的互动、导师间的互动），以及多线索叙事结构（考核线、网友评论线），使得节目的叙事更加丰富多彩，增强了观众的参与感和娱乐性。

互联网的最大特点和优势之一就是其互动性，它将传统媒介单向度的线性传播转变为双向度的非线性传播。近年来，随着网络互动技术的不断发展，特别是网络直播技术的普及，这一优势得到了进一步夯实。互联网催生了 UGC（用户生成内容）模式，并将其与 PGC（专业生成内容）相融合，丰富了作品的内容、表达形式和风格，更重要的是改变了作品的叙事方式。

3. 内容垂直细分

21 世纪以来，综艺节目呈现出明显的"青春"趋势，这一趋势最初源于湖南卫视的综艺节目，如今包括央视在内的各类电视机构也呈现出这种趋势。浙江卫视、东方卫视、安徽卫视、贵州卫视、山东卫视、河南卫视等纷纷增加多档青春题材的综艺节目，大力打造青春品牌。

综艺节目要吸引年轻受众的注意力，让他们在网络上产生共鸣和互动。爱奇艺提出的"纯网综艺"和"超级网综"概念旨在通过"去TV化"实现模式的创新研发，以迎合年轻观众的需求。网络综艺节目利用视频网站累积的后台数据，分析热播节目的制作特征，以预测用户的需求走向，这也是未来电视综艺节目模式创新的重要途径。

网络综艺需要以粉丝圈层为核心，不断突破圈层的能力，满足不同圈层需求和进行微创新上。针对年轻受众，可以通过回归青春、童年般玩耍设计或与儿童少年互动的方式，激发观众对游戏的兴趣，达到休闲放松的效果。在策划制作节目时需要渗透流量思维，以吸引粉丝和观众的关注，保持节目的热度和传播力。浙江卫视的《熟悉的味道》第四季在嘉宾选择、情感主题、节目预告等方面运用了流量思维，增强了节目的传播力和吸引力。

网络自制综艺节目的发展现状显示，满足小众需求和垂直细分是其快速成长的关键。针对特定目标人群的内容生产与传播成为其核心策略。《中国有嘻哈》《热血街舞团》《足球解说大会》《无与伦比的发布会》等节目都以小众化、个性化、年轻化、精准化的定位赢得了网络用户的喜爱。

斗鱼推出《鱼乐游戏王》游戏定制类综艺节目，采用直播形式，允许用户通过弹幕与邀请的重量级主播实时互动。节目内容涉及游戏中的重要角色、主要剧情和关卡设置等，从而满足了用户对特定游戏的深度认知体验。这档节目不仅满足了游戏玩家的需求，也为游戏厂商进行了高性价比的品牌推广。因此，该节目深受用户和定制方的好评，首期节目的最高在线收看人数达到约170万人。

粉丝经济的蓬勃发展助力了定制成为网络自制综艺产业化发展的新模式。所谓的定制节目是指围绕流量明星、广告商、游戏、IP等为其量身定制的综艺节目。这类节目体现了深度垂直细分，能够更精准地满足目标群体的需求。

4. 新技术重构节目形态

传统影视艺术中，镜头的推、拉、摇、移、跟、升降等基本运动形式以及远景、全景、中景、近景、特写等基本景别构成了影视作品的视听语言规律。然而，虚拟现实影视作品颠覆了这些传统规律，采用了全新的视听语言。

在虚拟现实影视作品中，大景别和场景化的呈现成为基本单位。相比于传统的镜头运动，用户只能通过头部或身体的转动来获取类似摇、移的镜头运动效果，而推、拉等传统的镜头运动形式消失了。用户身处于一个沉浸感极强的虚拟空间中，与场景内的景物近在咫尺。传统影视作品中预先建构的镜头组接顺序也被打破，用户不再被动观看，而是可以按照自己的喜好和习惯在虚拟空间中自由浏览。

在虚拟空间中，用户可以自由观察景物，建构内容的意义，获得更个性化、自主化的观影体验，体现了虚拟现实技术在影视艺术中的革新和进步。增强现实技术虽然无法将用户置于全方位的虚拟场景中，但在现实世界的基础上增加了数字化的虚拟信息，拓展了原有的视听观看方式，丰富了视听元素。《明星大侦探》第三季巧妙使用了增强现实技术，在某一期中，使用手机扫描增强现实信息来揭示重要的破案信息，为观众呈现了新颖独特的视觉体验。

高新技术为综艺节目提供了更多、更新的艺术手法，同时也在改变着节目的形态。节目形态是由题材、叙事、娱乐和视听等多个要素共同构成的，各种高新技术对节目形态的影响各有侧重，它们的共同作用会创造出更多的节目形态。尽管技术发展至关重要，但内容和艺术水准才是最核心的。科学技术的创新应当在内容为王的大框架下进行，而不应陷入"为了形式而形式"的误区。

第四节　综艺娱乐类视听节目制作策划

艺术的创新也常常与科学技术息息相关，科学技术的引入可以改变节目的形态，进而增强综艺节目的竞争优势。综艺娱乐类视听节目通过吸收近年来迅速发展的大数据技术、网络互动技术、人工智能技术和虚拟现实技术等高新技术，不断创新和升级节目形态，提升节目的竞争力和吸引力，丰富了观众的观赏体验。

大数据技术的运用可以帮助节目制作方更好地了解受众的喜好和行为模式，从而精准地定位节目内容和推广策略。通过分析大数据，制作方可以更好地把握受众的需求，量身定制节目，提高节目的吸引力和观众黏性。网络互动技术可以进一步增强节目与观众之间的互动体验，增强了观众的参与感和体验感，提升了节目的互动性和趣味性。人工智能技术的应用可以为节目制作提供更多可能性。人工智能技术可以实现对选手表现的实时评价和情感分析，为评委和观众提供更多的参考信息。人工智能技术还可以用于节目内容的智能推荐和个性化定制，提升观众的观看体验。虚拟现实技术可以为节目制作提供更加丰富和沉浸式的体验，增强节目的视听效果和观赏价值。

媒体融合导向为电视综艺节目带来了更多的关注度、粉丝、观众和用户，提高了节目的收视率和影响力，增加了节目衍生产品的市场占有率。在媒体融合导向的电视综艺节目创新中，重点在于目标管理、顶层设计和协同创新，需要进行科学的顶层设计，通过自上而下的目标管理任务分解，将媒体融合作为电视人自发自觉的工作理念，在节目的策划、制作、营销和经营管理中逐层落实，任务到人。在整个创新过程中，需要注重团队间和成员间的协作沟通，才能实现高效益的节目制作管理和推广开发。

一、跨媒介融合

利用互联网思维推动传统媒体与新兴媒体融合是一个关注焦点，而电视综艺节目则成为创新的试验场。《我是歌手》《中国好声音》《爸爸去哪儿》等电视综艺节目几乎都尝试了与社交媒体联动，利用微博、微信、客户端等平台扩展社会化传播渠道，增加用户黏性，通过线上线下互动和多屏跨屏互动提高节目收视率。

综艺节目通过收集和整理网络大数据作为节目的制播依据，以实现精准传播。电视综艺节目全面互联网化意味着要让电视综艺节目受众真正体验到作为用户的权利和乐趣，东方卫视的《女神的新衣》《中国梦之声》等节目与电子商务等的合作基本上实现了上述目标。对电视综艺节目而言，媒体融合必须充分考量的时代背景，是今后发展的大势所趋，涉及内容、形式、渠道、平台、营销等各个领域中的融合实践。跨媒介融合引领和促进了整个电视行业新的生产逻辑和新的评价体系的形成。电视综艺节目与视频网站的深度融合将持续影响电视综艺节目形态的创新。

近年来，随着B站、今日头条等平台长视频和媒体合作战略的推进，与电视综艺节目的合作越来越多。湖北卫视的第五季《非正式会谈》与哔哩哔哩合作，创新地提前一周在B站播出，观众可以在弹幕中进行互动和创作。后期导演再筛选出有价值、有趣的弹幕，制作成

"蒙版弹幕"节目后在卫视播出。这种逆向运作的节目传播模式吸引了 B 站粉丝第二次观看，增强了节目的互动性和粉丝黏性。此外，B 站还提供与粉丝互动的福利视频、福利活动、评论等，节目制作方也会在节目片尾字幕中感谢粉丝的参与和支持，加强了与观众的互动关系。

多屏收视模式的出现，不仅提升了电视综艺节目的传播覆盖率，也增强了观众对节目的参与度和互动性。也对制作团队提出了更高的要求，需要不断创新，以适应媒介融合时代的发展趋势。

二、差异化拍摄

在媒介融合的时代背景下，电视综艺节目已经进入了"台网同步上线"的新模式。这意味着一档电视综艺节目可以在电视、电脑（包括平板电脑）、手机等多个终端上同时播放，甚至可以实现多屏同时观看。这种多屏收视模式为观众提供了更加便捷的观看体验。

随着移动设备观看综艺节目的用户比例不断增加，综艺节目制作需要适应这种趋势，以满足小屏和移动观看的需求。在摄像技术方面可以做出一些创新调整，例如增加特写近景镜头比例、丰富画面构图、采用高速摄像机拍摄令人惊叹的画面、360 度相机拍摄第一视角等。许多节目已经尝试了这些创新性的摄制技术，例如通过手持设备拍摄的嘉宾视角、可佩戴设备的主观拍摄镜头等。直播和生活纪实类的节目通过这些摄制技术的创新赢得了不少年轻受众的青睐，网络播放热度高的节目也通过个性化的拍摄方式给观众带来了耳目一新的感觉，如湖南卫视的《我们的师父》采用了嘉宾视角的手持设备拍摄，给观众带来了更加真实和亲近的观看体验。

摄像机位的差异布局在综艺节目制作中起着至关重要的作用，可以通过不同视角机位的镜头给予观众视觉变化，也可以通过不同的剪辑方式，让一档综艺节目具有多种传播形态，适应跨媒体传播和整合多媒体资源的需求。这样的节目能够吸引其他媒体的受众或用户，使之转化为节目的忠实观众。因此，在综艺节目制作之前，需要充分了解节目受众的心理需求以及其他媒体用户和消费者的日常行为和消费习惯，进行精准的画像和特征分析，实现受众、用户和消费者在线上和线下的互通转化，从而提升节目在跨屏传播中的影响力。

三、多平台制作

在后期制作环节。制作团队需要针对不同播出平台的特点以及用户的观看习惯进行制作。他们不仅需要兼顾电视平台和网络平台的传播特点，还要考虑不同尺寸屏幕的播放要求。有时候，他们还需要将专业影视机构生产的"专业视频"与普通网民生产的"草根视频"相结合，以创造出独特的节目风格。

在第三季《我想和你唱》中，每期一位嘉宾在"全民 K 歌"App 上发布一段合唱视频，网友可以与之进行合唱。在节目制作中，后期制作团队需要将不同来源的视频进行剪辑和组合。此外，随着手机视频的流行，竖屏视频逐渐成为用户的主流选择。因此，在节目制作过程中，需要采用截取和拼凑的方式将多个竖屏视频组合成横屏视频，以适应不同终端屏幕的播放需求。

综艺节目的后期制作正在逐步实现云剪辑的快速共享，借助人工智能（AI）辅助剪辑师的脑力，可缩短剪辑周期并提升艺术创意效果。人工智能能够自动识别画面中人物的表情和情绪，并添加标签，实现自动分类和索引，有助于在海量素材中找到有价值的素材进行标记，以便未来的二次利用和剪辑。人工智能技术还可以分析网络上年轻人传播的视频截图和动图，了解自制表情包的类型和热度，并进行模拟学习运算，从而实现批量高产的创作。

除了技术创新，后期制作还应追求艺术美学价值。在湖南卫视的《向往的生活》节目的后期制作中，要完成各种动漫人物卡通形象的设计，制造童话梦境般的场景，涉及手绘、修图设计、拟声等多重烦琐的工序，这些创新做法为节目增色不少，嘉宾也对剪辑后的片段中自己的形象感到惊喜。在北京卫视的《上新了·故宫》节目中，转场使用的空镜头注重画面与整体风格的一致性；而在故宫猫的拟人化配音解说中，故宫的文物价值、历史典故以及部分事件疑团得到了圆满的回答；大量动画元素的使用丰富了这档文化 IP 开发节目的艺术审美价值。

四、互动形式多元

综艺节目具有较高的互动性和娱乐性，能够直接吸引观众的注意力，并通过各种创新的游戏设计和节目形式提供轻松愉快的观看体验。综艺节目的实时性和多样性也使其在娱乐市场中独树一帜，能够与其他类型的节目形成互补。网络自制综艺节目具有开放、包容、去中心化、平等和交互等特性，这些特性源自互联网的本质和传播模式。在网络自制综艺节目中，这些特性不仅是其优势，也是提升其艺术性的重要因素。

互联网是开放的、包容的、去中心化的，每个节点都可以彼此联系、相互影响，而且具有一定的主动性，这种特性打破了信息传播的壁垒，使得综艺节目的用户不仅可以成为内容的接受者，还可以成为内容的传播者和生产者。网络自制综艺节目《看你往哪跑》通过明星与素人的互动游戏方式进行直播。在节目中，网友以弹幕的形式为明星队和素人队提供线索，影响着游戏的进行和结局，使得节目充满悬念和趣味性。

互联网的传播模式是双向非线性传播的，用户与内容之间的交互成为可能。在网络自制综艺节目中，用户的每次交互都会影响内容的演进和故事线的发展，使得节目呈现出更加丰富和生动的表现形式。交互网络自制综艺节目《王牌大救星》中观众在观看节目的同时参与各种设计好的关卡，产生强烈的代入感。此外，节目还采用了 720 度全景技术，观众可以通过滑动鼠标或屏幕的形式全方位查看节目呈现的场景，增强了节目的身临其境感。

在网络平台上，观众可以根据个人偏好自由选择观看方式，包括随时暂停、快进或回看节目，还可以参与弹幕评论，与其他网友互动交流。有些网络自制综艺甚至占据一个独立的网页，页面上包含多个与节目相关的内容，如《我们 15 个》网页中包括 24 小时直播窗口、点播版和评论区。网络视频平台没有时长限制，允许网络自制综艺节目的时长不一，也能够容纳不同类型、模式、风格和体量的节目。一些网络自制综艺的时长可以长达数小时，甚至 24 小时不间断直播，而另一些则可能仅有十分钟。在微视频流行之后，也出现了时长约为十五分钟的微综艺节目，如《透明人》《一郭汇》等。此外，网络视频平台还会围绕某档网络自制综艺推出各种相关视频，包括幕后花絮、衍生短视频和会员专享版等。例如，腾讯视频为《创造 101》专门开设了视频专区，提供与节目相关的多种内容，以延展节目内容、增强用户黏性和专注度。这种丰富多样的内容呈现和互动方式是电视平台无法提供的。

制作技术的创新驱动也对节目互动形式的发展起到重要作用。网络综艺节目采用了直播、互动、虚拟现实、人工智能和弹幕等技术，深受年轻人喜爱。以爱奇艺为例，其在平台内容创新生产中运用了 AI 技术，包括艺汇选角系统、IP 价值评估系统、ZoomAI 智能增强技术、智能剪辑、滤镜等，这些技术的应用丰富了平台的多元娱乐场景，也为未来综艺节目的技术创新指明了方向。

课后思考题

1. 结合具体案例总结我国综艺娱乐类视听节目的发展历程中各阶段的特点。

2. 我国综艺娱乐类视听节目有哪些类型?

3. 举例说明电视综艺节目和网络综艺节目的区别与联系。

4. 举例说明综艺娱乐类视听节目的功能。

5. 请分析如何选择适合的综艺娱乐类视听节目主题,使其既能引起观众兴趣,又能传递积极的价值观。

6. 创意在综艺娱乐类视听节目中具有核心地位,结合具体案例说明创意如何使节目脱颖而出,吸引观众并取得成功。

7. 互动设计在提升综艺娱乐类视听节目观众参与度和节目活力方面有很大作用,结合具体案例说明有效的互动设计策略。

8. 分析综艺娱乐类视听节目如何利用社交媒体、短视频平台等新媒体渠道进行传播推广,结合实例说明多平台传播策略的优势和实施方法。

9. 请讨论形式创新(如舞台设计、比赛规则、摄制手法等)在综艺娱乐类视听节目提升节目新鲜感和观众兴趣方面的作用,结合实例说明成功的形式创新策略。

10. 在综艺娱乐类视听节目中融入中华优秀传统文化元素有着重要的意义,结合具体案例说明如何在综艺娱乐类视听节目中融入传统文化元素。

第七章

服务类视听节目的创意与策划

　　传统的电视节目分类方法通常有三分法和四分法两种。三分法将电视节目分为新闻类节目、娱乐类节目和社会教育类节目；而四分法则在社会教育类节目中单独提出服务类节目。服务类节目向受众传播生活中的实用信息，使普通大众能够增加生活经验、提高生活质量。随着人们生活水平的提高，单一的服务类视听节目已经很难满足广大受众多元化的需求，服务类视听节目需要不断创新以满足受众的需要。

　　服务类视听节目以提供实用生活信息、技巧和知识为主要内容，通常覆盖日常生活中的各个方面，如健康、饮食、家居、出行等，旨在帮助观众解决生活中的实际问题，提高生活质量。

　　随着信息化社会的发展，人们对于生活品质和便捷性的要求越来越高。生活服务类节目以其实用性和贴近生活的特点，满足了广泛观众群体对于获取生活信息和解决实际问题的需求。

　　生活服务类节目的观众群体相对广泛，涵盖了不同年龄、性别、职业和兴趣的人群。因此，策划生活服务类节目时需要考虑到不同观众的需求和喜好，提供多元化的内容。随着互联网、移动端等新媒体的崛起，电视行业面临着严峻的竞争。生活服务类节目以其实用性、趣味性和多样性吸引观众。

　　服务类节目通过传播实用知识和技能，帮助观众解决生活问题，实现了教育和娱乐的双重目标。生活服务类节目通常涉及多个领域，如医疗、饮食、家居等。因此，节目制作过程中需要与不同行业的专家、企业和资源进行合作，以提供更全面、更专业的生活服务内容。

　　生活服务类节目策划的背景主要包括信息化社会的需求、观众群体的多样化、电视行业的竞争、社会责任与教育功能以及跨界合作与资源整合等方面。在这种背景下，策划者需要充分考虑各种因素，创作出既实用又有趣的生活服务类节目。

第一节　服务类视听节目概述

一、服务类视听节目的概念

　　《广播电视辞典》（1999 年 10 月出版）对服务类节目进行了如下定义：服务类节目以实用性内容为主，直接为观众的日常生活、学习和工作提供服务。此类节目通过传播信息、解答问题、反映群众呼声以及帮助观众解决日常生活、工作和学习中的实际问题，从而为社会提供直接、具体的服务。这一定义突出了服务类节目的使用价值，强调了满足观众现实生活中各种服务需求的重要性。此外，该定义将服务类节目界定为与观众生活直接相关的节目类型，着重关注人们的生活状态和居住环境等方面。因此，综艺类节目、游戏类节目和一些新闻类节目虽然也提供信息和娱乐服务，但由于缺乏与观众生活直接相关的特征，因此被排除在服务类节目的范畴之外。

广义的服务类视听节目以实用性内容为主，直接为观众日常生活、学习、工作服务的电视节目。其特点在于注重使用价值，致力于满足观众现实生活中的各种服务需求。

服务类视听节目为特定的受众提供相关的生活资讯和指南、精神辅导和观念，针对特定受众的心理需求。其中为特定受众服务的节目有少儿节目、老年节目、女性节目等。就某一主题服务受众的电视节目有美食节目、购物节目。

服务类视听节目的本质就是为观众提供各种形式的服务，具有娱乐、教育等多元化功能，视听节目一直在不断演变和满足观众需求。新闻类节目提供最新信息，教育类节目帮助观众学习知识，娱乐类节目则提供放松和娱乐的机会。无论是什么类型的节目，它们都在服务观众，满足他们的需求和期待。尽管这些节目也提供信息和娱乐服务，但却与观众日常生活的直接关系不强。

生活服务类视听节目是指在电视、广播、互联网等传媒平台上提供有关日常生活的实用信息、技巧和建议的节目。这些节目以视听形式呈现，包括视频、音频、网络直播等多种形式。生活服务类视听节目旨在为观众提供各种生活技巧和知识，解决日常生活中的问题，提高生活品质，同时也能够推广相关产品和服务，具有一定的商业价值。生活服务类视听节目的内容包括家居装修、美食制作、健康保健、情感关系、时尚潮流等方面的内容，非常适合家庭主妇、职场白领等人群观看。

二、服务类视听节目的发展历程

生活服务类节目是一种以生活实用为主导的电视或互联网节目类型。其发展历程大致可以分为以下几个阶段。

1. 起步阶段（20 世纪 50 年代—80 年代末）

早期的生活服务类节目以家庭经济、农村生活、妇女儿童为主题，更多地关注各种手工艺技术，并以教育方式宣传生产技术手段。

在 20 世纪 50 年代末，北京电视台（中央电视台的前身）开播之初就开办了《集邮爱好者》《生活知识》《医学顾问》《摄影爱好者》等具有知识性和教育性的栏目。这些节目早已展现了电视服务类节目注重知识传播和教育功能的特点。然而，尽管有这些先驱性的尝试，电视服务类节目的发展却相对缓慢。当时电视技术、资源以及观众的接受程度等方面都存在一定的限制，导致了节目的发展受到一定程度的阻碍。

1979 年 8 月 12 日，中央电视台（1978 年 5 月 1 日北京电视台正式改名为中央电视台）首次播出了设有主持人的栏目《为您服务》，这也是第一个完整意义上的生活服务类节目。所谓完整意义上的生活服务类节目，是指从传播理念、内容构成以及节目形式上体现了"为观众服务"的精神。

从中央电视台的《为您服务》开办直至 20 世纪 80 年代末，我国生活服务类电视节目的主要特点是：服务类节目较少，播出的节目涉及的领域和话题有限，节目在整个收视份额中所占比重不大。

在《为您服务》开办之初，主要介绍烹饪、衣着、养花等家庭生活小常识，有时也播放观众点播的歌曲，节目内容、长度和播出时间都不规范。1983 年 1 月 1 日，该节目进行了改版，以新面貌出现。改版后固定了播出时间，每周一次，每次 20 分钟；设立了节目主持人，由沈力担任；扩大了服务面，设有"小辞典""集邮""摄影咨询""市场信息""家事""老年顾问""答观众问"等具有知识性、服务性的小单元。在随后的播出过程中，不时推出"请您参与"等互动环节，举办绒线编织、时装设计、节日家宴等比赛。这使得该节目成为当时央视最具影响力的综合性服务专栏。

《为您服务》是中国电视史上的里程碑，其创新之处在于多个方面。节目开创了在电视节目中介绍时装模特的先河，引领了时尚与美学在电视传媒中的表现方式；采用了方阵比赛的节目形式，为后来电视节目的创新探索提供了范例；将健身运动引入电视领域，为体育与健康类节目的发展开辟了新的空间；首次将法律知识与法律事件呈现给观众，强化了电视节目的社会责任与教育功能。《为您服务》的成功经验为中国电视服务类节目的发展提供了宝贵的经验借鉴，对于中国电视文化的进步与发展产生了深远的影响。

这一时期地方电视台的生活服务类节目相对较少，主要内容偏向市场服务。代表性的服务类节目有广东电视台的《家庭百事通》、湖北电视台的《生活之友》、湖南电视台的《社会与生活》，以及上海电视台和浙江电视台的《观众中来》等。这些节目尽管在地方性质上有所不同，但都致力于为观众提供家庭生活、社会交流和市场信息等方面的服务。它们在地方电视媒体中扮演着重要的角色，为当地观众提供了有价值的信息和娱乐。

2. 成长阶段（80 年代—90 年代）

进入 20 世纪 90 年代，中国电视荧屏上出现了大量的电视服务类节目，由于服务类节目的定位多元化，产生了不同主题的节目。根据节目板块的构成和内容特点，电视服务类节目主要可以分为综合服务类节目和专题服务类节目。

综合服务类节目通常包含各种不同主题和内容的信息，涵盖了家庭生活、健康保健、法律咨询、消费指南等多个方面。这类节目的特点是内容广泛，涉及面广，旨在为观众提供全方位的生活服务和信息咨询。专题服务类节目则更加专注于某一特定主题或领域，如健康养生、家庭教育、科技前沿等。这类节目在内容上更为深入，针对性更强，通常会邀请相关专家学者进行解说或访谈，以提供更专业的服务和咨询。

这两类电视服务类节目在 20 世纪 90 年代的蓬勃发展，丰富了电视节目的多样性，满足了观众不同层次和领域的需求，也促进了电视媒体在社会服务和信息传播方面的作用发挥。

1996 年 7 月 1 日，CCTV-2 的《生活》栏目正式开播，最初每周三期，1997 年 5 月扩版改为每周六期，每期时长 30 分钟，每晚 20:00 首播。该节目集知识性、新闻性、前卫性、权威性于一体，以鲜明的个性、现代的观念和强大的可视性来吸引大众，并引导消费。在《生活》栏目的演变中，节目内容涵盖了老百姓日常生活的方方面面，如时尚、健康、科技、家庭教育等，以满足观众对生活各个方面的需求。从 1996 年到 1999 年，《生活》栏目设置的小板块充分体现了以受众为本的思想。

《生活》不仅提供了有益的生活信息和娱乐内容，同时也在引导和推动着观众的消费观念和生活方式的变化。《生活》栏目除了传播日常生活知识和技能，还着重展现时代变革过程中涌现出的新经济生活脉络中的新生活观念和方式。同时，通过权威性的专家解说和专业报道，确保节目的可信度和权威性。

《生活》的收视率较高，导致各省（市）的综合性信息整合型电视服务节目纷纷效仿，导致节目类型单一化的情况。电视服务类节目的呈现形式缺乏活跃性，没有充分利用视觉语言，字幕的运用也不充分，这可能会削弱电视节目的传播效果。

自《生活》栏目开播之后，包括北京、天津、四川、云南、江苏、山东、内蒙古等省（自治区、直辖市）电视台相继推出了"生活频道"或生活服务类栏目。以"植根百姓生活，服务社会大众"为明确宣言的生活栏目以崭新的面貌和多种形式大规模占领了屏幕，观众从此可以在电视屏幕上学习和领略新的生活。在一些频道中，电视服务类节目占有重要地位，甚至决定了频道的定位和风格。

20世纪90年代初期海南旅游卫视的《好运转地球》结合了旅游、竞猜和娱乐元素，为当时的电视节目带来了新的元素和观看体验。节目的主要内容是通过嘉宾竞猜的形式，展示世界各地的风土人情，让观众在轻松愉快的氛围中了解世界各地的文化和风俗。在《好运转地球》中，嘉宾通常是一些旅游爱好者或者文化探索者，他们通过竞猜的形式来展示自己对世界各地风土人情的了解，让观众在轻松愉快的氛围中获得知识和乐趣。《好运转地球》以其独特的节目形式和内容吸引了众多观众的喜爱，成为当时电视节目中备受瞩目的一个节目。

3. 繁荣阶段（20世纪90年代—21世纪初）

2000年7月，随着中央电视台"经济·生活·服务频道"的推出，该频道倡导"关注经济、感受生活、强化服务"的理念，生活服务类栏目主要包括《生活》《中国房产报道》《互联时代》《清风车影》《金土地》等。2003年10月20日，CCTV-2改版为"经济频道"，《中国房产报道》《互联时代》《清风车影》三个栏目合并为一个栏目《前沿》（现已并入2005版《生活》），同时综合新闻、少儿、体育、军事、老年、妇女、文艺等栏目于当年5月全部从CCTV-2撤出。

2000年7月3日，重新开播的大型日播型电视服务栏目《为您服务》再次出现，秉承着"贴近百姓、重在服务"的栏目宗旨，同时注入了现代、实用、科学的新观念，体现了传统思想和现代意识的结合。2000年新版《为您服务》采用演播室主持人串场的形式，结构化的板块设计涵盖了"家事新主张""法律帮助热线""旅游风向标""生活培训站"四个部分。该栏目倡导着"从观念到动手""从信息到解疑"以及"从指导到帮助"的全方位服务理念。随着节目的不断发展，内容定位更加准确，收视群体也更加稳定。除日常的节目播出外，该栏目还策划并播出了一系列既服务于栏目受众群体，又扩大栏目社会影响，并方便广告招商的大型系列节目。

2002年，《为您服务》将原来不定期播出的栏目《生活培训站》扩版为每天一期的演播室动手操作的服务节目。这一栏目传达的所有信息都被界定在方法简单、自己能动手做的范围内。借助有利于健康的养生观念、方便的生活用具、巧妙的创意和有效的方法，展现了改造生活细节的新方式。

《家事新主张》是一个关注生活热点、提倡生活新理念的栏目。它关注生活中的重要问题，引导观众进行理性分析，为社会热点对家庭生活的影响提供专家意见和理性分析。该栏目带有一定的新闻性发现，重点表达了在面对一些生活热点时，百姓的看法、专家的意见以及栏目的理性主张。

2003 年 7 月，《为您服务》重新设计为"生活新主张""非常调查""生活智多星""旅游风向标"等板块。"生活新主张"突出体现时尚消费观念，关注生活中的新趋势和理念；"非常调查"着重关注消费者权益，探讨产品和服务的合法性以及消费陷阱问题；"生活智多星"作为新开设的板块，致力于提供一个互动生活平台，帮助解决观众在日常生活中遇到的小难题；而"旅游风向标"则引领观众寻找新的旅游乐趣，提供全面的旅游出行服务。这些板块的设置旨在满足观众多样化的需求，促进消费者的理性选择，保护其合法权益，并提供全面的生活服务和信息，体现了《为您服务》栏目的持续创新和服务导向。

除著名的《为您服务》《生活》等节目外，中央电视台还推出了一系列新的生活服务类栏目。根据央视国际网站的数据，截至 2004 年 8 月生活类电视栏目有：《前沿》《绝对挑战》《道德观察》《公益行动》《天天饮食》《劳动就业》《夕阳红》《半边天》《家庭》《危机大营救》等。此外，CCTV-7 还推出了《生活 567》栏目，每周一至五 18:05 ～ 18:30 首播，其中包括"生活行动""骗局揭秘""健康之旅""宠物点击""百姓故事""支招"等板块。在中国教育电视台，也有生活服务类节目如《医药 30 分》《健康讲座》《中国职场》等。这些节目丰富了电视节目的多样性，满足了观众在生活、健康、教育等方面的需求，展示了电视媒体在为公众提供服务和信息方面的积极作用。

在全国所有上星频道中，平均每个频道都拥有一个生活服务类节目。这种现象表明生活服务类节目已经无所不在，并且在电视媒体中实现了最大范围的频道渗透。这种普及性和覆盖面的扩展反映了生活服务类节目在电视行业中的重要地位和广泛受众的需求。这些节目的存在和广泛传播，不仅为观众提供了丰富的生活信息和娱乐内容，还在一定程度上推动了社会的健康发展和观念的更新。

江苏广播电视总台开办的靓妆频道于 2004 年 1 月 1 日正式面向全国播出。作为面向全国首轮播出的全数字化电视频道之一，靓妆频道是经原国家广电总局批准的、目前唯一可覆盖我国内地的时尚电视媒体。该频道以"美容、美体、服饰、礼仪"等流行资讯为内容定位，新锐时尚、权威实用，目标观众锁定在 18 ～ 50 岁的中青年白领。靓妆频道创造了生活服务频道的一种新模式，即付费收看的收视对象化的细分频道。它是全国唯一以"美服、美容、美体、美仪"为主要内容的专业化数字频道。由于是付费频道，因此提供 24 小时不间断的新鲜体验，绝无插播广告，也没有雷同的节目。

在当时的付费电视频道中，除靓妆频道外，还有北京台的车迷频道、钓鱼频道，山东台的收藏频道，以及天津台的家居频道，它们都可归类为生活服务频道。在 BTV-7 中，有兼跨新闻评述与生活服务的品牌栏目《第七日》；在旅游卫视，推出了"今天""现在""明天"三大新闻板块节目，同时每晚还播出英氏情景喜剧《旅行社的故事》。生活服务类频道实际上走的是"大服务"路线，其节目类型多样，具有服务性。

4. 发展阶段（21 世纪至今）

随着互联网、社交网络等快速发展，生活服务类节目逐渐从传统的广播电视节目向新媒体方向转变，形式多样，内容更加丰富，成为人们日常生活中不可或缺的一部分。同时，生活服务类节目也成为各大视频网站的热门板块之一。

在这一时期，泛真人秀和泛娱乐化成为综艺娱乐节目发展的普遍特征。传统意义上的服务类节目也开始寻求综艺化的生存与发展。婚恋交友节目《非诚勿扰》将生活服务的主题披上了娱乐节目的外衣，或者说是娱乐节目与婚恋主题相结合，创造了素人节目的又一次风潮。

除了婚恋交友节目，《非你莫属》《职来职往》等以职场求职为核心诉求的节目也开始以综艺化手段进行表达。这些节目模拟了真实的求职现场，营造了一个由求职者、老板团、主持人所构成的话语空间，让求职者在节目中接受老板团的评判，最终获得工作机会或者遗憾离场。形式上的创新、主持人与嘉宾的恰当选择，以及契合社会需求的主题，为这类节目的生存带来了空间。

这些全新样态的服务类节目的出现实际上改变了过往生活服务类节目的表达方式和样貌，用更综艺化、真人秀化的方式来传递生活服务的内核。此后，这类节目在一些地面频道也有了自己的本地化版本，如辽宁北方频道的《超级面试》、陕西都市青春频道的《职等你来》等。这些节目在传达生活服务的同时，也吸引了观众的关注，成为当时综艺节目发展的一部分。

随着社会的不断变化和发展，服务类视听节目的内容和形式也在不断创新和变化，深受广大观众的喜欢和关注。当前，短视频已成为移动传播时代媒体创新的重要手段和途径，是当前服务类视听节目传播的重要发展方向。作为融媒体时代内容传播的主要形式，短视频具有"短小精悍"的特点，符合受众碎片化的接受习惯，在一定程度上改变了传统长视频传播的生态。因此，短视频的形式被越来越多的电视节目所运用，并衍生出各种内容和形式。

服务类视听节目的内容在属性上更加适合借助短视频的传播形式。服务类视听节目类型丰富但内容琐碎，利用短视频传播可以使用更加丰富的形式将多类型的服务性内容展现出来。同时，短视频的"量多时间短基数大"的特征可以弥补琐碎服务内容的传播不足，为服务类视听节目的内容需要摆脱其传统冗杂的形式，开辟一条精简的道路，以满足当下受众碎片化的接受习惯。

如《生活圈》利用短视频形式在互联网时代进行节目内容传播，以适应手机用户的接受习惯，并提供有用的信息给观众，同时促进节目品牌的传播。该节目通过微信公众号"CCTV生活圈"将长达40分钟的节目内容分割成短视频，在不同板块中通过短视频和文字内容相结合的方式，帮助观众更好地理解和消化信息。这一策略解决了观众阅读文字内容的时间限制，并在一定程度上促进了内容的再传播。此外，《生活圈》还将节目内容传播至抖音、快手等短视频平台，成功实现了传统电视内容与互联网形式的融合，吸引了更广泛的受众群体。

三、服务类视听节目的类型

服务类视听节目主要可分为两大类。首先是综合服务类节目，类似于CCTV-2的《生活》节目，这类节目涵盖了多种服务内容，旨在为观众提供全面的生活指导和信息，涉及日常生活、健康、家居、旅游等多个方面。其特点在于综合性和全面性，旨在满足观众广泛的服务需求。

另一类是专题服务类节目，这类节目侧重于特定领域或主题，提供更深入的服务内容。例如健康节目、家居节目、旅游节目以及导视节目等。每个节目都聚焦于特定的服务领域，通过深入探讨和专业解说，为观众提供有针对性的服务信息和建议。这类节目通常由专业领域的专家或相关人士主持，以确保内容的权威性和可靠性。

服务节目的内容范畴相当广泛，基本上涉及人们日常生活中的各个方面。节目制作者应该根据当下观众需求及时调整自己的内容，为观众提供更有价值的信息。

这两类不是孤立存在的，往往会交叉融合，节目制作者需要根据受众需求和市场形势，不断创新，提供更具有实用性和可看性的节目内容。

1. 综合杂志类

综合杂志类节目是服务类节目中最早出现的一类，其他具体方面的服务类节目都可以说是从综合杂志类节目中分化出来的。服务类节目主要是指那些为人们日常生活的各个方面提供服务的节目。随着人们生活水平的提高，日常生活的各个方面都有了更高的要求，因此根据受众实际需要细分的服务类节目纷纷出现在荧屏上。然而，综合杂志类节目仍然有其无法替代的优势，在服务类节目中占据着重要的地位。

综合杂志类节目主要是指那些针对受众日常生活的衣、食、住、行等方方面面，或其中几个方面制作而不特指某一类型的杂志类服务节目类型。虽然内容繁多，但多而不杂。通常栏目被分为几个彼此有机结合的小板块构成：有些采用同一期节目中分为几个小板块的形式，如《生活》栏目包括"热线3·15"和"紧急避险"；《为您服务》栏目包括"健康新主张""律师出招""火线答疑""生活智多星""寻宝智多星""旅游风向标"几个板块。有些节目采用将栏目分为几个子栏目独立播出的形式，每周几天中进行轮流播出。例如，山东电视台的《新生活》栏目每周一到周五分别播出《财富冲浪》《阳光车界》《魅力女性》《旅游先锋》《留学在线》5个子栏目；凤凰卫视的《完全时尚手册》栏目从周一到周五分别播出《天桥云裳》《我的家》《科技宽频》《经典生活》《车元素》5个不同内容的子栏目。

2. 旅游类节目

在电视荧屏日益丰富的今天，旅游节目也悄然占据了一席之地。旅游节目的兴起与繁盛与人们生活水平的提高密切相关。在一个连解决温饱都困难的年代，很难想象旅游会成为人们茶余饭后的谈资。然而现在，尤其是在节假日，都市里的人们经常谈论的话题就是旅游。大家在一起交流旅行的经验与感悟，旅游节目应运而生。

旅游不仅是人们休闲娱乐的一种方式，更是国家经济发展的支柱产业。因此，旅游节目的发展与旅游业息息相关。在人们积极追求小康生活的今天，很多事物的外延都在不断拓展，旅游也不例外。目前，人们对旅游的理解已不再局限于简单的游山玩水，他们更渴望在旅游的过程中获得一种难得的人生体验。

实地旅游类节目是较为普遍的一种旅游节目的表现形式，采用演播室录制主持人串场与外景拍摄相结合的方式。由主持人、嘉宾或特约观众表达其亲身体验的所见所闻及感受，为观众营造身临其境的感觉。这类节目注重给观众提供更实用的信息。

以广东卫视《逍遥游》为例，主持人或嘉宾在该节目的"活力广东"板块中，带领观众一起游览广东的旅游热点和最新的旅游线路。同时，为了满足广东人假日出游的愿望，在《逍遥游》的"畅游天下"板块里，外景主持人向观众描述了广东省以外的国内或国外的名山大川和名胜古迹。《逍遥游》还设计了"出行宝典"和"旅游情报站"两个板块为观众提供大量的旅游信息，包括旅游路线、天气、机票、车票、船票、门票、住宿、当地特产、风味小吃、旅游特色纪念品以及出行必备等相关内容。

还有一种旅游类节目由外景主持人采取自助旅游的形式，把沿途的风景介绍给电视机前的观众。例如，中央电视台经济频道《为您服务·旅游风向标》播出的大型系列片《向北·向北》。该节目以自驾车旅游的方式，向观众介绍纵贯七省（市）的旅游线路，从陕西省咸阳市国家授时中心出发至我国最北端的黑龙江省漠河市的北极村。沿途介绍各地的文化、风光、民俗、娱乐项目等，并途经具有"冬天童话世界"之称的东北三省，带领电视机前的观众一起领略北国的冰天雪地，普及自驾车冬季旅游的常识，为观众提供第一手的旅游资讯服务，推荐新鲜的旅游设施，以便观众根据自己的实际情况做好出行安排。

趣味娱乐型是当前较为流行的一种旅游节目样式。随着电视节目的日益娱乐化，这种类型的节目逐步产生。在当今生存压力不断增大的情况下，寻求真正放松的方式成为一种时尚，娱乐化也几乎成为所有电视节目发展的方向。旅游节目本来就是休闲类节目，它不仅可以向娱乐靠拢，更要通过自身的特色来提供娱乐。因此，荧屏上出现了趣味娱乐型旅游节目。

这类节目一般把高额奖金或诱人的旅游线路作为优胜者的奖品，这是此类节目的看点之一。从2004年3月起，原中央电视台西部频道《旅游黄金线》联合全国百余家媒体在全国范围内共同打造了一档全新的体验式旅游节目《体验中国》。该节目通过最时尚的旅游方式选拔"中国最会玩的人"。《体验中国》为全国的电视观众展示国内最具挑战性的山川、湖泊、峡谷、森林，最富特色和风情的民族村落，最能打动人心的美景和最令人难忘的地点。比赛历时6个月，6月举行"五大炫目挑战地域"，7月进行"五大极限地域"决赛，8月选出"十大体验之星"，9月举行"中国旅游体验之星"颁奖晚会及论坛。

现今的旅游节目应该是那些为人们休闲娱乐提供旅游信息与服务，并能给人带来感官愉悦与刺激的节目。旅游节目已从最初的简单介绍式的风光片逐步发展到融合知识性、趣味性于一体的综合性栏目。

3. 职场类服务节目

当今，企事业所面临的课题是如何吸引和保留优秀人才，如何开发和优化人力资源，以及如何丰富和增值人力资本。从人力资源视角分析，企事业已不再是封闭、独立的组织体，而是从属于整个社会人力资源、开放的、动态的元素。因此，企事业单位在人力资源保持和发展方面必须应对更加复杂且艰巨的挑战。在这一背景下，专为企事业单位和个人服务的职场类节目开始走上荧屏，并且势头正猛。

从广义上讲，只要涉及人力资源题材（而不仅限于管理与开发）的节目就是职场类节目。在狭义上，只有关注择业和创业的节目才是职场类节目。狭义上的职场类节目侧重于求职、升迁和创业的基本技能和技巧，包括办公室政治等属于"术"的内容。广义上的职场类节目除狭义上的含义外，还涵盖中外人力资源存量与增量的报道，宏观政策的传达。

电视职介节目最早的形态是发布招聘或求职信息的信息服务节目。其中，综合型节目最早出现在1999年9月10日播出的湖南卫视《新青年》中，其子栏目《甲方乙方》关注"择业与创业"为主题，采用招聘方与求职方在节目现场完成求职、招聘过程的形式。不过，节目时间较短，内容与形式也较为简单。

2000年7月21日，上海东方电视台推出的《相约星期五》，成为电视职介节目的开端。该节目的模式借鉴了电视婚介节目的形式，招聘者与求职者变为节目中的"男女双方"，节目的程序与"找对象"相似：招求双方自我介绍、应聘者展示才智或创业计划、话题讨论（每期一个与创业有关的话题）、自由提问、招求双方双向选择。在节目现场完成迅速"找工作"的过程。2000年12月31日，南京电视台推出《梦圆时分》，成为地市台第一家推出职介节目的电视台。

2001 年 5 月 1 日，中央电视台推出了《劳动·就业》栏目，这是中央电视台唯一以宣传劳动就业为主题，将知识性与服务性有机结合的大型杂志性电视专栏节目。此后，许多地方台陆续推出职介节目，如重庆电视台的《求职》、黑龙江电视台的《求职现场》、山东电视台的《择业》、辽宁电视台的《招才进宝》等，电视职介节目开始在荧屏上活跃。

2003 年 10 月，CCTV-2 改版为经济频道后，随即推出了大型职介节目《绝对挑战》，一场自地方台到中央台的职介节目热潮达到高潮。

职场类节目顺应了时代之需，实现了专业化的服务。在为企事业单位提供人力资源管理与开发咨询的同时，也在着力倡导社会个人的生存与发展技能的提高和注重"职业生涯规划"。从这个意义上说，职场类节目不仅有益于个人的发展，也有助于社会经济的发展。

第二节　服务类视听节目的特点与功能

深入了解服务类视听节目的特点和功能对服务类视听节目的策划具有重要的指导意义和实践价值。首先，通过深入了解服务类视听节目的特点和功能，可以使服务类视听节目策划人员准确把握节目的定位和风格，确保节目内容与受众需求相契合，提高节目的观赏性和吸引力。其次，有助于确定节目的内容和形式，选择合适的节目主题和表现手法，提高节目的信息量和知识性，增强节目的专业性和实用性。最后，可以使节目策划人员更好地把握节目的节奏和节目的结构，合理安排节目环节，提高节目的整体质量和观众的满意度。

一、服务类视听节目的特点

服务类视听节目是随着社会的不断发展而不断更新和变化的，因此其时代特点也在不断演变。互联网的普及和科学技术的发展为生活服务节目的传播提供了广阔的空间和更多的可能性。在这样的背景下，服务类视听节目逐渐具备了互动性、新闻性和时效性等特征，成为融媒体时代的重要组成部分。

观众在日益增长的信息获取速度中享受着科技发展带来的便利，他们借助高质量的生活服务节目及时解决生活中的问题，提升自身的生活品质和素养。这种"互联网＋生活服务"的节目模式不仅为受众提供了更丰富、更便捷的信息服务，也为传统媒体带来了全新的发展机遇和挑战。

1. 专业性

专业化是指生活服务类节目将呈现分众化趋势，其内容将更加对象化。广西卫视 2000 年创办《百姓专利》栏目，是全国电视台中第一家以宣传专利为主要内容的电视栏目，节目以"包装新科技，启发创造力"为宗旨，受到专利权人、发明爱好者、投资人、知识产权界和科技界人士的喜爱。该栏目还与中央电视台合作制作了"《百姓专利》十大专利人物颁奖晚会特别节目"。

生活服务类栏目在频道化进程中走向专业化。《天天饮食》类节目也可以拓展为中国美食频道。湖南长沙电视台女性频道开创了中国开办女性专业频道的先河，这实际上是根据受众性别进行细分的结果。

根据职业、年龄和爱好等指标分化受众是生活服务类节目频道化进程的必要前提，这种细分化的频道往往以付费频道的形式出现。2004年1月1日面向全国正式播出的江苏广播电视总台靓妆频道以"美容、美体、服饰、礼仪"等流行资讯为内容定位，新锐时尚、权威实用，目标观众锁定在18～50岁的中青年白领。这是一个典型的例子。

广播电视节目需要针对特定受众群体进行明确定位，并结合新时代发展的实际需求进行创新，制定针对性的服务内容，以提升节目的收视率和传播影响力。在媒体融合的背景下，观众具有多样化的信息获取渠道，更容易接受新鲜事物和理念。因此，人们希望节目能够贴近他们真实的生活，满足大众的需求。《健康国卫行》节目在内容上进行了创新，增设了针对孩子意外伤害的栏目，将孩子意外受伤的情况作为核心内容，进行了细致的分析，提升了节目的质量和实用性。这种创新节目吸引了较高的收视率，引起了更多观众和政府相关部门的关注。政府部门、医疗卫生和教育部门将其作为宣传视频，在微信、互联网等网络平台上进行宣传和普及，全面体现了广播电视服务类节目的舆论引导作用，对人们的日常生活产生了积极影响。

2. 对象性

广播电视节目的服务内容广泛，满足不同受众的需求。从广告经营的角度来看，服务节目大多瞄准"三高"人群（高学历、高收入和高层次），但从社会效益的角度来看，服务节目还应该多关注农民和下岗职工。

CCTV-7的《金土地》是中国唯一全面报道中国农村经济生活、展现全球农业发展态势的农村经济栏目。自2000年7月改版以来，该节目下设7个子栏目，包括《信息链接》《市场传真》《每周一村》《领潮人》《海外农业》《科技创新大擂台》《周末版特别节目》。从2005年4月3日起，推出特别节目《乡村俱乐部》。节目以智力和体能闯关的形式设置体验关口，考验人的基本生存能力、满足衣食住行的基本生产能力以及相互合作与竞争的社会生存能力。从"薪火相传"到"浮桥飞渡"，从"六畜兴旺"到"抢运粮草"，所有体验关都以强烈的自然色彩和激烈的竞技为特色。经过两次改版，服务对象范围有了扩大，节目的远期效果还有待进一步观察。

职场类节目是一种针对求职者、创业者和用人单位的对象化节目。它们的主要受众是关心就业、择业和创业的人群。例如，《劳动就业》栏目的收视对象主要是关心劳动就业各方面知识和信息的电视观众，尤其是那些需要或愿意重新择业的人群。该栏目的宗旨是传播就业信息，服务广大观众，改变择业观念，促进合理就业。

《绝对挑战》最初定位为"人力资源节目"，口号是"帮你找工作，教你找工作"，突出了节目的专业性。然而，随着节目的发展，其注意力开始转移到电视节目本身，突出了挑战精神，而不仅仅是招聘的职位。现在，《绝对挑战》将自己归属于"电视招聘节目"，喊出了"挑战职业梦想"的口号。

黑龙江电视台女性频道的《求职现场》是一个针对求职者，尤其是女性求职者的职场类节目。该节目为求职者提供了展示自我的机会，帮助用人单位寻找优秀人才。节目将招聘过程中的面试环节搬上荧幕，通过竞赛的方式选拔出优秀人才。同时，节目通过话题讨论和双方对话，架起了求职者与用人单位之间的桥梁。

职场类节目对用人单位来说，可以传递一些选人用人的技巧，同时通过参加节目招聘可以提升自身形象；对求职者来说，可以学到很多应聘和升职的技巧，还可能通过节目中的一些成功或失败的创业故事获得实战经验或教训。

社会服务类视听节目对象化的好处在于可以提高节目的到达率，进而放大传播效果。这对于节目的广告招商是有利的。随着人力资本成为用人单位发展的核心竞争力，自我能力提高成为求职者和创业者事业发展的必需时，生活服务类节目具有了厚实的"群众基础"，从而能够掀起节目收视的新高潮。

3. 时效性

对于提供信息服务的生活服务类节目来说，时效性是至关重要的。这意味着节目应该及时将最新的动态（如政策信息、供求信息等）传递给观众。针对重要信息，节目应该进行深度解析，例如请权威专家进行解读，进行有益的中外对比分析等。这样可以确保节目内容的权威性和可信度，满足观众对于信息的需求。

服务类视听节目对于信息传播的时效性和有效性提出了更高要求，特别强调解决生活中突发问题的及时性和有效性。因此，节目对新闻性的重视程度也大大提高，为生活服务节目的新闻性提出了新的内涵和要求。在生活服务类节目中运用新闻的表现手法可以提高其服务内容和生活知识的可信度，增加生活资讯与健康生活理念的时效性。

中央电视台综合频道《生活圈》节目具有广泛的题材来源，关注当下热点，兼具高度的开放性、互动性、新闻性和服务性。节目创新了传统生活服务节目的表现形式，使原本的服务内容在传播和表达上兼具新闻性。节目选择与百姓生活息息相关、近期发生的民生热点作为话题，而不再局限于过去的传统民生问题。例如，在2020年1月2日的节目中，正值腊八节，节目设置了"家乡腊八节美食分享"的特色板块，通过圈友发布小视频和观众分享当地独特的腊八美食，唤起了观众对传统节日的归属感。节目组还深入探究了"乌衣红曲"的制作工艺，通过对传承人的采访和对制作工艺的真实记录，为观众呈现了一场腊八美食主题的视听盛宴。

对于故事型或竞技型的职场类服务节目来说，题材的时新性和主题的丰富性同样重要。节目需要保持新鲜感，不断创新，让观众在节目中获得乐趣的同时也能获取有益的信息和经验。节目制作人员应该考虑如何在节目中展现新奇性和深度。通过及时传递新信息，同时进行深度解析，节目能够吸引更多的观众收视，并提高他们对节目的忠诚度。

电视气象节目传播的气象信息必须具有及时、有效的特点。气象信息的预报与人们日常生活息息相关，因此及时性是电视气象节目最重要的价值之一。及时预报精准的气象信息能够提醒人们做好准备，减少损失，这也是节目服务性的重要体现。

气象信息的预报本身具有新闻性质。新闻的本质是报道新近发生、正在发生或将要发生的事实，满足人们的知情、感知和判断需求。因此，揭示未来天气变化、传递观众迫切想知道的信息的电视气象节目在一定程度上展现了新闻的内涵。特别是由某些天气现象引发的新闻事件，常常具有偶然性、不确定性、风险性、重大性和普遍性等特点，体现了其巨大的新闻价值。基于社会的普遍需求，世界各国通常将天气预报安排在综合新闻节目之后或节目之中，这也为电视气象节目增添了不少新闻色彩。

4. 互动性

随着人们意识水平的不断提高，广大观众已经不仅仅满足于坐在电视机前被动观看节目，他们更希望能够参与其中，成为电视节目的一部分，表达自己的观点和意见。为了满足这一需求，进入 21 世纪以后，诞生了很多素人选秀节目，越来越多的普通人走上了电视。随着互联网等新媒体的发展，许多电视节目也开始借助这一平台与观众进行互动。

在一些电视节目的录制或直播现场设有观众，他们能第一时间观看节目并参与互动。以中央电视台的《健康之路》为例，节目设置了多种互动环节。主持人会在现场提问，观众可以回答问题，同时现场观众可以提问专家。在节目中，专家会回答观众的问题，并解答他们的疑惑，嘉宾代表也会提前收集观众的问题，代表他们向专家提问。节目设置了选择环节，观众通过选择器选择自己认为正确的答案，节目组会统计选择结果，并由专家揭晓正确答案。观众还可以参与其他互动方式，这些互动环节丰富了节目内容，增强了观众的参与感和互动体验。

电视生活服务类节目，与大家的日常生活密切相关，更需要了解观众的想法，与观众进行互动。为此，许多生活服务类节目开始与观众进行深入的互动，包括与现场观众和电视机前观众的互动。通过电话、短信、社交媒体等方式，节目制作团队与观众进行交流和互动，征集观众的意见和建议，了解他们的需求和喜好，以此来调整节目内容和形式，更好地满足观众的需求。

这种互动不仅让观众更加投入到节目中，增强了他们的参与感和归属感，也为节目的改进和优化提供了宝贵的意见和建议。通过与观众的互动，电视生活服务类节目得以更好地贴近观众的生活，为他们提供更加贴心和实用的服务，从而提升节目的影响力和竞争力。

5. 实用性

与其他类型的电视节目相比，电视生活服务类节目的最大特点在于传达给观众的信息具有实用性。新闻节目固然提供了大量信息，但这些信息往往与观众的切身利益关系不大，更多地关注社会事件、政治动态等内容。同样，娱乐节目更多的是为了娱乐观众，内容更偏向娱乐性质，提供的信息相对较少。而电视生活服务类节目与众不同之处在于，它的节目内容需要与受众的生活密切相关，能够直接或间接地影响受众的日常生活，为他们提供各种实用有效的信息，满足他们在日常生活中的实际需求。比如，关于健康饮食、时尚穿搭、家庭生活、健康养生、家居装修、旅游出行、购物消费等方面的信息。

实用信息是生活服务类节目的核心特征，也是电视生活服务类节目与其他类型电视节目的最本质区别。这类节目致力于为观众提供有益的生活技巧、实用的生活建议，帮助他们更好地应对日常生活中的各种挑战，提升生活质量。通过这些节目，观众不仅能够获得娱乐，还能够获取解决实际问题的有效方法和策略，使其在日常生活中受益匪浅。

二、服务类视听节目的功能

服务类视听节目具有多种功能。服务类视听节目具有信息服务功能，通过提供最新、最全面的信息，满足受众获取信息的需求，使受众了解社会热点、时事新闻和生活常识。通过专题讨论、解说解读等形式向受众传递各种知识，包括科学知识、文化常识和健康知识，提高受众的文化素养和科学素养。此外，服务类视听节目还具有生活服务功能，为受众提供生活中的各种实用信息和服务，如购物指南、健康保健、家庭教育和法律常识，帮助受众解决生活中的各种问题和困扰。同时，通过节目内容的温馨、亲切，服务类视听节目还具有思想功能，与受众建立情感联系，增强受众的归属感和认同感。服务类视听节目还具有民生服务功能，关注社会热点、民生问题，呼吁社会关注，促进社会和谐稳定，为社会发展作出贡献。

通过这些功能的实现，服务类视听节目不仅满足了受众的多样化需求，也为社会的进步和发展作出了积极的贡献。

1. 信息服务

服务类视听节目以提供有关日常生活的实用信息、技巧和建议为主要内容，通过生动的形式和富有趣味性的表现方式，向观众传达各种生活技巧和知识，解决日常生活中的疑难杂症，帮助人们更好地适应社会生活，提高生活品质，同时也能够推广相关产品和服务，具有一定的商业价值。

服务类视听节目应该传递具有实用性的知识，帮助观众更好地管理自己的生活，提高生活质量。

如气象节目在节目内容、播出形式、图像设计以及信息量等方面充分考虑到传播的有效性，确保观众能够看懂、记住所传达的信息。特别是对于台风、洪涝、干旱、火险、暴风雨雪、沙尘暴等频发的极端天气，预报的及时性至关重要，否则可能造成无法估量的损失。在解说气象信息时，避免使用难懂的专业术语，使用通俗易懂的语言，在传达气象信息时，主次分明，突出重点，确保观众能够更好地接收到所需要的信息。

2. 思想服务

思想服务是服务类视听节目中的一项特有内容，与新闻类节目以及理论教育类节目不同，它主要通过谈心、交流、心理疏导等方式来开启和教育社会大众。服务类节目涉及各个领域，包括国家方针政策、党纪国法、社区邻里关系、家庭教育等，这些都可以成为服务的范畴。

在服务类节目的发展过程中，根据时代的进步和社会大众的需要，不断改进思想服务内容和角度。一方面，服务类节目将国家政府的新政令、路线传达，解释给社会大众；另一方面也不断将随之产生的社会反响和矛盾反馈给相关部门，认真做到上情下达、上下沟通。通过这种方式，服务类节目不仅向社会传递重要的政策信息，还能够帮助解决社会矛盾，提升社会稳定性和和谐性。

服务类节目还通过各种方式开展社会教育活动，包括举办公益讲座、开展社区服务、组织义工活动等，帮助提升社会大众的文化素质和社会责任感。在服务类节目的制作过程中，注重与社会大众的互动和沟通，积极倾听他们的意见和建议，及时反馈到节目制作中，确保节目内容贴近社会现实、贴近人民群众的生活。通过这种方式，服务类节目不仅能够为社会大众提供及时、准确的信息，还能够增强社会凝聚力和向心力，促进社会和谐稳定的发展。

3. 生活服务

20 世纪 80 年代，生活服务类专栏节目开始作为电视专栏节目中的一个重要组成部分，引起了电视界和观众的广泛关注。这些节目以服务民生、解决实际问题为宗旨，通过专业的讲解和实用的建议，为观众提供了丰富的生活知识和实用技能。在《为您服务》等生活服务类专栏节目中，观众可以学习到家庭健康、生活常识、法律常识等方面的知识，受到了广大观众的喜爱和好评。

随着时代的发展和观众需求的不断变化，生活服务类专栏节目逐渐成为电视节目的重要组成部分，为广大观众提供了丰富多彩的生活服务。在服务类节目的制作过程中，要注重与社会大众的互动和沟通，积极倾听他们的意见和建议。

4. 民生服务

民生，即人们最平凡不过的日常生活事项。民生既包括了柴米油盐、衣食住行的百姓家常，也涉及民众的人身安全、发展权益等法律层面的概念。

在日常生活中，民生关乎人民的温饱、安全、健康等方面，涉及方方面面的生活问题。包括但不限于食品药品安全、就业和社会保障、医疗卫生、住房教育、环境保护、社会治安等方面。保障和改善民生是国家的基本任务，也是政府的责任所在。

民生服务类节目的出现与发展，正是为了关注民生热点问题、解决民生困扰，为广大人民群众提供及时、有效的服务和帮助。这类节目通过深入调查、关注民生热点，传递政策信息，宣传民生知识，解答民生问题，为维护和改善人民群众的生活提供了重要支持和保障。

《向前一步》秉承着"一把尺子量到底"的创作理念。它解决的不再是家庭、邻里之间的摩擦碰撞，而是将视野从个体转向大众，建立起大众与公共领域对话的平台。通过真实案例解读并落实公共政策，节目致力于形成一个情、理、法三者交融并良性互动的生活空间。这样的设计使得节目不仅关注个体问题的解决，更注重从整体上改善社会环境，提升公共服务水平，为广大观众提供更高质量的生活体验。

这种创新的节目理念和内容设计，使得《向前一步》不仅是一档普通的民生服务类节目，更是一种探索和实践，是对公共服务理念的深入挖掘和践行。它为观众提供了一个了解公共政策、解决实际问题的平台，为社会的发展和进步贡献了自己的力量。

第三节 服务类视听节目的创意与策划

在当前融媒体时代的新媒体格局下，传统媒体正面临着严峻的生存挑战，因此积极寻求新的发展出路。为了完成自身形态的转型，服务类视听节目探索合理利用融媒体资源和不断创新的路径。在这一背景下，生活服务类节目正在以全新的面貌为新媒体时代的受众提供服务。

传统服务类视听节目所面临的挑战不仅是生存的压力还有机遇，媒体从业者需要以长远的眼光和创新的思维对待媒体融合所带来的这个发展机遇。尽管在探索创新路径方面还存在一些不足，一些主流媒体，如中央电视台等，已经开始摆脱传统电视节目的固有思维模式，积极探索适应新时代需求的服务类视听节目的发展方式。

一、服务类视听节目的策划原则

服务类视听节目旨在为观众提供实用的生活建议和服务，帮助观众解决生活中的问题。在策划服务类视听节目时，创意思维至关重要。服务类视听节目应该保持与时俱进，不断创新，以适应观众的需求和市场的变化，保持节目的活力和竞争力。只有不断提升节目质量和创意水平，才能赢得观众的青睐，保持节目的持续发展。

1. 注重新闻性

在专业化的生活频道中，生活服务类栏目可以采用各种节目形态，如新闻、专题、综艺、竞技、谈话等，相互补充，以满足不同观众群体的需求。生活服务类节目运用新闻的视角观察百姓的生存状态，结合专题和新闻手法的优势使视听节目的视角宽阔和独特。

百姓的生活涉及上学、穿衣、住房、保险、医疗、健康等诸多方面。仅以柴米油盐为题材的节目会陷入选题狭窄的困境。生活服务类节目需要更全面地观察和反映百姓的生活状态，不仅关注日常生活中的方方面面，还要关注社会发展和变革带来的影响。这种综合性的观察和报道，使节目内容更丰富、更立体，能够更好地满足观众的需求。生活服务类节目采用新闻的视角去观察百姓的生活状态，是一种十分有效的手段，让观众更加深入地了解自己的生活，并从中获得启示和帮助。

《生活》栏目中的"特别关注"就有很多新闻性的内容，主要是为了加强节目的时效性，对一些热点事件进行跟踪报道。最终的目的是与同在黄金时间播出的各个电视台的电视剧和娱乐节目抢夺观众。

在生活服务类节目中增加新闻性内容，也是生活类节目在其他类节目竞争日趋激烈的重压之下的应对之举。通过增加新闻性内容，节目能够更好地吸引观众的注意力，增强节目的时效性和吸引力，提升节目的收视率和影响力。同时，新闻性内容的增加也能够丰富节目的内容形式，满足观众不同层次、不同需求的观看需求，使节目更具多样化和全面性。

生活服务类节目可以不断进行节目改版和创新，结合时事热点和观众需求，调整节目内容和形式，保持节目的新颖性和吸引力。可以增加一些娱乐元素，增强节目的趣味性和互动性，吸引更多的观众关注和参与。

北京电视台生活频道的《7日7频道》（2002年开播）是典型的一档以新见闻为主打的生活类节目。该节目聚焦于北京的市井生活和百态人生，以独特的"零视角"和极具地域色彩的语言方式，关注普通人的生活状态和民生问题，成为北京电视台生活频道的主打栏目。

《7日7频道》以其独特的创作理念和报道风格吸引了广大观众的关注。节目在每期节目中以7天时间为周期，深入市井生活，挖掘各种有趣的、感人的、有意义的故事，展现普通人的生活百态和社会民生问题。节目以"零距离"的拍摄方式，通过镜头直击生活的方方面面，让观众感受到真实生活的温暖和美好。通过对北京市民生活的深入观察和报道，为观众呈现了一幅真实、丰富、多彩的北京市民生活画卷，深受广大观众的喜爱和好评。

生活服务类节目中采用新闻的手法去处理选题，是通过新闻的眼光去发现有效的服务点，其目的不在于简单地报道事件的发生，而在于告诉观众如何处理正在发生的事情。用新闻手法拍摄生活服务类节目与新闻本身有最根本的区别。生活服务类节目通过新闻样式的专题片，以一种更加深入、全面的方式呈现信息，使观众能够更好地理解和处理生活中的问题，提高他们的生活质量和幸福感。因此，生活服务类节目在拍摄新闻样式的专题片时，需要注重选题的针对性和实用性，以及处理方式的生动性和启发性，使观众能够从中获益匪浅。

2. 强化知识性

旅游胜地除风景优美外，还有许多名胜古迹，蕴含着丰富的人文资源。这些名胜古迹的历史和人文知识使旅游景区具有独特的知识内涵。因此，旅游类节目自然地承载着名胜古迹的历史和人文知识。旅游类节目的知识性与服务性相辅相成，知识性内容往往自然地融入节目中。观众在游览名山大川的过程中，潜移默化地受到知识的熏陶。

无论是哪种类型的旅游服务类节目，都或多或少地具有知识性。中央电视台的《祖国各地》《走遍中国》，以及广东卫视的《逍遥游》等形式各异的旅游类节目向观众展示了不同的文化内容。旅游本身就是一种知识的积淀和情操的陶冶，当人们在观看美丽风景的同时，了解景区的历史与现状，就是在获得知识。

天气预报类节目发展到今天不再局限于简单地播报天气情况，而是更注重将天气信息与相关背景知识有效地联系起来。例如，海南旅游卫视的《旅游气象站》栏目，重点报道世界各地主要旅游城市的天气情况，并围绕节气时令、气象现象和焦点事件精编故事。在播报天气的同时，介绍与当前天气相关的新鲜事物。如果出现了暖冬现象，就会介绍哈尔滨冰灯受到的影响以及北京各大医院因流感患者爆满而面临的挑战。同时，还可以提供预防流感的有效方法，让观众在收看天气预报的同时轻松学习气象知识，开阔视野，增长见识。

背景报道不再仅限于新闻类节目，也可以融入天气预报中。例如，当出现多雨征兆时，可以介绍类似天气条件曾经导致的洪水等后果，以提醒相关单位做好防范工作。天气预报还可以成为科普的平台，介绍厄尔尼诺现象、钱塘潮、流星雨等天文现象。通过这样的举措，天气预报的功能得到了拓展，集实用性、趣味性和知识性于一体。

3. 突出趣味性

趣味性是指节目的视觉吸引力和观赏性。在节目评价体系中，收视率和观众满意度是两项重要的指标。

自2003年起，许多电视气象类节目开始在内容和形式上引入娱乐元素，以改变长期以来基于气象信息的科学和服务性所造成的严肃、乏味的形象。在强调信息传递的同时，电视气象类节目也开始积极探索趣味性的可能性。2003年6月，湖南娱乐频道推出了一档别具特色的电视气象类节目《星气象》。这档节目从一句娱乐化的开场白开始："是天气，还是流行，每晚七点一刻，等着你"，就展现了其娱乐化的特色。节目采用了灯光摇曳、音效暧昧的氛围，主持人（称为星姐）半躺在沙发上，风情万种。在正式播报之前，节目还插播了二三十秒的舞蹈，包括印度舞和古巴舞等，风格各异。播报方式也更加自由，主持人可以边走边说，甚至索性躺在沙发上。这种全新的形式完全改变了传统电视气象类节目的模式。

在内容方面，《星气象》并没有着重于精准的天气预报信息，而是更关注各种生活流行时尚资讯。节目内容涵盖了如何在各种天气条件下穿衣打扮、保养身体，通告街上流行的服装款式、适合使用的防晒霜、如何系腰带等。从形式到内容，《星气象》都充分展现了突出趣味性的特点。

继《星气象》之后，南京电视台推出了《气象新感觉》节目。该节目以"养眼怡情"为口号，主持人周琳身穿粉色健身服，边做健身运动边向观众介绍天气。这种新颖的形式让节目更加生动有趣。另外，凤凰卫视的《格力凤凰气象站》也采用轻松活泼的侃谈式播报方式，插播当前热播歌曲，并设置了观星测运的"周末风水花"等小环节，吸引了众多观众的关注。

中央电视台也在其大部分频道的电视气象节目中加入了娱乐元素，改变了原有严肃、缺乏亲和力和平民色彩的特点。这种改进在新闻频道的《天气·资讯》、CCTV-2的《第一时间·第一印象》、CCTV-10的《今日气象》等节目中都有所体现。

趣味性是当前所有电视节目的一种趋势，生活服务类节目也可以朝这个方向发展。现代社会，人们的生存压力不断增加，没有多少人喜欢看那些板着面孔说教的节目。电视节目的娱乐性倾向成为一种时尚。如果节目不能完全娱乐，也要尽量轻松活泼，就像《天气预报》的变化一样。在这种趋势下，旅游类节目也需要不断地变化形态，并不断注入娱乐因素。新近推出的旅游益智类节目和旅游探险类节目就是这一变化的体现。

4．风格多样化

除了实用性和服务性，服务类视听节目在表现形式上也呈现出多样化的特点。这些节目不仅要传递实用信息，还要通过各种形式吸引观众的注意力，提高节目的观赏性和吸引力。

《生活》节目吸收了综艺节目的多种元素，包括烘托气氛的音乐、音效，预定设计的表演，以及主持人形象的丰富表现形式。这些元素的引入增强了节目的趣味性、吸引力和互动性。主持人不再局限于单一的形象，而是可以通过夸张的动作、通俗化和平民化的语言表达来丰富节目内容，使其更加生动有趣。

湖北卫视的《生活·帮》栏目采用了记者的体验调查、实验室的科学实验、主持人现场讲解以及专家权威解答等多种表现手法。这种融合了事件模拟、道具演示、访谈讲座等形式的节目，丰富了节目的表现形式，使内容更加生动、有趣，更容易引起观众的兴趣和共鸣。

《家政女皇》栏目采用了综艺娱乐类节目的表现方式，《交换空间》则采用了真人秀的方式进行拍摄制作。这些不同的节目形式都展示了生活服务类节目在形式上的多样化表现。

电视服务类节目已经从过去以电视杂志型为主向"真人秀"、调查纪实的形式发展，采用纪录或大型演播室录制的方式增强了这些节目的传播效果。中央电视台经济频道的《超市大赢家》就是一档在超市实景拍摄的大型消费竞技节目，该节目通过紧张刺激的竞技游戏轻松传达服务信息，并在2004年"五一"和"十一"、2005年"春节"期间以假日特别节目的形式每次连续播出7集后，连创三次经济频道假日特别节目平均收视第一的佳绩。随后，于2005年4月，新版经济频道将该节目改为周播节目。在职场类节目中可以看到借用真人秀的电视手法；在旅游类节目中，采用实地探访的形式；在美食类节目中，则借鉴了益智竞猜类节目的表现形式。

通过采用多样化的形式对生活服务类节目的内容进行包装，可以更好地吸引观众的注意力，提高节目的观赏性和吸引力。实际上，表现形式的多样化也是服务性的一种体现，因为它能够更好地满足不同观众的需求和喜好，让观众在娱乐中获得实用信息，从而达到更好的传播效果。这种多样化的形式不仅丰富了电视节目的内容，也提升了节目的品质和观赏性，使其更具吸引力和竞争力。

二、服务类视听节目的创新方法

在当今融媒体时代，服务类视听节目需要不断创新，以适应新媒体环境下受众需求的变化。这种创新主要体现在节目定位和内容的创新、节目质量和公信力的提升、节目形式和播出方式的创新等方面。只有通过这些创新举措，服务类视听节目才能在新媒体融合改革中实现健康、稳定和可持续的发展。

服务类视听节目的创意思维在很大限度上决定了节目的质量和观众喜好。节目策划者需要关注主题创新、形式多样、视角创新、互动性、跨界合作和故事性等方面，充分发挥创意，以打造出既实用又有趣的服务类视听节目。

1．时尚化

视听媒介不仅具有平面媒体无法比拟的声音和图像两种表现手段，而且其画面的活动性更能完美地展现时尚的动感和立体性。

生活服务类节目在节目包装和内容设计等方面向时尚化方向发展，以满足主流人群审美追求的需要。上海电视台生活时尚频道就是一个明显的例子，该频道以 20～45 岁的城市人群为目标观众，倡导先进的生活态度，传播时尚的生活方式，节目风格以自由、现代、精致、优雅、前卫为特点。从栏目名称就可以看出这一点，比如《今日印象新气象》《今晚睡不着》《风流人物》《万千风情》《魅力前线》《生活在线》《生活一级棒》《国际时尚前沿》《心灵花园》《巴黎感觉》《星情花园》《超级模特》《婚事全接触》等，这些栏目名称的设计充满时尚气息，吸引观众目光。

在 2004 年 7 月开始的改版中，浙江卫视的《时尚 100%》栏目也进行了改版，以"享受生活，引领时尚"为目标。改版后，《名人宝典》栏目倾听和展示时尚名人的理财手段和消费观念；《尚方宝谏》栏目通过对时尚小店的选址环境、店内的布置和摆设、招揽顾客的手段和形式等方面的体验来对本期小店的各个环节进行评级并进行综合打分；《时尚生活万花筒》栏目倡导人们享受生活。东方卫视的《摩登时代》栏目宣扬时尚精神，引导观众过上像明星一样的时尚生活，宣称："时尚的生活态度，才是真正的时尚精髓所在！" 2005 年新版央视经济频道《前沿》栏目的周日版《文化消费前沿》被替换为一档新研发的装修类生活服务类节目。

通过视频和音频的结合，视听媒介可以更生动地展现时尚的元素，如时尚服装的设计、时尚活动的现场，甚至是时尚文化的内涵。视频可以通过画面的移动、镜头的切换等手法，展现时尚品牌的设计理念、服装的款式搭配、时尚活动的场景氛围，使观众身临其境般感受时尚的魅力。视听媒介的立体声效和立体画面，使时尚内容更具动感和立体感，能够更好地吸引观众的注意力，提升时尚内容的传播效果和影响力。

2. 娱乐化

现今生活节奏快，人们工作后回家更愿意观看能够让自己放松愉悦的电视节目。作为一种服务型电视节目，生活服务类节目的目标之一就是让观众心情愉快。服务类视听节目在内容和形式上都应该增强趣味性，远离枯燥乏味。节目策划人可以从话题选择、主持人风格、选景布置、台词设计、音乐音效等方面着手，让生活服务类节目更加生动有趣，实现更好的传播效果。

2003 年，电视综艺娱乐类节目不再局限于明星和名人，而是让普通百姓、平民观众也参与到节目中来，成为综艺、娱乐类节目发展的新趋势。例如中央电视台推出的《非常6+1》节目。

同样，这种"亲民"举措也在服务类节目中出现。专业性的节目更多地注入了娱乐化元素，以轻松活泼、娱乐化的形式呈现，从而吸引更多的非专业观众。

服务类节目在娱乐化的实践中主要体现为两个层面：一个是整个节目形式的娱乐化；另一个是节目部分板块的娱乐化。前者如中央电视台在春节期间推出的《鲁花美食走四方》节目，通过两大吃客大嘴和馋猫风趣地为观众介绍美食地图。2004 年播出的节目走访了北京、上海、成都、广州四大美食之都，让观众领略美食的同时也了解了各地的风土人情。后者如中央电视台经济频道《绝对挑战》中的个人才艺表演和《生活》栏目中的"朱轶说计"板块。2005 年 4 月，改版后的"朱轶说计"呈现全新的互动型演播室节目形态，结合现场展示、现场实验等多种手法对"生活 3·15"板块进行延伸和补充。主持人风格化的语言与道具、漫画、实验、新闻资讯等有机结合起来，并通过短信方式与观众进行互动。

河北卫视的《家政女皇》通过趣味性传播实现生活服务类节目的娱乐化。《家政女皇》

采用综艺节目形式，将生活服务类内容呈现得非常有趣，节目中的选景和主持人风格给人一种轻松愉快的家庭氛围。虽涉及专业话题，但节目表现形式非常生动有趣，采用了有趣的音乐和音效，配合笑点和质疑点，增强了节目的趣味性和互动性。《家政女皇》成功将生活服务类内容娱乐化、趣味化，让观众在轻松愉快的氛围中获取生活知识。

当然，服务类节目注重娱乐化的同时，不能忽视文化元素和教育意义。服务类视听节目的初衷应该是关注现实生活，服务社会大众的实际需求。这些节目应该着重解决人们在日常生活中遇到的实际问题，为观众提供实用的生活指南，使他们能够享受到更便捷、更贴心的生活服务。因此，服务类视听节目不应完全演变为综合娱乐类节目，而应该保持其原有的服务性质。在节目制作中，应该更加关注文化元素和教育意义，努力使节目内容更加丰富多样，更贴近观众的需求，让观众在娱乐的同时获得知识和启发，提升自己的生活品质。

3. 细分化

CCTV-2 在中国电视频道专业化历程中占据重要地位，而且目前该频道的节目构成中生活服务类节目占了近一半。正是由于 CCTV-2 的引领作用，才有各地生活服务类节目和主题频道纷纷跟进。

中央电视台二套节目以"经济·生活·服务"为内容定位，设置了一系列相关节目。该频道的财经节目主要以经济新闻为主线，辅以背景性、专题性和谈话性节目。在股市开盘时间，上午和下午分别播出《证券时间》，及时介绍和分析股市走向，晚上则由《证券之夜》对一天的股市进行深入评述。中午和傍晚播出的《中国财经报道》涵盖了最新的财经新闻，晚上还有《经济半小时》节目。此外，还有一些辅助性节目如《中国市场信息》《商桥》《商界名家》《艺术品投资》《对话》等。节目采用大量表格和字幕，使内容更直观易懂。通过对节目要素的整合，财经节目的特色和专业性得到了彰显，吸引了对经济和投资感兴趣的广大观众。

目前国内的服务类节目呈现出单一主题的节目形态与多主题、杂志化的节目形态并存的状态。随着受众的逐步细分，各个电视台的服务类节目的题材也有越分越细的趋势。有些电视台甚至设立了专门的服务频道，涵盖了各种题材的服务节目，综合杂志类服务节目依然占据一定的比重。综合杂志类服务节目通常包含了衣、食、住、行等方方面面的内容，是针对受众日常生活的各个方面进行服务的节目。这类节目常常将栏目分为几个彼此有机结合的小板块，或者将节目分为几个子栏目独立播出，以满足不同受众的需求。

内容细分化的趋势使电视节目更具有对象性和针对性，以适应分众时代的需求。《生活》栏目中的"紧急避险"板块曾播出过一系列对象性强的节目，如"夹缝救援""浴室危机""孤岛求生""身陷戈壁你该怎么办"等，从而提高了传播的有效性。

随着人们生活水平的提高，旅游类节目越来越受到欢迎，并且针对不同年龄、不同兴趣的观众出现了不同形式的旅游类节目。职场类节目也细分受众，有的针对高端人群，有的则面向一般下岗职工。科教类节目更能体现内容细分特色，有的特别针对中学生，也有针对成人的函授教育节目。这种内容细分化不仅提高了节目的针对性和吸引力，也更好地满足了不同受众群体的需求。

4. 差异化

服务类视听节目在其采编制作中应以观众需求和问题为出发点，以确保长期可持续发展为目标。在服务类视听节目创意与策划中，突出个性化和差异化是至关重要的，节目在内容和形式上与其他同类型的视听类节目形成明显的区别。以中央电视台的《舌尖上的中国》为例，节目成功地填补了文化与美食相结合的节目类型的空白，这种差异化发展战略使其在市场上取得了显著的成功。

由于中国地域辽阔，生活服务类节目的内容会存在地域上的差异。在美食主题的服务节目中有明显体现，如在川菜、粤菜等菜系的发源地和主要流行地，人们对美食的要求显然不同，关注点也会有所不同。

地域的差异也促使视听节目内容差异化发展。中央电视台的医疗保健节目《健康之路》，节目约请专家会选择北京的几大医院或医科大学等机构的专家。对于大多数观众来说，能够到北京就诊的人却是少数，这显然会减弱节目对广大观众生活的影响力。针对这一问题，《健康之路》每年都会组织大型的电视行动，前往其他城市进行义诊。2004年，《健康之路》策划了内蒙古行活动，体现了城市支援农村、东部支援西部的理念，让当地民众获得了义诊和健康教育的机会。

此外，在服务类视听节目受众定位方面也要差异化发展。大部分服务类视听节目在受众群体中主要以中老年人为主，这对于节目的发展活力提出了一定挑战。可以制作与年轻人或者青少年相关的节目内容，通过吸引年轻人的兴趣和关注，增强节目的吸引力和影响力。例如，《超级点子王》节目走入校园，与学生一同开展技能比拼，提高了小学生对该节目的喜爱程度，增强了该节目对小学生群体的影响力。这种方式可以为服务类视听节目带来更广泛的受众和更高的收视率。

第四节　服务类视听节目制作策划

随着社会的不断发展和观众需求的多样化，服务类视听节目需要设计并制作出符合现代观众需求的高质量节目内容。

服务类视听节目的核心在于服务，其目标是为观众提供有益的信息、实用的知识和愉悦的娱乐体验。节目的特点是内容丰富、形式多样，涵盖了人们日常生活的方方面面，包括健康、家庭、教育、生活技能等各个领域。在当今信息爆炸的时代，服务类视听节目不仅要具备高质量的内容，还需要紧跟时代潮流，结合新技术和新媒体，不断创新节目形式，提升节目品质，满足不同观众群体的需求。

一、注重画面美感

画面的美感是服务类节目最突出的特色。特别是服务类节目中的旅游服务类节目，大自然的绚丽多姿为旅游类节目提供了无穷无尽的美丽画面。摄像人员应充分利用镜头让旅游服务类节目具有强烈的观赏性。

不同类型的镜头和拍摄方式会为节目带来不同的效果。固定镜头让人感觉稳定庄重，运动镜头给人以节奏和韵律；快速运动的镜头让人觉得活泼，慢速运动的镜头则让人觉得优雅凝重。摄像人员应根据不同的地域和题材，采用不同的镜头和拍摄方式，同时要考虑对象、色调、构图等因素。在镜头的推、拉、摇、移以及镜头的变化节奏上，摄像人员还要与编辑的创作风格保持一致，并在后期编辑过程中进行二次创作，提高画面的艺术感染力。在拍摄过程中，摄像人员还应注意抓取具有当地特色的细节，用细节来讲述故事，通过这些有特点的镜头给电视观众带来视觉冲击力。

在追求欣赏性的同时，服务类视听节目还必须保证信息的真实可靠性。不能为了追求画面的美感而牺牲真实性，毕竟给观众提供服务参考是服务类视听节目的最大目的。无论是公益性的宣传，还是为某个景区做广告，都不能牺牲观众的利益。因此，在制作旅游类节目时，摄像人员和编辑必须确保所展示的画面真实可信，信息准确完整，以便观众能够准确了解目的地的风景、特色和实际情况。

《生活》栏目的最后一个子栏目是《生活速写》，这是一个反映日常生活中凡人凡事的小片段。它采用了素描的方法，力求在数分钟内将人物的性格、故事的内涵表现出来。在具体手法的运用上，《生活速写》运用背景音乐来衬托内容情感，用移动字幕来说明故事内容，用蒙太奇手法来揭示内在理念，用一切自然的生活场景和画面来反映生活中各种朴素的情感。

服务类视听节目注重生活场景的画面美感，展现了服务者和服务对象之间的一种自然本色的生活服务理念。通过短小精悍的故事片段，观众可以深入感受到日常生活中的点滴温情和人情味道。这种贴近生活、真实自然的制作风格，使得观众更容易产生共鸣，增强了节目的吸引力和感染力。

受演播室空间场景的限制，服务类视听节目在拍摄录制过程中对光线氛围的营造和光线造型的表现提出了较高的要求。清新风格的布光应贴近生活真实情境，富有情感色彩，重视照明平衡，以确保画面清晰度。通过科学的光色造型布置和安排，演播室可以达到光线效果的最佳状态，突出节目主题，提升观众的观看体验，优化节目效果。清新风格的布光能够使观众在舒适的影像环境中更好地理解节目传达的核心信息，不仅丰富了知识的传播，还提供了娱乐享受，调剂生活，提升情调的功能。

色彩在服务类视听节目中扮演着重要角色，它是节目画面视觉效果的关键组成部分之一，能够有效渲染情感、突出主题。作为节目表现形式的重要元素，色彩的合理运用直接影响着节目主旨的传达和观众的接受程度。在生活服务类节目《你好，新生活》中，充分发挥光源、色彩以及镜头运动等因素的作用，以获得与作品内容、情节和氛围相符的满意色彩构成形式是至关重要的。

二、音乐与画面融合

音乐作为一门感性艺术，在视听节目中扮演着重要角色，能够使画面更加生动，打破原有单调的视听体验。在服务类视听节目中，音乐的运用与纯音乐有所不同。尽管音乐是一种听觉艺术，但其内涵需要经过受众的二次解读才能得以真正体现。过去的生活服务类节目往往偏重人声，而忽略了音乐的潜在作用。然而，通过将画面与音乐进行巧妙配合，使其融为一体，可以实现音乐与栏目主旨的有机统一，为作品奠定情感基调。在《你好，新生活》节目中，慢节奏的音乐被运用来展现快节奏生活中的美好事物，为观众营造出一种悠闲、放松的氛围，让他们能够在忙碌的生活中放慢脚步，体验生活的美好。

尽管生活服务类节目在叙事中主要依赖视觉符号，但仅靠画面和同期声往往难以准确传达创作意图，尤其是对情感渲染和主题揭示等方面。因此，需要借助听觉符号进行叙事上的补充。在《你好，新生活》这一生活服务类节目中，为了进一步展现引领观众寻找慢节奏、恬静舒适生活方式的愿景，每个片段都配有慢节奏的音乐，营造出一种祥和、自然的情感氛围。在服务类视听节目中，不应过分追求自然声和人声的呈现，而应充分利用音乐的作用。

在《你好，新生活》中，音乐并非占据主导地位，而是与画面和人声相辅相成，共同营造出节目的整体氛围和情感基调。

《你好，新生活》每一期节目选择不同经历的嘉宾进行讲述，在呈现这些嘉宾的故事时配有慢节奏的音乐，形成独特的音乐风格。这些音乐不仅仅是作为背景音乐，更是与视频中的内容相辅相成，相互呼应，为观众带来视听上的双重享受。在后期剪辑过程中，节目编导并没有为了突出音乐的重要性而减弱人声和环境声的出现，而是二者相辅相成，相互衬托，为观众呈现出更加丰富和完整的视听体验。

在服务类视听节目中，除外音的介绍之外，精心设计的音乐也是至关重要的。这些音乐需要与节目内容相匹配，与画面内容相融合，从而营造出一种恰到好处的氛围和情感。在节目中，音乐不仅作为背景音乐存在，更是通过与视频内容的巧妙配合，与画面相互呼应，加强节目的情感表达和氛围营造，提升观众的视听体验。因此，在制作服务类视听节目时，音乐的选择和运用必须经过精心设计和策划，以确保与节目内容的完美契合。

三、丰富节目制作形式

借鉴多种节目的制作方法，注重服务过程的趣味性，是提升服务类节目质量和吸引力的重要途径。作为服务类节目的策划者，应该有选择地借鉴其他类型节目的制作手法，从中找到适当的改进方法。

可以借鉴综艺节目的形式，增强节目的趣味性和娱乐性。可以通过增加游戏环节、脱口秀、小品表演等方式，使节目更加生动有趣，吸引观众的注意力，提升节目的观赏性和互动性。可以借鉴纪录片的拍摄手法和叙事技巧，增强节目的情节性和故事性。可以采用纪实拍摄手法，深入到社会的各个角落，记录真实的生活故事，让观众更加身临其境，感同身受。还可以借鉴电视剧的叙事方式和剧情设置，增强节目的戏剧性和张力。可以通过设置主题性突出、情节跌宕起伏的节目内容，吸引观众的注意力，引发观众的共鸣和思考。

中央电视台的《生活》栏目的第一个子栏目《旅游新经验》采用了纪实加述评的制作方法，将新闻的纪实手法运用到服务类节目中。这个子栏目每期介绍一个旅游景点，与一般的介绍加说明的方法不同，节目安排记者参加旅行社，跟团出外景拍摄。在整个过程中，记者用摄像机将数天的旅游线路一一记录，包括白天的路线设置、晚间的住宿安排、出游中意外事件的处理以及交通工具的安置协调等。记者将团队队员的要求和不满、导游的处理手段和存在的问题都展现出来，给观众呈现了一个真实的旅游经验。最后，记者让参加旅行的游客根据本次旅游打分。接下来，节目转到了另一个子栏目《相关链接》，记者根据本次旅行中的经验和心得，总结了该景点旅行的特点，并根据自己的经验提供了十个左右的旅游参考问题，以方便观众下次旅行之需。在整个旅游的过程中，策划者采取客观、真实的纪实态度，对旅游的全过程予以展示，既增强了旅游的趣味性，又增强了节目的生活色彩。这样的制作手法不仅使节目更具吸引力，也提升了观众的参与感和体验感，是服务类节目制作的一种有益探索。

在旅游和时尚节目中还可以引入益智竞猜的节目形式，激发节目现场观众的参与热情，促进节目制作者与观众之间的互动。竞赛结果的悬念和优胜者获得丰厚奖励的设定，成为吸引电视观众的有效手段。尽管这类节目形式更注重竞猜和娱乐，但其基本内容仍然负载着与生活相关的知识性和服务性内容。与综艺节目和益智节目相比，这类节目并不以观赏性和娱乐性为首要目标，而是通过竞猜的方式向观众传递有价值的生活信息和知识，这个特点使其在电视节目中独具特色，受到了广大观众的喜爱和关注。

四、突出节目包装特色

在数字化、网络化的时代背景下，节目的包装显得尤为重要。生活服务类节目的核心特征在于其强调实用性，以满足不同个体的具体需求为目标。这种实用性要求节目具有明确的指向和针对性，因为服务对象的个体差异性很大。因此，这类节目具有很强的市场属性，需要像商品一样注重包装技巧。无论节目内容是什么，都需要通过巧妙的包装形式和手法吸引最终的市场消费者。宣传和美化在服务类视听节目收视率竞争中显得尤为突出。服务类视听节目的设计者和制造者需要充分发挥想象力，通过形式美的技巧和手法，提升节目的外在形象，从而获取更高的收视率。在当前的社会心态下，具有动感、冲击力和震撼力的包装形式更受欢迎。

服务类视听节目包装主要体现在版面包装和节目制作形式上。长期以来，服务类电视节目，尤其是单项服务类电视节目给人的感觉都是一样的版面，很少有富有创意的节目片头或者片尾，节目的制作形式也十分单一，这些都使得节目内容变得十分枯燥和乏味。

《生活》栏目在包装方式上独具匠心，采用了多种创新手法。形象生动的字幕和图表是其突出之处之一，这些字幕和图表不仅清晰易懂，而且设计独特，增强节目的吸引力和可看性。节目在开始和结束时采用远、中、近不同景别的构图，营造出不同的气氛。演播室的设计采用了赏心悦目的天蓝色调，营造出明朗、淡雅、清新、时尚的空间氛围，给观众带来强烈的视觉冲击和审美愉悦，而且使观众一看到天蓝色就能够联想到《生活》栏目。《生活》栏目追求个性化风格，努力创造与众不同的节目形象，只有具备个性化包装的节目才能在激烈的竞争中脱颖而出，赢得观众的青睐和认可。

中央电视台的《天天饮食》节目改变了以往服务类节目的形象，不仅制作出了以节目主持人为样板的动画人物图形，还精心配制了节目主题音乐《我爱厨房》。这首乐曲欢快、轻松、诙谐、幽默，而且只有两段简单的歌词，朗朗上口，对于宣传节目形象、突出节目主题起到了很好的作用。

天气预报节目的呈现方式也在不断创新。从最初的手绘天气形势图到卫星传真的大气状况照片，再到现在的平面地图和立体三维动画，尤其是电脑技术的应用，使得天气预报更加生动、美观。因此，天气预报正逐步走向现代化，借助高科技装备实现信息的准确传递。

在节目包装中，文字作为元素符号同样具有感性的冲击力。文字的整合包装与电视栏目的形象、视觉整体基调色和构图等相结合，形成一种动态韵律美和静态平面美的统一视觉行为。在电视生活服务类节目中，使用文字字体时，应该具备一种"文字感情"的包装意识。不同的字体会带有不同的情感色彩，因此，最好采用纯粹、单一、个性化的文字风格，避免过于复杂和花哨，以保持观众的视觉舒适度和节目形象的一致性。

 课后思考题

1. 结合具体案例分析我国服务类视听节目发展各阶段的特点。
2. 服务类视听节目有什么功能？请分析服务类节目在解决实际社会问题所起到的作用。结合实例说明其有效性和影响。

3. 请论述服务类视听节目如何进行受众分析和定位，结合实例说明如何根据不同受众群体的需求设计相应的节目内容。

4. 请分析服务类视听节目如何保证信息的准确性和权威性，讨论其在建立和维护公信力方面的重要性。结合实例说明具体策略。

5. 互动设计在服务类视听节目中非常重要，请分析服务类视听节目如何提升观众参与度。

6. 请结合具体案例分析服务类视听节目策划在新媒体语境下的创新方法。

7. 请结合具体案例分析服务类视听节目如何丰富和创新节目制作形式。

8. 请论述服务类视听节目如何利用电视、互联网、移动端等多平台进行传播，分析其策略和优势。结合实例说明具体的多平台传播案例。

9. 请结合具体案例分析服务类视听节目如何通过品牌建设提升节目的知名度和影响力。

10. 新媒体环境对服务类视听节目带来的机遇和挑战，请论述如何通过创新节目形式和传播方式，适应新媒体时代的需求。结合实例说明具体应对策略。

随着社会的发展和科技的进步，教育领域不断拓宽。视听媒体在教育领域的应用日益广泛，教育类视听节目已成为传播知识、提高公众素质和普及教育理念的重要途径。

社教节目，即社会教育类节目，是视听媒体用来进行社会教育和文化教育的一种节目形式。这类节目的题材广泛，编辑播出手法灵活多样，旨在通过娱乐的方式传递教育、文化、知识等内容，将教育和服务融入节目中，是展示媒体机构特色和水准的重要节目类型。根据 2020 年国家广播电视总局的指导意见，加强社教节目的创新和优化是广播电视公共服务体系建设的重要内容之一，特别是鼓励办好群众喜闻乐见的农业、科技、法治、医疗卫生等节目。

在当代视听节目体系中，社教节目与其他类型节目相互借鉴融合，呈现出多样化的形态。传统的说教式的社教模式逐渐式微，而综艺类、服务类节目则日益凸显出明确的社教功能。在这种背景下，知识类和教育类节目成为关注焦点，其经典形态和融媒体策划思路变得尤为重要。

社教节目的形态和策划思路多样化，既包括传统的讲解类节目，也涵盖综艺类和服务类节目。这些节目通过各种形式，如讲座、访谈、纪录片、实验展示等，以生动的方式向观众传递知识和教育。同时，社教节目还借助融媒体手段，包括互联网、社交媒体等，扩大其影响力和传播渠道，更好地满足不同受众的需求。因此，对知识类和教育类节目的经典形态和融媒体策划思路的解析具有重要意义，有助于指导节目制作和优化，提升社教节目的质量和影响力。

第一节　社会教育类视听节目概述

社教节目在社会发展中扮演着重要的角色，其突出的作用在于向受众传授维系社会发展所需的社会规范和知识，同时承担了个人社会化的功能。

通过日常播出的各类节目，如纪录片、访谈、讲座等，对听众、观众进行道德、智力和审美等多方面的教育，这有助于提高全民族的思想觉悟、道德素养和科学文化素质，从而促进社会的和谐发展。通过开办各种传授系统知识的正规电视学校、举办专门性的知识讲座等形式，直接为社会培养专业人才。这种教育方式有助于提升人才素质，推动社会经济的发展。

社教节目通过视听媒体进行理论教育、思想教育、法治教育等，有助于传播正确的意识形态和价值观念，引导人们树立正确的世界观、人生观和价值观，促进社会的和谐稳定。社教节目还承担着科学知识教育的功能，通过生动形象的方式向公众传播科学知识，提高公众的科学素养，促进科技进步和创新发展。

社教节目在传播社会规范、知识和价值观念的同时，也起到了培育人才、促进社会发展和提升公众素质的重要作用。

一、社会教育类视听节目的概念

关于社会教育类节目的定义，不同的学者有着不同的定义，至今没有一个非常统一的界定，综合各个学者的研究，社会教育类的节目就是以社会教育为宗旨的各种电视节目的总称，常与新闻类的节目、文艺类的节目并称为电视节目的三大支柱。教育类节目的内容丰富，在表现手法上也多样化，可以有谈话文艺表演、实时报道等多种形式。无论是中国还是国外的电视台，非常重视教育类节目，他们把教育类的节目水平看成是电视台综合实力的表现。教育类节目涉及的内容非常广泛，有文化健康生活、服务科技、社会法治、历史等。按节目题材可分为社会政治类、经济类、文化类、科技类、人物类生活、按节目样式可分为纪录片、谈话节目和杂志型节目，也可以粗略地分为对象性和专题性两大类。

社会教育类视听节目是指通过视听媒体（如电影、电视、网络视频等）传播教育信息和知识的节目。这类节目旨在帮助观众提高知识水平、培养技能、拓宽视野，以及激发学习兴趣。教育类视听节目具有教育性、娱乐性、知识性和观赏性等特点，适合不同年龄段和学习需求的观众。

二、社会教育类视听节目的发展历程

社会教育类节目发展至今，传统的说教式节目样式早已被淘汰，如今的社会教育类节目顺应时代潮流，将传播学、戏剧与影视学以及艺术学的理论广泛运用于节目制作中。社会教育类视听节目的样式、叙事手法以及人物塑造等方面一直在不断尝试和创新，节目的题材广泛，节目设置、编辑和播出手法灵活多样，节目定位更加清晰，目标受众更为明确，以娱乐方式传达知识，节目更具有故事性。

1. 早期阶段（20世纪50年代）

20世纪初，随着电影的诞生和普及，一些有远见的教育家和电影制片人开始尝试将电影应用于教育领域，制作教育类纪录片、科普片等。这一时期的教育类视听节目以图像丰富、直观生动的特点，吸引了观众的注意，为教育领域带来了一定的启示和影响。

20世纪50年代，随着电视的出现和发展，教育类视听节目得到了更大的推广。许多国家开始在电视台开设专门的教育频道，播放教育类节目，如儿童教育节目、成人教育节目、外语学习节目等。这一时期的教育类视听节目具有广泛的覆盖面和较高的观众参与度，对社会的教育普及发挥了重要作用。

在社教节目发展的早期阶段，专栏节目是比较成熟的形式。例如，1963年北京电视台（中央电视台的前身）正式设立了社教节目部，当时的主要任务是录制演播室节目，以直播为主要方式。相比之下，新闻部主要负责外出采访，使用的设备是胶片摄影机，而文艺部主要负责使用转播车转播各个剧场演出的实况。

在这一时期，社教节目部门制作了一系列专栏节目，如《国际知识》《卫生与健康》《少年儿童节目》等，这些节目在当时观众中产生了较大影响。特别是《卫生与健康》节目，其中包含了许多服务性的内容，为观众提供了有关健康和卫生方面的知识和信息，受到了广泛关注和好评。

2. 电视时代（20世纪80年代—20世纪90年代）

自20世纪80年代末以来，随着技术的发展、数字技术的广泛应用，我国电视节目得到了极大的丰富和发展。地方电视台之间、地方电视台与中央电视台之间的竞争日益激烈，以节目类型化和受众对象化为特征的专业电视频道开始大量涌现。各电视频道希望通过受众细分制作社会教育类电视节目来赢得市场份额。

80年代，随着社教节目的不断发展，专栏节目进一步成熟，《兄弟民族》《祖国各地》等电视专栏几乎家喻户晓。其中，《为您服务》更是成为那一时期社教节目中最负盛名的专栏节目之一。

80年代面向青少年观众的竞赛节目成为社教节目发展的一件大事。自1986年起，竞赛节目呈现全方位发展之势，尤其是1987年以后，发展更加迅速。在内容上，除知识竞赛之外，还出现了演讲比赛、辩论比赛、技能比赛、推销术比赛、电脑操作比赛、主持人比赛等，参赛者也从青少年扩展到社会各阶层人士。

知识竞赛节目在发展的过程中，不断进行着新的尝试，不断创新内容和形式。1986年，为了庆祝联合国国际和平年，制作了7场《国际和平年国际知识竞赛》。该节目引进了民间的打擂形式，插入了观众的即兴谈话和即兴表演，使得赛场充满了幽默风趣和笑声。节目播出时，时任联合国秘书长德奎利亚尔发来贺电称："在中国举行的《国际和平年国际知识竞赛》如同在贵国组织的其他活动一样，是对国际和平年活动的宝贵贡献。"

1987年4月播出的《"北京—杭州"运河知识对抗赛》是中国电视史上首次实现的异地双向传送现场直播的电视节目。无论是画面还是声音，都完美地实现了事先的设计，充分体现了对抗赛的节奏和气氛。这一成果得益于中央电视台、浙江电视台以及有关部门的通力协作。

进入90年代之后，社教节目的发展呈现出多元化的特点。1990年中央电视台社教中心的成立标志社教节目进入了新的发展阶段。社会教育节目从突出知识性转向了突出服务性，《夕阳红》《半边天》《大风车》《十二演播室》以特定观众群体为收视主体对象性栏目的出现。

这些节目的出现标志着社教电视节目的转型，由以传播文化知识、开展社会教育为主要目的，转向了从不同层次、不同角度满足观众文化需求，也标志着社会教育节目转变为新型的社会文化本体中有机的组成部分。这些对象性栏目成为社会教育和文化传播的重要载体，通过针对特定观众群体的服务性内容，满足了观众的文化需求，拓展了社教节目的功能和影响力。

1999年5月23日，福建电视台新闻频道的开播标志着我国电视频道专业化的开端。受传播技术手段进步和传媒渠道扩展的影响，电视节目资源短缺的现象逐渐不复存在。频道专业化有利于最大限度地整合和利用资源，明确频道定位和品牌建设，有效细分目标受众群体，制定长期发展战略。

在频道专业化趋势中，购物频道和社会教育类频道占据了重要地位。购物频道和小众型社会教育类频道的出现是对市场细分和受众需求的响应，如围棋频道、书法频道、美妆频道、摄影频道以及职业玩家游戏频道等。同时，在大众型频道中，社会教育类频道也被进一步细分为法制频道、经济频道等，以满足不同受众群体的需求。

3. 数字媒体时代（21世纪初至今）

《开学第一课》（2024）采用"多地实景课堂"模式，结合AR技术、虚拟演播室技术等高科技手段，为观众呈现一场融合历史与现代、传统与创新的思想文化盛宴。在《开学第一课》中，AI技术被广泛应用，如全球首个通用智能人"通通"的亮相，以及阿里云为大学生带来的AI开学第一课等。这些AI元素的加入不仅丰富了节目的内容形式，还让观众对AI技术有了更深入的了解和认识。同时，节目还通过AR技术实现了虚拟与现实的交互，让观众在沉浸式体验中感受科技的魅力。

随着数字媒体时代的到来，社会教育类视听节目在内容和形式上都在不断创新和发展。《中华文明地标》节目在此背景下应运而生，节目采用演播室访谈与实地探访相结合的方式，邀请专家学者、文化名人等作为嘉宾，共同解读地标背后的历史和文化故事。同时，结合高清影像、虚拟现实等现代技术手段，让观众身临其境地感受中华文明的魅力。旨在通过寻访古老建筑、文明遗址、文化遗存，塑造文化地标、解码文明标识，让观众领略源远流长的中华文明。

三、社会教育类视听节目的类型

识别和规范社会教育类视听节目的分类是社会教育类视听节目策划的首要任务和基本前提。社会教育类视听节目历史悠久、形式多样、题材广泛，是涵盖范围广泛、体系庞大的节目类型。在某些情况下，社会教育类视听节目与其他类型的节目有概念上的重叠，因此，社会教育类视听节目的分类可以说是节目类型分类中最为复杂的一种。

教育类视听节目主要分为两类：专类教学节目和社会教育类节目。需要说明的是，在中国广播电视政府奖评奖标准中，将专题片和纪录片划归社会教育类节目。

专类教学节目涵盖了各种教学内容，包括综合教学、专科教学和应用教学。综合教学如广播电视大学的综合课程，专科教学则是针对单个学科，比如英语单科教学，而应用教学节目则主要是为各种就业培训而设立的。

社会教育类节目则通过各种具有教育意义的社会节目来传播知识和理念。这类节目一般分为三种形式：①理论性节目：主要通过讲座、论坛、座谈等形式进行表现。②知识性节目：这类节目内容广泛，通常以趣味专栏的形式出现。③对象性节目：根据节目的主要受众对象进行划分。可以按年龄、性别、职业等来划分，如青少年节目、儿童节目、女性节目、男性节目、解放军节目、城市职工节目、农民节目等。

社教节目是中国特有的节目形式，其本身构成一个复杂的节目系统。从节目形态上看，社教节目可分为教学型节目和专栏型节目，其中专栏型节目是主体。专栏型节目以传播知识和思想教育为主要宗旨，旨在适应不同层次受众的需求。这些社教节目与其他类型的节目存在一定的兼容性，随着社会的发展，这些具有一定针对性的节目的受众面也在不断扩大和变化。

社教节目的划分标准可以从多个维度进行。根据观众的年龄层次，可以将社教节目划分为儿童教育、青少年教育和成人教育等类别。根据节目涉及的学科领域，可以将社教节目划分为数学、科学、文学、艺术、语言、历史等类别。社教节目大多由社教部门进行制作和策划。

1. 理论类节目

这类节目以阐述思想理论、传达社会主义核心价值观为主要特征。通过讲解道理、阐发论点等形式，向观众传达党的路线方针政策，促进社会主义核心价值观的传播和人民思想觉悟的提高。

在国家广播电视总局的指导下，全国 33 家卫视联合制作并播出了一系列大型电视理论节目，其中包括《思想的田野》等。这些理论节目以经济建设、政治建设、文化建设、社会建设、生态文明建设"五位一体"总体布局为基本框架，紧密结合本地区具体实际进行创作。节目主题突出，特色鲜明，具有较强的创新性、引领性、指导性和推广性。这些电视理论节目既真实又生动，让人们真切地感受到人民生活正在发生的日新月异的变化。通过联合制作和播出这种形式，这些节目为党的创新理论"飞入寻常百姓家"作出了积极贡献。

推进电视理论节目新媒体矩阵传播是新媒体时代电视理论节目发展的必然趋势。这意味着电视理论节目需要充分利用传统媒体的受众面广、公信力高、舆论引导能力强等优势，并加强与网络视频平台的合作，主动注册和运维自媒体平台，实现与观众的互动沟通，打造融媒体传播矩阵。例如，《马克思是对的》等电视理论节目首先由主流媒体首播，然后通过官方微博、官方微信等自媒体平台进行深度传播。同时，这些节目还会通过腾讯、爱奇艺、优酷等网络视频平台推出完整版和精简版，通过整合传播，强化电视理论节目的传播效果和品牌影响力。

由中国文学艺术界联合会、中共江西省委宣传部、中国电视艺术家协会联合出品的电视节目《闪亮的坐标》，节目采用了"红色讲演＋英雄故事"的模式，以全新的创作逻辑在年轻化路线中寻找突破。节目秉持沉静、肃穆的美感，通过充满亲和力的表达，鲜活的形式，生动讲述中国共产党的故事。《闪亮的坐标》节目保留了传统电视节目的庄严仪式感，使得蕴含民族情感的英雄故事得以生动展现。通过融合传统与现代的影像美学，节目创造了一种新旧交融的视听体验，凸显了其在历史厚重感和文化底蕴方面的价值。

近年来各级地方电视台纷纷推出了多种类型的理论类社教节目。例如，山西广播电视台制作的 6 集电视理论片《再赶考·新担当》从六个方面展现了山西省在推动高质量发展方面的生动实践，巧妙地将山西 11 个市的代表性标识及成就融入其中。江西广播电视台推出的 3 集重大理论文献电视片《星火》，从中国革命历史的大视角出发，讲述了发生在江西的革命"星星之火形成了燎原之势"的历史进程，突出了以人民为中心的主题。

2022 年 10 月 2 日，国家广播电视总局指导策划了重点理论节目《思想耀江山》，由北京、上海、江苏、浙江、湖南共 5 家广播电视台联合摄制并播出，首播于江苏卫视。该节目充分利用各地区的优势资源，采用通俗易懂的大众化表达方式，展现了习近平新时代中国特色社会主义思想在中国大地上的实践。节目创新性地采用了"穿越时空之门"、虚拟主持人等形式，突破了传统主题节目流于说教的形式，为理论类社教节目的创新提供了新的思路。

2. 知识类节目

这类节目注重知识性和趣味性，通过专题或专栏的形式向观众传授各种领域的知识。涵盖范围广泛，包括文化、科技、经济、法律等领域，旨在提高观众的学识水平和科学素养。

自然科学类节目主要解读和探索自然界固有的已知现象，涵盖天文、地理、生物等领域。代表性节目包括《人与自然》等。自然探索类节目类似于一种"百科探秘",以侦探的方式引领受众探索未解之谜,包括探求生活中一些常规现象背后的原理等,如《走近科学》等。科技创新类节目关注时代发展和科学进步,旨在让大众了解最新的技术与最便利的产品,丰富大众的科学知识,帮助人们避免危险并享受生活的便利,如北京科教频道的《科学实验室》等。

《开放课堂》等教育电视节目将课堂上的知识讲解呈现在荧幕上,为观众提供了自我补充和提升的机会。讲座类教育电视节目如《百家讲坛》和《开讲啦》则以讲解经典文化和名人人生经历为内容,采用讲故事的方式,以引人入胜的形式带领观众走进历史、文学和名人心灵世界。其中,《百家讲坛》以中国经典文化为主要内容,通过讲述历史、文学等经典内容来启迪观众思维,丰富其知识面;而《开讲啦》则以名人的人生心路历程为素材,通过名人对自身经历的剖析和与大学生的互动交流,达到心灵教育的目的,引导观众思考人生、成长和价值观等方面的问题。这种节目形式更注重个体的情感表达和心灵共鸣,旨在通过名人的故事和经验,启发观众对自己生活的思考和反思。

在当前学习型社会,科教节目成为人们走进科学、接受教育的重要桥梁。电视作为大众传媒的重要组成部分,尽管向观众介绍复杂深奥的专业知识并不现实,但满足大众对科学教育和相关资讯的需求却是十分必要的。

科普节目是一种具有时代感的社会教育形式,它既是科教转化为生产力的纽带和桥梁,也是提高全民科学文化素质的重要手段。因此,通过大众传媒向公众普及科学知识、宣传科学精神是科教节目的责任,也是与其他节目的重要区别之一。

像中央电视台的《科教片之窗》、北京电视台的《科技全方位》等节目,用科学的眼光帮助观众解答心中的疑惑,用艺术的形式向大家展现未知的世界。这些节目全方位地搜索捕捉国内外新近发生的奇特而有趣的科技事件,给观众展现了一个视野广阔、智慧而又神奇的科学乐园。

随着网络视听节目内容原创能力的增强,传统的综合性、宽口径社教节目逐渐式微,而社教节目的发展方向则更加趋向于高度专业化和垂直化,特别是知识类和技能类节目。在互联网视频平台上,已经涌现出了许多高度垂直领域的原创视频和短视频节目,涵盖了教育、母婴、美食、理财、选车等各个方面,如孕期健康知识类的《十月呵护》、家常美食教学类的《美食美课》等。这些节目更加贴近受众需求,为观众提供了丰富多样的内容选择。

3. 特定对象节目

这类节目针对特定的受众对象,按照职业特点、年龄特点或区域特征划分受众群体。根据不同受众的需求,编排具有针对性的内容。按照受众方向分类,可以根据传播对象的属性进行划分。年龄段类节目:根据不同年龄段观众的特点和需求设置的节目,包括儿童、青少年、青年、中老年等不同年龄段的节目。职业类节目:根据观众的职业特点和需求设置的节目,例如农民专题节目、工人专题节目、教师专题节目等。兴趣爱好类节目:根据观众的兴趣爱好设置的节目,例如体育节目、旅游节目、美食节目、文化艺术节目等。教育培训类节目:根据观众的学习需求设置的节目,例如学生教育节目、职场培训节目、成人教育节目等。地区特色类节目:根据观众所在地区的特点和需求设置的节目,例如地方新闻、地方文化、地方特色节目等。

随着传媒行业的发展,受众小众化划分也越来越明确,节目设置更加精准地满足不同观众群体的需求。按照传播对象的不同属性，社会教育类节目可以按以下几种方式进行分类。

（1）按照职业划分：工人节目（如《当代工人》）、农民节目（如《每日农经》《乡村发现》）、军人节目、教师节目等节目。

（2）按照传播对象身份属性划分：少年儿童节目（如《大风车》）、老年节目（如《夕阳红》）、女性节目（如《半边天》）、妇女儿童节目、母婴节目、亲子节目等。

（3）按照受众爱好进行划分：针对特定爱好的受众而设置的节目，提供学习、交流的平台，如《天下收藏》《集邮爱好者》等。另外，还有一些针对少数民族、残疾人等特定群体的节目，也属于社会教育类节目的范畴。

随着融媒体的发展，社教节目拥有了更多的可能性，一些跨界融合的节目样式受到了欢迎。例如，《时间的朋友》是一种融合了"演讲类节目＋晚会＋知识分享"的样式。2015年，自媒体视频脱口秀《罗辑思维》的主讲人罗振宇与深圳卫视合作，创造了电视行业的"知识跨年"先例。演讲以罗振宇创办的得到App为主办，定位为"所有终身学习者的跨年盛会"，在当晚11点左右，吸引了千万电视观众和近万名现场观众，收视率位居全国同时段第一。

《头号英雄》融合了"直播＋综艺游戏＋知识竞答"的样式。2019年，西瓜视频推出了《头号英雄》直播答题活动，以"知识造英雄"为理念，通过游戏形式传递知识内核，实现全民知识互动。央视新闻专场由央视主播康辉担任"考官"，题目选自央视《新闻联播》年度报道的重要新闻事件和正能量人物。节目策划者希望用户通过答题，回顾2019年重要的人和事，感受新闻和知识的力量。

第二节　社会教育类节目的特点与功能

社会教育类视听节目力求在知识性、教育性与故事性、娱乐性之间达到平衡统一。社会教育类视听节目具有指向性强、题材广泛的特点，其目的是通过各种视听手段，让观众在潜移默化中陶冶情操、提高思想道德修养、获得更多的科学文化知识。

社会教育类视听节目具有引导社会舆论、调节与平衡社会情绪、促进全社会养成终身教育观念等功能。社会教育类视听节目应当不断创新播放形式与内容，增强节目的吸引力与人文性，扩大知识的传播范围与影响力。

一、社会教育类视听节目的特点

社会教育类视听节目具有多种显著特点。社会教育类视听节目采用直观生动的图像和声音手段，以多样化的表现形式，生动展现权威的知识点、理论概念和实践技能，使观众能够清晰、形象地理解所传达的信息。社会教育类节目针对不同受众群体的特点和需求，具有对象性和针对性，选择合适的内容和表现形式，以增强节目的吸引力和教育效果。注重知识的权威性，以简单易懂的语言和生动有趣的方式呈现专业化的内容，旨在系统传递知识、普及科学、提升观众的人文素养。

1. 对象性

社教节目往往针对特定的受众对象，因此也被称为对象性节目。这类节目通常根据受众的年龄、职业、行业或地域等特征进行区分，例如少儿节目、老年节目、农村节目、少数民族地区节目等。即使是针对一般受众的社教节目，也往往具有某种特定受众群体的倾向。例如，《百家讲坛》主要面向知识阶层，《我爱厨房》《天天饮食》等节目针对家庭主妇或中年妇女，《智慧树》《智力快车》则以青少年为主要受众对象。

中央电视台的《百家讲坛》的主创人员在谈到科教频道栏目的定位时认为：栏目定位应从大文化观上考虑，科学即文化。栏目应是文化品位、科学品质、教育品格三者的统一，受众人群是那些渴望获取知识、具有一定文化水平的人群。栏目力求深入浅出，雅俗共赏，集知识性与娱乐性于一身，让普通观众看得过瘾，同时也能深受本领域专业人士的启发。

社教节目的受众对象也具有广泛性的特点。这种广泛性表明视听传播的对象面广泛，实现了真正意义上的大众传播。

《神奇的地球》每期的内容包罗万象，涵盖了从悠然的茶文化到危机四伏的空难调查、鲨鱼探险，从自然灾害到不朽的人造建筑。该节目的定位始终非常明确，即作为优秀的教育纪录片的展播平台。如果定位不清晰，节目形态不稳定，栏目就会很快失去方向。

社教节目具有广泛的内容覆盖面，广泛涉及各种节目门类和题材，因此在节目策划中实现内容的细分和受众精准定位显得尤为重要。社教节目不仅要具备通俗易懂、老少咸宜的特点，传达大众喜闻乐见且具有实践价值的知识，还需要对受众群体和个体的情感导向进行精确分析。为此，需要结合受众的年龄、性别、文化水平、爱好等多方面因素，确定适合本节目主流受众的传播策略。

2. 专业性

社教节目的传播内容在总体上非常丰富多样，涵盖了政治经济、法律金融、文学历史、天文地理、物理化学、理工农医等各个领域，同时还包括了服饰、烹饪、理财、装修、园艺、育儿等实用内容，几乎无所不包，无所不涉。

具体到某一个栏目，由于其特定的受众对象的特点，决定了节目内容的专业性。社教节目整体的多样性是通过各个节目的专业性来体现的。如果没有节目内容的专业性，整体的多样性就会显得杂乱和肤浅。此外，社教节目的内容还具有时新性，这是由媒体机构的属性所决定的。它的传播内容通常具有较高的时效性和新闻性，表现在选题的针对性和时代感上，使得节目更具吸引力和实用性。

医疗保健节目是电视社教节目中的一种，旨在向观众传递医学常识、疾病预防和保健知识。狭义上的医疗保健节目主要是医疗节目，通常邀请医学专家介绍各种医学常识、疾病预防以及日常保健卫生。广义上的医疗保健节目除狭义上的含义外，还包括优生优育、健体养生等内容。在电视节目中，狭义的医疗保健节目较为常见，其中最典型的就是《电视门诊》等节目。而关于健体养生的节目多在体育频道播出，更多地涉及体育锻炼范畴。随着人们生活水平的提高，养生类节目越来越受欢迎，这些节目内容丰富，涉及食疗、水疗、药疗等多种养生方法，宣传健康新理念，影响观众的生活方式和习惯。这些节目通过向观众传递健康知识，帮助他们改善生活方式，预防疾病，提升生活质量。

3. 系统性

社教节目在形式上相对稳定，与新闻节目的求新和综艺节目的多变形成了明显对比。社教节目通常采用相对简单有效的节目形式，强调内容的质量和专业性，而非追求形式上的创新。

在内容选题上，社教节目倾向于选择与专业性相关的主题，并以系统性的方式进行呈现。这种系统性体现在节目的教学内容上，通常会按照一定的顺序和层次，循序渐进地传授知识。例如，中央电视台连续播出的专题教育节目《上下五千年》，涵盖了从古至今、由远及近的历史内容，形成了相对完整的体系。

电视法制节目，以《今日说法》为代表，通过精彩的案例，贯彻着普法、监督执法、促进立法的宗旨，参与到社会的法治建设中。这些节目不仅普及了法律知识，还通过讲述案例来引发社会各界对法律问题的讨论与思考，推动着中国的法治观念进步与法律文明改革。

科技文教电视节目，如《走近科学》每一期选题都是为了解答群众的疑惑，指导人们科学地看待自然界与社会生活，有利于提高全民的科学文化素养。这些节目通过生动的内容和通俗易懂的解说，让科学知识更加深入人心，促进了科技的普及与应用。

不同类型的社教节目在不同领域的发展中，都起到了重要的作用，推动着社会的进步与发展，丰富了人们的精神文化生活。社教节目的形式稳定性和内容系统性保证了节目的科学性和可靠性，使得观众能够更加深入地了解所传达的知识和信息。

4. 权威性

社教节目具有知识的权威性，社教节目需要扎实的知识内容作为支撑，能够体现教育的本质。严谨的知识内容在社教节目中是必不可少的，并且在社教节目中知识的表达过程同样需要具有严肃性，这里的严肃并不是排斥节目贴近生活的表达形式，而是在于对知识本身权威性的体现。

中央电视台的《一堂好课》就很重视知识传播仪式感的构造，以建立起节目内容的权威性。该节目完全以课堂的形式展开，其中的每个元素都是课堂的有机组成部分。主舞台通过显示屏、数字效果烘托课堂氛围，道具布景、嘉宾服装也意在凸显课堂的严肃感，让观众在聆听专家讲述时不由自主地屏气凝神，尊重知识权威。

《一堂好课》设置了班主任、学科领路人、值日班长、课代表、同学等几个身份，将参与互动的明星嘉宾与现实中真实的学生编为一个班集体。"学科领路人"是每期的主讲专家，是节目的核心，节目侧重于专家的讲授而不是嘉宾的表演。节目中的"班主任"角色负责沟通老师与听课者，在二者的互动过程中穿针引线、营造氛围，为知识传播增添一份庄严凝重的使命感。营造知识传授的仪式感是《一堂好课》尊重知识主体性和权威性的表现，这种形式有助于将教育的目标贯穿于节目的整个叙事中，逐层深入主题内容。

5. 人文性

如今的社教节目更加重视科学知识的普及，并强调科学与个体之间的关系，突出教育为人服务的理念。这一转变既是适应社会需求的现实需要，也是教育行业与国际接轨的表现之一。这意味着教育不仅要关注社会的需要，更要关注个体的需求，为每个人的成长和发展提供支持和帮助。

在当今社会，重视个体需求和潜能的发掘已经成为教育界的共识。因此，具有服务意识的社教节目关注并适应社会不断变化和发展的教育需求，积极进行相应的变革和创新；这些节目更加关注和深入研究节目观众，以了解他们实实在在的需求，不断改进和完善节目内容和形式。

社教节目是一个集知识、信息、教育等于一体的媒体形式，具有目的性强、多样性、专业性和人性化等特点，对于帮助观众获取新知识、拓宽视野、提升认知水平等方面具有重要作用。

二、社会教育类视听节目的功能

视听教育功能更多地表现为长期的渗透，对人的心灵产生潜移默化的影响。社教节目的教育功能通常与娱乐性相结合。社教节目在提高受众素质的过程中具有潜移默化的特点。社教节目通常具有通俗性和趣味性，对受众产生了强烈的吸引力，甚至成为大众日常生活的重要组成部分。当受众参与和接受电视节目时，他们不自觉地接受了其中所包含的文化知识、道德观念、价值取向等，这些知识和信息不断渗透到受众的思维方式和生活实践中，成为他们内在精神世界的一部分。

社教节目在技术、教育、卫生、政治等方面的宣传具有重要作用。社教节目具有直接性、生动性和趣味性，拉近了它与受众之间的距离，促使受众在潜移默化中不断提高自己的文化素质和思想道德水平。

1. 意识形态功能

视听媒体作为主要的传播平台，承担了意识形态的传播功能。意识形态可以理解为对事物的理解、认知，包括了观念、观点、概念、思想、价值观等要素的综合体。

意识形态是受多种因素影响的，包括个人的思维能力、环境、教育和宣传等。它不是固有于人脑中的，而是源自社会存在的。因此，电视媒体通过不同形式的节目传播意识形态，以达到引导和影响公众观念、思想的目的。

在电视媒体中，意识形态传播主要通过思想教育、理论普及和政策解读等方式展开。这些节目形式包括讲座、论坛、对话、专题片等，通过对重大理论方针政策的解读和对热点问题的深入探讨，引导受众正确理解和把握国家政策，树立正确的世界观和价值观。

近年来，随着社会主义市场经济体制和政治体制改革的深入，新样态的理论节目也逐渐出现。这些节目形式更加多样化，如江苏电视台的《马克思是对的》《厉害了，我们的新时代》以及湖南电视台的《社会主义有点潮》等，通过融合故事、问答、动漫、说唱、全息影像等形式，更加生动地向受众传达党和政府的理论方针政策，提升了节目的吸引力和影响力。

社教节目在意识形态传播中扮演着重要角色，通过多样化的节目形式和内容，引导受众正确理解国家政策，树立正确的价值观和世界观，推动社会稳定和发展。

2. 文化传播功能

文化传承是人类社会发展过程中重要的组成部分，涵盖了物质财富和精神财富两个方面，是代际间知识、技能和价值观念的传递和承载。在现代社会，随着信息的快速增长和受众对知识的渴求，视听媒体作为主要传播平台之一，承担着促进文化传承的重要责任。

社教节目致力于传播文化知识和艺术素养，通过介绍历史、艺术、传统习俗等内容，提高受众的文化水平和艺术修养，推动社会主义精神文明建设。这些节目通过丰富多彩的形式，如讲座、纪录片、文化杂志等，将丰富多彩的文化资源呈现给受众，帮助他们更好地理解和感受文化的魅力。

社教节目致力于挖掘和传承中华优秀传统文化，使其与当代文化相适应、与现代社会相协调。通过介绍中国传统文化的精华和价值观念，加强对中华文化传统的阐释和弘扬，促进文化的传承和发展。

社教节目的内容涵盖了文化知识、艺术知识、历史地理知识、社会生活知识等多个方面。例如，《国宝档案》《国家地理知识》等节目就是文化传承功能的具体体现，它们通过介绍国家文化遗产、自然地理知识等内容，向受众传递丰富的文化信息，增强受众对文化传统的认知和理解。

社教节目在文化传承方面发挥着重要作用，通过传播文化知识和艺术素养，推动中华优秀传统文化的传承，丰富受众的文化生活，促进社会主义精神文明建设的不断发展。

3. 知识教育功能

知识教育是社教节目的重要功能之一，旨在通过传授科学知识和技术技能，提高受众的科学文化素养，推动科学技术的普及和社会进步。在中国，知识教育一直受到政府的高度重视，被视为国家发展战略的重要组成部分。

我国早在中央电视台成立之初就开办了教育节目，如电视大学和《跟我学》等，用于传授知识和技能培训。随后，中央广播电视大学和教育电视台的建立进一步促进了教育资源的普及。2001 年，中央电视台科教频道正式开播，重点推出了《走近科学》《探索·发现》等被受众喜爱的科普节目，向观众传播现代科学技术知识和现代教育理念。

知识教育类节目致力于普及科学文化知识，弘扬科学精神，推动科学技术的普及和社会进步。通过生动有趣的形式，如纪录片、科普讲座、实验演示等，向受众传递科学知识，激发他们的学习兴趣，提高科学素养。

随着数字技术的迅速发展和在线教育的普及，知识教育类的网络视听节目逐渐兴起。通过网络平台，知识教育节目可以更灵活地传播知识，满足受众个性化学习的需求，同时吸引更广泛的受众群体，推动知识的普及和传承。

社教节目可以为受众提供广泛、深入、系统的知识，帮助他们了解各种学科、领域的最新发展和科技进展，提高受众的文化素质和知识水平。可以为受众提供优秀的文化内容和知识资源，激发人们对美好生活和自我提升的追求。

社教节目在传授知识的同时，也广泛涉及社会上不同时期出现的思想、观念、伦理道德等问题，对这些问题进行交流、疏导和教育。这类信息在社教节目中占据了相当大的比率。通常，每当社会出现重大的思潮或引人关注的社会现象时，各大电视媒体都会聚焦关键问题，积极展开社会调查、论坛等活动，通过各种途径寻找并传递正确的思想理念。

在各大电视媒体的社教节目制作部门中，以上信息相关节目制作占据了相当大的比重。这些节目丰富了社教节目的类型，同时也成为吸引观众的一个重要节目品种。通过及时地回应社会上出现的各种思想、观念等问题，社教节目不仅提供了丰富的知识，也为观众传递了正确的价值观念，起到了良好的社会教育作用。

4. 社会舆论引导

社教节目不仅需要帮助观众获得多方面的知识修养，还需承担引导社会娱乐、调节社会氛围的社会责任。

社教节目的创作者应该探索创作出既能突出教育性，又能发挥社会舆论引导作用的节目。这种节目不仅能够传递知识，提升观众的文化修养，还能够引导观众树立正确的社会价值观念，促进社会和谐稳定。在节目制作过程中，需要更加重视社会舆论的引导作用，将故事化叙事与社会责任感有机结合，从而更好地满足观众的需求，提升节目的影响力和社会价值。

在进行教育节目创编的过程中，创作者不仅要注重节目的故事化与教育意义，还应发挥社会舆论引导的作用，把握正确的舆论导向。社教节目应当进行正确的价值引导，让观众思考节目故事情节中的本质内涵，发挥社教节目的正面价值意义。

社教节目的创作者需要重视人们关注的热点事件，捕捉具有教育价值的热点信息，并深化平凡故事的主题。在节目故事的叙事过程中，可以通过创新的表现手法补充故事情节，增强节目故事化叙事，引起观众的兴趣和思考，给予观众身临其境的感受，促使他们思考故事情节背后的文化知识与社会问题，从而实现社教节目传递知识和引导社会舆论的功能。

5. 技能学习功能

视听媒体一直以来被称为"空中学堂"或"没有围墙的学校"，其重要任务之一就是普及科学知识和职业技能教育。随着国家和社会现代化的加速，对职业人员专业技能的要求不断提高，这不仅涉及新职工的培训，也包括在职职工的技能更新。视听媒体通过教育性节目和教学手段，可以有针对性地进行分行业、有计划的专业技能培训，也可以通过安排各种知识讲座，系统地传播和普及科学技术知识。

中央电视台农业频道开办的节目《致富经》和《农广天地》等，通过生动的事例和真实的人生经历，传授养殖技巧和致富秘诀，深受广大群众的欢迎。这些节目不仅提供了实用的技能知识，还激发了观众的学习兴趣，促进了农村经济的发展和农民收入的增加。因此，视听媒体在技能培训方面发挥着重要的作用，为社会各界提供了宝贵的学习资源和知识平台。

第三节　社会教育类视听节目创意与策划

社会教育类视听节目的核心目的是传播知识、培养能力和提高素质。因此，在创意和策划过程中，要确保节目内容具有明确的教育目标和价值。成功的电视策划能够推动文化教育事业的发展。通过策划多样化、专业化的节目内容，社教节目可以吸引大众的关注并潜移默化地提升观众的知识水平和科学文化素养。

新技术的出现推动了各行各业的发展，社教节目应当及时了解并应用新技术，以推广新技术为目标进行节目策划。通过展示新技术的应用、原理和发展前景，社教节目可以增强观众对新技术的了解和认识，促进新技术的推广和普及。

在媒介融合的推进过程当中，社会教育类视听节目的表达方式有更多的创新节目的特征，呈现出多种的创新方式，不仅在技术方面实现了融合，在信息资源方面也创造了有利条件。教育类节目的受众对节目内容有着非常精准的需求。

一、社会教育类视听节目策划原则

在当今快速发展的媒体时代，社会教育类视听节目日益受到人们的关注与喜爱。为了满足观众对高质量教育内容的需求，节目制作人员需要运用创意思维来设计并制作出既有趣味性又有教育意义的节目。本节将探讨教育类视听节目的创意思维，以及如何将创意思维应用于节目制作中。

创意思维是指在思考问题和解决问题过程中，运用想象力、创造力和批判性思维来形成新颖、有价值的观念或解决方案。在社会教育类视听节目的制作过程中，创意思维有助于创造出独特且吸引观众的教育内容。

1. 内容表达通俗化

社会教育类视听节目往往涉及各种专业知识，为了更好地向大众传播，需要在精英文化与大众文化之间找到平衡。在节目策划过程中，需要削弱其中专业性强、技术含量高的部分，美化与普通民众生活没有直接联系的内容，着重选择日常生活中普遍现象、观众易于理解的内容作为切入点，消除受众与专业知识之间的距离感。

科学内容通常较为抽象和专业，社会教育类视听节目的策划需要设计出符合科学内容传播的表现形式，以便观众易于理解和接受。可以采用生动形象的动画、实验演示、案例分析等手段，使科学知识更加生动有趣，提高观众的学习兴趣和效果。

传统的教育视听节目往往呈现生硬的讲解和演示形式，采用一位讲解者和一群观众的公开课模式，穿插视频讲解，缺乏足够的吸引力和创新性。导致观众对所讲故事的理解仅停留在表面，同时也增加了观众接受知识的难度。观众需要有一定的知识积累，甚至能提出自己的认知，才能更好地理解节目的内容，这也导致更多的观众被排斥在门外。然而，如今的社教节目在讲故事的水平上有了显著提升，实地走访和实物展示的元素被大量运用于电视节目中，使节目具有了纪录片般真实客观的特点。

央视的《考古公开课》不断更新迭代，由以前的演播室内转向了实地外景拍摄。实地考察和体验对于传播考古知识的节目来说至关重要。在节目中，专家学者带领考察团成员亲自前往考古遗址，比如云冈石窟，亲身体验中国佛教艺术与石窟雕塑艺术的"活化石"，让大众感受到我国文物遗迹的博大精深。实物和实景元素使得社教节目顺利地走出了演播厅，走进了观众日常生活的实体中，凸显了知识传播与亲身实践之间不可分割的联系。

社会教育类视听节目在注重内容专业性的同时，更加重视内容的实用性、生活性和服务性。甚至对于一些实用性较强的知识，可以通过具体事例阐述其在现实生活中的应用，让受众更好地理解其具体意义和实际应用。这样的设计能够更好地满足观众的需求，增强节目的吸引力和影响力。社会教育类视听节目的策划需要突破传统的套路，采用更具创意和趣味性的方式呈现科学内容，以提高观众的观看体验和学习效果。

2. 节目叙事故事化

随着物质生活水平的提高，人们更加重视自身的精神、品位、素养等方面的追求，观众更期望看到高品质、趣味性强及真正有价值的教育节目。教育电视节目的创作者们不断探索新的节目内容与形式，以适应观众日益增长的需求。在策划与制作社会教育类视听节目时运用故事化叙事，在其中加入更多的情感因素，并运用灵活的表现手法，以满足新时代广大观众诉求与市场需要，旨在提供更具吸引力、更具趣味性和更具价值的教育节目。

《开讲啦》采用了故事化叙事的手法，体现在节目的整体结构和嘉宾演讲内容上。节目的整体流程呈现了故事化的特点，包括主持人开场、嘉宾演讲、互动提问、主持人总结等环节。演讲环节的前15分钟是节目的精华部分和高潮所在，体现了故事化叙事的层次感。在节目中，嘉宾们将自己的演讲内容进行了故事化处理，通过丰富真挚的细节、质朴细腻的语言以及真情实感的自然流露，增强了演讲的感染力。心理学研究表明，如果人们参与了一个新观点的形成过程,那么在信息接收过程中就会更加积极主动。这种生动、具体、直观的故事化叙事手法,使受众由被动变为主动,更能深刻理解嘉宾所要传递的思想和价值观。

社会教育类视听节目的故事化叙事应该源于生活的点滴,通过新颖的陈述方式激发观众的情感共鸣,从而更好地实现教育目的。

社会教育类视听节目可以通过数据库服务器、共享系统以及客户端多层体系结构等技术手段,实现故事的收集、采编、制作、剪辑、存储和播出的平台化管理。这种系统不仅可以提高节目制作的效率和质量,还能够完善教育节目的故事化结构,增加情感元素,激发观众产生情感共鸣,触动人们的心灵。通过建立这样的平台化管理系统,教育电视节目的制作团队可以更便捷地收集、整理和利用各种故事资源。同时,他们可以更灵活地选择适合的故事形式和表现手法,以吸引观众的注意力并引发情感共鸣。这种技术手段的运用,有助于提升教育电视节目的制作水平和观众的收视体验,进而促进教育电视节目的影响力和提高社会效益。

3. 节目形态跨界融合

跨界融合是社会教育类视听节目模式创新的关键举措之一。在融媒体时代,所谓的"融"不仅是媒体形式的结合,还是不同形式的传播媒介之间的深度沟通和融合,这种融合涉及传统电视、广播、互联网等媒体形式之间的互动和交流,使得信息的传播更加立体和多样化。社会教育类视听节目还需要融合其他节目类型的特色,适度加入娱乐元素,真正实现雅俗共赏的效果。

如《超级老师》在发挥节目教育功能的同时,重视观众的娱乐需求,采用真人秀的节目制作模式,综合利用影视艺术的表现手段,使知识以活泼、主动的方式传播。《超级老师》借助娱乐元素为节目增添趣味,实现节目教化功能和经济效益的双重收获,这才是社会教育类视听节目真正的出路。

除了影视行业内部的融合,社会教育类视听节目还需要与教育行业深度融合。随着影视事业的蓬勃发展,通过影像方式获取知识变得轻而易举。提供这些便利的教育网站对视频的品质要求也越来越高,简单的课堂实录已经不能满足课程制作的需求。目前,绝大部分的在线学习课程建设者都需要与专门的影视公司合作,这体现了跨界融合为社会教育类视听节目的发展带来的革新与便利。

《田野里的歌声》不仅是一档音乐美育节目,更是一次贯通线上线下公益活动的先行探索,具有很强的延展力。通过借助主流媒体的号召力和资源优势,该节目设置议程,以优质内容带动乡村音乐美育教育的落地,凸显了节目的社会价值。

在节目中,著名歌唱家和知名音乐人等意见领袖的示范作用将引发受众对该议题的关注,合唱团的形式和回归本质的教育理念成为可供借鉴的优质范本。此外,线下教育学者发起的公益培训项目也成为该议题的呼应之举,一批接受音乐教育培训的优秀乡村美育教师正在涌现。城乡学校帮扶机制的建立使美育实践从荧屏走进乡村教室。例如,湖南沅江市四季红镇中心小学的美育教师在《田野里的歌声》启发下开展的音乐教学实践就是节目的现实版呈现,也是乡村音乐美育现状改变的一个缩影。

此外,央视频田园频道的"云端美育课"是该节目与网络云端的贯通,通过台网融合助推跨越山海的乡村振兴,创造了深远的影响。通过这些举措,《田野里的歌声》不仅仅是一档节目,更是一项推动乡村音乐美育事业发展的重要行动,为乡村振兴和文化传承贡献了积极力量。

4. 节目内容定位精准

大多数社教节目通常都有明确的选题，例如《音乐公开课》《考古公开课》，以及《梨园春》特别节目《课本里的戏曲》等。这些节目的主题明确，针对的是对该领域知识感兴趣的观众群体，无论是行业内还是行业外的观众都能轻松理解其内容。

中央电视台社教中心旗下的节目《今日说法》凭借严格的选题、鲜活的素材、层层递进的推导式结构以及中肯而又略带犀利的点评模式赢得了受众的认可和口碑，成为普通百姓接受法律教育的重要窗口。《今日说法》避免了直接说教的方式，而是通过精准定位选题，将法律知识点巧妙地与讲述的故事结合在一起，将法律知识点嵌入到故事情节中。观众很容易被故事的发展情节所吸引，其真实性和生动性让受众在不知不觉中消化和吸收法律知识。

2022 年，中央广播电视总台社教节目中心摄制了 10 集人物专题片《英雄无悔》，展现了 10 位"双百政法英模"的英雄事迹，弘扬了英模们拼搏向上的人生态度和为民情怀。中央广播电视总台社教节目中心的《法治深壹度》栏目推出了一档新的法治节目《法治的精神》，梳理了近年来人民法院审理的弘扬社会主义核心价值观的典型案例。通过生动的案例审判故事，引导公众将行为限定在法律允许的范围内，厚植法治理念，增强法治意识。这些节目内容定位精准，旨在向全社会弘扬诚信友善、履约尽责、尊老爱幼等中华传统美德，提升人民群众的获得感、幸福感和安全感。

《法治在线》《立言说法》《法律讲堂》等一系列法治类社教节目也精准定位于民众生活中容易遇到的法律问题，立足于老百姓的日常生活。这些节目取得了优异的收视成绩，成功打破了收视圈层和传播壁垒。

社教节目的成功离不开对内容定位和受众定位的精细化。在追求节目内容广泛覆盖的同时，更要求内容的深度和精准度，这样才能确保知识得到有效传播，让节目在策划阶段确定的教育目标得以实现。

二、社会教育类视听节目创新方法

在现代社会，社会教育类视听节目不再局限于传统的讲坛式教学，而是具有充满智慧的多样化内容。随着科技的进步和教育理念的更新，社教节目也需要适应新世纪、新阶段的发展要求。现代教育的基本理念正在发生深刻变化，各国对教育民主化、回归生活的教育、教育的可持续发展、个性化教育以及创新教育等方面都提出了新的要求和强调。在这样的社会背景下，社会教育类视听节目必须紧跟时代潮流，不断创新，满足观众对科技知识的需求，才能更好地发挥其教育和普及科学知识的作用。

1. 提高实用性和时代适应性

针对社会教育类视听节目的改进和调整，要提高其实用性和时代适应性。节目受众的细分直接导致了社教节目需求的多样化和内容的时尚化。多元化和风格多样化将使社会教育类视听节目更具生命力，只有社会教育类视听节目真正做到全方位发展，提高时代适应性，观众才会被吸引。

教育类节目应该密切关注时事热点和社会问题，及时反映社会变革和发展趋势。节目内容可以涵盖政治、经济、文化、科技等各个领域，向观众传达最新的社会知识和理念。

邀请专家学者参与节目制作，提供权威的分析和观点。结合学术研究成果，为观众呈现更深入的社会问题探讨，使节目具有更高的学术含量和可信度。

不断更新节目内容，及时反映社会变化和新知识的涌现。同时，采用多样化的表现形式，如讲解、实地探访、访谈、案例分析等，使节目内容更具吸引力和趣味性。

通过深度报道和专题讨论，探讨未来社会发展的方向和趋势。关注科技创新和新兴产业，向观众介绍最新的科技成果和行业动态，引导观众关注未来发展的重点和方向。

除传递理论知识外，还应该注重提供实用性的技能培训和生活知识。结合社会实践和案例分析，向观众传授解决实际问题的方法和技巧，帮助他们提升生活质量和解决现实困扰。

在节目中强调社会责任和公共价值观，引导观众积极参与社会公益活动，促进社会和谐与进步。通过以上措施，社会教育类视听节目可以更好地适应时代变化，为观众提供更具实用性和前瞻性的知识内容，促进社会文明进步和观众个人成长。

2. 灵活选择节目形式

针对不同年龄段和受众群体的社会教育类视听节目，确实需要采取不同的传授方式和策略，以提高受众的接受度和吸收效果。

面向儿童的社会教育类视听节目，采用生动有趣的故事、动画、游戏等形式，吸引儿童的注意力和兴趣。例如，通过绘本故事、卡通动画等形式向他们传达社会知识，让他们在轻松愉快的氛围中学习。组织各种有趣的活动，如知识竞赛、实地考察、游戏互动等，激发儿童的好奇心和学习兴趣。通过互动性学习，让他们在实践中体会社会知识的应用和意义。将社会知识与日常生活情境相结合，让儿童在实际生活中学习和体验知识。例如，通过家庭、社区等场景，向他们介绍社会规则、互助精神等。利用互联网、电视节目、手机应用等多媒体资源，为儿童提供丰富多样的学习内容和途径。通过多媒体的形式，增加儿童对社会知识的接触和理解。

面向年轻人的社会教育类视听节目，要注重信息的层次性和全面性，既有基础知识的讲解，也有深入原理和实践应用的分析，满足他们求知的需求。将社会知识与实际社会实践情况相结合，分析各类知识对社会实践的影响和意义，引导年轻人关注社会发展和就业分配等实际问题。

在节目中设置不同类型的子栏目或专题节目，针对不同领域和内容进行深入探讨。通过不同形式的节目设置，满足年轻人对知识的全面性了解和深入探讨的需求。除传递理论知识外，还应该注重提供实用性的技能培训和生活知识，帮助年轻人提升就业竞争力和解决实际问题的能力。

通过以上方法，可以更好地满足不同年龄段受众的学习需求，提高社会教育类视听节目的实用性和吸引力，促进受众的个人成长和社会参与。

3. 注重节目的趣味性

随着现代人生活节奏的不断加快，以氛围轻松、娱乐感强为特点的综艺类电视节目受到了人们的欢迎。人们更倾向于在下班之后打开电视，观看一些轻松愉快的综艺节目，既可以获取信息，又可以放松身心。

在新媒体时代，教育类节目与综艺节目进行融合成为发展的新趋势。例如，《中国诗词大会》将竞赛元素和古诗词知识进行融合，弥补了传统教育类节目枯燥无味的不足，突破了传统的知识竞赛类节目的界限。该节目既有教育性，又有竞赛性，同时给观众带来轻松愉悦的感受，充分调动了观众的热情，提升了节目效果。

浙江卫视推出的《同一堂课》，这是一档文化教育公开课节目。节目充分借鉴了各类综艺节目的形式，邀请了22位文化明星名人深入全国各地的小学校园，担任为期三天的语文老师，与孩子们共同学习，为他们讲解经典课文。

教育类节目与其他类型节目融合时需要注意，教育是严肃的，不能将教育娱乐化。因此，在融合过程中，要确保节目的教育性和严肃性，同时保持节目的娱乐性，以吸引观众的注意力，并有效地传达知识和信息。

运用高科技手段和特殊拍摄角度，利用先进的拍摄设备和特殊的拍摄角度，如无人机、潜水摄影等，展示不同视角下的景观和事件，增强节目的视觉吸引力。利用计算机动画技术对节目内容进行丰富的图像呈现和特效处理，提升节目的视觉效果和趣味性。

在节目制作中加入生动有趣的故事情节，让观众在欣赏节目的同时沉浸在故事情节中，增强观赏的趣味性和吸引力。在节目中采用富有人情味的拟人化配音，通过对动物或其他对象进行拟人化的配音，使其具有生动的个性和情感表达，增强观众的情感共鸣和娱乐性。

简化专业知识的剖析，在传递专业知识时，采用简明易懂的语言和图像展示，避免过多的专业术语和复杂的概念，让观众轻松理解和接受知识。

学习借鉴计算机教学领域的经验和方法，如交互式学习、游戏化学习等，将其运用到社教节目的制作中，增强节目的互动性和趣味性。

通过以上方法，可以有效提升社教节目的趣味性和吸引力，让观众在欣赏节目的过程中不仅获得知识，还能享受到娱乐和乐趣。

4. 注重细节设置

细节的设置能够提升电视节目的质量，细节是教育电视节目的核心。缺少细节设置的电视节目往往难以满足观众的精神诉求与审美需求。尽管细节本身并不容易引起人们的注意，但它们为故事情节的发展奠定了坚实的基础，激发了观众继续探索知识的欲望，为广大观众提供了更为立体、多元、生动的视听与精神享受。

社会教育类视听节目的创作应当以全局视角进行故事框架的细节描写。在创作过程中，应注重对人物感觉与情绪波动的阐述，使整个故事高度连贯、引人回味。通过精心的细节设置，社会教育类视听节目可以更好地吸引观众的注意力，增强节目的吸引力和影响力。

在节目视觉呈现方面也要体现细节的设置。社会教育类视听节目中嘉宾分享故事时，通常要用特写镜头捕捉嘉宾流露出的情绪和面部表情的变化，使画面产生感染力。节目中涉及嘉宾采访环节，对主持人和嘉宾往往采用正面近景，这样做既能使人物形象显得端庄，也使观众能看到他们的表情，呈现出日常聊天的亲切感。当镜头切换到现场观众和主持人时，多以沉浸其中或为之动容的近景画面为主。这些镜头使被拍摄者细微的表情和情感行为都能透过镜头的监视呈现出来，形成一种视觉聚焦，让荧幕外的观众形成神经系统的远程连带作用，产生情感共鸣。

第四节　社会教育类视听节目制作策划

在互联网时代，社会教育类视听节目需要兼顾传播媒介的个性化特点和教育类节目的特性，以满足受众的个性化需求。在节目创作理念和受众心理需求的交集中，制作团队需要找出最能产生共鸣的内容予以强调，力求将复杂的概念以简约而不简单的方式呈现出来。这意味着社会教育类视听节目制作需要在深度和易懂之间取得平衡，确保内容深刻、准确，同时又能简明易懂，使观众能够轻松理解并产生共鸣。

一、注重画面观赏性

随着节目制作技术不断发展，信息技术的加持使得电视节目能够呈现出更加生动形象的图像和画面，从而使节目的呈现手法变得更加多元丰富。生动性和流畅性的画面能够让教育知识的内容与原理变得可见、可感知，使复杂深奥的教育知识变得通俗易懂。通过生动的画面呈现，观众可以更直观地理解教育知识，从而提升学习的效果和体验。因此，利用先进的制作技术，创造出具有吸引力和观赏性的画面成为提升社会教育类视听节目质量和影响力的重要途径。

《田野里的歌声》构建了大量的户外活动场景，通过展现自然之美的视听符号的方式，有利于观众的记忆和识别。影像画面所呈现的视觉修辞进一步激发了观众的视觉愉悦感和想象力。歌声与自然共同构建的当代乡村自然之美以优质的说服效果传达了乡村振兴的价值观念，呈现了"三农"建设的崭新图景。通过这种方式，《田野里的歌声》成功地将音乐美育与乡村振兴理念相结合，为观众呈现了一幅美丽而生动的乡村画卷。

农业科技节目的受众主要是文化素质普遍不高、渴望科技致富的农民群体。这类节目具有科学性、真实性、易学性、可操作性等特点，要求表达准确无误、通俗易懂、形象生动，同时努力将科学性和艺术性结合起来，让农民在娱乐和放松的同时学会实用的农业科学技术。

为了吸引观众，农业科技节目需要依靠内容和艺术性两方面。内容上，节目需要传递的是农业科学技术本身；而在艺术性方面，节目的拍摄制作技巧至关重要。作为一种视觉艺术形式的电视节目，画面的艺术性尤为重要。一部枯燥乏味教科书式的电视节目很难吸引观众。因此，农业科技节目的画面必须真实记录现实场景，充分展示科学、可信、可操作的特点，而不能像故事或神话类节目那样任意虚构场景。

摄像师在拍摄农业科技节目时需要在众多现实场景中选择那些特殊、鲜明、具有典型意义、信息量大、具有强烈冲击力和震撼力的画面场景来传递科技知识。这样的画面选择符合农民"眼见为实"的信息接收习惯。摄像师需要不断创新和突破，在拍摄技巧上寻求新的方法，以丰富节目内容、提高信息量，制作出让农民愿意观看、能够理解和学会的农业科技节目。接下来，简要讨论一下农业科技节目拍摄场景的选择。

社会教育类视听节目的画面构图是呈现拍摄内容的重要形式，其具有动态随机性、整体连贯性以及视点多样性等特点。动态随机性指画面构图需要根据被拍摄对象的运动轨迹和变化特点进行灵活处理，以捕捉到最具生动感和鲜活感的画面内容。整体连贯性要求画面布局和转换的连贯性，使得节目画面在整体上具有统一性和完整性。视点多样性考虑到受众的多样化需求，画面构图需要从不同的视角和角度来展现拍摄对象，以丰富受众的视觉体验和信息获取。这些特点使得社会教育类视听节目的画面构图能够更好地传达内容，吸引受众的注意力，提升节目的观赏性和吸引力。

随着移动设备的普及和使用率的增加，小屏幕移动端成为人们观看视听节目的主要选择。社会教育类视听节目在制作过程中画面构图要确保被拍摄主体清晰明确，占据画面的主导地位，以迎合受众对于观看小屏幕的习惯。节目制作人员需要在提前策划被拍摄主体的运动轨迹的基础上，合理安排画面的构图，确保主体位置的准确性和画面内容的连贯性。

通过合理的画面构图和镜头运用，利用多样的视角和角度来拍摄同一主题，以丰富受众的视觉体验，使观众能够更加容易关注到画面中的重要内容，从而提升教育类视频节目的观赏性和吸引力。

二、多维立体的视听空间

2021年9月中央电视台农业农村频道推出的乡村音乐美育季播节目《田野里的歌声》助力乡村振兴和乡村音乐美育教育。《田野里的歌声》通过电视媒体的传播渠道，将乡村音乐文化和美育教育带到了广大观众的视野中。节目利用电视媒体的视听特点，通过多维立体的视听空间，让观众在节目中感受到乡村音乐的魅力。在节目中展现乡村少年合唱团天籁般的乐音，创设与乡村振兴、文化传承等深度意涵融为一体的音乐情境，加大了视觉技术对音乐文本的重构，提升了音乐教育的视听体验。

通过电视媒体，节目向广大观众传递乡村美育教育的理念和实践，提升乡村孩子们的艺术修养和审美素养。节目中的音乐想象课、森林音乐课等环节，通过具象化处理抽象的声音，使音乐美育更具吸引力和趣味性，提高了乡村孩子们的学习兴趣和参与度。

《田野里的歌声》将乡村音乐与乡村振兴、文化传承等议题相结合，通过节目内容呼吁社会关注乡村文化的传承和发展。这种电视媒体的呈现方式，有助于提升公众对乡村振兴和文化传承重要性的认识，进一步推动乡村振兴战略的实施和乡村文化传统的传承。

《田野里的歌声》中，乡村少年合唱团天籁般的乐音是节目的点睛之笔。在呈现歌声的过程中，节目创设了与乡村振兴、文化传承等深度意涵融为一体的音乐情境，加大了视觉技术对音乐文本的重构，构建起多维立体的视听空间。在以"寻找最美的声音"为主题的乡村采风活动中，水声、蝉鸣声、敲击南瓜声、扇声、山歌、戏曲等音乐元素集合成了由视听觉双重参与的对话式、浸润式体验的音乐新境。节目通过多重视角的巧妙汇聚，让受众更深入地感受到音乐的魅力，使音乐成为节目的核心。在音乐想象课中，手势舞、音乐对应的颜色、森林音乐课等将抽象的声音进行了具象化处理，通过视觉化加工和转化，让受众在接收信息时产生额外的审美体验。动作、颜色、图形等可视化符号让音乐美育变得更加通俗易懂。此外，节目后期制作中加入了生动的动画图形，如云朵、星星、小动物、音符等视觉亮点，强化了童真趣味感和自然温馨感，动态的、视觉化的图像在感官维度进一步增加了音乐观众进入文本情境的可能。

在社会教育类视听节目中还可以进行"小剧场式"的舞美设计。由于它需要投入的资金相对较少，更容易在舞台设计时精益求精，可以让观众通过观看演讲表演进入演讲者的故事情景。"小剧场式"的舞台设计将节目中的欲望、矛盾和表现行为等视为基础，将舞台的声音效果、灯光效果、背景和服化等作为演讲表演的外在手法，能够很好地提升节目的张力、增强节目的可视性。因此，"小剧场式"的舞台设计为演讲表演现场艺术感染力的发挥提供了保障。最后，"小剧场式"的"小"代表着受众观看方式和欣赏距离发生了转变。由于空间相对较小，嘉宾在舞台上分享的时候，就不需要很夸张地表现，他们的分享也变得内敛。演讲者在不注重外部表演的时候，就会更加注重内心情感的表达。

在节目的传播制作中要考虑到多维视听平台与空间。2022年，我国电视社教节目积极推进与各类媒体的深度融合，通过"电视社教节目+"的形式实现多终端立体传播。融媒体矩阵、短视频、新媒体、云直播等形式的结合为电视社教节目的传播提供了重要保障。传播链的单一模式逐渐发展为丰富多样的传播网络，借助全媒体的力量，大大增强了电视社教节目的传播力和影响力。

三、后期制作精细化

根据大数据调查显示，受众获取的信息呈现出多渠道化、数据化、碎片化的状态，受众对节目的关注度和浏览信息的时间也被分割成碎片化的片段。因此，要在有限的时间内做出高质量的内容。在这样的背景下，社会教育类视听节目需要采取更加精准、吸引人的内容呈现方式。

制作节目时，每期节目的主题应围绕一个人或一个事物展开，确保所有素材都与表现主题密切相关。重点策划节目中最具悬念、最引人入胜的核心内容，通过轻快的节奏、动感强烈的镜头和气氛调动的音乐呈现，使整个节目充满期待感。剪辑节奏要精细，除节目的片头片尾，节目的每一个画面都必须是能够表现节目主题的精华部分，做到用大片的手法做小片。

社会教育类视听节目的后期制作策略需要适应移动互联时代的碎片化、个性化、即时性和交互性的特征。为了提升节目的效果和可识别性，节目制作团队需要将节目内容进行碎片化处理，制作成短视频、微视频等形式，以适应观众碎片化的时间和空间需求。同时，根据不同观众群体的需求和偏好，定制个性化的内容，满足观众的多样化需求。及时跟踪新知识、热点事件等，保持节目内容的新鲜度和时效性，吸引观众的关注和参与。引入互动元素，与观众进行互动，提高观众参与度和黏性。通过投票、答题、评论互动等方式，与观众建立更紧密的联系，增强节目的互动性和趣味性。同时，在节目中加强品牌元素的展示，提升节目的品牌识别度和影响力，塑造节目独特的形象，增强观众的记忆和认知。

网络视听节目，在剪辑和播出时应满足网民碎片化收视的需求，将视频时长控制在3～20分钟之间，使受众在短时间内可以集中注意力，并接受最精华的知识讯息。在互联网时代，社会教育类视听节目需要充分考虑传播媒介的个性化特点，同时还必须充分发挥教育类节目的特殊性质。节目制作理念应是以简洁清晰的方式呈现复杂的概念。

四、增加互动元素

社会教育类视听节目既是知识的传播工具，也是解决问题的平台。传统的社会教育类视听节目通常通过单向传递信息向接收者普及知识。互联网时代，教育节目的信息接收者也可以实时向传播者提出问题，并期望得到及时解答。为了满足这一需求，可以在社会教育类视听节目中增加直播内容，使观众可以与演播室实时连接，演播室的专家可以即时回应观众提出的问题，并为他们提供科学的解决方案。结合了直播的节目形式不仅体现了教育类视频节目的即时性，还增强了知识传播的直观性、准确性和权威性。

为了适应移动互联时代视听节目的交互性特点，在社会教育类视听节目中可以设置弹幕视频评论的形式。观众在观看节目时可以即时发送评论，这些评论在屏幕上显示。其他用户看到评论后也可以做出回应，实现了视频内容观众之间的互动。弹幕不仅为观众提供了自由表达的渠道，而且加深了观众对社会教育类视听节目内容的多元理解，并增强了受众对节目的参与感。

在媒体融合的环境下，社会教育类视听节目需要精准传播教育内容，这就要求节目内容的精准制作，鼓励受众参与、增强节目互动，从而实现教育电视节目的精准传播。在媒体融合的环境下，教育电视节目的受众群体呈现出分众化的特点，节目制作人员要根据用户的个性化习惯，为其提供具有针对性内容的教育节目，以保证教育电视节目内容传播的精准性。使用户个性化学习与文化教育供给实现更高程度的匹配，从而打造教育电视节目的个性化服务。

《成长》节目为了提升大众对于心理健康的关注和认知，在新媒体背景下进行了创新，通过微信公众号为大众提供全天候的心理健康关爱服务。在春节期间，该节目推出了一系列与汉字相关的节目，通过网络征集、电视呈现和专家解读的方式，让孩子们领略汉字之美，探寻汉字的博大精深。为了进一步提升大众对于节目的兴趣，可以充分借助短视频平台，在平台上创办节目，并定期发布节目相关内容，同时做好节目的宣传工作。利用短视频平台的互动功能，可以增加节目与用户之间的沟通和交流，了解观众的真实想法，便于节目及时调整和更新。可以通过电视与短视频平台同步直播的方式，增加与观众之间的互动，提升观众观看的积极性。这种线上线下交互性趣味性体验的模式，能够进一步吸引大众的注意力，增强他们对于节目的关注度，从而达到更好的宣传效果和社会效益。

五、节目包装趣味化

和综艺娱乐节目相比，社教节目稍显严肃、枯燥。正因为如此，社教节目的趣味性包装显得越发重要，因为它不仅可以增强观众的收视兴趣，也加深了观众对信息的理解。

随着电视节目的不断发展与成熟，目前这种包装意识正在越来越广泛地被运用到节目制作中。《世界地理杂志》所制作的一些知识类节目就是这方面的典范。他们常常运用高科技的拍摄手法，选择特殊的拍摄角度，采用计算机动画完善后期制作，在节目中撰写带有故事情节的文字稿，采用富有人情味的拟人化配音等方法，将整个节目制作得精美而富有动感，使节目表现得生动、有趣，富有感性色彩。

利用视听效果来增强教育节目的趣味性已经成为从事各类教学的专家们的共识。中科院院士、著名化学家申泮文先生根据教学需要首次制作出了趣味性较强的化学课程的计算机教学软盘。他的创新一方面是利用了视听双向的感性传播效果来增强学生获取知识的兴趣和热情，另一方面也是通过对专业知识的简化剖析来加速对知识的理解。虽然这种教学制作方法是被运用在计算机教学上，但是其原理和电视教学是大同小异的，其方法也应该被从事电视社教节目策划工作的人员所借鉴。

六、新技术赋能视觉呈现

当前，社教节目不断融合当下新兴技术，革新制作方式，创新节目表达形式。这种趋势为观众提供了更为丰富、更为立体、更为新奇的视觉体验，进一步构建了电视社教节目的新生态，开阔了观众的视野。

中央广播电视总台制作的大型纪录片《美术里的中国》采用了一种创新的制作方式。该纪录片选取了一件件经典的中国近现代美术作品，通过"4K+3D+XR"的技术手段，在电视上完成对这些美术作品的艺术表达。这种技术手段使得观众能够欣赏到立体优美的画卷，拓展了他们在电视上欣赏美术作品的方式。节目向观众传递了相关的美术知识，带领他们领略中国美学的艺术魅力。这种创新性的制作方式使得普通百姓也能轻松领略到经典艺术作品的风采与内涵。

　　新兴技术的应用为传统科学知识的传播注入了科技元素和未来感，使得科学教育类社教节目在节目形式上得到了创新，引起观众的兴趣，激发观众对前沿科学知识的学习热情，传承科学探索精神。科教类节目《你好！火星》以深入浅出的方式介绍了航天科学等学科知识，利用全球首个原创混合现实（IMR）超高清电视制作平台，结合5G+4K/8K+AI等技术手段，全面且形象地展现了中国进行火星探测的珍贵画面，为观众带来了身临其境的视觉体验。

　　《遇鉴文明》选取了具有代表性和互通性的中西文明符号进行互相对话，以一中一西的方式，从不同的文化视角共话不同文明交流的时代华章。该节目综合运用现代视听艺术手段，通过4K技术和AR虚拟技术的双重加持，将众多中外名作呈现在观众面前，营造了特殊的立体时空。节目富含科技感的形象画面增强了观众对人类文明的科学认知，增进了对中华文化源远流长的认知，有助于提升观众对人类文化、文明共同体的思想和情感认同。

 课后思考题

1. 结合我国社会教育类视听节目的发展历程，分析社会教育类视听节目的特点。

2. 请论述社会教育类视听节目在儿童和青少年教育中的作用，分析其在培养兴趣、拓宽知识面和提升综合素质方面的贡献。结合具体案例说明其效果。

3. 请论述社会教育类视听节目如何通过内容设计和传播方式，传递正面的社会价值观和道德观念。结合实例说明其影响力。

4. 请分析在社会教育类视听节目策划过程中，如何充分了解和满足观众的需求，提升节目吸引力和影响力。结合实例说明具体方法。

5. 请论述社会教育类视听节目在推广终身教育理念方面的作用，分析其如何通过节目内容鼓励观众持续学习和自我提升。结合实例说明其重要性。

6. 论述社会教育类视听节目如何设计和利用专家访谈和科普内容，提升节目内容的权威性和专业性。

7. 请分析社会教育类视听节目在内容创作中的多样化策略，探讨如何通过观众互动提升节目吸引力和参与度。

8. 请分析社会教育类视听节目如何通过传播知识和信息，提升公众的教育水平和科学素养。

9. 在新媒体时代，社会教育类视听节目的制作有哪些创新策略？结合具体案例详细说明。

10. 在新媒体时代，社会教育类视听节目如何通过创新的传播策略和形式，提升节目的传播效果和观众覆盖面？结合实例说明具体的创新和应用。

第九章

文化类视听节目策划

　　文化是一种复杂的符号系统，其中包括人物、物品、事件、传说、习俗、建筑等，它们在文化系统中充当着各种能指的角色。不同文化系统具有不同的能指，而当今世界文化发展的主流趋势是多元共生，各种文化相互交融，进一步丰富了符号能指系统。

　　中国文化呈现出开放、包容、多元的特点。特别是随着中国社会向纵深方向转型，改革开放的不断深化以及公民社会的形成，中国文化与其他国家文化、传统文化与当代文化、高雅文化与通俗文化的交融趋势日益凸显。这种文化的多元性和交融性为视听节目创作者提供了丰富的能指和原创资源。

　　在当今全球化和多元化的背景下，中国文化作为世界文化的重要组成部分，不仅在历史长河中熠熠生辉，而且在现代社会中持续发挥着深远的影响力。通过对中国文化的系统性研究，人们可以更好地理解其深刻的历史根基、价值观念、审美情趣以及社会传承，进而促使人们对于自身文化认同以及全球文化多样性的思考。

　　文化跨越国界和语言，架起人类交流的桥梁。随着信息技术的飞速发展，文化的传播和交流变得更加容易，不同文化之间的互动日益频繁。在这个背景下，文化类视听节目策划成为一个富有挑战性和创造性的领域，旨在通过视听媒体的力量，深入挖掘和展示各种文化的内涵和魅力，促进跨文化的理解与共鸣。

　　随着社会的多元化发展，人们对于文化的需求也变得更加多样。文化类视听节目策划需要在满足不同受众的需求上寻找平衡，从而创造出能够引发共鸣和启发的内容，满足人们对于文化多样性的渴望。文化类视听节目在文化传承与保护方面扮演重要角色。通过展示传统技艺、民间故事、习俗庆典等，文化类视听节目有助于传递文化的根源与价值观。现代社会的发展也要求文化保持与时俱进，与创新相结合。文化类视听节目策划可以探索如何将传统文化元素与现代表达方式相结合，促使文化在创新中焕发新的生命力。

第一节　文化类视听节目概述

　　全球化的发展使得不同文化之间的接触变得更加密切。人们能够更轻松地接触到来自世界各地的信息、媒体内容和艺术作品，这为文化类视听节目策划提供了更广阔的素材来源和传播平台。通过文化类视听节目，人们可以在家中体验来自异国他乡的风土人情，了解其他文化的历史、价值观和传统，促进不同文化之间的对话和交流。

文化类视听节目策划与制作者可以利用这种多元文化的特点，通过创新和巧妙地融合各种文化符号，打造出富有创意和吸引力的节目形式。这些节目不仅可以满足观众的审美需求，还有助于促进文化的传播和理解，推动不同文化间的交流与融合。

一、文化类视听节目的概念

文化是指社会中人们共同创造、传承和表达的一系列价值观、信仰、行为模式、习惯、语言、艺术、科技、制度等非物质和物质方面的内容和特征。它涵盖了一个社会群体在历史、地理、宗教、哲学、艺术、道德等各个领域中所创造和共享的知识、经验和方式。文化是一个社会的精神和身份的载体，它包含了人们的认知、情感、行为方式以及与环境的互动。

文化具有多样性，不同地区、国家、民族和群体都有自己独特的文化特点和传统。文化不仅仅是一个社会的内部特征，还可以在交流和接触中被传播、影响和改变。它对于人们的思维方式、生活方式、社会组织和价值观念等都有着深刻的影响。文化是人类社会的重要组成部分，通过文化，人们能够理解自身的身份认同，传承历史遗产，发展社会进步，以及与其他文化进行对话和交流。

文化类视听节目是指通过广播、电视、网络等传媒平台制作和传播的，以文化为主题的娱乐、教育、交流等多种形式的节目。这类节目通常旨在弘扬各种文化、传承民族精神、提高人们的文化素养、丰富人们的精神生活以及促进文化交流和理解。

中国有着几千年的文化历史，丰富的传统文化资源为文化类视听节目提供了无尽的灵感和素材。从古典文学、诗词歌赋、历史传奇到民间故事、神话传说等，都是节目创作的宝贵财富。

自改革开放以来，中国的文化产业得到了迅速的发展。国家政策对文化产业给予了越来越多的支持，电视台、广播台、网络平台等各类媒体不断涌现，为文化类视听节目提供了良好的发展环境。中国文化类视听节目的产生背景是多方面的，涉及历史、政策、观众需求、技术进步以及国际交流等因素，这些因素共同推动了文化类视听节目的出现和发展，使其成为中国文化产业的重要组成部分。

随着人民生活水平的提高，人们对于文化娱乐的需求也在不断提高。观众不仅关注娱乐性，还期待能从节目中学到知识，了解传统文化。这种多样化的需求推动了文化类视听节目的出现和发展。

现代科技的发展，特别是互联网、移动通信、数字技术等的应用，为制作、传播和推广文化类视听节目提供了更多可能性。技术创新带来的视听效果提升，让节目更加吸引观众。

全球化进程中，各国文化的交流与碰撞日益频繁。中国文化类视听节目在对外传播中，增强了国际影响力，同时也吸收了外国文化精华，使节目更具创意和包容性。

文化类视听节目的内容包括。①传统文化：展示各国或民族的传统艺术、手工艺、民俗、风俗习惯等内容，如戏曲、舞蹈、音乐、书法、绘画等。②历史文化：介绍历史事件、人物、名胜古迹、文物等，以及对历史的研究、解读和评论。③文学艺术：推广优秀的文学作品、电影、戏剧、音乐、舞蹈等，包括评论、访谈、表演、创作等方面的内容。④文化交流：介绍不同国家和民族的文化特点、文化产业发展状况，以及国际文化交流活动等。

文化类视听节目的形式多样，如访谈、评论、纪录片、竞赛、表演、现场直播等。这类节目对于传播文化知识、提高公众的文化素养、促进国际的文化交流具有重要意义。

二、文化类视听节目的发展历程

中国文化类视听节目的发展历程可以追溯到 20 世纪 50 年代，当时的中央电视台开始推出一些以文化为主题的节目。随着改革开放的深入，中国的电视媒体得到了快速发展，文化类视听节目也随之繁荣起来。传统文化类视听节目一直是电视媒体的重点内容之一。中国文化类视听节目的发展历程既有传统文化的传承，也有现代文化的创新，同时也紧跟时代发展和观众需求的变化。

从传统文化到现代文化，从文艺类节目到科普类节目，中国的文化类视听节目呈现出多元化、专业化、大众化的发展趋势。

1. 起步阶段（20 世纪 50—70 年代）

20 世纪 50—70 年代是中国文化类视听节目发展的重要时期。在这个时期，中国的文化类视听节目经历了从无到有、从小到大的发展过程。在政治、经济和文化方面的变革背景下，中国文化类视听节目逐渐形成了自己的特色和风格。

50 年代初期，中国的文化类视听节目形式单一，缺乏创新和吸引力。那时文艺晚会是电视媒体中较为重要的节目之一，这些节目通常会以表演歌曲、舞蹈、戏曲等形式呈现。为了普及科学知识，当时的电视媒体还推出了一系列的文化讲座节目。这些节目会邀请专家学者，就不同领域的话题进行深入解说，旨在提升人民的文化素质。还有一些文艺片欣赏节目，包括经典电影片段和文学作品改编的影视片段，以提升人们的审美水平和文化素养。

到 60 年代初期，中国的文化类视听节目开始向多元化和艺术化方向发展。这个时期的文化类视听节目以文艺节目为主，这些节目在形式和内容上都有所创新。文艺晚会相较于 50 年代，开始呈现更多样的文化内容，节目中会有演唱歌曲、舞蹈、戏曲、小品等多种艺术表现形式，弘扬社会主义精神和爱国主义情感。文化讲座类的节目开始涵盖更多知识领域，包括艺术、文学、历史等，这些讲座节目旨在提高人民的文化素养，拓展知识面。

70 年代中国文化类视听节目不仅形式多样，内容丰富，艺术水平也有了很大提高。这些节目在当时的社会中起到了重要的作用，不仅为人们提供了娱乐，还传递了许多积极的价值观和思想，对当时社会的发展和进步起到了积极的推动作用。70 年代的中国舞蹈类节目以民族特色为主，以舞蹈形式展现了中国传统文化和民俗风情。这些舞蹈作品不仅具有艺术价值，还传递了爱国主义、集体主义等正能量的思想和价值观。

20 世纪 50—70 年代是中国文化类视听节目发展的重要时期。在这个时期，中国的文化类视听节目经历了从单一到多元、从政治宣传到艺术创新的转变。这些变化不仅丰富了观众的文化生活，也推动了中国文化类视听节目的发展。

2. 发展阶段（20 世纪 80—90 年代）

20 世纪 80 年代末 90 年代初，中国正在经历改革开放的浪潮，文化领域也呈现出蓬勃发展的态势。在这一背景下，中国电视台开始推出一系列以中国文化为主题的节目。这些节目涵盖了中国传统文化的各个方面，包括历史、文学、艺术、哲学等，旨在向观众展示中华文化的博大精深和独特魅力。

20 世纪 80 年代，中国社会进入了改革开放的新时期，这在一定程度上反映在文化类视听节目的内容和多样性上。这一时期，文化类视听节目开始呈现出更多元化、开放性和创新性。80年代初，中国的电视媒体开始涌现出一些新的文化综艺节目，这些节目以多样化的内容为特点，包括音乐、舞蹈、戏曲、小品、访谈等，尝试着拓展文化领域的表现形式。在这个时期，大型晚会开始兴起，如春节晚会和元宵晚会等，呈现了更多元化和开放性。

80年代的文化知识普及节目涵盖更广泛的领域，如科学、艺术、历史、文学等。这些节目旨在提升人们的文化素养和知识水平。文化类视听节目得到了一定程度的发展，涵盖了各种文化领域，如传统工艺、民间文化、历史遗迹等。这些节目不仅呈现事实，还尝试深入探讨文化的内涵和价值。

80年代是中国现代艺术的蓬勃发展时期，中国文化类视听节目开始呈现出更多元、开放和创新的特点，文化类视听节目逐渐扩展到更广泛的领域，为人们提供了更丰富多样的文化体验。这个时期为中国的文化媒体奠定了更为多样化和开放性的基础。

20世纪90年代的文化类视听节目呈现出更加多样化、丰富和开放的特点。随着经济的发展和社会的变革，文化节目在内容、形式和风格上都发生了明显的变化。90年代是中国综艺节目兴起的时期。各种类型的综艺节目涌现，如音乐、喜剧、达人秀、选秀等。这些节目通过丰富的内容和娱乐性的表现方式，吸引了广泛的观众群体，成为当时文化媒体的焦点。随着生活水平的提高，90年代的文化节目开始关注更多的生活方式、时尚趋势和消费文化。一些时尚类、美食类、旅游类节目开始涌现，引导人们关注个人生活品质的提升。

90年代的文化节目深入挖掘历史、文化、艺术等领域的内容。这些节目旨在提升观众的文化素养，传递深度的知识和情感。一些国际合作的文化节目也开始引入中国。这些节目带来了不同国家的文化元素，拓宽了观众的视野。这一时期中国文化类视听节目呈现出多元、开放和丰富的特点，各种类型的节目涌现，涵盖了艺术、娱乐、生活、社会等多个领域。这个时期的文化媒体开始真正走向多样化，与社会的发展和观众的需求紧密相连。

随着时间的推移，中国文化类视听节目逐渐得到了更多观众的认可和喜爱，并在内容和形式上不断创新。在这个阶段，随着电视产业的快速发展，文化类视听节目逐渐多样化。节目类型包括文艺表演、戏曲、纪录片等。这些节目传播了丰富的文化内容，提高了观众的文化素养。

1996年中央电视台播出的《读书时间》、2000年央视综艺频道的《艺术人生》，以及2001年央视科教频道的《百家讲坛》等电视节目可以被视为中国电视史上文化类视听节目早期的代表作品，这些节目不仅展示了中国的文化底蕴，还通过生动有趣的形式，让观众更加深入地了解和感受到中国文化的魅力。这一时期的文化类视听节目重点放在教育和文化传播功能上，而娱乐功能相对较为次要。这些电视文化类视听节目往往呈现出单向输出和内容模式单一的特点，限制了它们的吸引力和影响力。

3. 繁荣阶段（21世纪初至今）

自21世纪以来，中国文化类视听节目在媒体领域发挥着越来越重要的作用。随着中国文化的国际影响力不断提升，中国文化类视听节目也在海外得到了越来越多的关注和认可。一些以中国文化为主题的节目如《中国诗词大会》《国家宝藏》等已经在海外播出，并受到了广泛好评。这些节目不仅展示了中华文化的独特魅力，还为世界各地的观众带来了一次别样的文化体验。

这些节目不仅仅是为了娱乐观众，更是通过展示中国文化的多样性和独特性，向观众传递了深刻的文化内涵和价值观。这些节目包括但不限于综艺节目、纪录片、文化访谈等，涵盖了历史、传统文化、现代文化等多个方面，为推广中国文化和提升国家形象作出了积极的贡献。随着时代的发展和观众需求的变化，中国文化类视听节目也在不断创新和进步，展现出了更加丰富多彩的面貌。

进入 21 世纪，文化类视听节目进入繁荣发展阶段。节目类型更加丰富，包括访谈、纪录片、真人秀、竞赛等。文化类视听节目通过创新的形式和内容，为观众呈现了中华传统文化的魅力和现代文化的活力。随着大众文化的普及，文化类视听节目不断创新内容模式，变革传播方式。文化类视听节目不再是传统的直接教育式、单一线性的传播方式，而是采用故事化叙事、多元化人物设定以及仪式感构建的模式。这些元素被巧妙地融入陌生化审美的节目形态中。文化类视听节目这一发展趋势的目标是扩展和丰富文化价值观的表达方式，以满足不同观众的需求。

在 21 世纪初期，电视综艺节目经历了一段过于依赖引进外国节目模式的阶段。为了促进原创文化类视听节目的发展。2013 年，《中国汉字听写大会》《汉字英雄》《成语英雄》《中华好诗词》《中国灯谜大会》等一系列文化类视听节目的热播，引发了全社会对原创文化节目的关注。与此同时，国家新闻出版广电总局发布了《关于积极开办原创文化节目弘扬和传承优秀传统文化的通知》。这一通知鼓励广播电视机构，尤其是电视综合频道，深入挖掘传统文化资源，借鉴成功的文化类视听节目经验，积极推出以弘扬和传承优秀传统文化为核心主题的原创文化节目。通知强调创作必须坚持正确的导向，体现高雅的文化品位等方面的要求和期许。这一通知传达的理念和指导方针成为推动文化类电视综艺节目蓬勃发展的重要动力和引导。

通知的核心目标是通过电视媒体强化传统文化的传承和弘扬，借助原创文化节目的力量提升民众对传统文化的认知和热爱。通过这些节目，观众能够更深入地了解中华文化的丰富内涵，进一步激发了对传统文化的兴趣和热情。政策引导下，文化类视听节目进入了一个兴盛发展的时期。原创文化类视听节目开始受到更多的关注和投入，制作团队得以从国内和本土文化资源中汲取灵感，创作出更具独创性和深度的节目内容。通过观看文化类视听节目，观众可以更深入地了解中华优秀传统文化的价值观、历史积淀以及文化传承。政策引导为文化类视听节目的发展和中华传统文化的传承提供了有益支持，推动了中国电视综艺节目的内容和形式的转型与升级。

2013 年引发了一小波文化类视听节目的兴起。这些文化类视听节目的涌现为观众提供了更多选择，丰富了电视节目的多样性。央视的《汉字听写大会》《中国成语大会》；河南卫视的《汉字英雄》《成语英雄》《井字对抗》；河北卫视的《中华好诗词》；贵州卫视的《最爱是中华》；浙江卫视的《中华好故事》；山东卫视的《中国面孔》；江西卫视的《挑战文化名人》；黑龙江卫视的《最爱中国字》；天津卫视的《国色天香》；安徽卫视的《中华百家姓》等。这些文化类视听节目的出现，一方面反映了观众对传统文化的关注和热爱，另一方面也为文化传承和推广提供了一个新的平台。它们通过娱乐化的形式，将传统文化元素融入节目中，使观众在娱乐的同时增进对传统文化的了解和认识。

这些文化类综艺节目成功地运用了生活化因素和娱乐化的方式，将经典文化元素巧妙地融入其中。通过以娱乐化的形式呈现传统文化，这些节目不仅增强了观众的娱乐性，还让传统文化更加贴近人们的生活，使其更易于接受和理解。这种策略使得这些节目在传播经典文化的同时，也成功地吸引了更广泛的观众群体，特别是年轻一代观众。观众们通过这些娱乐化的节目，不仅能够享受到节目带来的乐趣，还能够在娱乐中学习和了解传统文化，从而增加了对传统文化的认同和兴趣。

以娱乐化方式呈现的文化类综艺节目已经成功摆脱了单一输出和内容模式单一的尴尬境地，成为更具吸引力和创新性的节目类型。它们不仅在传播传统文化方面发挥了重要作用，同时也为综艺节目的发展带来了新的可能性和活力。

《中国汉字听写大会》《汉字英雄》《成语英雄》《中华好诗词》《中国灯谜大会》等节目的热播，引发了电视原创文化节目的高潮。自 2016 年起，《中国诗词大会》（第一季）、《朗读者》（第一季）、《国家宝藏》（第一季）、《见字如面》等文化类综艺节目在观众中引起广泛共鸣。这些节目吸引了大量年轻观众，使他们重新关注电视，以沉浸式的方式感受知识与深度思考的魅力。2018 年，中央电视台推出了《经典咏流传》（第一季）、《信•中国》等节目，大胆借助众多年轻喜欢的知名演艺界人士，以更具年轻化元素的方式演绎中华文明的深刻内涵。在这些节目中，优秀的传统文化以崭新的方式得到了观众的认可。2019 年后，一系列紧密围绕中华优秀传统文化的电视综艺节目如《故事里的中国》《典籍里的中国》《中国礼•中国乐》《长城长》等不断进行改革创新，持续展现出强大的生命力，并受到广大观众的高度评价。这些文化作品不仅是对我国"古代文明理论"和中华文明探源工程研究成果的宣传、推广和转化，同时也通过艺术创作将中华文明历史传播深入人心，使越来越多的文物和文化遗产在多个维度上栩栩如生地展现出来。

《国家宝藏》和《经典咏流传》等节目的成功播出标志着中国传统文化和高雅艺术重新回归到大众视野之中。这些节目通过娱乐化的处理，成功地实现了从高雅到大众的转变，使得传统文化和艺术更加贴近普通观众，引发了广泛的共鸣和关注。观众们通过这些节目可以了解到更多的传统文化知识和艺术精品，增加了对传统文化的理解和欣赏，为传统文化的传承和发展提供了新的契机。

这些节目的成功播出不仅丰富了电视娱乐节目的内容，也为传统文化在当代社会的传播和推广提供了有力的支持。同时，它们还为电视娱乐产业的发展开辟了新的方向，探索了传统文化与现代娱乐的有机结合，促进了文化产业的繁荣和发展。

文化类视听节目持续探索与创新，通过深入挖掘中华文化并巧妙地融合现代科技手段，将这些传统文化元素注入当代生活，更贴近当代人的内心世界。文化节目的持续探索在推动中华优秀传统文化的传承和创新方面发挥了重要作用。

为了适应新媒体时代的传播特征，使受众了解文物除物质价值之外的历史故事和人文精神，以激发他们对于博物馆领域的兴趣，出现了一系列文化类视听节目，如《如果国宝会说话》《国家宝藏》《赢在博物馆》《国宝档案》《我在故宫修文物》《故宫》等。这些节目通过视听语言的运用，构建了一个全新的叙事空间，旨在增强信息传播的效果。在诠释博物馆文物丰富的文化内涵和揭示中华古代文明所蕴含的现代文化基因方面，这些节目成为杰出的典范。

文化类视听节目通过将历史与现代融合的探索路径不断拓宽，借助艺术手段将历史时间轴延伸至当代观众熟悉的时代，有效地减少了观众对历史的陌生感。《国家宝藏》开篇由讲解员用引人入胜的台词迅速拉近观众与国宝的距离，通过"前世今生"的舞台设置对文物进行讲解和演绎，不仅展示其悠久的历史背景，更深入阐释其对当代的价值，使观众能够从时代的脉搏中感知艺术的脉动。

文化类视听节目充分结合现代科技手段，将中华优秀传统文化元素融入现代生活，使之更具吸引力和影响力。《中国礼•中国乐》以中华新婚仪为选题，通过当下受众熟悉的"仪式感"为导引，将古籍《礼记》与唐代《袍中诗》的故事融合，生动还原传统婚仪礼节，使观众深入体会中华婚礼文化中的"变"与"不变"，进一步理解传统文化的核心价值。

文化类视听节目在近年来的探索和创新中，通过历史与现代的融合，现代科技的运用，以及深入挖掘传统文化，成功地将中华优秀传统文化与现代生活紧密联系在一起，得到了社会的广泛认可。这些节目的持续探索与创新，为中华优秀传统文化的传承与创新提供了有力的推动。

在这个发展过程中，中国文化类视听节目不仅丰富了节目类型，提高了制作水平，还推动了文化传播和文化产业的发展。同时，随着互联网的普及，线上平台也逐渐成为文化类视听节目的重要传播途径。无论是传统的电视媒体还是新兴的网络媒体，都在不断探索和创新，为观众提供更多优质的文化节目。

三、文化类视听节目的类型

文化类视听节目的类型繁多，可以根据内容和形式进行分类。常见的文化类视听节目类型以对话和访谈形式进行，邀请文化名人、专家学者、艺术家等分享他们的经验、见解和故事。以记录和展示真实事件、人物、地点或历史为主要目的的视听作品，常以讲述人为导向，对文化现象进行深入解析。文化类综艺节目以文学、艺术、历史、习俗等丰富的文化资源作为其核心内容，通过结合访谈、竞赛、纪录片以及影像资料等多种环节手段，将朗诵、演讲、戏剧、歌舞等多种艺术元素融合在一体。这类节目以兼具艺术性和娱乐性的方式，旨在向观众传播文化知识，传递主流价值观念。

文化类视听节目可以根据内容、形式和主题的不同，分为多种类型，这些类型之间有时会相互交织、融合，形成多样化、综合化的文化类视听节目，为观众提供丰富的文化体验。

1. 文化风情类节目

这类节目通过展示不同地域、民族、国家的文化特色，包括传统习俗、风景名胜、民间艺术等，让观众深入地了解不同文化的魅力。

《上新了·故宫》《我在颐和园等你》等节目以古代名胜和文化遗产为背景，通过富有趣味的形式，为这些古老而典雅的建筑注入了生动活力，同时吸引了大量观众从线上走向线下，从而推动了这些景点及其周边产品的繁荣。这些节目的成功表明，文化类综艺节目不仅可以作为传统文化的传播媒介，还可以成为促进文化旅游的重要推动力。

《从长江的尽头回家》《万里走单骑》等节目以旅游方式进行走访，引导观众跟随明星嘉宾，亲临中华大地的美景，呈现了中华文明的历史多样性，激发了对地方文化旅游的兴趣与发展。这些节目不仅丰富了观众对中国各地文化的了解，还为旅游业的发展提供了有力的宣传和推广。通过将旅游与文化相结合，这些节目不仅展示了中国丰富的历史和文化遗产，还激发了观众对探索和体验中国各地文化和景观的热情。这种文化旅游的模式为地方经济和文化的繁荣作出了积极的贡献。

这些节目不仅是文化风情的一种创新表现形式，也是促进中国文化遗产和旅游业的有力推动者。它们通过吸引观众的关注，将中国的文化和景点呈现给世界，同时也激发了观众的文化兴趣和旅游热情。这种结合文化和旅游的方式为中国的文化传播和旅游业的繁荣提供了有益的范例。这些节目以独特的创意，借助古迹名胜或旅游走访的手法，将传统文化和现代审美融合，使古老的建筑和景点焕发新活力，同时引发观众的浓厚兴趣。通过线上和线下的结合，这些节目不仅吸引了观众的目光，也在实际中拉动了旅游景点和相关产品的繁荣，为地方文化旅游产业的发展注入了活力。通过展现中华文明的多样性和丰富性，这些节目不仅丰富了人们对历史与文化的认知，也为当地文化旅游的发展探索了新的方向。

2. 历史文化类视听节目

这种类型的节目关注历史事件、人物和时代背景，通过纪录片、访谈和重现等方式，呈现历史事件的真实情况和深刻影响。

访谈类节目通常以主持人与嘉宾的对话形式进行，探讨文化、艺术、历史等话题。这类节目以真实、亲切的氛围为特点，让观众了解嘉宾的成长经历、创作心得和生活感悟。通过对话和讲述，展现文化的人文内涵和价值观。

深圳卫视与凤凰网联合推出的电视文化访谈节目《一路书香》，2018年荣获国家广播电视总局"年度优秀网络视听专题节目"。节目以独特的行读特色模式为主要形式，创新性地邀请知名文化学者构建行读团队，以经典作品为引导，前往作品所描绘的城镇，通过品读和探访的方式，实现对书、人和城的多层面阐释。

该类节目面临的首要问题是如何让文化访谈内容"高度深刻"同时又不失亲和力。为实现这一目标，《一路书香》模糊了文化类视听节目和旅游类节目的界限，通过融合文化与旅行的元素，将经典典籍与实际城市结合，使文化内容融入常人生活，创造了一种特有的"高质量、亲近性"表现形式。观众在节目中产生文化共鸣与共情，正是由于该节目能够将经典与现实联系起来，使得观众能够更加自然地参与其中，进而加深对观众文化内涵的理解。

通过这种跨界探索，《一路书香》展现了一种新的文化访谈形式，以其特有的行读特点和创新的融合模式，将经典文化引入寻常百姓家，呈现出旅游、文化和人文的综合性内涵，丰富了文化类视听节目的表达途径，具有积极的文化传播价值和影响力。

纪录片类节目以记录和展示真实事件、人物和现象为主要内容，呈现多元文化的风貌。这类节目通常具有较强的叙事性和视觉冲击力，通过影像传达深刻的文化内涵和价值。

在不同类型的文化类视听节目中，最出人意料的现象之一是文化遗址考古类节目的意外走红。《国家宝藏》《中国考古大会》等文博考古类节目在观众中积累了大量的忠实"粉丝"，这种现象引发了广泛关注。这些文博考古类节目的突出受欢迎不仅提供了一个新的角度来理解古代文化和历史，而且深刻影响了年轻观众对中华文明的认同感和情感归属感。

这种意外走红现象可能归因于多种因素的相互作用。首先，这类节目为观众提供了探索历史遗迹和文化遗产的契机，使他们能够亲身感受和体验古代文明的魅力。其次，通过丰富多彩的节目内容和叙事方式，这些节目成功地将考古、历史和文化元素融合在一起，营造出引人入胜的观看体验。此外，节目制作团队还充分利用当代的媒体技术，采用引人入胜的叙事手法、视觉效果和互动性元素，使观众能够以全新的方式参与其中。

文博考古类节目的突出走红不仅反映了观众对历史文化的浓厚兴趣，也表明了这类节目在引发年轻观众情感共鸣、传递文化认同和激发文化自信方面所具有的巨大潜力。这种现象凸显了文化节目的创新发展路径，充分表达了年轻一代对中华文明传承的热切期待和积极参与。

3. 文化名人类节目

文化名人类节目以重要文化人物、名人、艺术家为主题，深入探讨他们的生平、成就、思想和影响力以及他们在文化领域的贡献，为观众展现文化界的杰出人物。《一堂好课》是一档文化类综艺节目，由主持人康辉担任"好课班主任"，并邀请了 12 位"学科领路人"传授知识、解答疑惑，点燃观众思想火花，鼓励他们追求知识。这些学科领路人来自不同领域，包括国学、艺术、军事、体育等，为观众提供多元化的学习体验。

节目中的第一堂课是思政课，由金一南教授主讲。他围绕"我们为什么要爱国"和"怎样才能真正地爱国"这两个话题展开讲解。通过丰富的史料和感人的故事，向观众介绍了中国百年来的救亡奋斗历程和复兴发展的伟大历程。这节课旨在引导孩子们思考国家的重要性，以及如何为国家的繁荣和发展作出贡献。

此外，节目还讲授了航天课，由中国神舟飞船首任总设计师戚发轫主讲。在这堂课中，学子们能够深入了解中国的航天事业，感受到中国航天工程的伟大成就和科学创新的重要性。这节课也旨在激发学子们的初心和使命感，鼓励他们追求梦想并展望未来。

通过这些生动的课程，节目旨在激发孩子们对知识的兴趣，培养他们的综合素质，同时也传达了他们对国家和社会的责任感和热爱之情。

4. 美食文化类视听节目

这类节目探讨不同地区和国家的美食文化，介绍传统菜肴、烹饪技巧、餐桌礼仪等，带观众领略不同文化的独特美味。《舌尖上的中国》以美食为切入点，讲述了中国各地的地域文化和饮食传统。

《中国味道》通过不断创新的"文化＋"模式展现中国美食，从"草根厨艺比拼""顶级名厨比拼""寻找最牛吃货"到"寻找传家菜""味道博物馆"，再到"探索美食文化"，节目以此丰富的主题线索实现了内在的多样性。每一期节目都以名人嘉宾的参与为入口，通过"寻味 VCR"引发话题，然后在演播室中由厨师现场烹饪美味食物，嘉宾在现场讨论文化内涵，紧密围绕主题展开内容。在节目现场，嘉宾们通过味觉体验重新唤起记忆中的味道，并借此述说与这些味道相关的人生经历。

《鲜生史》是一部美食纪录片，同时也具有文化纪录片的特质。该节目的焦点集中在四位文学大家，即鲁迅、苏轼、曹雪芹、白居易身上，通过他们的文学作品以及个人经历，探索了食物与文学、文化之间的深刻关系。

这部纪录片通过对这些文学巨匠的生平和作品的解读，揭示了他们在文学创作中对食物的独特表达和文化内涵的体现。食物在文学作品中常常被用作象征、隐喻或情感的载体，通过对这些文学作品的深入分析，观众可以更好地理解食物在文化和文学中的重要地位。

这部纪录片的价值在于它将食物、文学、文化三者有机地结合起来，通过文学巨匠的视角，展示了食物在文化传承和表达中的深刻影响，同时也为观众提供了一次深入文学和文化探索的机会。这种跨领域的纪录片形式有助于拓宽观众的文化视野，丰富了文化传媒的表现形式。

5. 文化探秘类节目

这种类型的节目通过挖掘未知的文化秘密、传奇故事、考古发现等，引发观众对文化领域的好奇心，探索未知的领域。

《博物馆之城》（第二季）中的中华文明探源季呈现出多重突破，其中包括形式上的新意和内容上的深意。节目采用了体验类和科技复原类元素，为观众呈现了一种全新的探索方式。通过体验式的内容，观众能够身临其境地感受到历史和文化，这种亲身参与的方式增强了观众的参与感和沉浸感。另外，科技复原类元素的运用也使得古代文物和历史场景得以重现，让观众更加直观地了解中华文明的源起。

节目通过将古今对比与当下历史相关联，赋予了节目更深层次的意义。这种对比与相关性的呈现，有助于观众更好地理解中华文明的连续性、创新性、包容性、和平性、统一性等特点。同时，节目将思想性、艺术性、创新性、当代性相融合，为观众呈现了更具有文化引领作用的内容。

《博物馆之城》（第二季）从最初仅限于北京范围的博物馆扩展到了全国范围的博物馆。这一升级不仅丰富了地域的多样性，还深入探讨了博物馆、国宝文物以及历史文化的多重维度。通过覆盖全国各地的博物馆，节目让观众能够更全面、更深入地了解中国的文化和历史。观众可以在节目中亲身参与文博的探索，感受到文化遗产的深厚内涵以及与之相关的历史故事。这种全国性的博物馆探索让观众更加亲近文博事业，增强了观众的参与感和身临其境的感受。

《博物馆之城》（第二季）中华文明探源季不仅在形式上创新，还在内容上具有重要的研究价值、理论价值、史料留存价值，以及五大众传播价值。它生动地展示了中华文明的多个方面，为观众提供了深刻的文化体验。

揭秘类节目通过强调揭示神秘的奥秘世界，成功地吸引了年轻观众的兴趣。他认为这种节目在探索文化背后的秘密方面表现出色，符合年轻人喜好的特点。

这些节目的制作技巧包括将不同博物馆的文物连接在一起，通过巧妙的后期包装和特效素材增强视觉效果，使节目的主线和隐线相得益彰，从而提升了揭秘的层次感和吸引力。以酒文化为例，节目从酒的起源出发，巧妙地将酒与礼仪、酒与诗人、酒的社会化与市井化等方面联系在一起，深入探讨了酒文化的发展，突出了中华文明的包容性，使年轻观众更容易接触和理解这一领域的文化内容。

这些揭秘类节目通过创新的制作手法和有趣的内容，成功地吸引了年轻受众，使他们更加积极地参与到文化探索和传承中。

6. 现场表演类节目

这类节目通过音乐会、戏剧演出、舞蹈表演等方式，呈现文化艺术的高水平表演，让观众感受文化的艺术魅力。

表演类文化节目以展示各类艺术形式为主，包括歌舞、戏剧、杂技等。这类节目以表现力和观赏性为特点，展示了文化的多样性和创新精神。广东卫视播出的原创杂技文化交流竞演节目《技惊四座》，为观众奉献了一场场世界级高水平杂技表演，其中不仅有结合舞蹈、武术、民乐等形式展现中国传统国风的精彩节目，还有融合世界文化充满现代感的舞台表演，节目兼具杂技的惊险刺激和艺术美感，也让观众了解到杂技这门技艺的悠久历史与发展现状。《技惊四座》不仅让小众文化走进大众视野，也为文化类综艺的创新打开新的思路，用真诚将一门文化做到极致，着力于打造垂直类文化综艺，就是打破圈层传播限制的关键。

《经典咏流传》的独特之处在于将古诗词和部分近代诗词与现代流行音乐相融合，以歌曲的形式传达诗词之美，帮助观众领略传统文化的深层价值。这一节目以歌曲为媒介，以音乐为桥梁，将经典文学作品重新演绎，使其更具现代感和亲近感。在《经典咏流传》中，包括《木兰诗》《三字经》《念奴娇·赤壁怀古》等语文课本中的名篇都得到了全新的音乐演绎。

这种创新的节目形式不仅吸引了观众的关注，还为传统文化的传承和普及提供了一种有趣的途径。通过将古典文学与现代音乐相结合，节目成功地将传统文化融入当代流行文化中，为观众提供了一种崭新的学习和欣赏方式。节目还鼓励家长和孩子们一起欣赏和学习这些歌曲，促进了家庭教育中传统文化的传承。通过在闲暇时和孩子们一起欣赏这些歌曲，家长可以与孩子分享传统文化的魅力，从而激发孩子对诗词的兴趣和热爱。这种文化传承的方式在家庭中起到了积极的作用，有助于培养下一代对传统文化的理解和尊重。

7. 文化竞技类节目

这种类型的节目将知识竞赛、才艺比拼等结合，通过比赛的形式测试参赛者对文化知识和艺术领域的掌握程度。

知识竞赛类节目通常以游戏、问答等形式进行，参与者需回答与文化、历史、艺术等相关的问题。这类节目以趣味性和互动性为特点，既能传播知识，也能激发观众的学习兴趣。如《中国诗词大会》通过诗词知识竞赛，普及传统文化，提高观众的文化素养。《中华好诗词》真人秀类节目通常以真实的生活和人物为核心，展现参与者在特定场景下的表现和成长。这类节目注重真实性和情感共鸣，以人物故事为载体，传达文化价值和精神内涵。

《绿水青山看中国》聚焦于中国的自然风光和人文历史，并以独特的竞赛形式和独特的视角来呈现这些主题。节目的主要关注点包括山、水、林、田、湖、乡愁、丝路和美丽中国。这些主题涵盖了中国丰富多彩的自然景观和人文传统，通过竞赛、解说和评价等节目元素，对"绿水青山就是金山银山"的观念进行创新表达。

节目采用了"淘汰赛＋车轮战"的比赛模式，共有81位选手参与，通过一系列不同环节的激烈角逐，包括"大浪淘沙""突出重围""海阔鱼跃"等。这种比赛形式增强了节目的紧张感和娱乐性，吸引了观众的关注。

通过观看《绿水青山看中国》，观众可以更深入地了解中国各地的自然风光和文化传统。这不仅可以激发观众对中国地理和历史的兴趣，还可以鼓励他们亲自前往祖国各地，亲身体验并与家人一起讨论地理中蕴含的人文历史。这种节目形式有助于促进对中国自然和文化遗产的认知和尊重，同时也为观众提供了一种娱乐和教育相结合的方式来探索祖国的大好河山。

8. 文化互动类节目

文化互动类节目通过观众互动、投票、参与游戏等方式，使观众能够积极参与节目内容，增强娱乐性和参与感。

湖南卫视一档老牌文化类视听节目《汉语桥》，将文化竞答元素注入其中，创造出一种富有趣味性的氛围，使外国选手和中国观众在轻松有趣的互动中更好地了解和感受中国文化。该节目的原创内容意味着它不仅仅是对传统文化的传承，还在尝试新的内容和形式，以更好地适应现代观众的口味和需求。

"互动对话赛"是《汉语桥》中类似"你说我猜"游戏的一个环节。在这个环节中，参赛选手们以词为单位，一人负责形容，而另一人则要猜出形容的词是什么。这个环节有趣而富有挑战性，要求选手们不仅要有良好的词汇和表达能力，还需要敏锐的观察力和团队合作能力。通过这个"互动对话赛"，观众可以亲身体验中文的表达和理解，同时也能感受到不同文化之间的沟通和交流。这个环节不仅展示了参赛选手的语言能力，还增强了互动性，成功地将文化类竞答节目变得有趣，使外国选手和中国观众能够在娱乐中学习和互动，使观众更深入地了解汉语和中国文化。"互动对话赛"成功地将语言学习与娱乐相结合，具有很强的教育性和娱乐性。

文化互动类节目运用年轻化的方式使节目更具吸引力，特别是对年轻一代观众。年轻人往往更喜欢轻松、娱乐性的节目形式，文化类视听节目运用互动的方式，让文化知识变得有趣且易于接受。这种年轻化的策略有助于吸引更多的年轻观众对中国文化产生兴趣。

9. 文化教育类节目

文化教育类节目是一种旨在向观众传授、探讨、弘扬文化知识和价值观的电视节目。这类节目以教育为主要目标，通过讲解、解读等方式向观众传递文化知识，旨在提高观众对文化、历史、艺术和传统价值观的理解和欣赏，提升观众的文化素养。

《非遗里的中国》以包含十大类非遗项目为主题，融会了"见人、见物、见生活"的理念，引领观众深入了解中国的非物质文化遗产。此节目深刻展现了中华文化的丰富历史底蕴、匠心工艺精神、东方美学观念、民族文化特色以及中国古代智慧，同时呈现了非遗在新时代中焕发出"传承古今、创新不息"的生动活力。该节目采用全新的方式，如非遗创新秀演、沉浸式体验、技艺复原等，来深入探讨非遗文化，透过非遗传承与创新，展示出新时代中国的多面容貌。此外，节目还通过致敬非遗创新的历史基因，以及讲述非遗传承的匠心故事，强调非遗文化在传承过程中的创新精神。这种创新性的呈现方式不仅展示了非遗的多样魅力，还展现了非遗在当代社会中的重要地位和意义。

《跟着书本去旅行》具有短小精悍的特点，其知识密度相当丰富。每一集的时长仅为 18 分钟，这种紧凑的节目时长具有多重优势。对于未成年人而言，每天观看一集既不会对他们的视力造成伤害，同时还能够充分了解课本中经典的地理、历史、文化等方面的信息。这种紧凑的节目形式能够吸引观众，使他们在短时间内获取大量有价值的知识，进而提高他们的学习兴趣和认知水平。

《"字"从遇见你》是一档具有短小精悍特点的节目，每集时长仅为 5 分钟。节目从哲学、文明、出行、生活以及动物共五个方面入手，以影像的方式深入剖析 25 个中国汉字背后的基因密码和历史文化典故。这种紧凑的节目在短时间内呈现了丰富而深刻的文化内涵，为观众提供了一种高效的知识传递方式。通过从不同角度解读汉字，节目将文字与哲学、文化、历史、生活等多个领域相结合，使观众更好地理解这些汉字的起源、演变和文化价值。这种节目形式不仅能够吸引观众的兴趣，还有助于提高观众对汉字文化的认知和理解，为传统文化的传承和弘扬提供了有力的支持。

第二节　文化类视听节目的特点与功能

文化类视听节目旨在传承和弘扬国家或地区的传统文化、历史、艺术以及价值观念。通过多种媒体形式，如纪录片、综艺节目、访谈、文化解说等，节目向观众展示传统文化的内涵和魅力。

这些节目通常具有教育性质，旨在为观众提供新知识、新见解，扩展他们的视野，增进他们对文化遗产的了解。文化类视听节目在学校教育和自我学习方面都具有重要价值。

文化类视听节目涵盖了各种各样的主题，包括历史、文学、艺术、风俗习惯、传统技艺等，这种多样性能够吸引不同兴趣领域的观众。一些文化类视听节目关注国际文化交流，帮助观众了解和欣赏其他国家和地区的文化，这对于促进跨文化理解和友好关系具有积极作用。

文化类视听节目有助于保护和传承传统文化，通过电视、互联网等媒体，这些节目能够将文化传递给年轻一代，促进文化的生生不息。文化类视听节目可以加强观众对自己文化的认同感，让人更深入地了解自己的历史、价值观和传统，从而有助于建立文化认同。

文化类视听节目提供了有趣、生动的教育方式，帮助观众学习和思考，同时能够激发兴趣，鼓励人们进一步研究和探索文化领域。文化类视听节目介绍各种景点、美食、手工艺品等，促进了文化旅游和相关产业的发展，为地方经济做出了贡献。文化类视听节目通过展示本国文化和价值观，有助于国际形象的建立，同时也为国际文化交流提供了平台，促进了不同国家和地区之间的对话和合作。

文化类视听节目在保护、传承和弘扬传统文化，教育、启发观众，促进文化交流和经济发展，以及增强国际形象等方面具有重要的特点和现实意义。这些节目在满足观众文化需求的同时，也在社会和文化领域发挥着积极的作用。

一、文化类视听节目的特点

1. 节目内容丰富

文化是一个广泛而深奥的概念，涉及的领域非常多。文化类视听节目在内容上也会涵盖众多领域，从历史文化到现代艺术，从传统戏曲到流行音乐，几乎涵盖了人类文化发展的各个方面，可以满足不同观众的需求。同时节目通过生动有趣的形式，向观众展示了中华民族博大精深的文化底蕴和丰富多彩的文化生活。观众通过节目了解不同文化，拓宽自己的视野。

文化类视听节目作为一种文艺形式的同时，不仅致力于向观众传递文化知识，还在审美层面提供了观众的享受和体验。传统文化作为一个源泉丰富的宝库，涵盖了琴棋书画、诗词歌赋、曲艺舞蹈、手工技艺等多样的内容，这些元素成为文化类视听节目选题的潜在来源。然而，将这些传统文化内容呈现在节目中需要经过精心的二次创作，以实现影像化和视听化。

《我在岛屿读书》通过将文学与自然环境相结合，为观众提供了一个独特的文学阅读体验，观众可以在美丽的岛屿环境中感受文学作品，将文化与自然相融合。《登场了！北京中轴线》带领观众探索中国的历史和文化，通过解读这个历史悠久的文化地标，观众能够更深入地了解中国的文化传统。《博物馆之城》深入探索不同地区的博物馆，向观众展示了珍贵的文物和历史文化，有助于提高观众对文化遗产的认知。

《妙不可言》深入全国二十余省份和八十多个市县，涵盖了多个方面的主题，包括传统文化、非遗项目、智能科技、大国重器等。节目采用新的传播理念，探索公益传播的新模式。节目揭秘智能科技的奇妙应用，展示大国重器的壮丽面貌，传播积极的价值观念和社会责任感。节目将为观众呈现多层次、多元化的人文内容，帮助观众深入了解传统文化的奥妙，领悟非物质文化遗产项目的独特之美，了解和欣赏中国的文化、科技和社会发展。

这些文化类视听节目内容丰富，通过不同的主题和形式，让观众深入了解文学、传统非遗、诗词、戏剧等各个方面的文化魅力。这不仅有助于文化的传承与弘扬，还能够满足观众对多元文化的需求，提高文化认知水平。

2. 节目形式多样

文化类视听节目不仅仅是单一的讲解或介绍，更多的是通过多种形式来呈现文化内容。比如通过纪录片的形式来展现历史事件、人物传记等；通过音乐会、舞台剧等艺术表演来呈现不同艺术形式；通过访谈、辩论等形式来探讨文化话题。这样的多样性不仅可以增强观众的娱乐性，也可以更好地传递文化信息。

文化类视听节目形式多样是当前电视节目的一个显著特点。随着人们对文化的关注度不断提升，电视台也开始加大文化类视听节目的制作力度，涌现出了一批形式多样、内容丰富的文化类视听节目。这些节目不仅娱乐观众，也在传承和弘扬中华优秀传统文化方面发挥了重要作用。

文化类视听节目形式从传统的文艺晚会到新兴的文化探秘节目，再到以文化为主题的真人秀节目，都成为电视台竞相推出的热门节目。这些节目涵盖了不同年龄段、不同职业背景的观众，能够满足不同人群的文化需求。

早期的文化类视听节目主要聚焦于通识性文化知识，涵盖汉字读写、谜语成语竞猜、诗词歌赋比赛等内容，为观众提供基础的文化认知。然而，如今的文化类视听节目在发展中逐渐转向拥有更强专业性的文化内容，如典籍字画、文物考古、传统曲艺、手工技艺、礼仪冠服等，呈现出更深入的文化内涵。

随着题材向垂直细分领域的拓展，文化类视听节目的形式和内容日益多样化。不同于娱乐性真人秀节目的垂直细分，文化类视听节目的垂直细分体现了大众媒介的教育功能。这些节目不仅仅追求观众的娱乐，更着重在传播和弘扬优秀传统文化、历史知识、技艺技能等方面发挥作用。通过深入探讨特定领域的文化内容，文化类视听节目为观众提供了深层次的学习和理解体验，促进了大众的文化素养的提升。

由浙江卫视推出的文化旅游类探寻体验节目《还有诗和远方·非遗篇》的探索方式非常有趣并富有创意。节目通过将传统非遗与现代生活场景相结合，实现了非遗文化的创造性转化和创新性发展，同时也吸引了更多观众的关注。节目通过让非遗传承人与虚拟主持人合作演出，节目成功展现了"非遗+科技"的魅力。这种创新方式可以使传统文化更接近年轻一代观众，同时也让他们感受到科技与传统文化的结合。非遗研学团在嘉兴创新地使用了棕编制作的二维码，并将它们与富有年轻色彩的动漫人物相结合。在云和的木制玩具城里，木制玩具与知名IP如漫威宇宙和基建游戏进行了联名合作，这种做法呈现了"非遗+IP"的创新应用，为传统木制玩具注入了现代元素，吸引更多年轻消费者。

通过这些创新方式，节目成功地将非遗文化与现代生活相融合，展示了传统文化的活力和时代性。这种方法不仅有助于非遗的传承与发展，还为观众提供了更多与非遗相关的有趣体验；不仅为观众提供了探索和体验中国非物质文化遗产的机会，还有助于弘扬中华文化的传统和价值观。通过真实而生动的叙述，观众能够更深入地了解中国各地非遗传承人的故事，有助于增进他们对中国文化多样性和丰富性的理解。

文化类视听节目的垂直细分不仅仅拓展了节目的内容领域，也在不断丰富节目的形式和传播方式，为大众媒介的教育功能提供了有益补充，推动了观众对文化知识和传统价值的深刻认知与关注。

3. 注重深度与思考

相比其他类型的节目，文化类视听节目更注重深度和思考。这种深度和思考不仅表现在节目内容上，更体现在节目制作上。制作团队需要对文化主题进行深入研究和思考，力求将最真实、最深刻的文化信息呈现给观众。观众也需要有一定的文化素养和思考能力，才能更好地理解和欣赏这类节目。文化类视听节目既能深入挖掘文化现象背后的内涵和意义，也能拓宽观众的视野，展现多元文化的魅力。

文化类视听节目内容丰富，形式多样，注重深度和思考，并具有教育意义。这种特点不仅可以满足观众对于文化内容的需求，也可以推动社会对于文化传承和创新的发展。

《登场了！北京中轴线》通过将中轴线的历史文化底蕴与现代互动相结合，展示了中轴线作为中国传统文化的象征的重要性。在节目中，由故宫博物院前院长单霁翔领衔的中轴时空旅行团，与其他嘉宾一起，利用中轴线作为背景，穿越时间和空间，带领观众探索了中轴线的深厚文化内涵。通过挖掘中轴线的历史，节目向观众展示了中国古代文化的瑰宝，如紫禁城、太和殿等，以及这些文化背后的故事和传统价值观。同时，节目也通过现代的互动和娱乐方式，使观众更容易接触和理解这些文化元素，从而促进了文化的传承和发展。节目通过将历史文化与现代互动相结合，以娱乐性和教育性并重的方式，向观众展示了中轴线所代表的中华传统文化的重要性和魅力。

二、文化类视听节目的功能

文化类视听节目在当今社会具有重要的现实意义。首先，文化类视听节目可以传承和弘扬民族文化，让观众更好地了解自己的文化底蕴，增强文化自信心。其次，文化类视听节目可以促进不同民族、不同地区之间的交流和融合，增进民族团结和社会和谐。再次，文化类视听节目还可以为人们提供娱乐休闲的方式，缓解工作和生活压力，改善身心健康。最后，文化类视听节目也可以成为推动经济发展的重要力量，通过文化旅游等方式带动相关产业发展，促进地方经济繁荣。因此，加强文化类视听节目的制作和推广，对于提高国民素质、促进社会发展具有重要的意义。

文化类视听节目在现代社会中不仅是娱乐工具，更是一种传播文化、塑造价值观、促进社会认知和促进文化交流的重要手段。它们影响着观众的思想观念、情感体验和社会参与，对于社会的文化建设和发展具有积极的作用。

1. 促进中国文化传承与创新

文化类视听节目在传承和弘扬中华优秀传统文化方面发挥了重要作用。通过这些节目，观众可以更加深入地了解和认识中华优秀传统文化，增强文化自信心，同时也能够促进中华优秀传统文化在当代社会的传承和发展。文化类视听节目既弘扬传统文化，传承民族精神，又关注现代文化的发展，推动文化创新。

文化类视听节目在发展的不同阶段，呈现出逐步提升的美学价值与视听效果。文化类视听节目最初的创新普遍采用真人秀的节目形态，将传统文化内容套用其中，然而这种转化并未充分展现传统文化的美学魅力，因为文化内容尚未经过充分的视听化改造。进入2.0时代，文化类视听节目开始将传统文化内容转化为更适合电视表现的形式，如将文学作品转化为朗诵和表演，将静态的文物转化为故事演绎，同时注重挖掘其中的美学内涵。在3.0时代，文化类视听节目更加坚定地追求"唯美"的理念，综合运用多种科技手段，创造性地将传统文化内容进行视听化甚至"大片化"呈现。

从《唐宫夜宴》到《只此青绿》再到《中国好时节》系列节目，这些节目在 3.0 时代不仅达到了电影大片般的视听效果，同时通过精良的制作展现了传统美学的多重面向。这些节目有华贵、典雅、清新等多种美学风格，以不亚于电影的视觉和声音效果，向观众呈现了富有历史感和文化内涵的传统美学。这些文化类视听节目借助电视、短视频等多样的传播媒介，成为强有力的文艺载体，彰显了中华美学风范，同时也为观众提供了视听享受和审美体验。这种发展趋势凸显了文化类视听节目在美学层面的不断创新与提升，进一步丰富了观众的文化体验。

为了吸引观众，许多文化类视听节目通过有趣的角度、新颖的表现手法和幽默的语言，增强了节目的趣味性和观赏性。

《戏宇宙》是一档大型戏曲创演节目，其特点在于将传统的戏曲艺术与现代潮流艺术相融合，通过多种可能性的探索，以及邀请国家级优秀戏曲演员参与的方式，展示了戏曲的多样性和现代性。节目尝试了许多创新的方式，包括戏曲与摇滚、舞蹈、体育、微电影、交响乐等领域的结合，以呈现新颖的戏曲表达形式。其中《夸青天》将传统的豫剧与摇滚音乐相结合，创造出了具有热搜潜力的曲调，吸引了年轻观众的关注。这种创新的尝试使得传统的戏曲艺术更具现代感，更容易被年轻一代接受和欣赏。节目通过将戏曲与现代艺术相结合，展示了戏曲的多样性和活力，同时也为戏曲艺术的传承和创新提供了一个新的平台。这种文化创意的节目有助于吸引更广泛的观众，促进传统文化的传承和发展。

从内容到形式，从创意到品质，文化类视听节目不断进行迭代升级，唤起了人们对中华优秀传统文化的记忆，满足了现代人日益增长的文化需求，同时开辟了中华传统文化创造性转化和创新性发展的新道路。这些节目以其吸引力和多样性，为传统文化注入新活力，深化了人们对传统文化的认识与体验，也促进了传统文化在当代社会中的繁荣与传承。

2. 具有较强的教育意义

文化类视听节目通常具有较高的教育价值，旨在提高观众的文化素养、审美能力和人文关怀。文化类视听节目不仅仅是为了娱乐观众，更重要的是具有教育意义。通过这些节目，观众可以了解到不同国家、不同时期、不同人群所创造的文化成果和精神内涵，进而增强对文化的认知和理解。这种教育意义对于提高观众的文化素养、推动文化传承和创新都具有重要意义。

《中国汉字听写大会》《中国成语大会》《中国诗词大会》等节目系列，通过对中华文化瑰宝的整理和现代演绎，观众能够感受中华文明的源起和传承。在《经典咏流传》（第五季）中，边境地区的四位移民管理女警咏唱毛泽东同志经典诗词《菩萨蛮·大柏地》，展现出巾帼不让须眉的气概，凸显了社会主义文艺的根本立场和动力。2022 年东方卫视的文化节目《斯文江南》通过吟诵传统文本，邀请演艺名家和学者，彰显中国文化名人的精神特质和中国道路的文化底蕴。《万里走单骑——遗产里的中国》由申遗亲历者单霁翔发起，以探访世界遗产为主线，展示了文化遗产的历史图景和新景象。《还有诗和远方·诗画浙江篇》（第三季）则通过"诗和远方旅行团"的形式，探索名诗所描绘的美景，呈现中华文明的生命力。这些节目通过影视化的手段，将历史和文化融入当代生活，旨在启发观众对中华文明的思考和情感共鸣。

一系列文化类视听节目成功地打破了传统同类节目所面临的"曲高和寡"的局面，迅速实现了广泛传播。这一现象得益于中国共产党和国家政府的政策支持，使文化类视听节目充满了生机和活力。在中央宣传部的指导下，中央广播电视总台与国家文物局、中国社会科学院耗时一年共同策划并制作了首个考古空间探秘类文化节目《中国考古大会》。该节目与其他优秀的文化类视听节目如《典籍里的中国》《国家宝藏》《经典咏流传》《阅读•阅美》等，共同致力于对中华优秀传统文化进行创造性转化和创新性发展，通过生动的视觉呈现和内容传达，这些节目为受众提供高质量的文化教育资源，同时也提高了文化自信。

3. 扩大中国文化的国际影响力

文化类视听节目展示不同国家和民族的文化特点，有助于促进国际的文化交流与理解，增强人们的国际视野。

中华优秀传统文化作为独特的资源，成为文化类视听节目讲述中国故事的重要素材。这类节目不仅具有广泛的受众群体，而且在影响力和传播效果方面都表现出色，因此成为推动中华优秀传统文化创造性转化和创新性发展的重要渠道之一。近年来，文化类视听节目受到广泛关注，电视媒体以及网络视听平台都在积极发展，推出了涵盖多个主题、层次和类型的文化类视听节目，进一步促进了中华优秀传统文化以高质量的方式进行传播。这些节目在传播中不仅具备一定的文化价值，更具有创新性的意义。

4. 增强国家文化软实力

通过展示各种文化现象，文化类视听节目有助于塑造国家、民族和地区的文化形象，提升国家文化的影响力和软实力。

在全球化的背景下，不同国家、民族、族群之间的交流日益频繁，多元文化之间的交流比以往任何时期都更为密切和迫切。在这样的环境下，文化共识成为多元文化和谐共生、各民族共同发展的基础。文化共识指的是不同文化群体在价值概念层面达成的基本理解和认同。

近年来，中国的视听节目越来越注重挖掘和呈现具有文化共识的中华文化资源，试图以此构建中华民族的集体记忆。例如《天籁之声》集结了来自不同民族的代表性歌手，在民族音乐领域呈现了一场基于文化共识的视听盛宴。这些不同民族的歌声凝聚了各自的历史记忆和文化记忆，激发了观众对中华民族集体记忆的共鸣和认同。

对外文化交流不仅有助于各国丰富和发展本国文化，还可以拓展各国对文化全球化和多样性的认知。在人类命运共同体的理念下，中国与世界各国的文化交流与对话日益频繁。作为中国文化的重要载体，文化类视听节目不仅在国内传播中华优秀传统文化，也在向海外输出中国故事和中国精神。基于文化共识的集体记忆的建构是沟通中华文化与西方文化、寻求共同点的重要途径。

文化类视听节目通过巧妙地融合不同文化符号的能指，创造出了富有创意和吸引力的节目形式，同时也促进了文化的传播和理解。

《叮咯咙咚呛》通过邀请来自韩国和中国的明星一起体验中国戏曲文化，展现了中韩文化符号的交融，为观众呈现了中华传统文化的魅力。《国家宝藏》以国宝为载体，通过守护人、讲解员、评议员等现代文化符号演绎国宝的前世与今生，通过物、人、事等多种符号的能指，挖掘了历史的记忆价值，打破了历史与现实的隔阂，实现了传统与当代的交融。而

《经典咏流传》则将古代诗词歌赋通过当代音乐的演唱方式呈现出来，将传统与现代、高雅与通俗相结合，展示了中国文化的多样性和包容性。

这些节目不仅丰富了观众的文化视野，也为文化的传播和交流提供了平台，促进了不同文化间的相互理解和交流。通过对文化符号的创新运用和巧妙融合，这些节目不仅满足了观众的审美需求，也推动了中国文化的传承和发展。

第三节　文化类视听节目创意与策划

文化类视听节目在创意思维方面，应该注重以下几点：一是要有独特的视角和切入点，这样才能吸引观众的眼球；二是要注重深度和广度的结合，既要有深入的挖掘，又要有广泛的涉猎；三是要注重情感共鸣，让观众在观看过程中产生共鸣和感受。在策划方法方面，应该注重以下几点：一是要有明确的主题和目标，这样才能有针对性地进行策划；二是要注重节目形式和内容的统一性，让观众在观看过程中感受到整体性；三是要注重节目的可行性和实施性，避免出现无法实施的情况。总之，文化类视听节目的创意思维和策划方法对于节目的成功与否至关重要，只有在这两个方面做好了，才能真正吸引观众的关注，取得好的收视率和口碑。

一、文化类视听节目策划原则

近年来，文化类视听节目呈现出持续的迭代升级趋势，涌现出一系列杰出的作品。在这个过程中，可以观察到文化类视听节目经历了顺应时代的演进，展现出不断创新和进步的特质。《中国汉字听写大会》和《汉字英雄》等节目在引进国外节目模式的基础上，呈现了原创的文化内容，为文化视听节目的发展奠定了基础。这个阶段主要关注节目模式的引入和本土化，形式相对较为简单，但为文化类视听节目的崛起提供了契机。随后的文化类视听节目如《朗读者》和《国家宝藏》等积极进行形态创新，注重情感和叙事，为文化内容赋予更深层次的人文关怀和艺术表达。这一时期，节目开始注重观众的情感共鸣，通过独特的叙事方式和表现手法引发更广泛的关注。

文化类视听节目采用前沿的科技手段，如《典籍里的中国》和河南卫视的"中国节日"系列节目，以全新的形式对中华优秀传统文化进行表达。通过虚拟现实、全息扫描等技术，节目在视觉和感官上创造出全新的体验，将古老文化焕发出现代生命力。

文化类视听节目不仅在形式和内容上持续升级，还取得了日益增长的影响力。如今，文化类视听节目已经成为非虚构类节目中的佼佼者，对整个电视、电影和短视频行业的发展都具有启示意义。这种创新发展之道，强调了文化的传承与创新，以及如何在媒介融合的背景下更好地满足观众的需求。

文化类视听节目的成功经验为当代电视媒体从事文化创作的从业者提供了一系列有价值的指导原则。首先，自主原创是关键，要提高引进外国版权的门槛，从而强化本土化改造和创新，实现从简单的"模式引进"转向"中国创造"的方向，从而构建持久的竞争力、传播力和影响力。其次，受众需作为创作的核心，深入研究受众的心理，顺应他们的认知需求和情感诉求，满足国人精神世界的需求，突出情感元素和人文关怀。同时，应强化社会责任意识，将传播思想、传递情感、传承精神的使命融入工作中，树立文化自信，承担文化担当，坚持文化追求，以专业态度创造高度、深度和温度兼具的优质节目。最后，需要培养全媒体发展思维，利用网络平台实现综艺节目的全面持续发展，保持健康和谐的状态。

这些原则共同构成了一个指导框架，为电视媒体人在文化类视听节目创作中提供了有益的方向。通过坚守这些原则，电视媒体可以更好地满足受众需求，传播文化精髓，弘扬文化自信，促进文化的创新和传承，实现良性的发展局面。

1. 内容求新

文化类视听节目在创新内容题材方面呈现出更加多元化的趋势。相对于传统的文物和历史背景聚焦，近年来的文化类视听节目在内容题材上呈现了更广泛的范围。举例来说，《国家宝藏》并非仅仅局限于展示文物故事，而是通过探讨文物的前世今生，聚焦历史与现实的传承，从而引发观众对历史与文明的深思，唤起大众对文物保护的重视。而《上新了·故宫》则以创造文化创意IP为核心内容，通过嘉宾和设计师共同合作为故宫创作文化创意周边产品，每一集从故宫的历史开始，最终展示文创产品，通过追溯历史文化元素，将故宫文化融入年轻人的生活，实现了历史与艺术的融合。

在当前文化与旅游融合的大背景下，文化类视听节目对博物馆和文化景区的推动作用日益显著。"文博节目＋旅游推广"逐渐成为文化博物类综艺节目的创新方向。《我爱博物馆》这一探索体验类节目，通过博物馆的推荐人和记录人带领观众探索不同博物馆，将一些较为小众的博物馆引入大众视野。该节目播出后，许多中小学和企事业单位与节目组联系，希望跟随节目组前往参观博物馆。《遇见天坛》多次登上微博热搜，提升了天坛作为世界文化遗产和国家重点文物保护单位在年轻人中的知名度。

通过现代艺术的赋能和精心雕琢，让沉睡已久的文物和典籍得以焕发出时代的生命力。这种赋能意味着将文物和典籍从静态的存在状态中唤醒，让它们与当代文明相互映衬，实现一种活化的状态。以《中国诗词大会》为例，这个节目已经连续举办了九季，其制作团队始终致力于精益求精和创新，从舞台设计到比赛规则，从主题设定到关键词选择，不断地与时俱进，紧密贴合当下社会的热点词汇，使当代观众在诗词之中感受到生活的诗意。

《中国礼·中国乐》通过绝美的舞台设计和无处不在的礼乐元素，为观众创造了一个深入体验中华传统礼乐文化的场景。舞台开场的高飞凤凰动画和古风钟鸣的氛围，巧妙地呈现出中华传统文化的美感，为观众带来了沉浸式的视听盛宴。而在节目《书画里的中国》中，嘉宾被邀请"走入"历史，成为书画作品中的人物，实现了历史与现实的互动。另外，《典籍里的中国》则采用了创新的"戏剧＋影视＋访谈"的形式，成功地将典籍的内容转化为多维的表现形态。这些例子都体现了现代艺术的赋能和精心策划，使传统文化焕发出更具时代感和吸引力的活力。

传统文化符号与现代艺术设计的融合，催生了众多国潮品牌的涌现，将传统文化与现代艺术设计相结合的文化类视听节目也被称为国潮节目或新国潮节目。这些节目借助前沿科技等手段，旨在将现代审美趣味与传统美学相融合，引发了与节目相关的表情包、文化创意产品、时尚汉服、古风美食等的兴起，将传统文化融入日常生活中，并焕发新生。年轻一代作为主要的国潮品牌消费群体，也是国潮节目和新国潮节目的主要受众，他们既欢迎外来文化，也积极拥抱传统文化，自信地面对传统文化，其生活方式和消费习惯也为国潮品牌和国潮节目的兴起提供了滋养。

近年来的文化类视听节目在内容题材上呈现出更多元化、更富有创意的特点。这些节目不仅通过多样的内容设计吸引了年轻受众，还积极探索与旅游推广的结合，推动文化博物的传播和认知，实现文化与生活的有机融合。

2. 形式求变

在 21 世纪初，文化类视听节目的形态相对单一，主要以知识竞赛和专家讲座为主，甚至以传统的文化专题片为主要内容。然而，近二十年来，随着文化类视听节目的发展，节目选题日益专业化，形态也得到了创新与提升。这种形态创新不仅源于制作理念的变革，还得益于媒介融合的快速推进。

在媒介融合的背景下，传统媒体如电视台与新媒体平台如互联网等相互借鉴，优势互补，推出了许多兼具内容深度和时尚网感的文化节目。举例而言，河南卫视于 2021 年在重要节日如春节和重阳节推出了"奇妙游（夜）"系列节目，完全摆脱传统节庆晚会的形式，将叙事性的穿越剧与展示性的文艺表演相结合。在这些节目中，漫画、游戏、说唱等元素得以穿插，呈现出一种全新的"网感"氛围。节目形态采用了网剧、网综和"快闪"等多元形式的组合，成功地实现了跨界传播，赢得了年轻观众的喜爱。这一创新模式展示了文化节目在媒介融合时代的活力与前瞻性。

相对于传统的文化类视听节目说教式的讲解，文化博物类综艺节目在内容设计方面采用更加符合年轻人口味的故事化表达方式。例如，《国家宝藏》和《上新了·故宫》这两档节目，以传统文化为核心，运用综艺节目的包装，以记录式的叙事手法，成功实现了故事化呈现。

《国家宝藏》通过"古今交织"两条故事线，观众在古代和现代故事的穿越中与历史进行了对话。文物的古代故事在历史资料的基础上进行艺术加工，同时明星演员在现场进行实地演绎。现代故事则与文物相关，展示当代情景。《上新了·故宫》同样采用双线叙事逻辑，一方面揭示故宫的历史故事，通过实地探索悬念吸引观众；另一方面以小剧场表演的方式还原历史场景。这两档节目均通过巧妙的故事线设计，逐步展开情节，以寓教于乐的方式完成主题传达。

《斯文江南》的节目结构和内容设计充满创新，旨在为观众提供沉浸式的文化体验。节目的演读板块采用沉浸式戏剧围读场，邀请演艺名家出演当地相关文化人物。他们不仅通过声音表演，还会将经典著作转化为剧本，结合音乐、舞蹈和情境演绎，为观众创造一种如临其境的观看体验。节目选择了江南地区具有丰富文化内涵的五大文化场域，包括浙江绍兴、江苏苏州、上海和安徽宣城等地。通过走访这些地方，节目不仅向观众展示了江南的文化多样性，还穿越了时光，与历史中的文人志士精神进行沟通，推动了文化的传承与发展。

现在的文化类视听节目在形态也呈现出多样化，如访谈、朗诵、情景剧、文艺表演、游戏、竞技、户外旅行等形式被广泛应用到节目中，且新形式还在不断推出。一般而言，一档节目会综合运用多种表现形式。对文化内容的表现，从单纯的专家讲述发展到综合运用情景剧演绎（如《国家宝藏》）、实地考察（如《万里走单骑》）、"具身"体验（如《非凡匠心》）以及跨媒介改编（如《只此青绿》）等，让专业性很强的传统文化知识变得通俗易懂，拉近了当代观众与传统文化的距离。

在形式上，新时代的文化博物类综艺节目进行了大胆突破和创新，采用了"记录 + 综艺"相结合的形式。通过小剧场表演，将文物的故事生动地呈现给观众。这种创新的叙事方式不仅提升了节目的趣味性和娱乐性，还在情感共鸣中传递着文化的深度内涵。

新时代的文化类视听节目在内容设计上采用故事化表达，通过精心设计的故事线和多样化的叙事方式，以及"记录＋综艺"相结合的形式，成功将文化传承融入娱乐领域，提升了节目的吸引力和影响力。

3. 风格求活

近年来，文化类视听节目积极探索几千年悠久历史的深层内涵，并将其通过影视化方式呈现，旨在铸就文化的道德根基，以提升民族认同感与凝聚力。这一努力在一系列节目中得以体现，如《中国汉字听写大会》《中国成语大会》《中国诗词大会》等系列节目。这些节目对中华文化的珍贵遗产进行整理与当代演绎，使观众能够在其中感受到中华文明的起源与传承。

《斯文江南》是东方卫视 2022 年开年的文化节目，通过邀请演艺名家和文化学者，结合中国传统吟诵，共同阐释各地文化名人的经典文本，以致敬中国文化名人。节目通过鲜活的历史人物阐述中华文明所强调的讲仁爱、重民本、守诚信、崇正义、尚和合、求大同等精神特质和发展形态，彰显了中国道路深厚的文化底蕴。

《万里走单骑——遗产里的中国》由申遗亲历者单霁翔发起，带领三位"布鞋男团"成员深入探访国土上的 12 处世界遗产地，并与当地人文学者、申遗专家等展开深入交流。通过这样的方式，节目在复现中国世界遗产的历史图景的同时，展示了文化遗产的新奇观、新地标、新景象以及新的人文特质。

《还有诗和远方·诗画浙江篇》（第三季），以不同年龄段的嘉宾组成的"诗和远方旅行团"为主体，以名诗佳作中的壮丽山河意象为引导，亲自探索诗中所描绘的美景，感受风土人文，从八个维度中寻找"诗和远方"的内涵。通过这种方式，节目引领观众感受中华文明的生命激情和热烈情感。

这些节目的探索与创新不仅在影视风格呈现上寻求新的表达方式，更深刻地体现了中国文化的根基和精髓，旨在通过文化节目的传播，增强观众的民族认同感和凝聚力，进一步提升中国文化的传承与创新。

4. 节奏明快

当代文化类视听节目深刻理解年轻受众的喜好，充分把握他们乐于接受的语言表达方式。其中，通过采用短时长的节目形式，例如《如果国宝会说话》所采取的短短 5 分钟时长，巧妙地契合了互联网传播的"短、平、快"的特点。这种策略针对性地满足了年轻受众短时间内获取信息和娱乐的观看需求，以更符合他们的观看习惯为出发点，从而极大地增强了节目的吸引力，引发了更多的关注和关注度。这种创新的节目策略不仅为节目带来了优异的评分和口碑，还为其在当代文化娱乐领域取得了显著的成功。

二、文化类视听节目创新方法

文化类视听节目的策划需要对文化现象有深刻的理解，善于发现独特的创意点，将创意融入节目的主题、内容、形式等各个方面。同时，要关注节目制作的质量和效果，努力为观众带来高品质的文化体验。文化类视听节目的策划需要遵循一定的创新方法。

1. 演绎式叙事

文化类视听节目已不再以冷冰冰的教科书式说教为主，而是充分利用电视艺术的独特形式，借助光影的巧妙设置以及科技手段的支持，呈现出故事化的叙事特质。像《经典咏流传》和《国家宝藏》等节目不再仅仅展示千百年前毫无情感的文物或文字，而是将它们活化为真实存在，以故事为媒介，通过情感来联结千百年前的先辈和当下的观众。这种方法在挖掘古代传统文化的情感价值的同时，也将现代人的情感巧妙地融入其中，从而在无形中传达主流价值观。

这一转变意味着文化类视听节目已经走出了传统的教育模式，转向更具吸引力和感情共鸣的表现方式，通过故事化叙事，观众更容易与节目中的文化内容产生情感联系，从而更好地传播和表达文化价值观。

文化类视听节目的核心构成可以分为访谈和演绎两大主要环节。根据这些环节的设定，节目的叙事主体又可划分为经典演绎者和经典讲解者两种身份。经典演绎者（通常是演员）在故事空间与现实空间之间穿梭，将"虚实"和"古今"两种关系紧密联系起来，成为连接观众和历史文本之间的媒介。在《故事里的中国》中，演员在围读剧本的过程中和演绎者后台的采访中，经历了对角色的陌生感到情感共鸣的转变，代表了观众对历史故事或文化经典的逐渐接受和内化的过程。这也是将历史语境中的文化价值赋予现代生活的一个渐进式过程。

文化类视听节目通过访谈和演绎两大环节的设计，以经典演绎者和经典讲解者的角色为主线，将虚实与古今巧妙连接。历史剧场作为叙事场所，通过舞美的创造力，满足观众的场景体验需求，提供视觉和感官的享受。这种综艺节目设计不仅丰富了节目的内容和形式，也提升了观众的参与感和互动体验。

真人演绎在文化类视听节目中充当着叙事桥梁的重要角色，通过扮演历史人物或角色，将历史故事、文化经典等内容以生动的方式呈现给观众。这一手法不仅丰富了节目的叙事形式，还增强了观众对历史和文化的体验与认知。真人演绎作为叙事桥梁，通过演员的表演和情感传达，将虚拟的历史情境与现实世界连接起来，促使观众在情感和认知上与文化内容产生共鸣。这种叙事方式在文化类综艺节目中的应用，旨在将古代与现代、虚拟与现实相互贯通，以引发观众对文化价值的深入思考与情感体验。

2. 复调式叙事结构

复调式叙事结构在文化类视听节目中指的是一种叙事模式，通过使用相互独立但又相互联系的叙事线索，让它们交织在一起，构成叙事的重叠和交叉。在这一结构中，节目通过排列和组合不同的叙事空间，如当年和现在、故事里和故事外，创造出一种新颖的叙事方式。

以《一本好书》为例，该节目采用了四重空间的叙事结构。其中，"当年故事里"涵盖了名著中的故事情节；"当年故事外"描绘了名著创作时代的历史背景；"现在故事里"基于名著文本的戏剧演绎，呈现了当代的故事情境；"现在故事外"展示了演绎者和嘉宾对名著的现代解读和观点。

这种复调式叙事结构在文化类综艺节目中的运用，实际上是将不同的时间、空间和视角交织在一起，创造出多层次、多维度的叙事体验。观众通过这种叙事方式可以更深入地理解文化作品的背景和内涵，同时也能够在当代视角下对其进行更深刻的思考和解读。这种叙事结构的应用不仅丰富了节目的叙事形式，还促使观众参与到文化探索与解析的过程中，从而提升了节目的教育和娱乐价值。

3. 沉浸式场景营造

历史剧场作为叙事场所，在节目中扮演着重要角色。在多屏时代下，观众的关注方式从"凝视"转向了"散视"，因此，大众传媒越来越注重通过场景化传播策略来吸引观众的注意力。在这种情况下，"场景化"指通过人物、事件、布景、道具等元素，创造出观众与节目实体空间和虚拟空间之间的感官互动，满足观众情景融入和沉浸式体验的需求。文化类视听节目通过建构历史剧场这一场景，最大限度地满足了观众的情境体验。

在文化类视听节目中，舞美在营造节目故事空间的视觉效果方面扮演着重要角色。例如，在《国家宝藏》节目中，舞美运用了综合灯光、全息影像技术、LED开合车台、纱盒投影、冰屏柱矩阵、音乐音响等各种手段，创造出令人印象深刻的视觉效果。这种创意和技术的结合为节目带来了丰富的视听体验，同时也增强了观众对节目内容的关注。

文化类视听节目剧本创作者需要考虑到高科技手段实现沉浸式观感，《2022中国诗词大会》富有诗意的舞台，《端午奇妙游》创造的"水下空间"，都为观众呈现了引人入胜的视觉盛宴。

4. 创新表达方式

文化类视听节目需持续注重高质量内容的创制，以此为国际传播增强的核心策略。策划者要坚守内容引领的原则，将文化传承和经典阐发作为重要使命，采用集群式方法开发多个具有"现象级"影响的节目，精心策划出一批符合中国特色、达到国际水准的优秀作品。策划者在深化文化出圈政策的指导下，积极挖掘文化内核，广泛涵盖多元角度，着眼于内容生产的优化整合，以现代化的视听手段生动呈现中华优秀传统文化的精华。《典籍里的中国》通过创新的时代表达方式，以典籍的精华为基础，呈现中华优秀传统文化典籍的渊源与传承，以新颖的形式诠释其时代价值。

这种策略意味着在文化类视听节目的创作中，高质量的内容制作被视为提升国际传播能力的核心因素，同时强调内容的引领地位以及文化传承的使命。通过创新性的节目设计和现代化的制作手段，将中华传统文化的内涵和价值充分体现出来，以期在国际范围内产生积极影响。

5. 制作技术革新

文化类视听节目在国际化发展过程中应主动融入全景、全息、全效的数字化技术范式，以5G技术为引领，突破传统单一的制作模式，构建一种有机融合新媒体技术的全媒体制作机制。这意味着需要摒弃过去那种呈现方式单一、缺乏吸引力的文化呈现方式，而是创造一种深度沉浸式的人机协同制作流程。借助"互联网＋进行时态"的开放机制，深度挖掘中华文明的时代内涵，将丰富的优秀文化资源进行紧密连接，助力文化类综艺节目紧密围绕经典主题，与时俱进，多元创新，形成内容生产模式的新风貌。

《国家宝藏·展演季》采用"AI+VR裸眼3D"拍摄技术，通过这种技术手段为观众带来独特的视觉体验，焕发出全新的观看感受。这种技术改革不仅丰富了节目的制作手段，还将观众置身于虚拟现实的环境中，增强了节目的沉浸感和互动性。

《经典咏流传》在视觉呈现方面采用了虚拟制作技术，将扩展现实（XR）技术融入舞台表演，为经典文化的演绎创造了一个身临其境的多维度的舞美视觉空间。通过这种方式，节目创造了一个引人入胜的环境，使观众能够身临其境地感受到一个在文化背景之上、想象力极限延伸的诗词幻想世界。这种创新的视觉手法不仅丰富了舞台呈现形式，还在视觉感官上为观众带来了更为深刻的沉浸式体验，将经典诗词与现代科技相结合，达到了情感共鸣与视觉享受的双重效果。

6. 融媒体矩阵传播

文化类视听节目在走向国际化的道路上，应积极融合数字化技术的发展趋势，构建全媒体生产机制，实现内容与技术的有机融合，以此推动节目制作模式的创新和提升，从而更好地传递中华文化价值并获得国际认可。

文化类视听节目应当摒弃传统电视节目传播渠道单一的传统模式，而是有机地融合不同媒体，将传统媒体与新媒体相互融合，打破仅将电视视为主要媒介，网络仅为辅助的观念。这种理念要求节目在守正创新的基础上，灵活运用传统媒体和新媒体，以适应媒介融合的背景，从"相加"向"相融"转变。为此，可以在不同的分发平台上投放长视频内容和移动直播，积极寻找新的传播发力点，从而形成长短结合、视听联合、优势共享的多元产品矩阵，有效地发挥品牌效应。

这一转变意味着节目制作方需要跳出传统的传媒界限，充分利用数字化技术和媒体融合的机遇，将节目内容在不同的媒体平台上展现，以达到更广泛的观众群体，同时增强节目的影响力和传播效果。这种多元化的传播策略有助于适应当今媒体环境的变化，从而更好地传递文化价值和促进节目的国际传播。

第四节 文化类视听节目制作策划

2021年12月，国家广播电视总局颁布了《关于建立新时代广播电视和网络视听精品创作引导机制的意见》，针对文化类视听节目的创作和制作过程，明确提出了六个环节的具体要求和措施，以加强创作引导和全链条服务保障。

此外，国家广播电视总局还建立了一系列奖励机制，如"广播电视创新创优节目"评选，强化了文化类视听节目的评优激励措施，鼓励文化类视听节目的创作和播出。在2020年的评选中，共有25档电视创新创优节目，其中涵盖了7个文化类视听节目。在第26届"星光奖"获奖的7个电视文艺节目中，亦有5个属于文化类视听节目，这种推优扶持的举措显著促进了文化类视听节目创新创作。

国家广播电视总局的政策举措和奖励机制对于推动文化类视听节目的创作和发展起到了积极作用，引领着行业朝着更加优质、创新的方向发展。文化类视听节目的内容策划需要结合当前社会文化背景、观众需求以及节目形式等因素，力求呈现具有思想性、艺术性、娱乐性和互动性的节目。

在当今媒介深度融合的环境下，文化类视听节目积极探索新的创作模式，融合主流媒体的责任与创新以及互联网的突破。通过电视台和网络视听平台的合作，涌现了一批以高水准内容制作和适应互联网传播规律的文化类视听节目。这种台网联动的方式激活了创新思维，为文化类视听节目在拓展中带来更多可能性。

融媒体时代，文化类视听节目积极创新传播方式，充分适应互联网广泛应用的趋势，以更符合时代和年轻受众需求的方式进行内容传播。这种创新涵盖了多个方面，从话语表达方式、网络宣传策略到传播平台的多元利用。

一、年轻态表达

网络视听平台积极融入青年审美元素，拓宽传统文化内容的创作方向，采用多样化的传播方式，吸引不同传播圈层的关注。爱奇艺的《登场了！敦煌》以年轻人的视角解读敦煌文化，通过不同主题维度展示敦煌的多样魅力。《登场了！洛阳》也在年轻化视角下走进千年古城，通过寻根之旅回溯历史文化。

在互联网创作背景下，采用"文化+"的创作模式让文化类视听节目焕发生机。节目积极探索诗词、戏曲以外的内容和角度，以深耕垂直领域为出发点。《中国考古大会》将考古学与历史脉络融合，展示中国考古发现与中华文明历程。《衣尚中国》从服饰美学出发，传承文化基因。由河南卫视和哔哩哔哩合作推出的《舞千年》将中国传统舞蹈文化与历史想象相融合，通过5位荐舞官和13支舞团的共同创作，《舞千年》以奇幻的方式讲述了蕴含于舞蹈中的中华故事。节目借助文化感染力强的场景、服饰、剧情设计，巧妙传达了中华传统文化的深层思想内涵。此外，河南卫视和优酷共同打造的以传统节日为主题的晚会也取得了成功，通过不同的节目形式传达了文化自信和国风魅力。

2021年7月，由于河南卫视推出了一系列关于"中国节日"的原创节目，如《唐宫夜宴》和《端午奇妙游》，引起了广泛的社会关注。鉴于此，国家广播电视总局组织召开了"中国节日"系列节目暨文化节目创作座谈会，进一步深化了对文化类视听节目创作和播出的指导。会议中的共识是，文化类视听节目的涵盖范围正不断扩大，从单一节目到庆典、节庆，成为地方卫视塑造品牌、传承文化传统、生产高质量内容的有效途径。

这些创新的文化类视听节目不再受限于传统圈层，充分凸显自身特色，为民乐、武术、舞蹈、杂技、考古、服饰等相对小众的文化门类创造了与大众深度互动的机会。这种创作方式为这些文化门类提供了更广阔的发展空间。

二、跨界融合

将文化内容与科技、体育、娱乐等其他领域相结合，实现跨界创新。可以将艺术与科技相结合，展示艺术与科技如何相互促进和融合。

在进行二次创作的过程中，文化类视听节目制作将传统文化元素转化为适合现代大众媒介传播的形式，可以包括舞台表演、音乐演奏、视觉艺术呈现、影像剪辑等手段，以便观众能够通过观看和聆听获得身临其境的艺术体验。创作者要在保持传统文化的本质和精髓的基础上，融入创新元素，以丰富节目的表现形式，引发观众的兴趣和共鸣。

文化类视听节目的二次创作是将传统文化内容与现代审美趣味相结合的过程，通过对传统元素的再构思和重新编排，实现了对观众的审美享受和情感共鸣，同时也在保护和传承传统文化的同时赋予其新的生命力和活力。

《典籍里的中国》节目制作团队充分整合了中国国家话剧院、中央广播电视总台央视综合频道和央视创造传媒等三方资源，借此实现了资源优势的融合。在节目制作中，每一期节目巧妙地融合了不同的文本媒介，通过相互补充和协同，展现典籍内容，实现历史场景的活化。节目的整体架构由前景引入、主持人独白、舞台戏剧表演、专家讲解和访谈家等多个环节组成，以跨媒介技术彰显经典内容的永恒魅力。舞台设计方面，通过独具匠心的分阶段、多舞台布局，将节目划分为三个舞台和四个演出空间，实现多个舞台的相辅相成，使观众可以同时观赏不同历史场景的立体叙事。各舞台空间之间的中心连接构建了时空甬道，而在舞台切换场景时，观众席的座椅自动旋转，保持观众始终面向舞台的视角，从而大幅提升了观众的沉浸式体验。

以内蒙古电视台制作的《长城长》为例，为确保节目内容的准确性和权威性，制作组深入全国长城沿线 15 个省区市，实地调查长城资源，记录当地的长城风貌、历史故事和遗址现状。通过专家的参与和现场调研，长城被活化为一条"精神长城"，呈现中华文明的内核精神，向观众演绎几千年的历史积淀。

三、互动体验

设计有趣的互动环节，让观众参与文化体验和创作，从而更好地理解和感受文化内容。互动体验可以突破传统的单向传播模式，提高观众的参与度和兴趣。

在传播平台的选择上，新时代文博类综艺节目积极利用网络平台，整合了多种社交媒体平台如网媒 App、公众号、主流视频网站、微博、抖音等，构建了多层次的传播矩阵，以进一步优化传播效果。举例而言，《如果国宝会说话》不仅在央视纪录片频道播放，还在微博等社交平台发布传统和网络风格两种风格的海报，借助国宝的"反差萌"形象吸引了众多关注。

在新媒体语境下，受众的互动性和参与度得到极大增强。通过多平台的传播，观众不再被动地接收信息，还能在不同社交媒体上表达意见、进行二次创作，从而为节目增加热度。《国家宝藏》登录哔哩哔哩网站后，弹幕数量激增，甚至出现网友自发制作英文字幕的现象，进一步拓展了节目的传播渠道和形式。

当代文化类视听节目在传播方式方面的创新，不仅符合互联网时代的特点，还更好地满足了年轻受众的需求和参与欲望，通过多样化的传播策略和平台选择，将文化博物的内容传播得更加广泛、深入。

四、融入科技

运用现代科技手段，如虚拟现实、增强现实、人工智能等，为观众带来创新的文化体验。科技的应用可以为文化内容的呈现带来新的可能，提高节目的观赏性和趣味性。

文化的演变和技术的变革紧密相连，而艺术创新更是与科技进步紧密相互交织。早在 2012 年《国家"十二五"时期文化改革发展规划纲要》提出了文化数字化建设工程，以适应社会发展的需要，并引入数字化创新的概念。进一步强调数字文化的战略地位、关键部署、未来发展的《关于推进实施国家文化数字化战略的意见》在 2022 年 5 月由中共中央办公厅和国务院办公厅印发。

当前，新一代数字信息技术如 5G 网络、人工智能、物联网、云计算、大数据、虚拟现实、区块链等迅速发展，数字基础设施的持续推进不仅改变了人们的日常生活方式，更催生了数字文化的全新样貌。这一新兴文化形态在政策层面得到了国家的高度关注。在数字技术的背景下，传媒艺术本身正在发生内部变革并焕发出新生的活力，推动出各种新现象、新模式和新类型的艺术创作。在这种数字技术的语境下，文化类视听节目作为现代传媒艺术的一种表现形式，其创新问题成为理论和实践层面上的重要议题。

在文化类视听节目的形态创新中，数字媒体技术的广泛应用充当了关键角色。特别是在如《典籍里的中国》和《中国考古大会》等节目中，数字媒体技术，包括虚拟现实（VR）、扩展现实（XR）、裸眼 3D 技术以及全息扫描等，被大量运用于节目的制作中。这些技术的运用在演播室内部营造了千年前历史场景和遥远考古现场的视觉效果，使观众得以以多维度感受文物、典籍的存在。通过这些技术实现的场景化和故事化的演绎，文物所承载的历史背后的人物与事件得以被还原和呈现，文物和历史以互动的方式得以"活化"，从而深刻提升观众对中国历史和文化的认同感和理解。

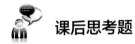 课后思考题

1. 结合我国文化类视听节目的发展历程，分析我国文化类视听节目在各阶段的特点。

2. 结合具体案例，分析我国文化类视听节目繁荣发展的原因。

3. 请分析文化类视听节目如何通过展示和解读传统文化，促进传统文化的传承与弘扬。结合具体案例说明其影响。

4. 请论述文化类视听节目如何通过展示多元文化，促进不同文化之间的交流与融合。结合实例说明其具体贡献。

5. 请论述文化类视听节目在国际传播中的重要性，分析其如何通过展示本国文化，提升国家形象和文化软实力。

6. 请分析新媒体环境对文化类视听节目的传播和发展的影响，分析其如何通过新媒体渠道扩大传播范围和影响力。

7. 请分析文化类视听节目如何利用丰富的文化资源进行创意策划，提升节目内容的深度和广度。

8. 请论述文化类视听节目如何通过展示和推广地方文化，提升地方文化的知名度和影响力。

9. 请讨论文化类视听节目如何通过深入的文化解读和阐释，帮助观众更好地理解和欣赏文化内容。

10. 请分析在文化类视听节目策划过程中，如何了解和满足观众的文化需求和兴趣，提升节目吸引力。

参考文献

[1] 罗琦，黄银菊. 传统文化类视听节目现状与发展 [M]. 长沙：中南大学出版社，2023.

[2] 吴圆圆. 新视频节目创作教程 [M]. 北京：清华大学出版社，2023.

[3] 袁明海. 融媒体时代电视新闻节目的创新转型发展研究 [M]. 长春：吉林人民出版社，2023.

[4] 谢杰. 新媒体视听节目制作 [M]. 北京：中国人民大学出版社，2023.

[5] 胡双. 破墙重生　融媒时代视频文化谈话节目 [M]. 杭州：浙江大学出版社，2023.

[6] 赵耘曼，王苗苗，王孟广. 一体化节目制作 [M]. 北京：中国传媒大学出版社，2023.

[7] 谢毅，张印平. 电视节目制作 [M]. 6版. 广州：暨南大学出版社，2023.

[8] 黄滴滴. 电视节目策划与制作 [M]. 北京：中国水利水电出版社，2022.

[9] 关玲，过彤，朱星辰. 综艺节目创作 [M]. 北京：中国传媒大学出版社，2022.

[10] 于仰飞. 网络综艺节目发展研究 [M]. 北京：中国国际广播出版社，2022.

[11] 石永军，黄进. 视听节目策划实务 [M]. 武汉：华中科技大学出版社，2022.

[12] 游洁. 中国娱乐节目的文化表达与传播 [M]. 北京：中国国际广播出版社，2022.

[13] 彭翠. 中华传统文化在新时代的传播与传承 [M]. 北京：中国传媒大学出版社，2022.

[14] 王永. 守正创新：原创文化类节目传播力提升研究与实践 [M]. 北京：中国传媒大学出版社，2022.

[15] 王宗水，张健. 网络视听节目与电视信息传播效果评价 [M]. 北京：科学技术文献出版社，2022.

[16] 陶涛，李书豪. 节目模式创意与策划 [M]. 北京：中国传媒大学出版社，2022.

[17] 董冰玉. 真人秀模式节目本土化研究 [M]. 北京：中国电影出版社，2021.

[18] 曹畅. 综艺节目制作基础 [M]. 杭州：浙江摄影出版社，2021.

[19] 国家广播电视总局监管中心. 网络原创节目发展分析报告 2020[M]. 北京：中国广播影视出版社，2021.

[20] 周勇，赵璇. 跨屏时代的视听传播 [M]. 北京：中国人民大学出版社，2021.

[21] 李燕临. 电视与网络视频节目形态解析 [M]. 北京：民族出版社，2021.

[22] 王一波. 源与变：中国电视原创文化节目发展史论 [M]. 银川：宁夏人民出版社，2021.

[23] 周勇. 视听新闻报道 [M]. 北京：中国人民大学出版社，2021.

[24] 阎安. 融媒体时代视听节目策划 [M]. 中国广播影视出版社，2021.

[25] 陆晔，赵民. 当代广播电视概论 [M]. 3版. 上海：复旦大学出版社，2021.

[26] 陈欣钢. 中国故事的媒体产制：视听节目类型研究 [M]. 北京：中国传媒大学出版社，2020.

[27] 靳斌. 新媒体视听作品制作与运营 [M]. 北京：中国国际广播出版社，2020.

[28] 李燕临. 融媒时代电视编导新论 [M]. 北京：民族出版社，2020.

[29] 胡智锋. 电视节目策划学 [M]. 3版. 上海：复旦大学出版社，2020.

[30] 郑向荣. 网络综艺论稿 [M]. 北京：光明日报出版社，2020.

[31] 周建青. 新媒体视听节目制作 [M]. 北京：北京大学出版社，2019.

[32] 马云征. 电视新闻谈话节目策划研究 [M]. 长春：吉林出版集团股份有限公司，2019.

[33] 乔新玉. 电视节目策划 [M]. 北京：社会科学文献出版社，2019.

[34] 李岭涛，王艳，李冬梅，等. 电视综艺节目创新研究 [M]. 北京：中国国际广播出版社，2019.

[35] 赵乔. 节目模式创意与流行文化 [M]. 哈尔滨：东北林业大学出版社，2019.

[36] 陈硕，刘淏，何向向. 融媒体时代电视新闻节目的创新与转型发展研究 [M]. 成都：电子科技大学出版社，2019.

[37] 石丹. 建构·融合·转型·培养　视听文艺节目的进阶 [M]. 北京：中国财政经济出版社，2019.

[38] 尹晓利，程昌华. 中国电视节目形态解析 [M]. 北京：中国商务出版社，2019.

[39] 张含. 新媒体环境下中国电视文化节目的发展路径探究 [M]. 长春：东北师范大学出版社，2019.

[40] 宿志刚，谢辛. 视听新媒体概论 [M]. 北京：人民邮电出版社，2019.

[41] 冯晓临. 电视节目形态学 [M]. 上海：上海人民出版社，2019.

[42] 杨璐. 全球热播综艺节目解析 [M]. 北京：中国政法大学出版社，2018.

[43] 张健. 视听节目类型解析 [M]. 上海：复旦大学出版社，2018.

[44] 吴信训. 视听节目类型解析 [M]. 3 版. 上海：复旦大学出版社，2018.

[45] 哈艳秋. 当代中国广播电视史 [M]. 北京：中国国际广播出版社，2018.

[46] 熊忠辉. 视听节目形态解析 [M]. 北京：化学工业出版社，2018.

[47] 陈硕，李昭语. 新媒体环境下中国电视文化节目的发展研究 [M]. 长春：东北师范大学出版社，2018.

[48] 张晋. 电视新闻节目的视听艺术处理 [M]. 南京：江苏凤凰美术出版社，2018.

[49] 赵翌. 中国电视节目的形态演变 [M]. 南京：东南大学出版社，2017.

[50] 李焕芹. 教育电视节目编导与制作 [M]. 北京：电子工业出版社，2017.

[51] 游洁. 电视文艺编导基础 [M]. 北京：中国国际广播出版社，2017.

[52] 袁玲，李杰. 电视学概论 [M]. 北京：中国书籍出版社，2017.

[53] 刘宝林. 电视节目形态三元结构论 [M]. 北京：中国传媒大学出版社，2016.

[54] 游洁. 中国广播电视文艺大系 2001—2010 电视综艺节目卷上 [M]. 中国广播影视出版社，2015.

[55] 游洁. 中国广播电视文艺大系 2001—2010 电视综艺节目卷下 [M]. 中国广播影视出版社，2015.

[56] 王玉，乔武涛. 电视节目形态解析 [M]. 北京：国防工业出版社，2015.

[57] 周建青. 新媒体视听节目制作 [M]. 北京：北京大学出版社，2014.

[58] 巨浪. 广播电视概论 [M]. 北京：高等教育出版社，2014.

[59] 陈笑春. 创意的边界：全球化语境下电视节目模板的内涵与知识产权 [M]. 成都：四川大学出版社，2014.

[60] 高红波. 新媒体节目形态 [M]. 郑州：河南大学出版社，2013.

[61] 白燕燕. 电视专题节目形态研究 [M]. 长春：吉林大学出版社，2013.

[62] 刘春蕾. 广播电视节目采访艺术 [M]. 郑州：河南大学出版社，2012.

[63] 王国臣. 电视综艺节目编导 [M]. 杭州：浙江大学出版社，2011.

[64] 柯泽. 广播电视节目策划与创新：广播电视新闻学专业教学理论与实践探索 [M]. 北京：中国传媒大学出版社，2011.

[65] 袁靖华. 电视节目模式创意 [M]. 北京：中国广播电视出版社，2010. 07.

[66] 孙宝国. 中国电视娱乐节目形态学 [M]. 北京：新华出版社，2009.

[67] 孙宝国. 中国电视新闻节目形态研究 [M]. 北京：新华出版社，2008.

[68] 刘婧一. 应对媒介融合：新环境下的电视节目营销 [M]. 北京：中国传媒大学出版社，2008.

[69] 胡智锋，张国涛. 内容为王：中国电视类型节目解读 [M]. 北京：中国国际广播出版社，2006.

[70] 冷智宏，许玉琪. 电视生活服务类节目：定位、形态与包装 [M]. 北京：中国广播电视出版社，2003.

[71] 吴保和. 电视文艺节目策划与创作 [M]. 北京：中国戏剧出版社，2003.